단어의 음운구조

The phonological structure of words
an introduction

Colin J. Ewen & Harry van der Hulst 지음
김 기 섭·석 종 환 옮김

이 책은 단어라는 건물에 다가갈 수 있는 개론을 음운학 연구자들에게 제공하도록 설계한 것이다. 이 책은 음운학을 축조하는 기초 벽돌에 대하여 철저한 논의를 하고 있는데, 특히 자질, 음성, 음절, 음보를 다루고 있다. 그리고 이 책은 일정한 범위에서 이런 단위에 대하여 서로 다른 이론을 다루고 있다. Colin J. Ewen과 Harry van der Hulst는 비-선형적 방식으로 연구하고 여러 이론 중에서도, 자립분절음운론(Segmental Phonology), 의존음운론(Dependency Phonology), 지배음운론(Government Phonology), 율격음운론(Metrical Phonology)이 공헌한 바를 논의하고 있다. 두 저자는 이들 이론이 상호 연계성이 있고 종종 사람들이 믿는 만큼 이론상의 차이가 크지 않다는 것을 드러내고 있다. 이 책은 과거에 개론서에서 이용할 수 있던 것보다 더 세밀한 분석을 제시하고 있으며, 단어 차원에서 현재 음운학이 다루는 이론상의 주요 논점을 이해하는데 귀중하고 필수적인 첫 걸음을 위한 책이다.

단어의 음운구조

THE PHONOLOGICAL STRUCTURE OF WORDS

AN INTRODUCTION

Colin J. Ewen & Harry van der Hulst 원저

김 기 섭·석 종 환 공역

한국문화사

단어의 음운구조

THE PHONOLOGICAL STRUCTURE OF WORDS
AN INTRODUCTION

by Colin J. Ewen & Harry van der Hulst
© Cambridge Univesity Press 2001

이 책의 한국어판 판권은 *Cambridge Univesity Press*와의
독점 계약에 의해 한국문화사에 있습니다.

단어의 음운구조

Colin J. Ewen & Harry van der Hulst 지음 / 김기섭·석종환 공역

2001년 12월 20일 인쇄 / 2001년 12월 30일 발행
발행인 김진수·발행처 한국문화사·주소 ㉾133-112 서울시 성동구
성수1가 2동 13-156·전화 02)464-7708, 3409-4488·전송 02)499-
0846·등록번호 제2-1276호·홈페이지 www.hankookmunhwasa.co.kr

값15,000원
ISBN 89-7735-896-5 93740

머리말

우리가 이 책을 쓰는 목적은 음운학상의 기본단위 구조의 표시에 나타나는 논의 중 몇 개에 대하여 독자에게 소개하고자 하는 것이다. 우리는 먼저, 제 1장과 2장에서 가장 작은 음운학상의 단위인 자질(features)이 음성 (sounds), 좀더 전문용어로 말하면, 분절음(segments)의 구조를 특징짓는 방식을 고려함으로써 접근한다. 3, 4장은 더 큰 음운학상의 단위, 특히 음절 (syllables)과 음보(feet)에 관한 것이다. 이 책의 제목이 암시하는 바와 같이 단어(words)보다 더 큰 음운학상의 단위에 대한 표시에 대하여는 우리는 고려하지 않는다. 그러므로 억양과 같은 토의에 대하여는 별로 관심을 쏟지 않는다.

우리가 하는 분석의 대부분은 Chomsky와 Halle(1968)의 전통 저서에 표명된 음운학상의 표시에 대한 소위 '선형이론'과 반대되는 '**비-선형음운론**'(non-linear phonology)과 관련된 이론의 관점에서 형식화되어 있다. '비-선형음운론'이라는 용어는 음운학의 분절음-내적 연구이거나 초분절음적 연구이든 간에 음운구조의 표시에 대한 단 하나의 일관된 이론을 언급하는 것이 아니다. 오히려, 1980년대 초기 이후에 선형적 모형의 구조적 특질을 풍요롭게 하는 것에 관심을 두어 온 음운학의 연구가 이들 모형의 다른 국면을 다루어왔든 다루지 않았든 간에 그래서 분명하게 구별이 되는 다양한 이론이 성장해 온 것이다. 이들 중 가장 잘 알려신 두 연구는 Liberman (1975)과 Liberman과 Prince(1977)의 연구에서 출발한 율격음운론(Metrical Phonology)과 Goldsmith(1976)에서 처음으로 제시된 자립분절음운론 (Autosegmental Phonology)이다. 그러나 최근에 이르러 분명해진 것은 여러 가지 모형으로 이루어진 많은 주장이 상호 독립적이 아니고 한 가지 접근 이론의 모형 속에서 이루어진 주장이 가끔 다른 곳에서 이미 이루어진

것의 재탕이라는 것이다. 그러므로 이 책에서 우리는 다른 '하부-이론'간의 엄격한 구분은 피하고 일반적인 비-선형 음운론의 가장 특징적인 양상이 될 만하다고 생각하는 것을 제시하는데 집중할 것이다. 그러므로 이런 어떤 하부-이론도 세밀하게 제시하는 것이 우리의 의도는 아니고 오히려 다양한 접근방법의 어떤 요소가 음운구조의 특성화에 공존하는가를 독자에게 보여주는데 관심을 두었다.

음운표시에 관한 책에서 마땅히 다루어져야 할 논의의 수는 꽤 많다. 그러나 여기에서는 사전에 별다른 지식도 없이 그 주제에 접근하는 연구자에게 주제의 가장 중요한 상황을 제시하는데 관심을 두고 합리적이면서 완전한 방법으로 자료를 제시하는데 집중해 왔다. 그래서 이론으로 재미있는 주장을 하는 영역을 그 자료가 지적하고 있다고 생각한다. 그러나 음성학 이론과 용어에 대한 기본 지식이 있어야 하고 그 외에도, 전통적인 음소이론과 같은 특정적으로 비-선형적 음운론 연구에 본질적으로 일부분을 형성하는 것이 아닌 기본적인 음운학적 개념에 좀 친밀함이 또한 바람직하다. 적절한 곳에선 좀더 일반적인 음운상의 본성을 토의하기 위해 다른 원천을 참조한다.

표시는 충분한 음운이론의 한 일면일 뿐이다. 이런 이론은 때때로 기저(또는 어휘적)구조와 표층구조로 일컬어지는 여러 가지 구조차원 사이의 관계에 대한 견해를 음운적 표시에 대한 특정한 견해와 연계시켜준다. 더 일반적으로 말하면, 입력이라고 하는 가장 추상적인 표시차원과 가장 덜 추상적인 출력이라는 표시차원과의 관계는 무엇인가? 입력과 출력과의 관계에 대한 최근의 여러 견해는 하나에서 다른 하나에 이르는데 필요한 측정량이 최소여야 한다는 것이다. 어떤 이론에서는 사실상, 입력과 출력은 구분이 없다. 그러나 더 종종 이들 사이는 구분되고 한 집합의 (변형적인) 규칙이나 가능한 연합의 후보자 중에서 올바른 출력을 선택하는 절차로 어느 쪽이든 도출한다는 어떤 체계와 연계되어 있다(예: 최적성 이론 Optimality Theory: Kager 1999 참고). 이 책에서는 이런 문제에 대하여 원칙적인 입장을 세우지 않고 있다. 편의상 도출되는 규칙의 관점에서 대개의 문제 과정을 공식화하지만 대상 언어의 음운학에서 이런 규칙의 위상에 대해서는 관심을 갖지 않는다. 그래서 근본적으로 이런 문제는 기술적인 모형으로 조명해야 한다.

예증을 위한 자료는 가능한 한 많은 독자에게 낯익은 것으로 특히 영어에서 가져온 것으로 제시하였다. 이것은 우리 입장에서 어떤 편견을 나타내기보다는 가능한 한 많은 독자가 다가갈 수 있는 책이 되게 하려는 우리의 목표와 일치한다. 어떤 특별한 점에 대하여 이런 자료가 없을 때는 좀더 덜 낯익은 언어 자료를 썼다. 이 책은 현대 음운학에서 이론상 주요 쟁점이 되어 있는 몇몇 문제를 이해하는 첫 걸음으로 이용되기를 희망한다. 본래 그것은 음운학을 더 깊이 전공하거나 음운학의 표시문제에 대하여 철저한 바탕이 필요한 학생이나 연구가에게는 흥미로운(접근할 수 있는) 것이다.

이 책은 저작하는데 긴 세월이 걸렸다. 이 책이 완성되었다는 것은 근본적으로 캠브리지 대학교 출판사에서 과거와 현재의 편집진의 격려와 인내에 힘입고 있다. 어떤 사람보다도 Judith Aying, Kate Brett, Penny Carter, Andrew Winnard에게 진심으로 감사 드린다. 우리가 얼마나 운이 좋았는지를 감사 드린다. 우리가 총서 저서의 Neil Smith를 우리 연속 저서의 편집자로 삼은 것도 또한 운이 좋았던 것이다. 눈에 더 뚜렷하게 보이는 잘못을 제거시켜준 사실 외에도 내용과 표시에 있어서 그는 유익하고 연계 있는 협조자였다. 여러 대에 걸친 학생들이 이 책의 초판을 보았다. 특히 논평으로 이 책을 보다 낫게 해주고자 한 모든 이들에게 감사 드리고 원고에 대하여 평을 해 주는 수고를 해준 이들에게 똑같이 고맙게 생각한다. 어떤 사람보다도 마지막 단계에서 이 책을 쓰는데 도와 준 이는 Véronique van Geldern, Martina Noteboom, Nancy Ritter, Erik Jan van Torre, Jeroen van de Weijer이다. 어떤 사람도 우리에게 해 준 조언을 우리가 잘못 다룬 것이 있다면 그 것에 대하여는 책임이 없고 그 책임은 오직 우리에게 있다.

역자의 말

자립분절음운론, 의존음운론, 지배음운론, 율격음운론 등이 발달하면서 단어의 구조에 대한 많은 중요한 사실이 밝혀졌다. 그럼에도 우리는 아직 많은 의문점을 정리하지 않은 채로 단어와 단어의 경계를 넘는 음운구조에 대하여 연구하고 있다. 발화상의 어떤 음운구조를 연구함에 있어서 기본적으로 출발하는 점이 단어가 이루어지기까지의 음운구조이다. 그러므로 지금까지의 음운구조 연구를 정리하고 문제된 것들을 연계하여 정리할 필요가 있다고 생각하던 차에 Ewen과 Hulst의 The Phonological Structure of Words (2001)를 보고 이 책이야말로 단어의 기저가 되는 분절음과 자질의 음절을 연계하여 그 관련되는 이론을 정리하고 이를 바탕으로 음보와 단어의 구조를 살펴보기에 매우 적절한 도서로 생각하여 번역하기로 하였다.

비록 이 책에는 몇몇 낯선 언어의 자료가 들어 있지만 주로 영어의 자료로 언어학적 연구를 하고자 하는 사람들에게 크게 불편한 점이 없다는 것이 장점이다. 이 책은 그 동안 논의되어 온 여러 가지 이론을 망라하고 있을 뿐만 아니라 최근의 이론을 소개하거나 적용하여 이론적 근거를 제시하고 있음으로 처음으로 음운학을 배우는 사람에게는 물론 어느 정도의 식견을 가진 사람에게도 도움이 될 것이라고 믿는다.

특히 영어단어의 자립 분절적 처리에 의한 분절음과 자질과 모라(Mora) 간의 관계와 상위 층인 영어단어의 음보 구조와 단어의 율격구조 처리에 있어서 격자에 의한 처리 방법은 영어학을 연구하고자 하는 이들에게 많은 도움이 되리라고 믿는다.

이 책을 번역함에 있어서 매우 힘들었던 것은 원저자들의 표현방식이 자연스럽지만, 세밀하고 친절한 설명을 위하여 보여주는 표현상의 기법을 역자들이 따르기가 쉽지 않았다는 점이다. 원저자들은 많은 설명을 종속절이나 부가적으로 연속되는 삽입구나 삽입절 속에서 처리하고 있음을 느낄 수

있었다. 그러나 간단해 보이면서도 의미상의 전달에 미묘한 차이를 남기게
되는 이런 식의 표현이 한국어의 자연스러운 어순에서는 상당한 차이를 초
래하는 경우도 있었다. 원저자들이 전달하고자 노력하는 강조되는 부분에
대한 처리는 활자상의 문제로 간단해 보였지만, 시각상으로는 문제가 되었
다. 즉 그것은 동사나 대명사가 강조하고자 하는 어떤 부분이라도 주의를 환
기시키는 의미에서 이태리자체로(italicized) 나타낸 것이다. 그러나 이 체의
한글체 모양은 전달자의 의미 강조이전에 시각적으로 적절치 않다는 대학원
생들의 일반 의견이었다. 따라서 이를 무시하기로 하고, 옮긴 글 속에서 이
런 점이 잘 나타나게 하려고 노력했다. 그 결과 대부분은 그 의미가 살아났
다고 생각되고, 또 많은 부분은 크게 문제가 되지 않았다고 역자들은 자신한
다. 그럼에도 혹시 한 곳이라도 원자자의 뜻이 나타나지 않았을까 두려운 마
음이 앞선다. 그렇다고 고딕이나 블록으로 표시한다는 것도 문제가 되었다.
그것은 원저자들이 독자의 주의와 시각적 효과를 위하여 블록으로 처리한
많은 용어들이 이 저서에 나타나 있기 때문이다. 혹시라도 원저자들이 전달
하고자 하는 의미가 잘못된 것은 말할 것도 없이 모두 역자들의 잘못이다.
　이 역서를 출판할 것을 선뜻 응해주신 한국문화사 김진수 사장님에게 감
사드리고, 이 책을 출판하기까지 관련 업무를 위하여 애써 주신 박승은 과장
등 여러 분에게 감사를 드린다.

2001년 12월 30일

김 기 섭 · 석 종 환

차 례

1
분절음

1.1 서언

단어, 더 일반적으로 말해서 말의 연쇄는 개개의 분절음으로, 즉 말소리로 나눌 수 있다는 사실을 언어를 말하는 사람들은 누구나 잘 알고 있다. 따라서 영어를 쓰는 사람은 *bat*라는 단어가 세 개의 소리 'b', 'a', 't'로 이루어져 있다는 것에 일반적으로 동의할 것이다. 또한 그들은 영어의 철자 체계, 즉 영어의 철자법은 그 언어의 '소리'와 일대일 방식으로 대응하지 않는다는 것과, *thatch*와 같은 단어는 비록 여섯 개의 별개의 철자 부호로 구성되어 있다하더라도 'th', 'a', 'tch' (혹은 't'와 'tch')와 같이 단지 세 개 혹은 아마도 네 개의 소리만 포함한다는 것에 동의할 것이다. 이러한 불일치는 음성학자와 음운학자가 철자 단위의 표기(表記)체계와는 유사하지만 다른 표기체계를 필요로 한다는 것을 의미한다. 그러한 여러 가지 체계가 제안되어 왔으며 그러한 체계는 어떤 언어의 단어의 '발음'을 제시하는 모든 사전 사용자에게는 익숙하다. 이 책에서 우리는 대체로 국제음성학회(IPA; 부록을 보라)의 표기체계를 사용할 것이다.

어떤 단어의 소리를 표기하는 것은 아주 간단한 일이 아니며 음운학에서 흥미로운 이론적인 문제를 일으킨다. 따라서 영어단어 *thatch*의 표기는 tch 연쇄가 두 소리, 즉 **음운적 분절음**(phonological segments: 특히 영어단어 *tore*/tɔ:/와 *shore*/ʃɔ:/의 어두에서 발견되는 두 소리)[1]을 나타내는지, 아

---

[1] 이 책에서 일반적으로 수용발음(RP), 즉 영국영어의 신망 있는 어투에서 실현되는 형태

니면 일반적으로 **폐찰음(affricate)**으로 일컬어지는 단일의 소리로 간주되어져야하는지에 대한 (묵시적 혹은 명시적) 결정을 필요로 한다. IPA 문자에 기초한 체계에서는 첫 번째 선택권이 받아들여지고, 따라서 *chore*는 음운적으로 /tʃɔː/로 *thatch*는 /θætʃ/로 표시되는데, 여기서 *ch*나 *tch*는 /t/와 /ʃ/의 연쇄로 표시된다(비록 /t/와 /ʃ/는 보통 분절음의 쌍 보다도 더 밀접하게 관련이 있다는 주장이 /θæt͡ʃ/에서와 같이 연자(連字)의 사용에 의해, 더 일반적으로는 /θætʃ/에서와 같이 두 부호를 결합함으로써 표시될 수 있다하더라도). 그러나 북미영어 체계에서는 그러한 철자 연쇄는 대개 단일 분절음으로 분명하게 간주되고, 따라서 /θæč/와 같은 전사를 발견하게 된다.

폐찰음이라는 개념은 소리와 철자 사이의 관계가 아주 간단하지 않다는 것을 예증해줄 뿐만 아니라, 이것은 아마도 음운학자와 더 분명히 관련성이 있을 것인데, 또한 '음성적' 표시와 '음운적' 표시 사이의 관계가 분석의 문제라는 것을 예증해 준다는 것을 주목해라. 순수하게 음성적 관점에서 볼 때 영어 *thatch*의 마지막 자음군에서 폐쇄음과 마찰음 사이의 관련성은 *hats*의 마지막 자음군에서 폐쇄음과 마찰음 사이의 관련성과 아주 달라 보이지는 않는다. 즉 두 경우에서 폐쇄음+마찰음의 음성적 연쇄 [t̠ʃ]와 [ts]가 각각 있다(직각 괄호로 음성적 표시를 하고, 사선 괄호 사이에 음운적 표시를 하는 일반적 관행을 따르고, [t̠ʃ]에서 [t] 아래의 선은 조음의 수축을 나타내는데 이 경우에 [ʃ]의 후치경 조음장소까지 수축된다). 그러나 *tch*연쇄는 일반적으로 음운분석에서 폐찰음으로 간주되지만 음운학자는 *hats*의 *ts*연쇄에 대해서는 유사한 주장을 하지 않는다. 이와는 달리 음성적으로 다소 동일한 독일어의 자음군 *Satz* [zats] '문장'는 폐찰음으로 간주된다.

의 영어단어를 표기할 것이다. 이것은 편이성의 문제이다. 따라서 RP가 어떤 의미에서 언어학적 특성에 의해서 특권 받은 지위를 갖는다는 것을 함축하는 것은 아니다. 그러나 필요할 때는 다른 변이어(varieties)도 자주 고려할 것이다. 특히 **[r]음식의(rhotic)** 방언, 즉 모음 뒤의 /r/이 발음되는 방언에서 가져온 자료를 조사할 경우가 있을 것이다. RP는 [r]음을 발음하지 않는데, 그것은 *tore*와 *shore*가 /tɔː/와 /ʃɔː/로 실현되는 것에서 입증된다. 스코틀랜드 영어와 같이 [r]음을 발음하는 방언에서 /toːr/와 /ʃoːr/(혹은 /toːɹ/와 /ʃoːɹ/)의 발음을 비교해 보아라.

 따라서 이러한 차이가 있는 이유는(여기서는 더 이상 상세히 조사하지는 않음) 비록 어떤 것이 음운학적으로 폐찰음으로 간주되기 위해서는 어쨌든 **동기관성(homorganicity)**의 음성적 특성을 가져야 한다고 일반적으로 주장한다하더라도 음성학적이라기보다는 오히려 음운학적이다. 즉 폐쇄음과 마찰음은 같은 조음장소를 가져야 하고, 따라서 [ts](여기서 두 요소는 치경음이다)와 [tʃ](여기서 두 요소는 후치경음이다)는 둘 다 생각할 수 있는 음운학적 폐찰음이지만 반면에 영어의 *cups*에서 [ps]와 같은 연쇄는 그렇지 않을 것이다. 이러한 주장은 자음의 '정상적인' 연쇄와 다른 분포를 보여줄 수 있는 것은 바로 이러한 동기관음적 연쇄라는 사실과 관련이 있다. 폐찰음은 일반적으로 어떤 언어에서 음절의 첫 위치에서뿐만 아니라 음절의 끝 위치에서도 나타날 수 있으며 따라서 음절구조에서 '경상'(mirror-image) 제약을 위반하게된다.[2] 이러한 제약은 어떤 언어에서 첫 위치일 수 있는 자음군은 음절의 끝 위치일 수 없지만 역순의 자음을 갖는 같은 자음군이 반대의 특성을 보여준다는 것을 말한다. 영어는 전형적으로 단일 음절의 첫 위치에서 /kl-/과 끝 위치에서 /-lk/(*class, sulk*)를 가지지만 첫 위치에서 */lk-/나 끝 위치에서 */-kl/를 갖지는 않는다. 이것을 폐찰음의 분포와 비교해 보아라. 즉 /tʃ/는 영어에서 음절의 첫 위치뿐만 아니라 끝 위치에 올 수 있다 (*chip* /tʃɪp/과 *pitch* /pɪtʃ/). 마찬가지로 독일어에서도 /ts/는 음절의 첫 위치뿐만 아니라 끝 위치에 올 수 있다(*Ziel* /tsiːl/ '목표'와 *Satz*). 이와는 달리 영어의 연쇄 /ts/는 다른 폐쇄음+마찰음 연쇄처럼(예를 들어 /ps/, /ks/) 음절의 끝 위치에서만 나타난다(그것도 거의 오로지 형태적 접사화의 결과로만 나타난다: 예를 들어 *hats* = HAT + PLURAL).[3]

 폐찰음의 지위에 관한 완전한 논의는 더 깊이 들어가지 않을 것이다. §1.4에서 이와 같은 분절음(혹은 연쇄)의 지위로 되돌아간다. 그런 분절음은 '복합 분절음'으로 일컬어져 왔던 것을 다루는 문제의 좋은 예가 된다. 그리고 이러한 현상은 음운학의 표시를 다루는 이론에서 많은 흥미로운 연구

---

[2] 3장에서 음절구조를 고려할 것이다.
[3] 여기서 형태소 즉 최소의 통사 단위를 작은 대문자를 사용해서 나타낸다.

의 자극제였다는 것을 보게될 것이다. 그러나 우선 음운적 표시에 관한 다소 근본적인 문제를 고려해 보자. 음운적 분절음은 어떤 내부구조를 갖는가? 즉 가장 작은 음운단위로서 분절음을 갖는다고 함으로써는 말할 수 없었던 일종의 내부구조를 가정함으로써 소리가 행동하는 방식에 관하여 말할 수 있는 것은 어떤 것인가?

1.2 내부구조의 증거

특정 분절음의 집합이 같은 종류의 **음운과정(phonological process)**인 것처럼 보이는 것을 거칠 수 있다는 점에서 언어의 음운적 분절음이 서로 묶여질 수 있다는 것을 설명하기는 어렵지 않다. 여기서 우리는 거의 논란이 없이 특정 분절음, 즉 여기서 더 중요하게는 분절음의 그룹은 어떻게 해서든 영향을 받는 음운과정에 관해 이야기하는 것이 합당하다고 가정할 것이다. 이것은 언어 역사에서 '사건'일 수도 있고 분절음이나 분절음 그룹의 가장 추상적인 음운적 표시와 그 표면적 음성실현 사이의 관련성일 수도 있다.[4]

한 가지 그러한 음운과정은 **비음 장소동화(nasal place assimilation)** 과정인데, 이 동화에 의하여 비음은 뒤따르는 저해음(즉 폐쇄음, 마찰음, 혹은 폐찰음)과 같은 조음장소를 갖는다. 예를 들어 영어에서 이러한 과정의 효과는 (1)에서와 같이 다양한 환경에서 확인된다.[5]

---

[4] 그러나 이 책에서는 표면적 '음성적' 표시가 정확히 무엇인지에 관한 질문에는 답하지 않을 것이다. 실제 목적을 위해 우리가 고려하는 '표면적' 표시는 거의 '피상적인' 혹은 '구체적인' 음운적 표시일 것이다. 그럼에도 불구하고 그러한 표시를 계속해서 음성적이라고 칭할 것이다. 더 일반적으로는 머리말에서 언급한 것처럼 Chomsky와 Halle(1968)의 전통에서 본질적으로 도출된 음운학의 모델을 가정하자. 여기서는 제약에 근거한 최적성이론 모델(예: McCarthy와 Prince 1993, Prince와 Smolensky 1993, Kager 1999 참고)을 받아들이지 않는다. 그러나 이것은 편의성의 문제이다. 왜냐하면 단어의 음운적 표시에 관해 말해야 할 많은 문제는 도출근거 접근방식이냐 제약근거 접근방식이냐 와는 별개이기 때문이다.

[5] (1c)에서 별표는 연쇄가 부적형이라는 것을 나타낸다.

(1) a. Edinburgh   [ɛmbrə]
         handbook   [hæmbʊk]
     b. unpopular   [ʌmpɒpjələ]
         unfair   [ʌɱfɛə]
     c. camber   [kæmbə]   *[kænbə]   *[kæŋbə]
         canter   [kæntə]   *[kæmtə]   *[kæŋtə]
         canker   [kæŋkə]   *[kæmkə]   *[kænkə]

(1)은 비음과 뒤의 저해음 사이에는 조음장소가 일치하는 예를 보여준다. (1a, b)는 선택적 동화를 포함하고 있는데, 특히 빠른 발화상황과 관련이 있다. 즉 동화를 보여주지 않는 /ɛdɪnbʌrə/와 /ʌnpɒpjələ/와 같은 실현은 또한 당연히 나타나지 않는다. (1b)에 있는 것은 다음과 같이 기저에서 치경 비음 /n/으로 끝나는 접두사를 포함하는 것으로 형태론적으로 분석될 수 있다. 예를 들면, UN+FAIR /ʌn+fɛə/가 된다. 이런 분석은 이 경우에 접두사의 비음은 단지 두 개의 가능한 음성적 실현만 있다는 사실로 뒷받침된다. 즉 [n]로 실현되거나 뒤의 자음과 동기관음적인 비음으로 실현된다. 게다가 뒤따르는 형태소가 모음이나 /h/로 시작하는 (2)처럼 가능한 동화의 문제가 없다면 가능한 유일한 실현은 다음과 같이 [n]이다:

(2) unequal   [ʌniːkwəl]
     unhappy   [ʌnhæpɪ]

(1c)의 형태는 영어 모음사이의 자음군(적어도 단일 형태소 내에서 강세를 받는 모음의 바로 뒤 자음군)에 대한 일반적인 제약을 보여주는데 그것은 비음+폐쇄음의 연쇄는 동기관음이어야 함을 말해준다. 그러나 이러한 형태는 [ɛmbrə]나 [ʌmpɒpjələ]에서처럼 말하자면 양순 비음이 치경 비음에서 도출된다고 말할 수 있는 경우를 더 이상 다루지 않는다는 점에서 (1a, b)와 다르다. 즉 *camber*나 *canker*가 *[kænbə]나 *[kæŋkə]처럼 /n/과 함께 나타날 가능성이 없으며, 이런 단어는 같은 종류의 접두사 CAN-을 갖는다고 의

심하도록 해 줄 어떤 내부 형태구조도 없다.

따라서 비음 장소동화 과정은 영어와 그리고 실제로 많은 다른 언어에서 여러 가지 방법으로 예증된다. 그러나 여기서 관심은 영어음운학의 여러 가지 다양한 유형의 예의 지위와 주로 관련이 있기보다는 오히려 이런 과정 유형의 특성에 집중한다. 다시 말해 (1)의 자료에 의해 다양한 방법으로 표시되는 제약을 어떻게 형식화할 수 있는가? 우선 (1a, b)를 고려해 보자. 여기서 폐쇄음이 뒤따르는 /n/자음군은 영어의 동기관음이 될 수 있다. 가능한 가장 작은 음운단위가 완전한 분절음이면 그때 (3)과 같은 과정을 다음과 같이 표시할 수 있다(간단히 하기 위해 /f/ 앞의 비음 경우는 무시함):

(3) a. /n/ → [m] / ___ {/p/, /b/}
    b. /n/ → [ŋ] / ___ {/k/, /g/}

여기서 음운규칙을 나타내기 위해 전통적인 **선형적(linear)** 표기 유형을 사용한다.[6] 즉 화살표는 '로 실현된다'를 나타내고, 기저 분절음은 사선 괄호 속에 주어져 있으며 그 표면 음성적 실현은 직각 괄호로 표시하고, 수평선은 그 규칙에 의해 영향을 받는 분절음이 나타나는 환경으로 이 경우에 { /p/, /b/ } 앞을 나타낸다. 그리고 중괄호는 분절음의 집합을 나타낸다. 따라서 (3a)는 다음과 같이 해석될 수 있다. '기저의 /n/은 그것이 /p/나 /b/를 앞설 때 음성적 [m]로 실현된다.'

(3)의 비음 장소동화 공식과 관련지어 제기될 수 있는 여러 가지 반대가 있다. 이러한 반대의 공통의 핵심은 그 두 부분이, 말하자면, 어떤 언어에서도 일어날 것 같지 않은 (4)의 과정 중 어떤 것보다도 조금도 순환적인 음운규칙일 것처럼 보이지 않는다는 것이다:

---

[6] 음운적 표시에 대한 선형적 접근과 비-선형적 접근 사이의 차이 관한 논의에 관해서는 머리말을 보라.

(4) a. /n/ → [m] / ____ {/k/, /g/}
     b. /n/ → [ŋ] / ____ {/p/, /b/}
     c. /n/ → [m] / ____ {/k/, /d/}
     d. /n/ → [1] / ____ {/t/, /d/}

형식적으로 (4)의 다양한 규칙은 순환 과정을 나타내는 (3)의 규칙보다도 다소 복잡하지 않은데 그것은 확실히 바람직한 사태는 아니다. 더 특별하게, (3)과 (4)의 공식 유형은 두 가지 면에서 적절하지 못하다. 첫째, 그 공식은 특정 규칙에 의해 특징지어지는 변화를 그것이 나타나는 환경과 연관짓지 못한다. 따라서 (4a)는, 여기서 치경 비음이 연구개 폐쇄음의 환경에서 순음이 되는데, 같은 변화가 순음 폐쇄음의 환경에서 일어나는 (3a)보다 공식화하기가 더 어렵지 않다. 그렇지만 (3a)는 동화의 자연적인 과정이지만 반면에 (4a)는 아니다. 둘째로, 그 공식은 (3a, b)의 환경에 있는 자음의 집합은 같은 종류의 변화를 유발할 것으로 기대할 것이지만 (4c)의 무성 연구개 폐쇄음과 유성 치경 폐쇄음으로 이루어져 있는 집합은 (4c)의 변화(혹은 실제로 다른 동화 과정)에 아주 책임이 있을 것 같지 않다는 것을 보여주지 않는다. 또한 그렇다하더라도 (4c)는 (3)과 (4)의 어떤 다른 규칙보다 공식화하기가 더 어렵지 않다.

이러한 사태는 분명히 일어난다. 왜냐하면 그 과정에서 수반되는 분절음의 집합에 의해 공유되는 음성학적 특성 – 입력과 출력의 경우에서 비음성(왜 (3a)의 출력은 말하자면 [1]이 아니라 [m]이어야 하는가?)과, 출력과 환경의 경우에서 조음장소 – 을 분리해 내지 않았으며 또한 규칙 속에 그것을 합치지도 않았기 때문이다. 다시 말해 음운학적 행동에 관여하는 것은 바로 분절음의 음성적 특성이라는 사실, 즉 음운적 분절음은 분할할 수 없는 전체가 아니라 특성, 즉 일반적으로 일컬어지는 바와 같이 대부분은 전통적인 음성학적 기술에서 익숙한 특성에 해당하는 **자질(features)**로 이루어져 있다는 사실을 고려하지 못했다.

더구나 (4c)와 같은 변화가 동화규칙이 가능할 것 같지 않은 후보자라는 사실은 그 과정을 유발하는 분절음의 부류가 특별한 특성, 예를 들어, (3)의 경우에서 순음성의 특성을 공유해야 한다는 것을 보여준다. 세계 언어의 음운학을 더 조사해 본다면 이와 같은 분절음의 부류는 **자연부류(natural class)**, 즉 위에서 묘사된 것과 같은 음운적인 과정에서 하나의 부류로 순환적으로 관여하는 분절음의 집합으로 일컬어지는 것을 형성한다는 것을 바로 보여줄 것이다. 따라서 몇 가지 음성적 특성이나 특성의 결합을 공유하는 분절음의 집합은 다른 분절음의 집합을 제외하고 하나의 자연부류를 형성한다.

이제 여기서 관련이 있는 많은(임시의) 음운학적 자질, 특히 [비음성], [순음성], [치경성], 그리고 [연구개성]을 확인해 보자(자질은 관례에 따라 직각 괄호 속에 넣는다).

(3)에 의해 예증된 동화 과정을 특징지을 일반적인 규칙을 쓰기 위해 이러한 자질을 사용할 수 있다:

(5) a. $\begin{bmatrix} 비음성 \\ 치경성 \end{bmatrix} \rightarrow$ [순음성] / ___ [순음성]

    b. $\begin{bmatrix} 비음성 \\ 치경성 \end{bmatrix} \rightarrow$ [연구개성] / ___ [연구개성]

그러나 영어의 비음 장소동화에 관한 좀 더 일반적인 진술을 공식화할 수 있는데, 그것은 기저의 /n/에서 [m]와 [ŋ]을 파생할 어떠한 이유도 없어 보이는 (1c)의 자료를 또한 통합할 것이다. 비음 부류에 관한 이런 일반적인 진술은 다음 (6)에 있다:

(6) a. [비음성] → [순음성] / ___ [순음성]

    b. [비음성] → [치경성] / ___ [치경성]

    c. [비음성] → [연구개성] / ___ [연구개성]

(6)은 그 규칙이 분절음의 특정 부류, 즉 비음에 관한 진술이라는 것을 성공

적으로 보여주는데 그 규칙은 그 부류를 그 언어의 어떤 다른 분절음과 구별하는데 기여하는 단일의 자질에 의해 특징지어진다. 다시 말해 비음만이 그 규칙에 의해 특징지어지는 과정을 겪게 되고 그 언어의 어떤 다른 분절음도 그런 과정을 겪지 않는다. 게다가 그 규칙은 출력과 환경이 하나의 자질, 즉 조음장소를 특징짓는 자질을 공유함을 보여주는데, 그 자질은 예를 들어 바로 이런 과정이 (4)에 있는 것보다 더 일어날 것 같도록 해 준다. 따라서 (6)은 비-임의적인(non-arbitrary) 과정이다.

이와 같은 예는, 음운과정이 언어에서 작용하는 방식을 대표하는데, 음운 기술에서 자질을 통합하는 증거를 제공한다. 이 장의 나머지에서 주로 관심을 가질 것은 이러한 자질의 본성, 더 특별하게는 분절음의 표시에서 자질이 어떤 방식으로 구성되는지에 관한 문제이다.

그러나 여기서 (6)의 특별한 공식은 많은 근거에서, 그러나 그 근거는 방금 했던 주장의 타당성에 영향을 주지는 않지만, 결코 적절하지 못한 것으로 판명될 것이라는 것을 주목하자. 여기서는 단지 두 가지 문제만 살펴보자.

(6)은 세 개의 하위 과정으로 이루어져 있는 것처럼 보이지만 반면에 우리가 보아 왔듯이 비음 장소동화는 영어에서 단일의 과정이다. 전통적인 선형 음운론에서는 (6)과 같은 규칙을 '통합하는 것'이 관례인데, 그것은 모두 다 같은 입력을 공유해서, (7)이 나오기 때문이다.

$$(7) \ [\text{비음성}] \rightarrow \left\{ \begin{array}{l} [\text{순음성}]/ \underline{\quad} \ [\text{순음성}] \\ [\text{치경성}]/ \underline{\quad} \ [\text{치경성}] \\ [\text{연구개성}]/ \underline{\quad} \ [\text{연구개성}] \end{array} \right\}$$

중괄호에 포함된 세 표현은 선택적인 것으로 보인다. 즉 비음은 순음 앞에서 순음이 되고, 치경음 앞에서 치경음이 되고, 연구개음 앞에서 연구개음이 된다. 이와 같이 그 규칙의 '공유된' 부분, 즉 입력은 단지 한번만 언급된다.[7]

---

[7] 문제가 되는 규칙의 더 완전한 공식화는 또한 다른 자질의 언급을 포함한다. 여기서도 이전처럼 이것을 무시한다.

그러나 (7)에서 사용된 것과 같은 규약은 분명히 같은 부류의 규칙뿐만 아니라 관련 없는 규칙의 통합을 여전히 허용한다. 따라서 몇몇 언어는 하나의 규칙을 갖는데 이것으로 비음은 무성(기식)자음 앞에서 무성음이 된다. 예를 들어 아이슬란드어의 몇몇 방언에서 *hempa* /hɛmpʰa/ '통상복'은 /m/의 무성음화와 함께 [hɛm̥pa]로 실현된다. 특히 아이슬란드어에는 다음의 비음 장소동화가 있음에도 왜 이런 과정을 특징짓는 규칙이 (7)과 통합될 수 없는지에 대한 형식적인 이유는 없는 것처럼 보인다.

$$(8) \; [\text{비음성}] \rightarrow \begin{cases} [\text{순음성}] \; / \; \underline{\quad} \; [\text{순음성}] \\ [\text{치경성}] \; / \; \underline{\quad} \; [\text{치경성}] \\ [\text{연구개성}] \; / \; \underline{\quad} \; [\text{연구개성}] \\ [\text{무성성}] \; / \; \underline{\quad} \; [\text{무성성}] \end{cases}$$

다시 말해 비음 동화과정에 관여하는 자질, 즉 [순음성], [치경성], [연구개성]이 어떤 식으로 서로 관련이 되는, 말하자면, 이 자질은 조음장소를 특징 짓지만, [무성성]이 다른 셋 중의 어떤 것과도 이런 식으로 관련이 되지 않는다는 것을 여전히 보여주지 못한다.

두 번째 문제는 (3)과 (4)의 분절음이 아닌, 규칙에 있는 자질을 단순히 통합함으로써 때때로 '이상한 규칙(crazy rules)'으로 일컬어지는 것을 공식화하는 가능성을 제거하지 못한다는 것이다. 따라서 (9)는 (7)만큼 공식화하기가 쉽다:

$$(9) \; [\text{비음성}] \rightarrow \begin{cases} [\text{순음성}] / \; \underline{\quad} \; [\text{치경성}] \\ [\text{치경성}] / \; \underline{\quad} \; [\text{연구개성}] \\ [\text{연구개성}] / \; \underline{\quad} \; [\text{순음성}] \end{cases}$$

선형 음운론의 형식적인 규약에 대한 이러한 비판의 기저에는 이상적인 체계는 단지 음운학적으로 자연적인 사건과 상태만을 당연히 표시할 수 있어야 하고 (4)나 (9)와 같은 자연적이지 못한 사건을 특징지을 수는 없어야 된다는 의미에서 음운이론은 가능한 한 제한적이어야 한다는 믿음이 있다. 이러한 믿음은 위의 공식에 대한 많은 **비선형적(non-linear)** 대안을 지지하는데, 그 대안은 §1.4에서 살펴보기 시작할 것이다. 그러나 당분간 음운학에서 필요할 자질의 본성에 대해서 더 상세하게 살펴볼 것이다.

1.3 음운자질

분절음이 음운자질로 이루어져 있다는 생각은 오랜 전통을 갖고 있는데 Jakobson 등(1951)에서 처음으로 포괄적으로 공식화되었다. 가장 널리 알려진 체계는 Chomsky와 Halle(1968; 이하 SPE)에 의해 제안된 것인데, 그것은 Jakobson의 모델과는 여러 가지 점에서 다르다. 특히 이후의 자질이 완전히 조음적인 지수(parameters)에 근거하고 있는 반면에 Jakobson 등의 자질은 주로 음향적인 특성에 의해 규정되어졌다. 두 번째 중요한 차이는 Jakobson의 많은 자질이 모음뿐만 아니라 자음의 기술과 특징화와 관련이 있지만, *SPE* 체계는 대개 개개의 자질의 세트를 사용했다는 사실과 관련이 있다. 자질이론은 음운학의 선형적인 접근에서만 독특한 것은 아니다. 실제로는 비-선형 음운론 내의 많은 연구가 *SPE*의 선형적인 틀에서 제안된 자질 집합을 받아들인다. 그러나 비-선형음운론은 단순한 자질의 나열보다는 더 많은 정도의 내부 구조를 통합한다는 점에서 분절음의 선형적인 설명과는 일반적으로 다른데, 그것을 이 장의 뒤에서 보여 줄 것이다.

　문헌에서 얻을 수 있는 개별 자질에 관한 많은 논의가 있지만(예를 들어 Kenstowicz와 Kisseberth 1979; Lass 1984a: 5-6장; Keating 1988a; Clements와 Hume 1995), 예를 들면, 영어의 음운 체계를 이루는 분절음을 특징짓는데 요구될 자질의 포괄적인 설명을 제공하려고 시도하지는 않을 것이다. 오히려 개개의 자질이 관련이 있으면 그리고 있을 때 자질을 소개할 것이고 필요할 때에는 광범위한 논의를 제공하기만 할 것이다. 여기서는 자질이 분절음의 표시에서 어떻게 상호작용을 하는가와 특히 요구되는 구조의 등급에 집중할 것이다.

*SPE*의 선형적인 모델에서 분절음은 단순히 순서가 없는 양분적(binary) 자질의 나열로 이루어져 있는 것으로 간주되었는데, 그것은 위에서 논의된 것과 유사한 근거, 즉 분절음의 자연부류를 규정하는 자질의 가능성에서 확립되었다. 어떤 분절음을 특징짓는 자질은 문제의 분절음에 대한 그 값 (+나 -)에 따라 자질이 단순히 나열되는 **자질모형(feature-matrix)**으로 구성되었다. 따라서 예를 들어 영어의 모음 /iː/의 자질모형은 많은 것 중에서도 다음의 자질을 포함한다:

$$
(10) \quad
\begin{cases}
+공명성 \\
-자음성 \\
+지속성 \\
+유성성 \\
+고설성 \\
-저설성 \\
-후설성 \\
-원순성
\end{cases}
$$

최근의 비-선형 음운론에서는 더 정교한 내부 구조가 분절음에 부여되었는데, 분절음을 표시하기 위해 다른 유형의 형식을 사용하는 것이 관례가 되었다. §1.3.1과 1.3.5에서 (10)에서 표현된 것보다도 더 큰 등급 구조를 제안하도록 하는데 제시될 수 있는 동기 유형으로 되돌아 갈 것이다. 그러나 이해를 쉽게 하기 위해 여기서 (10)의 '비선형적' 표시를 제공할 기회를 갖는데, 여기서 분절음을 구성하는 모든 자질은 단일의 분절음 교점(NODE)에 연결되는데(ASSOCIATED), (11)에서 교점은 ' ° '로 표시된다.

(11)

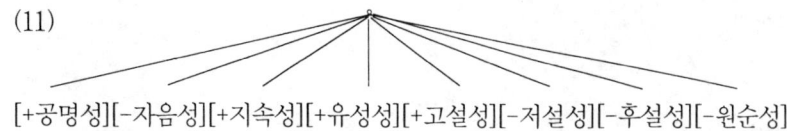

[+공명성][-자음성][+지속성][+유성성][+고설성][-저설성][-후설성][-원순성]

이 교점은 일반적으로 뿌리교점(ROOT NODE)이라 일컫는다 - §1.4를 보라. (10)에서와 같이 (11)에서 자질은 서로와 관련해서 순서가 없다. 그리고 이 순서화((10)의 자질모형의 경우에서는 수직으로, (11)의 자질 '수형(tree)'의 경우에서는 수평의)에 있어서의 어떠한 변화도 이 경우에서 분절음 /i:/와 다른 어떠한 것도 만들어 내지 않는다. 그 공식에 의해 제기되는 여러 주장 으로 곧 되돌아 갈 것이고, 그 사이에 자질 그 자체에 약간의 공간을 할당할 것이다.

1.3.1 주요 부류자질
(10)의 모형에서 첫 두 자질은 분절음이 속하는 '주요 부류', 즉 모음을 나타 내는데, 모음은 자음성이 아니고 유음(즉 *l*과 *r* 소리)과 비음처럼 공명성이 다. *SPE* 모델에서 공명성은 조음적인 용어로 '자동적인 유성이 가능한 성도 형태'(*SPE*: 302)를 수반하는 것으로 정의되었지만, 음향적인 정의도 똑같이 그럴듯하다. 공명 분절음은 비공명음(non-sonorants)보다 상대적으로 더 주 기적인(periodic) 음향적 에너지를 갖는다(Lass 1984a: 83참조). 물론 모음, 유음, 비음을 자질값 [+공명성]을 공유하는 것으로 특징지음으로써 그것이 하나의 자연부류를 형성한다(§1.2 참조). 즉 단지 이러한 분절음의 그룹에 는 영향을 주지만 다른 분절음의 그룹에는 영향을 주지 않는 음운과정이 있 다고 주장하게 된다. 동시에 [-공명성] 값을 분절음의 특정 그룹(그 부류는 보통 폐쇄음, 마찰음, 폐찰음으로 이루어진 저해음이라 일컬어진다)에 부여 함으로써 이 그룹이 또한 한 부류로서 역할을 해야한다고 주장하게 된다. 이 것을 보여줄 과정을 찾기는 어렵지 않다. 따라서 저해음 부류는 일반적으로 영어의 여러 스코틀랜드방언과 네덜란드어와 같은 많은 언어에서 '어말 무 성음화'를 보여주는 유일한 부류인데, (12)의 예는 그러한 언어에서 가져온

것이다:

(12) 단수   복수
  a. rib '늑골' /rɪb/ [rɪp]   ribben /rɪbən/ [rɪbə]
     bed '침대' /bɛd/ [bɛt]   bedden /bɛdən/ [bɛdə]
  b. lip '입술' /lɪp/ [lɪp]   lippen /lɪpən/ [lɪpə]
     kat '고양이' /kɑt/ [kɑt]   katten /kɑtən/ [[kɑtə]
     nek '목' /nɛk/ [nɛk]   nekken /nɛkən/ [nɛkə]
  c. kam '빗' /kɑm/ [kɑm]   kammen /kɑmən/ [kɑmə]
     man '남자' /mɑn/ [mɑn]   mannen /mɑnən/ [mɑnə]
     ring '반지' /rɪŋ/ [rɪŋ]   ringen /rɪŋən/ [rɪŋə]
     nar '바보' /nɑr/ [nɑr]   narren /nɑrən/ [nɑrə]
     bel '벨' /bɛl/ [bɛl]   bellen /bɛlən/ [bɛlə]

(12a, b)의 단수형에서 저해음은 음절의 끝에 있는데, 무성음이어야 한다. 그
것은 저해음이 유성성이거나(12a) 모음 사이에 나타나는 복수형에서와 같은
다른 환경에서 무성(12b)인지에 상관없다. (12a)의 저해음은 다른 환경에서
유성성이기 때문에 그것이 음운적으로, 즉 기저에서(underlyingly) 유성이라
고 가정한다. 다시 말해 (12a)에서 무성성은 그것이 나타나는 환경, 즉 음절
의 끝 위치 탓으로 돌린다.[8]

  그러나 (21c)의 유음과 비음은 모든 환경에서 여전히 유성성이다. 따라서
네덜란드어의 어말 무성음화 규칙은 비-공명 자음이라는 자연부류를 참조
해야 하는데, 다음의 (13)과 같이 공식화될 수 있다:

---

[8] 만일 (12a)의 저해음이 유성음이 아니라 기저에서 무성음이라 가정했더라면 그것이 모
음 사이에서 유성음으로(bedden에서와 같이) 혹은 무성음으로(katten에서와 같이) 표면
에 나타난다는 것을 예측할 수 없었을 것이라는 것을 주목하라. 그러나 기저의 무성 저
해음이 어떤 언어의 모음 사이에서 유성음이 되는 상태가 불가능하다고 생각해서는 안
된다. 그리고 실제로 모음 사이의 유성음화는 아주 일반적인 과정이다.

(13) 네덜란드어 어말 무성화

　　　[-공명성] → [-무성성] / _____]σ

(여기서 '음절의 끝'을 나타내기 위해]σ 를 사용한다)

또한 네덜란드어에서 [+공명성]이 자연부류 역할을 하는 경우를 찾을 수 있다. 네덜란드어는 지소(指小)(diminutive)접미사가 명사에 첨가되는 지소어형성 과정을 갖는다. 그 접미사는 (14)에서 예를 든 것처럼 많은 여러 가지의 이형태(allomorphs)를 갖는다:

(14)　　명사　　　　　　　　　　　　　　　　지소접미사 첨가

　　a. nek　'목'　/nɛk/　[nɛk]　　nekje　[nɛkjə]

　　　 pruik　'가발'　/prœyk/　[prœyk]　pruikje　[prœykjə]

　　b. kam　'빗'　/kɑm/　[kɑm]　　kammetje　[kɑmətjə]

　　c. pruim　'자두'　/prœym/　[prœym]　pruimpje　[prœympjə]

　　　 boon　'콩'　/boːn/　[boːn]　　boontje　[boːntjə]

　　　 haring　'청어'　/haːrɪŋ/　[haːrɪŋ]　harinkje　[haːrɪŋkjə]

　　　 beer　'곰'　/beːr/　[beːr]　　beertje　[beːrtjə]

　　　 uil　'올빼미'　/œyl/　[œyl]　uiltje　[œyltjə]

　　d. ui　'양파'　/œy/　[œy]　　uitje　[œytjə]

지소접미사의 이형태형은 그 접미사가 첨가되는 명사의 음운 형태에 따라서 예측 가능하다. 결정적으로 여기서 우리의 목적을 위하여 앞선 분절음이 [+공명성]((14c)에서는 자음, (d)에서는 모음)일 때에만 [[stop]+jə]형을 취한다((c)에서 폐쇄음은 앞의 자음과 장소동화를 하고; (b)와 (c)의 접미사 형태 사이의 차이는 단어 끝 유음이나 비음을 앞서는 분절음의 속성 때문이라는 것을 유의하라). 이와 같이 [+공명성]은 [-공명성]처럼 분절음의 자연부류를 확인하는 역할을 한다.[9]

---

[9] 이 논의에서 네덜란드어의 지소접미사의 기저형에 관한 어떠한 가정도 하지 않을 것인데, 그것은 약간의 논점이 되어왔다(예를 들어 지소형의 논의에 대해서는 Ewen 1978;

이러한 현상은 또한 자연부류가 두 개 이상의 자질의 결합에 의해 정의될 수 있다는 증거를 제공한다. 예를 들어 (14b)는 (15)의 더 큰 부류를 대표한다:

(15)	명사				지소접미사 첨가	
kam	'빗'	/kɑm/	[kɑm]	kammetje	[kɑmətjə]
man	'남자'	/mɑn/	[mɑn]	mannetje	[mɑnətjə]
ring	'반지'	/rɪŋ/	[rɪŋ]	ringetje	[rɪŋətjə]
nar	'바보'	/nɑr/	[nɑr]	narretje	[nɑrətjə]
bel	'벨'	/bɛl/	[bɛl]	belletje	[bɛlətjə]

[-ətjə] 접미사, 즉 비음과 유음 부류의 선택을 결정하는 분절음의 부류는 앞선 모음의 속성과 더불어 [+공명성, +자음성]의 자질결합에 의해 정의된다.

자연부류 행동의 유사한 증거는 다음에서 확인하는 여러 가지 자질의 정당화에서 인용될 수 있다. 그러나 단지 그러한 증거는 이야기하고 있는 요점과 특별한 관련이 있을 때 고려할 것이다.

(10)의 다음 두 자질, [지속성]과 [유성성]은 여러 가지 주요 부류(모음, 유음, 비음, 저해음) 중에서 좀 더 구별을 하기 위해 사용된다. [+지속성] 소리는 구강도(口腔道)에서 완전한 폐쇄가 일어나지 않는다는 점에서 [-지속성] 소리와 다르다. 저해음 범주([-공명성])에서, 폐쇄된 접근의 협착이 공기흐름을 완전히 차단하지는 않는다는 점에서 마찰음(예를 들어 /f, v, ʃ, ʒ, x, ɣ, ʁ/)은 [+지속성]이다. 반면에 폐쇄음(/p b t d k g q/ 등등)은 [-지속성]이다. 유사하게 [+공명성, +자음성] 범주 내에서 비음(/m, n, ŋ/)은 또한 구강에서 공기 흐름의 완전한 차단이 있다는 점에서 [-지속성]이지만(비록 물론 공기가 비강을 통해 빠져나가서 비음 폐쇄음이 길게 발음될 수 있다하더라도), 반면에 유음은 [+지속성]이다.[10)]

Trommelen 1983; van der Hulst 1984; Booji 1995를 보아라). 여기서 특정 주장의 타당성은 기저형이라기보다는 이형태 [tjə], [pjə], [kjə]는 파생된다는 가정에 의존한다.

기대될 수 있는 바와 같이 [+유성성] 소리는 성대의 진동으로 만들어지는 소리이다. 반면에 [-유성성]은 어떠한 그러한 진동도 없는 소리이다.

이 논의에서 자질을 묶는 것을 묵시적으로 가정했는데([자음성]을 [공명성]과 묶는데 그것은 모두 '주요 부류자질'의 특성을 나타내고, [유성성]을 [지속성]과 묶는데 그것은 '조음방법'을 규정하는 것과 관계가 있다), 그것은 (10)의 모형에서는 어떤 식으로도 반영되어있지 않다. 실제로 자질모형의 내부구조는 꽤 관련이 없어 보인다. 예를 들어 앞에서 본 바와 같이 그 모형에서 자질이 나타나는 순서를 바꾸는 것은 어떤 점에서도 다른 분절음을 만들어 내지 않는다. 그러나 이러한 종류의 묶음이 음운적으로 관련이 있다는 많은 증거가 있다. 즉 이러한 '그룹' 내의 특정 자질값의 결합으로 규정되는 분절음의 집합은 전형적이고 순환적으로 음운과정에서 문제된다. [자음성]과 [공명성] 자질을 다시 살펴보자. 그 자질은 생각나겠지만, (16)처럼 분절음의 '주요부류'를 구분한다.[11]

---

[10] 그래도 측음성 유음은 [-지속성]이라고 주장함을 주목하라. 혀의 양쪽에서 개방된 접근의 협착이 있다해도 그것은 또한 완전한 中央의 협착을 보여주기 때문이다. 이런 주장은 몇몇 언어에서 측음성 유음은 비-측음성 유음과 대조적으로 비음과 함께 자연부류를 형성하는 과정이 있는 것처럼 보인다는 사실을 중시한다. 따라서 Ó Dochartaigh(1978)는 스코트 갤릭어(Gaelic)의 몇몇 방언에서 단모음은 /l, n/앞에서 이중모음화되나 /r/앞에서는 장음화된다는 것에 주목한다. 마찬가지로 Clements (1989)는 영어의 [r]을 쓰는 몇몇 방언에서 prince와 false와 같은 단어는 삽입음 [t]와 함께, 즉 [prɪnᵗs]와 [fɔːˡs]로 실현될 수 있음을 보인다. 그러나 /r/과 /s/사이에서 nurse([nʌrs])처럼 삽입은 불가능하고, 또한 비-측음성 유음이 아니라 비음과 자연부류를 형성함을 보여준다. 이 같은 성질은 측음이 [-지속성]일 수도 있다는 관점을 지지한다. 그러나 다른 과정에서 측음은 비-측음성 유음(예: /r/)과 자연부류들 분명히 형성하고, 따라서 [+지속성]인 것처럼 보인다. 여기서는 자질체계가 어떻게 이런 뚜렷한 변칙을 포착할 수 있는지는 관심을 갖지 않는다.

[11] [-공명성, -자음성] 결합도 또한 형식적으로 가능하다는 것이 관찰될 것이다. [공명성]의 정의가 주어지면 어떤 부류의 분절음이 이 표시에 부여되어야 하는지 알기 어렵다. [-자음성] 분절음(모음)은 원래 공명음인 것처럼 보인다. Chomsky와 Halle(1968)는 사실 그 결합을 [ʔ h]에 할당하지만 이러한 집합의 분절음의 음운적 행동에서 볼 때 그러한 것이 비-자음적으로 간주되어야하는지는 분명하지 않다. §1.3.5에서 [h]의 대안적 설명을 고려할 것이다. 여기서는 어떠한 [-공명성, -자음성] 분절음도 없다고 가정할 것이다.

(16)   O   N/L   V

　　[공명성]   -   +   +

　　[자음성]   +   -   -

('O'는 저해음, 'N'은 비음, 'L'은 유음, 'V'는 모음이다). 이러한 두 자질의 상호작용은 많은 음운현상과 관련이 있다. 다시 말해 두 자질의 다양한 결합은 음운과정에서 빈번하게 나타나는 부류를 정의한다. 게다가 음절 내에서 요소를 순서매김하는 것은 일반적으로 이러한 자질에 의해 결정되고, 따라서 모음([+공명성, -자음성])은 음절의 꼭대기(peak)를 형성하고 저해음([-공명성, +자음성])은 가장자리(margin)를, 모든 유음과 비음([+공명성, +자음성])은 중간(intermediate)이 된다. 따라서 /prɪns/는 적형의 영어 음절이지만 */rpɪsn/은 아니다.

　　[공명성]과 [자음성] 자질은 **공명도층위**(sonority hierarchy: 혹은 공명도 등급)를 결정하고, 이 층위는 음절에 있는 분절음의 행동에 반영된다고 종종 주장된다. 즉 분절음의 공명도가 더 높으면 높을수록 음절의 꼭대기에 더 가깝다(예를 들어 Vennemann 1972; Hooper 1976; Kiparsky 1981; Clements 1990). 그러한 층위는 더 광범위한 역할을 갖고, 때때로 이미 논의된 다른 두 자질, 즉 [지속성]과 [유성성]을 포함한다. 비록 여기서는 상세히 논의하지는 않겠지만 [+지속성] 분절음은 공명도 층위가 [-지속성]보다 더 높고 [+유성성] 분절음은 [-유성성]보다 더 높다. 이것은 모음 사이의 위치에서 폐쇄음이 공명음으로 되는 역사적인 '약화(weakening)' 혹은 연화(lenition)와 같은 과정과 관련지어 확증될 수 있는데, 약화는 폐쇄음 자질의 주변 모음이 갖는 자질과의 점차적인 동화를 수반하고, 그것은 단어 *own*이 다음과 같이 고대영어조어(Pre-Old English)에서 현대영어로 발전하는 것에 의해 예증되는 바와 같다(Lass와 Anderson 1975: 158):

(17) Pre-OE *[aagan] > OE [aaɣan] > ME [ɔwən] > lME [ɔɔn] > MdE /oon/(/oʊn/, /əʊn/ etc.) '자신의'[12]

(17)에서 변화의 각각은 약화 층위에 따른 단계를 나타내는데, 그것은 모음 사이에 있는 연구개음에 대해 (18)의 단계를 수반한다:

(18) k > (x or g) > ɣ > w

이와 같은 과정의 토대 위에서 Lass와 Anderson(1975: 150)은 (19)에서 일반적인 약화 층위를 설정한다[13]:

(19)

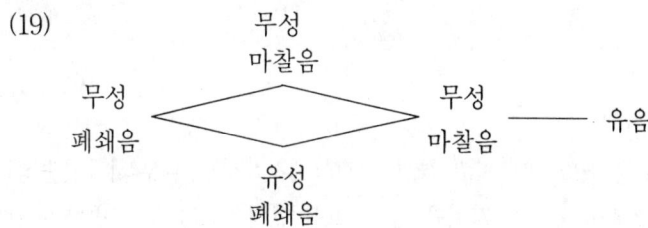

현재 우리가 관심을 가질 필요가 없는 이유 때문에 비음은 일반적으로 모음 사이의 약화과정에 관여하지 않는다는 것을 주목하라. 그러나 공명성 자음의 부류 내에서 공명도와 관련해서 비음의 지위는 음절구조에서의 비음의 행동을 토대로 해서 설정될 수 있다. 즉 유음([+지속성])은 비음([-지속성])보다 성절적 요소에 더 가까운데, 그것은 용인되지 않는 음절 */kml/, */bɑnr/와는 달리 영어의 *kiln*과 *barn*(모음 뒤 위치에서 r을 발음하는(즉 [r] 음을 발음하는) 영어의 방언에서 /bɑrn/)과 같은 음절에 의해 입증되는 바와 같다.

이제 지금까지 고려된 네 개의 자질은 모두 어떤 음운적 규칙성이 밝혀질 수 있는지에 따라서 하나의 그룹을 형성한다는 것을 보았는데, 그것은 다음의 (20)에서와 같이 그 네 개의 자질, 그것만이 공명도에 근거한 현상에 연루되는 부류를 구별해 주기 때문이다.

---

[12] OE = 고대영어, ME = 중세영어, lME = 후기 중세영어, MdE = 현대영어
[13] Lass와 Anderson은 사실 약화는 (17)에서 *own*의 발전에 의해 예증된 바와 같이 아마도 모음단계를 거쳐 결국 탈락을 낳는다고 주장한다. 그러나 당분간 그러한 과정에서 수반되는 자음유형으로 논의를 국한한다.

(20)

	무성 폐쇄음	유성 폐쇄음	무성 마찰음	유성 마찰음	비음성	유음성	모음성
[공명성]	−	−			+	+	+
[자음성]	+	+	+	+	+	+	−
[지속성]	−	−	+	+	−	+	+
[유성성]	−	+	−	+	+	+	+

(여기서 유성성과 무성성의 공명음, 즉 비음, 유음, 모음 사이의 대립은 무시한다).

1.3.2 모음자질

이제 (10)에서 남아있는 네 자질 즉, [고설성], [저설성], [후설성], [원순성]을 살펴보자. *SPE*에서 이러한 자질은, 주로 어떤 언어의 모음을 구별하기 위해 사용되곤 했는데, [고설성], [저설성], [후설성]에 대해서는 모음의 생성에서 혀의 가장 높은 점의 위치에 의해서, 그리고 [원순성]에 대해서는 입술이 둥근가 아닌가에 의해 정의된다. 첫 세 자질의 정의는 혀의 '중립적인' 위치(대략 [ɛ]에 해당하는 위치)를 참고로 하였다. 그래서 [+고설성] 소리는 중립 위치보다 더 높은 가장 폐쇄의 수축을 가지지만, [−고설성] 소리는 그런 수축을 갖지 않으며, [+저설성]과 [−저설성], [+후설성]과 [−후설성]에 대해서도 유사하다.

이런 종류의 체계는 (21)처럼 본질적으로 모음자질을 두 축의 해석으로 간주한다.

```
                    [+고설성]
(21)  [−후설성] ─────────┼───────── [+후설성]
                    [+저설성]
```

위에서 주어진 자질의 집합에서 내재된 주장은 언어는 일반적으로 수직 축에서 세 가지 방식의 대립을 하지만 수평 축에서는 단지 두 가지 방식의 대립을 한다는 것이다. 따라서 [±후설성] 외에 어떠한 별개의 [±전설성] 자질이 없지만 [±고설성]과 함께 별개의 [±저설성] 자질은 있다. 양분 자질의 체계 내에서 고-저 축에서의 세 가지 방식의 대립을 특징짓는 유일한 방법은 다음과 같이 두 가지 가능성을 나타내는 두 자질을 가정하는 것이다:

(22)	[-후설성]		[+후설성]	
	[-원순성]	[+원순성]	[-원순성]	[+원순성]
[+고설성, -저설성]	i	y	ɯ	u
[-고설성, -저설성]	e,ɛ	ø,œ	ɤ,ʌ	o,ɔ
[-고설성, +저설성]	a	Œ	ɑ	ɒ

(예증을 위해 여기서는 어떤 특정 언어의 모음이 아니라, 처음 Daniel Jones 에 의해 만들어 사용된 기본 모음(Cardinal Vowels)을 사용한다(예를 들어 Abercrombie 1967: 10장)). 자질의 정의는 고-저 축을 규정하는 두 자질, 즉 [+고설성, +저설성]의 논리적으로 가능한 네 번째의 결합을 배제한다는 것을 주목하라.

지금까지 논의한 것은 예를 들어 [-고설성, -저설성]의 다양한 쌍 사이를 분명히 구별하지 못함을 고려한다면 다른 자질은 모음의 공간을 특징짓기 위해 필요할 것이라는 것은 분명하다. 이것은 *SPE*의 출판 이래로 주요한 재고의 주제가 되어왔던 영역이고, 따라서 여기서는 관련된 문제의 논의에 약간의 공간을 할애한다.

1.3.3 모음 높이 차원과 관련 문제

(22)에서 [-고설성, -저설성] 모음의 여러 가지 쌍을 구별하기 위한 많은 제안이 있어왔다. 이러한 제안은 다음의 세 개의 주요 그룹으로 나누어질 수 있다: (i) 양분자질 [긴장성]에 의해 각 쌍의 요소 구별하는 그룹, (ii) 높이에서의 차이를 '직접적으로' 반영하려고 하는 그룹, (iii) 여러 쌍의 요소를 구

별하기 위해 [전향설근](advanced tongue root)자질을 도입하는 그룹.

첫 번째 제안은 *SPE*에서 발견되는데, *SPE*에서 그 차이는 긴장음과 이완음의 차이이고, 각 쌍의 긴장모음은 그것의 이완모음 짝보다 '중립적인 혹은 휴식 위치로부터 더 많이 벗어나서 실행'되고, 따라서 '긴장모음에서의 더 많은 조음적 노력은 더 큰 변별성과 조음적 형태가 움직이지 않는 동안 뚜렷하게 더 긴 지속에 의해 더 분명하게 나타난다'(*SPE*: 324-5)고 주장된다. 그러한 구별은 RP영어에서 /iː/와 /ɪ/(예를 들어 *meal* /miːl/과 *mill* /mɪl/), 혹은 Chomsky와 Halle에 의해 주어진 독일어 쌍에서(예를 들어 *ihre* [īrə] '그녀를'과 *irre* [irə] '틀리다', 혹은 유사한 *Huhne* [hūnə] '닭'과 *Hunne* [hunə] '훈(Hun)', 그리고 Chomsky와 Halle는 긴장모음 위의 장음부호에 의해 긴장모음을 그 이완모음 짝과 구별한다는 것을 주목하라)와 같은 아직 고려하지 않았던 몇몇 모음 쌍에도 적용할 수 있다.

이러한 접근은 또한 RP와 같은 체계에서 [-고설성, -저설성] 모음에도 쉽게 적용되는데, RP에서 각 쌍의 요소 사이의 대립은 또한 혀-높이(음질)의 대립일 뿐만 아니라 길이(음량)의 대립이다. 따라서 beat /iː/와 bit /ɪ/에서 두 모음 사이의 구별은 긴장과 이완으로 해석될 수 있는 대립으로, coat /əʊ/와 cot /ɒ/에서뿐만 아니라 mane /eɪ/와 men /ɛ/사이의 대립에서도 마찬가지다.[14) 여기서 행하여지고 있는 중요한 주장은, 말하자면, 두 [-고설성, -저설성] 모음([e]와 [ɛ]) 사이의 음운적 대립의 유형(type)은 말하자면 고설모음 [i]와 두 중설모음 [e] 중에서 더 높은 것 사이나, 혹은 두 중설모음 [ɛ] 중에서 더 낮은 것과 저설모음 [a] 사이에 유지되는 대립과는 다르다는 것이다.

우리가 보아 왔듯이 이러한 설명은 RP와 같은 체계에서는 적절해 보이지만, (적어도) 네 개의 뚜렷한 모음 높이에 관해 이야기하는 것이 합당한 모음체계가 있다고 믿는 사람으로부터 비판에 직면했다. 예를 들어 (23)의 전설-모음(front-vowel) 체계는 스코틀랜드 영어의 몇몇 방언의 체계이다.

---

14 여기서 이러한 쌍 사이의 음운학적 구별은 길이가 아니라 음질의 구별이라는 Chomsky와 Halle의 입장을 따를 것이다. 또한 *main*과 *coat*의 이중모음은 *beat*의 단모음에서와 똑같이 긴장음이라는 것을 주목하라.

(23) *beat*   [bit]
      bit   [bɪt]
      bait   [bet]
      bet   [bɛt]
      bat   [bat]

여기서 여러 가지 모음은 모음 높이에 의해서만 분명하게 구별되는데, 길이에서는 어떠한 차이도 없으며, Chomsky와 Halle에 의해 정의된 것과 같은 긴장음과 이완음의 개념에 조금이라도 의지하는 것은 부적절해 보인다.

이와 같은 체계의 존재는 몇몇 음운학자가 높이 차원을 더 직접적으로 반영하는 체계를 제안하도록 만들었다. 따라서 Wang(1968)은 자질 [저설성]을 [중설성]으로 대치하는데, 그것은 다음과 같이 *SPE*의 세 개가 아닌 네 개의 높이 표현을 허용한다:

(24) $\begin{bmatrix} +고설성 \\ -중설성 \end{bmatrix}$ $\begin{bmatrix} +고설성 \\ +중설성 \end{bmatrix}$ $\begin{bmatrix} -고설성 \\ +중설성 \end{bmatrix}$ $\begin{bmatrix} -고설성 \\ -중설성 \end{bmatrix}$

  /i/   /e/   /ɛ/   /æ/

그러한 형식화는 확실히 네 개의 높이 표현을 허용하지만, 양분자질에 의한 모음 높이의 표현과 관련되는 근본적인 문제가 여전히 있다는 것을 주목하라. 즉 단일의 음성적 차원인 것처럼 보이는 것을 표현하기 위해 (적어도) 두 개의 양분 자질을 사용해야 한다는 사실이다. 즉 /i/-/e/-/ɛ/-/æ/와 같은 연쇄는 단일 등급에서의 점의 집합으로 보일 수 있는데, 이것으로 인하여, 예를 들어, Ladefoged(1975)와 Williamson(1977)과 같은 몇몇 음운학자는 모음 높이의 표현을 위해 양분 자질을 포기하고 (25)에서와 같이 **복합가 수치(multivalued scalar)** 자질을 도입하였다:

(25) /i/   [4 high]

/e/　　[3 high]
/ɛ/　　[2 high]
/æ/　　[1 high]

여기서는 이러한 접근을 뒤쫓아가지는 않을 것이다(그러나 §2.1에서 자질에 대한 논의를 보라). 대신에 이제 영역에서 제안된 세 번째 유형, 즉 [advanced tongue root](이하 [ATR]: 전향설근)이라는 자질의 도입을 살펴볼 것이다.

　[e]와 [ɛ]와 같은 모음 쌍 사이의 차이의 조음적 상관성 중의 하나는 일반적으로 설근의 위치와 관련이 있다는 것이 관찰되어 왔다. 즉 [e]에서 설근은 더 앞으로 향하지만 [ɛ]에서는 더 수축된다. 유사한 관계가 [i]와 [ɪ]사이에서도 유지된다. 이와 같이 두 모음 사이의 차이는 (25)에서 제안된 바와 같이 오로지 혀몸의 상대적 높이만 관련이 있는 것이 아니라 추가의 음성적 지수와 관련이 있다.

　분명하게, 방금 개관한 세 가지 대안 - 여기서는 긴장과 이완, 높이, ATR 접근이라 칭한다 - 중에서 선택은 그 중 하나가 다른 것보다도 음운 체계와 과정에서 실제로 일어나는 것을 더 성공적으로 예측한다는 것을 보일 수 있는지에 달려있다. 즉 [i]와 [e] 사이의 관계가 [e]와 [ɛ] 사이의 관계와 음운학적으로 같다는 것을 보여주는 과정을 발견하게 되면 이것은 (24)에서와 같은 복합가 측정치의 자질인 [고설성]을 지지하는 증거를 제공할 것이다.

　사실 세 가지 접근 모두가 음운이론에서 필요하다고 믿는다. 말하자면 모음체계는 논의된 접근에 의해 제안된 세 가지 방향 중 어떤 것으로도 구성될 수 있고, 따라서 특정 소리체계에서 역할을 하는 음성적 지수의 속성은 문제가 되는 언어의 음운학에 반영된다고 믿는다.

　이것을 [긴장성]과 [ATR]을 더 고려함으로써 예증해 보자. 자질 [긴장성]은, 예를 들어 RP의 음운학에서 역할을 한다는 것을 이미 보았다. 따라서 *bit*에서 /ɪ/와 *look*에서 /ʊ/는 *beat*에서 /iː/와 *Luke*에서 /uː/의 [-긴장성] 짝인데, 그렇지 않으면 그것은 자질구조에 의해 동일하다. RP의 [-긴장성] 모음은 한 부류를 형성한다(그 부류는 /ɪ, ʊ/ 외에 또한 /ɛ æ ʌ ɒ ə/를 포함함)는 사실은 바로 이 집합의 모음은 강세를 받는 음절의 끝 위치에 나타날 수 없지만, [+긴장성] 모음의 집합은 나타날 수 있다는 사실이 드러난다(예를 들어, *bee* /biː/와 */bɪ/).15) 마찬가지로 그것은 /ŋ/ 앞에 나타날 수 있지만, [+긴장성] 모음은 나타날 수 없다(예를 들어 *bang* /bæŋ/은 되지만 *boong* /buːŋ/은 불가능하다).16) 이와 같이 [긴장성]과 같은 자질은 RP와 같은 체계의 분석에 필요하다. 결정적으로, 적어도 /iː/와 /ɪ/사이와 /uː/와 /ʊ/ 사이의 대립과 관련해서 모음체계는 '중심적'이냐 '주변적' 모음이냐에 의해서 구성된다. (26)은 이와 같은 10개의 모음체계 표시를 하는데, 그것은 주변적([+긴장성]) 집합인 /i u e o ɑ/와 중심적([-tense]) 집합인 /ɪ ʊ ɛ ɔ ə/로 이루어져 있다. 저설모음에 대해서 주변성은 더 많은 인두의 수축으로 종종 나타나고, 따라서 주변적인 /ɑ/는 상당히 수축된다는 것을 주목하라.

(26)
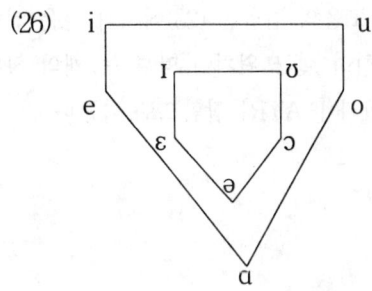

그러한 분석은 고전 라틴어에 대해서 Allen(1973: 132)에 의해 제안되는데

---

15 이러한 제약을 긴장음과 이완음이라는 분명한 음질적인 구별이 아니라 모음 길이에 의해 다루는 것도 또한 가능하다. 3장에서 모음 길이를 논의할 것이다.

16 RP모음 /ʊ/는 사실 영어의 본래 어휘에서 /ŋ/앞에 나타나지 않는다. 그러나 독일어에서 온 *Jung*과 같은 차용어에서 /ʊ/를 발견하지만 /uː/는 발견하지 못하는데(Collins와 Mees 1996: 97), 그것은 그 분석의 타당성을 더 예증해 준다. /ə/의 지위는 더 문제가 된다. /ə/도 또한 /ŋ/ 앞에 나타나지 못하고, 그것이 몇 가지 점에서 그 자체의 집합을 형성한다는 것을 암시하는 다른 음운학적 행동을 보여준다. 그러나 그것이 어떤 음절의 단어 끝에서 강세를 받지 않을 때 이완모음과 형을 이루게 되면 이 집합에 그것을 범주화하는 것이 정당하다고 느낀다.

Allen은 다음과 같이 진술한다: '긴장성은 더 크고 더 "원심성의" 조음 지수를 차지하는 장모음에 대해 책임이 있다'. 그는 라틴어의 체계를 (27)에서와 같이 표시하는데, 여기서 긴장성장모음은 장음부호(ˉ)로 이완성단모음은 단음부호(˘)로 표시한다:

(27)

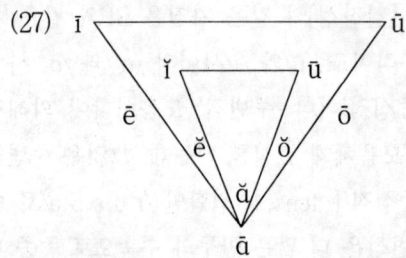

그러나 다른 모음체계는 비록 (26)과 다소 같은 모음을 포함할지라도 아주 다르게 구성된다. 특히 많은 언어는 모음의 집합을 (26)에서와 같은 긴장성과 이완성의 하위 집합이 아니라 오히려 설근 위치에 따른 두 개의 하위 집합, 즉 (28)에서와 같이 [+ATR] 집합과 [-ATR] 집합으로 나눈다:

(28)

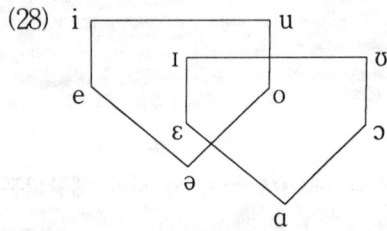

여기서 모음은 /i u e o ə/ ([+ATR])와 /ɪ ʊ ɛ ɔ ɑ/ ([-ATR])로 묶여진다.[17]

---

[17] (28)에서 비-저 후설 모음에 대해 사용된 부호 사이의 관계는 비록 관습적이긴 하지만 어느 정도 임의적이다. 따라서 /ʊ/는 (28)에서 전-후 차원에서 /u/보다 명백히 더 주변적인 모음에 대해서 사용된다. 반면에 (26)에서 이 관계는 뒤바뀐다. 그러나 반대의 선택도 같은 불일치가 유지된다는 점에서 마찬가지로 임의적이지만 전-후에서가 아닌 고-저 차원에서는 그렇지 않다.

이런 식으로 구성되는 10개의 모음체계가 있다는 증거는 **모음조화(vowel harmony)**를 수반하는 과정에서 오는데, 모음조화는 특정 영역, 종종 단어, 내의 모든 모음은 특정 음운적 자질에 대해 같은 값을 가져야 한다는 과정이다. 그러한 하나의 체계는 가나(Ghana)에서 말하는 언어인 아칸어(Akan)의 아슨트(Asante) 방언의 체계인데, 이 방언에서는 단일 단어 내의 모든 모음은 [ATR]에 대해 같은 값을 가져야한다(Strwart 1967, 1983; Clements 1981을 참고). Stewart(1967: 186)는 다음의 예를 제시한다:

(29) [-ATR]   [+ATR]
/wʊbɛnʊmʔ/'그것을 마셔라' /wubenumʔ/'그것을 빨아라'
/ɔːbɛtʊʔ/   '놓으려고 한다' /oːbetu/   '그는 그것을 끌어내려 한다'
/mɪkjɪrɛ/   '나는 본다'   /mitie/   '나는 듣는다'

(29)의 형태는, 아칸어[18]의 비-저(non-low)모음을 포함하고 있는데, 조화과정이 작용함을 보여준다. 즉 왼쪽 칸에 있는 모든 모음은 [-ATR]이지만 오른쪽 칸에 있는 모든 모음은 [+ATR]이다. [-ATR]과 [+ATR]모음이 섞여있는 */wʊbenumʔ/과 같은 형태는 부적형이다.

그러한 조화과정이 어떻게 분석될 수 있는가하는 문제는 터키어와 관련해서 §1.4.2에서 좀 상세하게 되돌아갈 문제로 여기서는 계속 쫓아가지는 않을 것이다. 그러나 방금 개관된 현상은 (26)과 (28)과 같은 체계는 둘 모두 세계의 언어에서 발견될 수 있고, 따라서 긴장/이완과 ATR자질은 둘 모두 우리의 자질 체계의 일부를 형성해야 한다고 주장할 충분한 이유를 제공해준다.

언어의 모음은 (23)에서의 스코틀랜드 영어 자료에 의해 제시된 바와 같이 상대적인 높이에 의해 구성될 수 있다는 견해를 지지할 증거도 또한 찾을 수 있다. 그러한 증거는 어떤 언어의 몇 개의 혹은 모든 모음이 한 '단계'

---

[18] [ATR] 조화체계에서 일반적이듯이 아칸어의 저설모음은 비-저설모음과 다소 다르게 행동하는데 그 이유에 대해서는 여기서 우리의 관심을 필요로 하지 않는다.

위로 혹은 아래로 이동하는 과정으로부터 제시될 수 있다. 예를 들어 영어의
대 모음 전이(Great Vowel Shift)의 효과는 비-고설(non-high) 장모음을 한
단계 위로 이동하는 것으로, (30)에서(Lass 1987: 130에서 인용) 그 변화를
나타내 주는데, (30)은 다양한 중세영어와 초기현대영어(c.1600)의 형태를
보여준다.

(30)		ME		1600
beet		eː	>	iː
beat		ɛː	>	eː
mate		aː	>	ɛː
boot		oː	>	uː
boat		ɔː	>	oː

또한 '한 단계 더 낮은'이라는 개념에 호소하는 과정도 있다. Lindau(1978:
545)는 말뫼(Malmö)에서 말하여지는 스웨덴어 방언인 스카니안어(Scanian)
에서 장모음의 이중모음화가 원래의 단모음보다 한 단계 더 낮은 첫 요소를
낳는 과정이 있다는 것을 진술한다:

(31) /iː/ → [ei]   /yː/ → [øy]   /uː/ → [eu]

  /eː/ → [æe]   /øː/ → [œø]   /oː/ → [ɛo]

  /ɛː/ → [æɛ]

이 절에서 개관된 과정의 범위는 모음체계는 여러 가지 음성학적, 음운학
적 지수에 따라 구성되고, 따라서 자질체계는 모음체계의 구성에서 역할을
하기 위해 발견되는 모든 지수를 기술할 수 있을 정도로 충분해야 한다는
것을 암시한다.[19]

---

[19] §2.5에서 관련된 자질간의 의존 관계라는 관점에서 이들 수치측정 과정을 특징짓는 그
런 방법을 고려한다.

1.3.4 자음자질

지금 우리가 분리한 자질의 세트가 직관적으로 명백한 그룹을 형성한다는 사실은 거의 확인을 필요로 하지 않는다. 즉 모음의 특정 하위 집합을 참조하는 분명히 많은 음운과정이 있다.

자음에 대해 조음장소를 정의하는 자질의 집합에도 매우 똑같은 관찰이 적용되는데, 자음은 (10)의 모음에 대한 자질모형에 포함되어 있지 않았다. (7)을 좀 더 고려해 봄으로써 알게 되듯이 이 집합은 하나의 그룹을 형성한다는 것이 매우 분명하다. (7)이 부적절한 점 중의 하나는 그것이 '조음장소에서의 일치'라는 개념을 조금도 일관되게 표시해 주지 못한다는 것이다. 다시 말해 그것은 [순음성], [치경성], [연구개성] 등의 자질이 하나의 그룹을 형성한다는 것을 보여주지 못한다. 마찬가지로 (10)의 모형도 우리가 구별했던 여러 가지의 자질 그룹을 확인하지 못한다.

이러한 관찰을 형식화하는데서, 특히 '비음은 조음장소를 특징짓는 그룹을 형성하는 모든 자질에서 뒤따르는 자음과 일치한다'는 개념을 형식화하는데서 굉장한 어려움이 있는데, 이것에 대한 논의는 §1.4까지 미룰 것이다. 이 문제는 이 그룹에서 무엇이 자질의 집합을 형성해야 하는지에 관한 일치가 거의 없다는 사실에 의해 더 악화된다. *SPE*-유형의 체계는 말하자면 영어 /t/를 다음과 같은 어떤 모형에 의해 특징지을 것이다:

(32)
$$
\begin{bmatrix}
-\text{공명성} \\
+\text{자음성} \\
-\text{지속성} \\
-\text{유성성} \\
+\text{전방성} \\
+\text{설정성} \\
-\text{고설성} \\
-\text{저설성} \\
-\text{후설성} \\
-\text{원순성}
\end{bmatrix}
$$

[전방성]과 [설정성]의 두 자질은 (33)에서와 같이 주요한 조음장소를 구별
한다:20)

(33)　　순음　치경음　후치경음　경구개음　연구개음　연구개수음　인두음
　　　　p b　　t d　　　　　　　　c ɟ　　　k g　　　q ɢ
　　　　ɸ β　　s z　　　ʃ ʒ　　　ç ʝ　　　x ɣ　　　χ ʁ　　　ħ ʕ

	순음	치경음	후치경음	경구개음	연구개음	연구개수음	인두음
[전방성]	+	+	−	−	−	−	−
[설정성]	−	+	+	−	−	−	−

[+전방성] 소리는 후치경 부근 앞에서 협착으로 만들어지고, [+설정성] 소리
는 혀날이 '중립' 위치 위로 올려져서 만들어진다. 자연부류는 기대되는 계
열에 따라 규정될 수 있다는 것을 언급하는 것 외에는 여기서 그 정의에 대
한 동기를 고려하지는 않을 것이다.

　혀-몸과 혀-뿌리 자음(즉 [−전방성, −설정성])은 (34)에서 볼 수 있는 바
와 같이 '모음' 자질인 [고설성], [저설성], [후설성]을 사용해서 서로 구별할
수 있다:

(34)　　순음　치경음　후치경음　경구개음　연구개음　연구개수음　인두음
　　　　p b　　t d　　　　　　　　c ɟ　　　k g　　　q ɢ
　　　　ɸ β　　s z　　　ʃ ʒ　　　ç ʝ　　　x ɣ　　　χ ʁ　　　ħ ʕ

	순음	치경음	후치경음	경구개음	연구개음	연구개수음	인두음
[전방성]	+	+	−	−	−	−	−
[설정성]	−	+	+	−	−	−	−
[고설성]	−	−	+	+	+	−	−
[저설성]	−	−	−	−	−	−	+
[후설성]	−	−	−	−	+	+	+

조음장소의 표시는 최근 많은 대안적인 제안을 만들어낸 분야로, 여기서는

---

20) 참고를 위해 폐쇄음과 마찰음 계열에서 가져온 주어진 범주의 각각의 표본에 대한 부
　　호를 다음 논의에서 제공할 것이다.

한 가지만 개관할 것인데 그것은 널리 평판을 얻었고 최초의 *SPE* 제안과는
여러 가지 점에서 다르다.

McCarthy(1988: 99)는 *SPE* 제안을 '조음장소이론'을 구현한 것으로 특징
짓는데, 조음장소 이론에서 [전방성] 자질은 수동적인 조음자(후치경 부근
앞에서)에 의해 정의된다. 그는 이것을 '조음자 이론'과 대조를 하는데, 조음
자 이론에서 분절음사이의 구별은 '조음장소에 의해서라기보다는 수축동작
을 하는 능동적인 조음자'에 의해 이루어진다. 조음자 이론에서 주요 조음장
소는 (35)에서와 같이 [순음성], [설정성], [설배성] 그리고 [설근성] 자질에
의해 구별된다:

(35) 순음 치경음 후치경음 경구개음 연구개음 연구개수음 인두음

	p b	t d		c ɟ	k g	q ɢ	
	ɸ β	s z	ʃ ʒ	ç ʝ	x ɣ	χ ʁ	ʔ ħ
[순음성]	+	-	-	-	-	-	-
[설정성]	-	+	+	+	-	-	-
[설배성]	-	-	-	+	+	+	-
[설근성]	-	-	-	-	-	+	+

McCarthy의 조음자와 조음장소이론 사이의 구별과 일치해서 [순음성] 자음
은 양 입술로 만들어지고, [설정성] 자음은 혀날로 만들어지고, [설배성] 자
음은 혀몸(후설면)으로 만들어지고, [설근성] 자음은 혀뿌리로 만들어진다고
말할 수 있다.

(35)가 (33)과 (34)에서 주어진 체계보다 어떤 유리한 점을 갖는가? 우선
[전방성]은 주요 조음장소의 어떤 것을 확인하기 위해 더 이상 사용되지 않
는다는 것을 주목하라. 이것에 대한 한 가지 이유는 *SPE* 방식에서 순음과
치경음의 부류는 [+전방성]으로 특징지어지는 자연부류를 형성하도록 예측
된다는 것이다. Yip(1989: 350)이 지적하듯이 이것은 언어의 음운학에서 순
환부류가 아니고, 설정성과 비-설정성 전방음의 세트(예를 들어 /p ʈ t/)에

영향을 주는 음운과정을 발견하지 못한다. 주요 조음장소의 특성으로 [전방성]을 포기하는 것은 이러한 변칙이 제거된다는 것을 의미한다(곧 보게되듯이, 비록 [전방성]이 설정음의 부류를 하위범주화하기 위해 이 체계에서 여전히 필요하다 하더라도).

[순음성] 자질의 도입은 순음 자음의 부류가 *SPE*에서의 다소 분명치 않은 정의가 아닌 '긍정적인(+)' 특성이 주어지게 허용한다. 즉 '소리를 생성할 때 혀날의 올림을 수반하지 않는 경구개 치경 부근 앞에서의 수축으로 만들어지는 자음, 즉 [+전방성, -설정성] 자음.

이미 언급했듯이 혀몸 자음은 [설배성]으로 특징지어진다. 그러나 (35)에서 [설정성]으로 특징지어진 분절음은 후치경음(예를 들어 /ʃ ʒ/)뿐만 아니라 경구개음(예를 들어 /ç ʝ/)을 포함하도록 확장되었다는 것을 주목하라. 경구개음이 [설정성]이나 [설배성]으로, 아니면 아마도 둘 다로 특징지어져야하는지는 약간의 논란이 있는 주제이다. 보아왔듯이 비록 Chomsky와 Halle는 경구개음을 [-설정성]으로 특징짓는다하더라도 [+설정성]을 혀날의 올림을 수반하는 것으로 정의하는 것과 일치해서 Halle(1997: 6)는 '대다수의 음운학자가 경구개음은 많은 언어에서 치경음과 패턴을 이루기 때문에 [+설정성]이라고 결론짓는다'고 진술하고, 이것이 Halle와 Stevens(1979: 346)가 [+설정성]의 정의를 '경구개와 접촉할 수 있도록 혀의 앞(즉, 혀끝, 혀날, 그리고/혹은 중앙) 부분의 올림'을 수반하는 것으로 다시 형식화하도록 한다고 언급한다. 여기서는 경구개음은 실제로 [+설정성]이라고 가정할 것이다.[21]

---

[21] Halle(1997: §1.2)는 [설정성] 자질과 관련지어 경구개음의 지위에 관한 불확실성은 /ç ʝ/와 같은 경구개 마찰음이 /c ɟ ɲ/와 같은 비-지속음과 다르게 행동한다는 사실 때문이라고 제안한다. 마찰음은 설정음 보다는 후설음으로 행동한다. Halle는 Düsseldorf 근처에서 쓰이는 독일어의 한 방언에서 가져온 과정을 인용하는데 그 방언에서는 연구개 수음 /ʀ/은 설정음 /t s ʃ/앞에서 [x]로 무성음화 되지만 /p f k ç/앞에서는 되지 않는다. 따라서 여기서 /ç/는 비-설정음과 패턴을 이룬다. 이와는 달리 비-지속음(/c ɟ ɲ/)은 일반적으로 후설음이 아닌 설정음과 패턴을 이룬다. Halle는 지속음은 [-설정성]이고 비-지속음은 [+설정성]으로 결론짓고 이것을 조음적인 차이 탓으로 돌린다. 그리고 그는 '경구개' 폐쇄음은 사실 치경-경구개음이라고 주장한다.

따라서 조음자 이론은 주요 조음장소의 각각에 대해 긍정적인(+) 특성화를 허용한다. 그러나 설정 부근에서 지금까지 고려했던 것보다 더 많은 대립이 필요하다는 것은 분명하다. 논의해오고 있는 이론의 어디에서도 아직 고려하지 않은 많은 지수를 수반하는 음운적 구분은 이 부근에서 발견된다.

[전방성] 자질은 조음자 이론에서 일반적으로 유지되지만, [설정성]인 그런 분절음에 제한된다. 즉 [설정성] 분절음은 [+전방성]이거나 [-전방성]일 수 있지만, 설정성이 아닌 분절음은 단순히 [전방성] 자질에 대한 어떠한 명시도 갖지 않는다.[22] 설정음의 상황은 (36)에 보여진다((35)의 집합에 치(dental) 자음과 권설(refroflex) 자음을 첨가하고 경구개음을 [+설정성]으로 간주한다).

(36)	치음	치경음	후치경음	권설음	경구개음
	t̪ d̪	t d		t̢ ɖ	c ɟ
	θ ð	s z	ʃ ʒ	ʂ ʐ	ç ʝ
[설정성]	+	+	+	+	+
[전방성]	+	+	−	−	−

이와 같이 [전방성]의 정의는 유지되지만, 이제 혀날을 능동적인 조음자로 하여 만들어지는 자음에게만 적용된다.

두 개의 다른 자질은, Chomsky와 Halle(1968)에 의해 처음에 제안되었는데, 여러 가지 설정성 분절음 사이를 좀 더 구별해 준다. 이러한 것은 [치찰성]과 [분포성]이다.

[치찰성] 자질은 수반되는 '고주파 소음'의 상대적인 양의 토대 위에서 마찰음 부류의 여러 가지 요소를 구별한다. 따라서 [s z ʃ ʒ]와 같은 소리는 상대적으로 많은 양의 고주파 소음을 가지고, 그것의 짝인 [θ ð ç ʝ]와는 반대로 [+치찰성]이다. 비록 이러한 자질이 장소에 의해 정의되지는 않지만 여기

---

[22] §2.2에서 분절음과 관련 없는 자질의 개념이 어떻게 공식화될 수 있는지 하는 문제를 고려할 것이다.

에 그것을 포함한다. 왜냐하면 그것은 설정 부분의 자음을 하위범주화하는
데 기여하기 때문이다. 그것의 음운적 관련성은 (37)에서 예증된 것과 같은
과정에서 보여질 수 있다:

(37) a. masses	MASS+PL	/mæsəz/		b. moths	MOTH+PL	/mɒθs/
buzzes	BUZZ+PL	/bʌzəz/		lathes	LATHE+PL	/leɪðz/
coshes	COSH+PL	/kɒʃəz/				
edges	EDGE+PL	/ɛdʒəz/				

영어 복수형의 형성에서 (37b)의 [-치찰성] 마찰음 뒤에서 보다 (37a)의
[+치찰성] 마찰음 뒤에서(방언에 따라서 /-əz/나 /-ɪz/) 접미사의 다른 형태
를 발견한다.

치찰성은 파열음23)과 직접적으로 관련이 있는 것처럼 보이지 않는데,
(38)은 치찰성이 설정음의 집합을 어떻게 더 하위범주화 하는지를 보여준다:

(38)	치음	치경음	후치경음	권설음	경구개음
	θ ð	s z	ʃ ʒ	ʂ ʐ	ç ʝ
[설정성]	+	+	+	+	+
[전방성]	+	+	−	−	−
[치찰성]	−	+	+	+	

[+분포성] 소리는 자음의 협착이 '상대적으로 긴' 소리이다. 이 자질은
[+분포성]인 혀날(설단의)소리를 [-분포성]인 혀끝(설첨의) 소리와 구별하
고, [+분포성]인 비-권설음 소리를 [-분포성]인 권설음과 구별하기 위해 종
종 사용된다.

[분포성] 자질은 종종 다소 만족스럽지 못하다고 보여진다(예: Keating

---

23 그러나 Jakobson 등(1951: 24)은 조음장소와 상관없이 파열음을 폐찰음과 구별하기 위
해 [치찰성] 자질을 사용한다는 것을 주목하라.

1991). 한편으로는 음성적 정의가 완전히 적절하다는 것은 분명하지 않으며, 다른 한편으로 [+분포성] 자음이 [-분포성] 자음과는 반대로 한 부류로 기능을 할 수 있다는 증거는 제한된다. 그러나 Pullyblank(1989: 384-5)는 (39)에 주어진 네 개의 설정 폐쇄음을 갖는 호주어에서의 과정을 인용한다:

(39)   설단치(간)음   설첨치경음   설첨후치경음   설단경구개치경음

        ḍ   d   ḍ   ɟ

Pullyblank는 Dixon(1980: §6.4)을 따라서 경구개음과 치(간) 폐쇄음은, 혀날(설단) 소리인데, 혀끝(설첨)소리인 치경과 구개치경 폐쇄음과는 대조적으로 이러한 언어의 음운과정에서 함께 패턴을 이룬다. 이러한 종류의 그룹화는 [분포성] 자질에 의해 만족스럽게 특징지어질 수 있다. 이와 같은 사실에 비추어 비록 그것이 폐쇄음에 대해서만 사용될 필요가 있다고 생각된다하더라도 여기에 [분포성]을 포함하고, 마찰음에 대해서는 [치찰성]이 언어에서 발견되는 대립을 특징짓기 위해 충분하다. (40)은 [분포성]이 폐쇄음의 설정성 계열을 어떻게 하위범주화 하는지를 보여준다[24]:

(40)	설첨치음	설단치음	설첨치경음	설단치경음	권설음	경구개음
	t̪ d̪	t̪ d̪	t d	t̪ d̪	t ḍ	c ɟ
[설정성]	+	+	+	+	+	+
[전방성]	+	+	+	+	−	−
[분포성]	−	+	−	+	−	+

[+분포성]과 [-분포성] 분절음 사이의 구별은 둘 다 설단음이거나 설첨음일 수 있는 치음과 치경음 사이의 구별과는 독립되어 있다는 것을 주목하라. 그러나 언어는 말하자면 설단치음이 설단치경음과 대조를 이루지 않고, 따라

---

[24] 혀끝소리를 혀날소리와 구별부호 ̪와 ̩로 각각 구별한다.

서 /t̪/와 /t/ 둘 다를 갖는 언어에서 그 두 폐쇄음은 장소에 의해 구별될 뿐만 아니라 설단성과 설첨성에 의해 구별할 것이라고 일반적으로 주장한다. 따라서 [분포성]은 그 둘 사이의 차이를 특징짓기 위해 사용할 수 있다.

다음은 개개의 자질에 대한 논의의 결론이다. 물론 추가 자질, 특히 세계의 언어에서 이용되는 여러 가지 공기흐름 장치(즉, 폐, 성문, 연구개 장치)를 특징짓는 자질, 그리고 여러 발성 유형(유성성, 무성성, 쉰 소리(breathy)와 삐걱거리는 소리(creaky), 그리고 기식성)과 성조의 대조를 특징짓는 자질이, 음운 기술에서(§1.3에서의 참고) 필요할 것이라는 것은 분명하다. 논의 과정에서 필요하게 되면 그리고 필요할 때 이러한 것을 소개할 것이다.

1.3.5 그룹화의 특성

이제 음운 기술에서 사용될 수 있는 자질의 집합을 확인했고, 또한 이러한 자질이 그룹으로 조직될 수 있다는 것을 암시하는 몇 가지 증거를 밝혀냈다. 자질의 그룹화에 대한 증거는, 예를 들어, 약화와 같은 층위-관련 과정에서 발견될 수 있지만 또한 두 개 이상의 자질 모두가 어떤 음운학적 과정에서 같이 역할을 하고, 따라서 하나의 자연부류를 형성하는 분절음의 부류를 정의하는 경우에서도 발견될 수 있다. 따라서 (15)에서 [공명성]과 [자음성]은 이러한 식으로 행동한다는 것을 보았고, 네덜란드어 명사의 마지막 분절음에서, 다른 것 중에서, [+공명성]과 [+자음성] 값의 결합이 하나의 약음인 슈와(schwa)가 지소접미사 앞에서 삽입될 것이라는 것을 결정한다.

유사한 증거는 비음 장소동화 과정에서 발견될 수 있는데, 그 과정은 §1.2에서 상당히 길게 논의했지만, 위에서 전개된 자질에 의한 동화의 공식화는 아직까지 고려하지 않았다.[25] (7)의 직접적인 '변환'은, 비음동화를 공식화하는 마지막 시도인데, (41)을 만들어 낼 것이다:

---

[25] 이러한 논의를 위해서 조음자 이론에 기초한 체계가 아닌 조음장소를 특징짓기 위해 *SPE*에서 제안된 자질체계를 이용한다.

(41)

$$[+\text{비음성}] \rightarrow \left\{ \begin{matrix} \begin{bmatrix} +\text{전방성} \\ -\text{설정성} \end{bmatrix} & / \underline{\quad\quad} & \begin{bmatrix} +\text{전방성} \\ -\text{설정성} \end{bmatrix} \\ \begin{bmatrix} +\text{전방성} \\ +\text{설정성} \end{bmatrix} & / \underline{\quad\quad} & \begin{bmatrix} +\text{전방성} \\ +\text{설정성} \end{bmatrix} \\ \begin{bmatrix} -\text{전방성} \\ -\text{설정성} \end{bmatrix} & / \underline{\quad\quad} & \begin{bmatrix} -\text{전방성} \\ -\text{설정성} \end{bmatrix} \end{matrix} \right\}$$

따라서 이와 같은 장소동화에서 [전방성]과 [설정성]은 기대할 수 있는 바와 같이 하나의 그룹을 형성한다.[26)]

이와 같은 예는 증가될 수 있을 것이고, 자질 그룹화의 추가 증거를 제공해 주는 다른 종류의 음운학적 행동을 확인할 수 있다. 예를 들어 많은 언어에서 /h/는 그것이 특정 자질그룹, 즉 조음장소를 특징짓는 자질이 없다는 점에서 '결함이 있는(defective)' 분절음이라 주장해 왔다. 다시 말해 /h/는 어떠한 독립적인 조음장소를 갖고 있지 않으나 뒤따르는 모음으로부터 이러한 자질에 대한 명시를 얻게된다. 예를 들어 영어의 *heat* /hiːt/에서 조음자는 /h/의 생성 중에 뒤따르는 고설성 모음의 위치를 택하지만, *harp* /hɑːp/에서 /h/의 조음은 아주 다르다.

자질 그룹화가 음운학에서 그 정도로 중요한 역할을 한다면 이것이 어떤 식으로 공식화되어야 한다는 것은 분명하다. 다시 말해 *SPE* 접근에서 발견되는 자질의 단순한 나열은 그것이 자질의 그룹화에 관한 우리의 주장을 반영하는 그런 방향으로 조직화되어야 한다.

아마도 가장 직접적인 해결책은, 원래 Lass와 Anderson(1975)과 Lass(1976)에서 제안된 것인데, 자질모형을 하위모형, 즉 **동작(gestures)**으로 단순히 나누는 것일 것이다. 따라서 **범주동작(categorial gesture)**과, 이것은 [공명성], [자음성], [지속성], [유성성] 자질을 포함하고, 즉 분절음의 상대적인 공명도 표현에 수반되는 것처럼 보이는 자질의 그룹이고, **장소동작**

---

[26] 모음자질 [고설성], [저설성], [후설성], [원순성]이 그 과정을 완전히 기술하는데 또한 필요할 것이다. 간단히 하기 위해 여기서는 이러한 자질을 생략한다.

(place gesture)을, 이것은 모음의 공간을 특징짓고 자음의 조음장소를 규정하는 자질을 포함하는데, 구별할 수 있다. 그러나 [공명성]과 [자음성]은 [지속성]과 [유성성]보다 서로 더 밀접하게 연관되고, 또 그 역이라고 주장한다고 하면 범주 동작은 추가의 하위구분을 보여주어야 할 것이다. 이러한 것을 **주요부류(major class)**와 **방법(manner)** 동작이라 부르자. 영어에서 /θ/의 자질모형은 (42)와 같이 표시한다:[27]

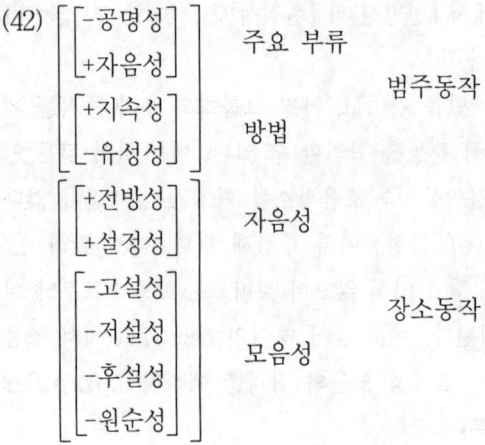

(42)

	공명성		

$$(42)\quad \begin{bmatrix} -공명성 \\ +자음성 \end{bmatrix} \text{주요 부류}$$

주요 부류   범주동작

방법

자음성

장소동작

모음성

그러나 음운학의 최근 연구에서 그룹화라는 개념은 (42)에서 주어진 것과는 다소 다른 표기 규약의 집합으로 나타내어 왔다. 더욱이 사용된 술어도 다르다. §1.4에서 소개할 **자립분절음운론(autosegmental phonology)**의 모델 내에서 분절음은 최근에 **자질수형도(feature geometry)**, 즉 (11)에서 소개했던 것과 유사한 수형 같은 구조에 의해 표시되어 왔다:

---

[27] 설명의 편의를 위해 우리가 소개했던 자질의 하위 집합으로 국한한다는 것을 주목하라. 더욱이 (42)와 (43)에 성조와 발성을 특징짓는 자질을 합치는 것을 고려하지 않는다.

(43)

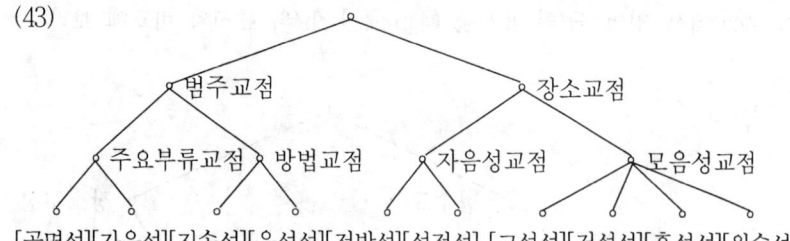

[공명성][자음성][지속성][유성성][전방성][설정성] [고설성][저설성][후설성][원순성]

비록 (42)와 (43)이 아주 달라 보여도 분절음의 구조에 대한 주장과 전적으로 동등하다는 것을 주목하라. 그리고 (42)와 같이 명칭이 붙은 조직과 (43)과 같은 수형 구조(즉 자질수형도)는 표기상의 변이형이다.

(43) 유형의 수형도 구조를 지지하는 분명한 제안은 Clements(1985)가 처음으로 하였고, 그 이후에 많은 출판물에 의해 발전되어 왔다(예를 들어, Sagey 1986, McCarthy 1988, Clements와 Hume 1995, Pulleyblank 1995). (43)의 특정 구조는 (42)의 동작 표시가 수형도 상의 표시로 어떻게 '변환'될 수 있는가를 보이기 위한 것이다. 수형도 음운학 내의 제안은 여러 가지 점에서 (43)과 다른데, §1.4에서 관련되는 본질적인 몇 가지 문제의 논의로 돌아갈 것이다. 여기서는 단지 (43)의 수형도의 특정 형태보다는 수형도적 접근 내에서 분절음 구조의 성질에 관해 이루어진 일반적인 주장만 살펴볼 것이다.

(43)과 같은 수형도에서 자질은 교점(NODES: 조그만 원으로 표시된)에 대한 명칭으로 보여지고, 자질을 합치는 모델에서와 같이, 더 높은 교점 아래로 함께 그룹지어진다. 이러한 더 높은 교점은, **부류교점(class nodes)**으로 일컬어지는데, 그것이 음운규칙에서 단위로 행동할 수 있다는 점에서 본질적으로 동작과 하위동작과 같은 지위를 갖는다. 다시 말해 특정 부류 교점 아래로 그룹 지어진 자질의 집합은 음운규칙에서 도움을 요청 받을 수 있는, 그것은 동작과 하위동작을 형성하는 자질의 집합이 도움을 요청 받을 수 있는 것과 마찬가지이다. 마찬가지로 분절음은 한 개나 그 이상의 교점이 없을 수도 있고, 따라서 모든 자질은 문제의 교점에 의해 지배를 받는다. 예를 들

어 (44a)에서 영어 /θ/의 표시를 (44b)에서 /h/의 표시와 비교해 보라:

(44) a.

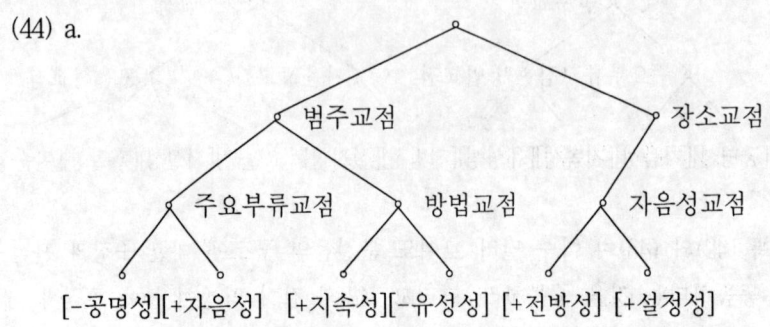

[-공명성][+자음성] [+지속성][-유성성] [+전방성] [+설정성]

b.

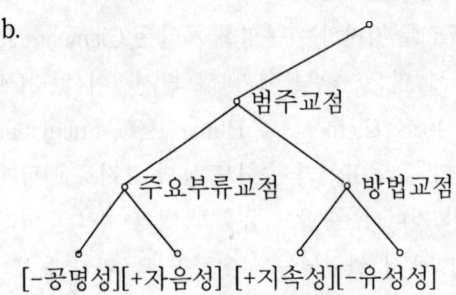

[-공명성][+자음성] [+지속성][-유성성]

/h/에 대한 표시는 장소 교점이 없고, 따라서 그 교점에 의해 지배되는 어떤 자질도 나타내지 않는다. 반면에 /θ/와 /h/는 그 범주교점에 의해 지배되는 그런 자질에 대한 동일한 명시를 갖는다.[28]

　(42)와 (43)과 같은 구조는 음운규칙에서 자질의 그룹을 참조하게 하는 것은 분명하다. 실제로 여기서 제안된 특별한 그룹화를 참고하는 규칙을 발견한다면 그것으로 제안된 하위구분에 대한 지지를 제공하는 셈이 된다. 그러나 이러한 구조가 음운규칙의 작용에서 어떻게 역할을 하는지에 관한 문제는 아직 역점을 두어 다루지 않았는데, 이제 그것에 대한 문제로 돌아갈

---

[28] 여기서는 더 나아가서 /θ/와 /h/는 모음 교점이 없다고 가정할 것이다. 예를 들어 모음과 자음의 장소 자질에 대한 논의를 보기 위해서는 Kenstowicz(1994: §9)와 Clements와 Hume(1995)을 보라.

것이다.

1.4 자립분절음운론

다시 (41)에서의 비음 장소동화의 공식을 살펴보자. 이 공식은 적어도 세 가지 점에서 부적절하다는 것은 분명하다. 첫째로, 그것은 관련된 두 자질이 하나의 그룹을 형성한다는 것을 보여주지 않는다. 둘째로, 그것은 규칙에 의해 바뀌어진 자질 각각에 대한 값은 비음이 동화하는 분절음에서 상응하는 자질 값과 같아야 한다는 것을 보여주지 못한다. 셋째로, 위의 (9)에서와 마찬가지로 (45)와 같은 규칙을 갖지 못하게 할 어떤 것도 없다:

$$(45) \quad [+\text{비음성}] \rightarrow \begin{cases} \begin{bmatrix} +\text{전방성} \\ -\text{설정성} \end{bmatrix} / \underline{\quad} \begin{bmatrix} +\text{공명성} \\ -\text{자음성} \end{bmatrix} \\ \begin{bmatrix} +\text{전방성} \\ +\text{설정성} \end{bmatrix} / \underline{\quad} \begin{bmatrix} +\text{고설성} \\ +\text{공명성} \end{bmatrix} \\ \begin{bmatrix} -\text{전방성} \\ -\text{설정성} \end{bmatrix} / \underline{\quad} \begin{bmatrix} -\text{원순성} \\ -\text{유성성} \end{bmatrix} \end{cases}$$

(45)는 형식적으로 꼭 (41)만큼 표현하기가 쉽다.

  (41)에 대한 첫 두 반대와 관련해서, 표현하려고 하는 원칙은 장소 동작의 자질은 두 분절음에 대해 동일해야 한다는 것이다. 그러나 지금까지 사용해 오고 있었던 표기 유형에 의해서 이러한 원칙을 공식화하는 것은 아마도 놀랄 정도는 아닐지라도 간단하지 않다. 즉 (46)에서와 같이 '그리스 문자 변항'의 사용을 수반하는 시도가 제의되어져 왔다하더라도 동일성(identity)이라는 개념을 표현하는 분명한 방법이 없는데, (46)에서 각각의 자질은 하나의 변항에 의해 결속된다(예: *SPE*: 352 참조):

(46) [+비음성] → $\begin{bmatrix} \alpha전방성 \\ \beta설정성 \end{bmatrix}$ / ___ $\begin{bmatrix} \alpha전방성 \\ \beta설정성 \end{bmatrix}$

특별한 그리스 문자 변항의 사용은 문제의 자질에 대한 동일성을 나타내고, 이러한 규약을 합치는 것은 (47)에서와 같이 그리스 문자 변항 규약의 영역을 특정 부류 교점에 의해 지배되는 모든 자질까지 연장함으로써 (41)에 대한 두 번째 반대를 해결한다:

(47) [공명성] → α[장소] / ___ α[장소]

그러나 그런 선형적인 공식은, 이와 같은 장치에 의해 처리되더라도, 그 공식이 위에서 제기된 세 번째 반대를 처리할 수 없다는 점에서 동화과정을 특징짓기에 조금도 적절하지 않다. 또한, 예를 들어 (47)의 환경에서 [장소]를 [범주]로 대치하는 것을 막을 어떤 것도 없다.

(47)에서 특징짓지 못하고 있는 것은 동화의 경우에서 자음을 앞서는 비음이 전파(SPREADING)라 일컬어지는 과정에 의해 자음으로부터 조음장소에 대한 명시를 받는다는 사실이다. 즉 그것은 장소를 특징짓는 독립적인 자질의 집합을 갖는 것이 아니라 그것의 장소 자질을 뒤따르는 자음과 '공유(shares)'한다. (48)은 이것의 공식인데, 비-선형적인 자립분절음운론의 규약을 사용하고 있다(예: Goldsmith 1976, 1990; Clements 1977):

(48)

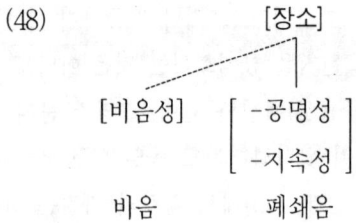

이 공식에서 이 환경에 있는 두 자음은 조음장소에 대한 단일의 명시를 공

유한다는 사실이 명료해진다. 동화의 '방향'은 (48)에서 점선에 의해 표시된다. 즉 폐쇄음과 연결된 장소 동작의 자질은 폐쇄음에서 비음으로 전파한다.

이와 같은 경우는 자립분절음운론 이론의 토대를 제공한다. 여기서 다른 자질과는 **독립적으로**(따라서 그 이론의 이름) 작용하는 자질의 한 집합(장소자질)의 예가 있다. (48)의 장소 자질과 관련해서, 단지 하나의 명시(즉 단일 **자립분절음(autosegment)**이 있다. 반면에 모든 다른 자질에 대해서는 두 개로 명시가 되고, 따라서 두 개의 분절음이 있다. 그러므로 다른 것 중에서도 자립분절음운론은 두 분절음이 하나의 자질이나 자질의 그룹에 대해 같은 명시를 반드시 공유하는 경우의 특성화와 관련이 있다.

이것과 관련해서 아마도 *chamber*와 *linger*와 같은 단어들은 비음 장소 동화를 보여주는데, 하나의 저해음이 뒤따르는 측음을 포함하는 영어의 단어와 비교해 보는 것이 유용할 것이다. 언뜻 보기에 (49)의 형태는 그러한 형태가 위에서 논의된 비음과 같은 식으로 행동하지 않는다는 것을 시사한다:

(49) gulp   [gʌlp]
      kilt   [kɪlt]
      milk   [mɪlk]

(49)의 모든 경우에서 측음은, 음운학적으로 치경음인데, 음성학적으로 치경음으로 실현되고, 따라서 영어는 앞서 논의된 비음 장소동화 규칙과 같은 유형의 '측음 장소동화' 규칙을 갖지 않는 것처럼 보인다.[29] 이것은 *kilt*에서 자음의 연쇄가 어떻게 표시되어야 하는가 하는 문제를 일으킨다. 물론 /l/과 /t/는 같은 조음장소를, 따라서 장소 동작에서 같은 자질을 가지지만 /t/가 치경음이기 때문에 /l/은 치경음이 아니다는 것은 사실이다. 오히려 /l/은 (49)에서 보는 바와 같이 '그 자신의 권리로' 치경음이다. 따라서 (48)과 같은 유형의 표시에서 장소 동작에 대해서 비록 동일하지만 별개의 명시를 /l/

---

[29] /l/은 그런 환경에 있는 영어의 많은 방언에서 연구개음화된다는 것을 주목하라. 그러나 이것은 바로 그 문제에 영향을 주지 않는다.

에 부여해야 하는 듯이 보일 수도 있다:

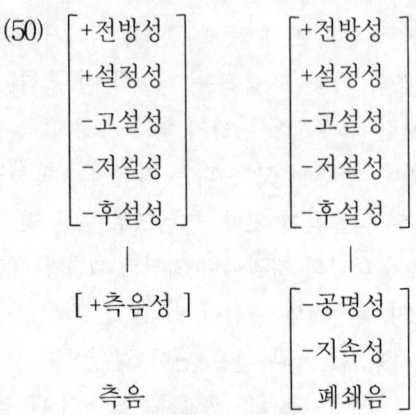

(50)
$$\left[\begin{array}{l}+\text{전방성} \\ +\text{설정성} \\ -\text{고설성} \\ -\text{저설성} \\ -\text{후설성}\end{array}\right] \qquad \left[\begin{array}{l}+\text{전방성} \\ +\text{설정성} \\ -\text{고설성} \\ -\text{저설성} \\ -\text{후설성}\end{array}\right]$$

$$|\qquad\qquad\qquad |$$

$$[\ +\text{측음성}\ ] \qquad \left[\begin{array}{l}-\text{공명성} \\ -\text{지속성} \\ \text{폐쇄음}\end{array}\right]$$

$$\text{측음} \qquad\qquad$$

(여기서 [측음성]이라는 자질을 도입하는데, 그 기능이 분명해질 것이라는 것을 주목하라).

그러나 (50)과 같은 표시와 관련되는 적어도 세 가지 문제가 있다. 첫째로, (50)이 적형의 음운표시인지, 즉 특정 동작에 대해 연속적인 동일 명시가 '필수굴곡원리(Obligatory Contour Principle)'로 알려진 것에 의해 결국 합쳐져 (48)과 더 닮은 구조를 낳는지에 관한 많은 논의가 있어왔다(예: Odden 1988, Yip 1988). 둘째로, 영어의 측음이 기저에서 모두 장소 자질을 갖는 것으로 명시되어야 하는지에 관한 문제가 일어난다. 영어는 단지 하나의 측음, 즉 /l/만을 가지며 따라서 조음장소는 [+측음]인 분절음에 대해서 변별적이지 않다 - 그 조음장소는 항상 예측 가능하다. 따라서 (50)의 표시에 측음에 대한 자질 명시를 포함하는 것은 적절해 보이지 않을 것이다. §2.2에서 미명시(underspecification)의 개념을 소개할 때 이러한 견해로 돌아갈 것이다.

여기서 세 번째 문제에 약간의 공간을 할당한다. 영어는 측음에 영향을 주는 어떠한 동화과정도 갖지 않는다는 것이 완전히 사실인 것처럼 보이지 않는다. 다음 (51)의 형태를 고려해 보아라:

(51) health   [hɛl̯θ]

     kilt   [kɪlt]

     Welsh   [wɛl̯ʃ]

(수축된 치경 측음을 표시하기 위해 [l̯]을 사용한다). (51)의 형태는 영어에서 꽤 일반적인 것으로 보인다(그렇다하더라도 많은 화자는, 특히 뒤따르는 구개치경 마찰음 /ʃ/의 경우에, 전혀 중앙의 폐쇄를 갖지 않음을 주목하자). 따라서 측음 동화과정이 있는 것처럼 보이는데, 그것은 뒤따르는 자음이 설정성 저해음일 경우에 국한된다. 이러한 현상은 고려해 온 두 가지 측면을 추가로 지지해준다. 첫째, 전파의 다른 경우가 있으며, 둘째, [설정성]을 (35)에서와 같이 주요 조음 유형 중 하나로 취급하도록 하는 추가 증거를 밝혀냈다. 즉 여러 가지 [+설정성] 분절음([전방성], [치찰성], [분포성])을 구별하는 자질은 하나의 그룹을 형성하는데, 이러한 자질 모두와 그들만이 (51)의 전파과정에 관련이 있는 것처럼 보이기 때문이다. 따라서 [설정성]교점은 영어의 측음 장소동화 과정에서 전파하는 것으로, (52a)의 공식을 낳는 반면에, (52b)와 같이 설배성 분절음은 측음에 전파하지 않는다고 주장할 수 있다:

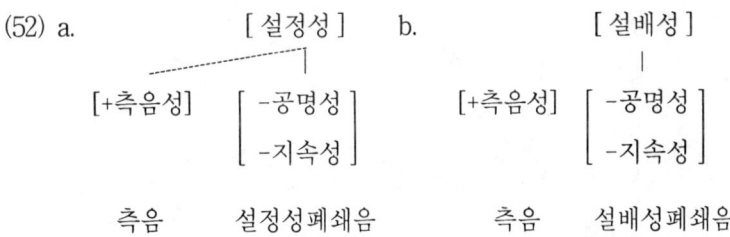

여기서 이 공식은 아주 시험적인 것이라고 강조하는데, 그것은 이 장의 나머지와 2장에서 고려할 이론적인 발전에 비추어볼 때 쉽게 수정될 것이다. 그러나 그것은 이러한 이론적인 발전에 기여해왔던 여러 종류의 고려를 이해하는데 도움을 주기 때문에 여기에 그것을 포함시킨다.

이제 자립분절음운론에 대하여 더 상세한 설명으로 넘어갈 것인데, 그것
이 *SPE*와 어떤 면에서 다른가에 대한 고찰로 시작할 것이다.

*SPE*에서 음운적 표시는 단선적인 분절음의 줄(strings)로 여겨지는데,
여기서 분절음은 **구조화되지 않고(unstructured)**, **순서매김이 없고
(unordered)**, **중복되지 않는(non-overlapping)** 양분(binary) 자질의 집
합이다:

(53) $$\begin{bmatrix} +F \\ -G \\ +H \end{bmatrix} \quad \begin{bmatrix} -F \\ -G \\ +H \end{bmatrix} \quad \begin{bmatrix} +F \\ +G \\ +H \end{bmatrix} \quad \begin{bmatrix} +F \\ +G \\ +H \end{bmatrix}$$

본 것처럼 자질그룹화라는 개념의 도입은 분절음에 어느 정도의 구조를
부여한다.

어떤 모형 속에 있는 자질은 연쇄적으로 순서매김이 되어 있지 않다는 주
장은 (54)에서와 같이 단일의 분절음은 특정 자질에 대해서 두 개의 값을 가
질 수 없다는 것을 함축한다. 이것이 변칙적인 명시로 이끌 것이기 때문이
다:

(54) $$\begin{bmatrix} +공명성 \\ +자음성 \\ +비음성 \\ -비음성 \end{bmatrix}$$

언뜻 보기에 왜 단일자질에 대해 반대의 값을 갖는 자질 명시가 모든 경우
에서 바람직한지는 분명하지 않다. 그러나 전비음화된(prenasalized) 자음,
폐찰음(위의 논의 참조)과 굴곡성조(contour-toned)의 모음과 같은 **굴곡분
절음(contour segments)**과 관련된 많은 현상이 있는데, 그것은 단일 분절
음이 단일자질에 대해 두 개의 - 아마도 연쇄적으로 순서화된 - 명시를 가

질 수 있는 것의 바람직함을 지적하는 것처럼 보인다. 굴곡 분절음이란 용어
는 언어의 음운학에서 단일 분절음으로 역할을 하는 것처럼 보이는 별개의
두 '사건'을 기술하기 위해 일반적으로 사용된다. 따라서 폐찰음은 폐쇄 상
(phase) 뿐만 아니라 개방 상도 보여주지만, 음운학적으로는 단일 분절음으
로 행동한다. 유사하게 전비음화된 자음은 비강 상뿐만 아니라 구강 상도 포
함하지만, 음운학적인 이유 때문에 두 자음의 연쇄로 해석되지 않는다. '굴
곡 성조'는 하강이나 상승 성조 유형을 각각 고성조+저성조(H+L)의 연쇄
나 저성조+고성조(L+H)의 연쇄로 해석하는 것을 기술하기 위해 사용된다.
그러한 성조 유형은 단일의(단(short)) 모음과 연결될 수 있기 때문에 단일
분절음과 연결되는 분명히 연쇄적으로 별개의 두 자질명시를 또한 갖는다.

음운학에서 이러한 유형의 현상과 관련되는 예로서 Anderson(1976)이 제
시하는 (55)의 아피나이에(Apinayé)어의 형태를 살펴보자:

(55) a. [V b d V]   b. [V b V]

　　　 [Ṽ m d V]   [Ṽ m̂b V]

　　　 [V b n Ṽ]   [V b̂m Ṽ]

　　　 [Ṽ m n Ṽ]   [Ṽ m Ṽ]

이러한 형태는 아피나이에어 자음의 비음성은 인접 모음의 비음성에 달
려있다는 것을 예증한다.[30] (55a)의 형태는 두 연쇄에서의 첫 번째 자음이
앞선 모음으로부터 두 번째 자음이 뒤따르는 모음으로부터 비음성에 대한
명시를 받는다는 것을 보여준다. 따라서 이 경우에 각각의 자음은 비음성에
대해 단지 하나의 명시를 갖는다. 그러나 (55b)에서 단지 하나의 모음 사이
의 자음만 있을 때 무엇이 일어나는지를 보게 된다. 만일 두 모음이 비음성
에 대해 같은 값을 가진다면 어떠한 문제도 없다 - 즉 그 자음이 같은 값을

---

[30] 엄밀히 말해서 (55)의 자료는 단지 모음과 자음의 비음성이 그 관계의 방향성을 보여주
기보다는 독립적이지 않다는 것을 보여준다. 이러한 현상의 상세한 논의에 대해서는
Anderson(1976)을 보라.

가진다. 그러나 모음이 반대 값을 가지는 경우에 두 모음은 전비음화되거나 후비음화되는(postnasalized) 폐쇄음을 주기 위해 그 값을 전파하는 것처럼 보인다. 직관적으로 여기서의 원칙은 아주 분명하다. 즉 그 자음의 첫 번째 부분은 앞선 모음으로부터 비음성 명시를 받고, 두 번째 부분은 뒤따르는 모음으로부터 비음성 명시를 받는다. 그러나 그러한 사태는 *SPE*의 형식에서는 표현하기 어려운데, *SPE*는 (56)과 (57)에서와 같이 분절음 내에서의 연쇄 변화를 표현하기 위해서 두 개의 별개의 규칙과 함께 [전비음화]와 [후비음화]와 같은 자질의 도입을 필요로 할 것이다:

(56) a. $\begin{bmatrix} +\text{자음성} \\ \vdots \\ +\text{비음성} \\ +\text{전비음화} \end{bmatrix}$ b. $\begin{bmatrix} +\text{자음성} \\ \vdots \\ +\text{비음성} \\ +\text{후비음화} \end{bmatrix}$

(57) a. $\text{C} \rightarrow [+\text{전비음화}] / \begin{bmatrix} \text{V} \\ +\text{비음성} \end{bmatrix} \underline{\quad}$

   b. $\text{C} \rightarrow [+\text{후비음화}] / \underline{\quad} \begin{bmatrix} \text{V} \\ +\text{비음성} \end{bmatrix}$

그러나 두 개의 [비음성]이 출현하는 (58)은 아피나이에어의 음성적 사태를 더 적절하게 표현하는 것처럼 보이는데, 아주 간단히 말해, 왼쪽에서 전비음화된 자음은 비음이 보여주는 것과 같은 행동을 보여 주지만 오른쪽에서 전비음화된 자음은 비-비음(non-nasals)과 패턴을 이룬다(Anderson 1976 참조):

(58) $\begin{bmatrix} +\text{자음성} \\ \vdots \\ +\text{비음성}, -\text{비음성} \end{bmatrix}$

이러한 현상은 종종 **가장자리 효과(edge effects)**라 일컬어지는데, 많은 유사한 경우가 발견된다. 특히 강력한 경우는 굴곡 성조의 모음과 관련하여 언급될 수 있다. 실제로 언어의 성조 체계의 분석은 초기의 자립분절음운론에 많은 추진력을 제공했고(예: Goldsmith 1976), 지금도 그 이론을 소개하기 위해 일반적으로 사용된다(예: Goldsmith 1990). 여기서는 수반되는 문제를 간단히 살펴볼 것이다.

세계의 많은 언어에서 어휘적 항목은 특별한 성조를 가지는 것으로 명시된다. 시에라리온(Sierra Leone)에서 쓰이는 언어인 멘드어(Mende)의 성조 체계와 같이 단지 두 개의 성조, 즉 고성조(H)와 저성조(L)만 갖는 간단한 체계를 고려해 보자(Halle와 Clements 1983). (59)는 몇 가지 멘드어의 어휘 항목을 제시하는데, 여기서 성조는 각 항목의 모음 위에 표시된다(고성조를 악센트 부호(´)로 표시하고, 저성조를 저 악센트 부호(`)로 표시하는 일반적인 관행을 따른다):

(59) kɔ́   '전쟁'
     pɛ́lɛ́ '집'
     bɛ̀lɛ́ '바지'
     nàvó '돈'

(59)에서 각 모음은 단일 성조 명시를 가지므로, 언뜻 보기에 성조는 *SPE*의 [비음성]과 같은 자질처럼 선형적으로 다루어질 수 있다고 가정할 수도 있을 것이다. 그러니 다음의 (60)에 있는 것과 같은 형태를 고려할 때 문제는 더 복잡해진다:

(60) mbû   '올빼미'
     mbǎ   '쌀'
     njàhâ '여자'

이러한 형태는 '굴곡 성조', 즉 하강 성조(^)와 상승 성조(ˇ)라 일컬어지는 것을 보여준다. 이것이 멘드어(Mende)에서 또한 굴곡 성조를 기본적인 성조 유형으로 인정해야 한다는 것을 의미하는가?

이러한 질문은 (59)와 (60)에 있는 다양한 형태의 성조 유형이 'on'을 의미하는 접미사 *-ma*와 결합할 때 일어나는 것을 고려함으로써 답을 얻을 수 있을 것이다:

(61) a. kɔ́-má　　　　b. mbú-mà
pέlέ-má　　　　mbà-má
bὲlὲ-mà　　　　njàhá-mà
nàvó-má

(61a)의 형태는 접미사 *-ma*가 어떠한 독립적인 성조 명시도 갖지 않는다는 것을 증명한다. 오히려 그 접미사는 (62)에서와 같이 어간의 마지막 모음과 연결된 성조의 전파에 의해 성조를 얻는다:

(62) a.
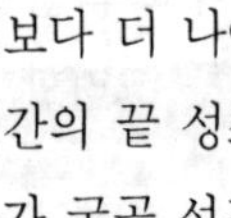

b.
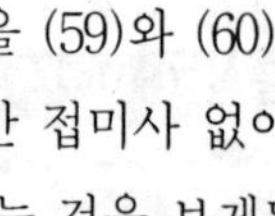

이와 같이 단일의 성조 명시가 한 개 이상의 분절음과 연결될 수도 있다. 그러나 이것보다 더 나아갈 수 있다. (61)을 (59)와 (60)과 비교해라. 접미사의 성조는 어간의 끝 성조와 다를 수 있지만 접미사 없이 나타날 때 어간의 마지막 성조가 굴곡 성조일 때에만 그렇다는 것을 보게된다. 따라서 만일 고립된 어간의 끝 성조가 하강 성조이면 접미사는 저성조를 얻는 반면에, 어간의 끝 성조는 고성조로 바뀌게 된다. 그것은 [mbû]와 [mbúmá]에 의해 입증되는바와 같다. 만일 끝 성조가 상승 성조라면 정확히 반대가 적용된다([mbǎ]와 [mbàmá]).

이러한 현상이 성조 표시에 관해서 이야기 해 주는 것은 무엇인가? 다른 것 중에서 그것은 굴곡 성조는 독립적인 기본적인 실체가 아니라 오히려 단일 모음과 연결된 두 성조(H+L 혹은 L+H) 연쇄가 실현된 것이라는 것을 시사한다. 따라서 [mbû]와 [mbǎ]는 다음과 같이 표시될 수도 있을 것이다:

(63) a. H L   b. L H
   \\ /   \\ /
   m b u   m b a

(62)에, 여기서 단일의 성조는 두 개의 분절음에 연결되는데, 주어진 경우에 덧붙여서 단일의 분절음이 두 개의 성조에 연결되는 경우를 이제 밝혀냈다. 따라서 (61b)에 있는 형태의 행동에 의해 추가로 입증되는 바와 같이, 성조의 명시는 분절음적 표시와는 독립적인 것처럼 보인다. 이러한 형태는 굴곡 성조가 단순 성조의 연쇄라는 것을 확인해주는 것일 뿐만 아니라, 또한 기저에서 성조는 개개의 모음과 연결되는 것이 아니라 **표류(floating)**하고 있다는 것을 보여준다. 즉 그 성조는 문제가 되는 형태소의 어휘적 표시의 일부를 형성하지만, 모음과는 연결되지 않는다. 오히려 성조를 모음에 연결하는 것은 멘드어에서 접사화(suffixation) 이후에만 일어난다.

(61b)의 형태를 어떻게 파생하는지 설명하기 전에 연결과정이 어떻게 작용하는지 살펴보자. 연결의 일반적인 원칙은 명백히 다음 (64)와 같다:

(64) 성조를 모음에 연결하라.

그러나 (64)는 연결과정이 적형의 표층표시, 즉 모든 성조는 적어도 하나의 모음과 연결되고 모든 모음은 적어도 하나의 성조와 연결되는 표시를, 만들어낼 것을 보장해 주는 세 가지 하위 원칙이 결합한 결과로 보여질 수 있다. 이러한 하위 원칙은 (65)에 주어져 있다(van der Hulst 1984):

(65) a. 전사(Mapping)

   왼쪽에서 오른쪽으로 작용하도록 각각의 성조를 모음과 연결하라.

b. 전파(Spreading)

   만일 모음보다 더 적은 수의 성조가 있으면 마지막 성조를 남아

   있는 모든 모음에 연결하라.

c. 투기(Dumping)

   만일 성조보다 더 적은 수의 모음이 있으면 남아있는 모든 성조

   를 마지막 모음에 연결하라.

이러한 원칙(오로지 멘드어 자료의 설명을 위해 공식화했던)에 비추어서 위에 주어진 여러 가지 형태를 다음과 같이 파생할 수 있다. (66a)는 어간만의 파생을 보여주고, (66b)는 접미사가 결합될 때의 어간의 파생을 보여준다. 각 단계에서 점선은 '새로운' 연결선을 나타내고, 모든 단계에서 존재하고 있는 연결선은 실선에 의해 표시된다:

(66) a.

	L	H L	L H L
	bɛlɛ	mbu	njaha
전사 →	L	H L	L H L
	bɛlɛ	mbu	njaha
전파 →	L	——	——
	bɛlɛ		
투기 →	——	H L	L H L
		mbu	njaha
	[bɛ̀lɛ̀]	[mbû]	[njàhâ]

b.

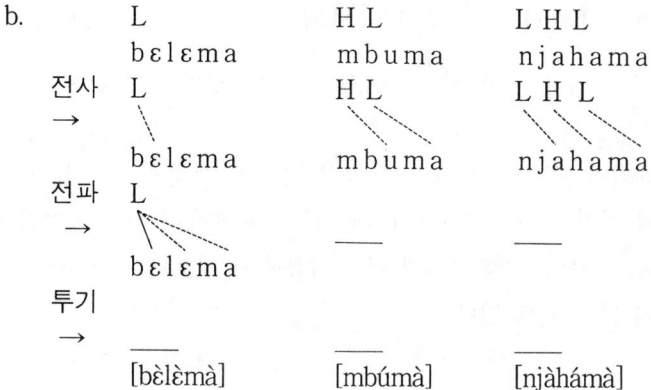

(66)이 보여주는 것은 멘드어가 성조의 수와 모음의 수 사이의 불일치에, 즉 더 정확하게는 모든 단어에서 **성조유지 단위(tone-bearing units: TBUs)** 의 수에 어떻게 반응하는가 하는 것이다. 그 언어의 음운학은 모든 성조는 실현되고, 따라서 가능한 TBU보다 더 많은 성조가 있는 곳에서는 두 성조가 하나의 TBU를 공유해야한다. 마찬가지로 그렇다하더라도 각각의 TBU는 하나의 성조로 실현되어야 하고, 전파는 성조가 없는 어떠한 TBU도 어떤 다른 TBU와 하나의 성조를 공유할 수 있다는 것을 보장해 준다. 이것은 어간-끝의 굴곡 성조는 성조가 없는 접미사 *-ma*가 어간에 첨가될 때 두 개 성분의 성조로 분리된다는 것을 의미한다.

그러나 모든 성조 언어가 굴곡 성조를 허용하는 것은 아니다. Goldsmith (1990: 20ff.)는 멕시코의 성조 언어인 믹스테카어(Mixtecan)의 한 방언을 고찰하는데, 그 언어는 '각 모음이 - 최대로 그리고 최소로 - 정확히 하나의 성조를 가질 것을 요하는 특성을 갖는다'. 이러한 종류의 언어에서 모음보다 더 많은 성조가 있을 때 무엇이 일어나는가?

Goldsmith는 이것을 다음의 세 단어로서 예증한다(중(Mid) 성조의 간략형으로 M을 사용함):

(67) a.　L　H　　　　b.　M M　　　　　c.　M M H
　　　　｜　｜　　　　　　｜｜　　　　　　　　｜｜
　　　s u ʧ i　'아이'　　k e e '떠나가다'　　k e e　　'먹다'

이 믹스테카어 방언은 고, 중, 저성조를 갖는데, 그것은 (67a, b)에서 볼 수 있는 바와 같이 일-대-일(one-to-one)의 토대 위에서 모음과 연결된다. 예상대로 이 두 단어는 (68)에서와 같이 결합할 때 성조와 모음 사이의 연결선은 변하지 않는 채로 있다:

(68)　M M　L　H
　　　　｜｜　｜　｜
　　　k e e s u ʧ i　'그 아이는 떠날 것이다'

그러나 (67c)에서 kee '먹다'와 같은 몇몇 단어는 '단어가 고립해서 발음될 때는 실현되지 않으나 그것에 연결할 뒤따르는 단어가 있을 때는 실현되는 그 단어에 첨가되는 고성조를 특별히 갖는다.' 이러한 단어가 /suʧi/와 결합할 때 모음보다 더 많은 성조, 즉 TBU가 있다:

(69)　M M H　L　H
　　　　｜｜　＼　｜
　　　k e e　s u ʧ i '그 아이는 먹을 것이다'

kee '먹다'의 끝에 있는 표류하는 고성조는 /suʧi/의 저성조 자리를 차지하고, 그 때 저성조는 연결되지 않고 남아있게 된다. 멘드어와는 달리 그 언어는 굴곡 성조를 허용하지 않기 때문에 이 자리를 빼앗긴 저성조는 전혀 실현되지 않는다. 이와 같이 여러 언어는 그 언어에서 가능한 음운적 가능성에 따라서 유사한 상황에서 다소 다른 방식으로 반응할 수도 있다.

　성조에 대해서 전개해 오고 있는 것과 같은 표시는 고려되고 있는 현상이 언어의 더 일반적인 특성의 표현이라는 것, 즉 분절적인 표시는 **중첩**

(overlapping)을 허용해야 한다는 통찰력을 포착한다. 다시 말해 이러한 현상은 (53)에 있는 것과 같은 표시에서 구현된 **엄밀 분절음 가설(strict segment hypothesis)**이라 일컬어질 수도 있는 것을 포기해야하고, 단일의 분절음이 같은 자질의 하나 이상의 값에 연결되고, 또한 단일자질이 두 개의 분절음에 연결되도록 허용해야한다는 것을 시사한다.

따라서 이것이 자립분절음운론의 중심적인 특성이다. 그러나 자질 전파가 무제한의 가정이라는 것은 물론 사실이 아니고, 오히려 자질이 한 분절음에서 다른 분절음으로 전파할 수 있는 방식에는 심한 제약이 있다. 예비적인 방법으로 이 점을 예증하기 위해 영어의 비음 전파 현상을 조사한다. *pan*과 같은 단어에서 모음은 일반적으로 음성적으로 비음화되어 (70)에서 표시된 바와 같이 [pæ̃n]을 낳는다:

(70)

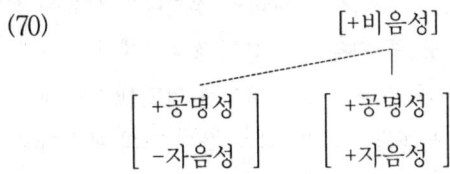

여기서 단일자질인 [비음성]은 앞선 모음으로 전파한다. 그러나 만일 *kiln*과 같은 단어를 고려하면 분명해 지는 바와 같이 전파는 제한을 받는데, *kiln*에서는 어떠한 전파도 일어날 수 없다. [kīln]과 같은 발음은, 여기서 비음은 중간에 끼여 있는 유음을 넘어 전파하는데, 가능하지 않다. 만일 당분간 유음은 [-비음]으로 명시된다고 가정하면 이러한 가능성은 자립분절음운론의 기본적인 원리에 의해 배제되는데, 그 원리는 보통 (71)에서 공식화된 **교차 금지 조건(no-crossing condition)**이라 일컬어진다(예: Goldsmith 1976; 논의: Hammond 1988; Sagey 1988; Coleman 1998):

(71) 교차금지 조건
연결선은 교차할 수 없다

그 조건은 만일 중간에 끼여드는 분절음이 그 자질에 대한 반대의 값을 가지면 분절음이 자질명시를 공유하지 못하게 한다. 따라서 예를 들어 *kiln*에서 전파는 (72)에서 보는 바와 같이 두 분절음이 **인접(adjacent)**하지 않기 때문에 금지된다:

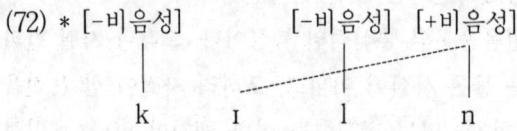

(72) * [−비음성]   [−비음성] [+비음성]

　　　　　k　　ɪ　　l　　　n

두 분절음이 인접하지 않는다는 것은 /n/에 대한 [+비음성] 명시는 비음 교점을 /l/에 대한 자질 명시의 나머지로 연결하는 연결선을 넘어서 전파해야 할 것이라는 것이고, 따라서 (71)을 위반하게 된다는 것을 의미한다.[31]

　따라서 비음성이 *kiln*에서 측음을 넘어서 전파하지 않는다는 사실은 전파가 **국부적(local)**이어야 한다는 것, 즉 자질은 인접 분절음에게만 전파할 수 있기 때문인 것처럼 보인다. 그러나 전파 과정이 이러한 엄밀한 의미에서 반드시 국부적이라는 것은 분명히 사실이 아니다. 예를 들어 위의 멘드어의 성조 전파의 논의에서 성조는 중간에 끼여드는 자음을 무시하고 한 모음에서 다른 모음으로 전파할 수 있다는 것을 보았다. 아주 유사한 상황이 (29)에서 예증된 아칸어의 ATR 조화과정과 같은 모음조화과정에서 발견된다. 게다가 자음은 전파하는 조화 자질에서 '보이지 않고', 따라서 자질 [ATR]의 적절한 값은 한 모음에서 다른 모음으로 전파할 수 있다. 여러 가지 자질을 포함하는 유사한 현상은 쉽게 발견될 수 있다.

　그럼에도 불구하고 전파는 국부적이라는 주장은 논리적으로 옳은 주장이다. 이 가설을 포기하지 않고 그러한 현상을 어떻게 설명할 수 있는가? 아칸어의 ATR 조화과정의 결과에 대한 가능한 표시를 살펴보아라:

---

[31] 교차금지 조건의 이러한 처리는 아직 미명시 개념(§2.2를 보라)을 소개하지 않았다는 점에서 아주 단순화되어있다는 것을 주목해야 한다.

(73)   [+ATR]

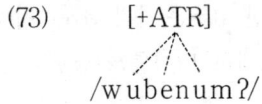

(73)에서 여러 가지 모음 사이에 끼여드는 분절음은 [ATR]에 대한 어떠한 표시도 갖지 않는다고 가정함으로써 그 가설을 유지할 수 있다. 즉 (73)에서 /b/와 /n/는 전파자질에서 '보이지 않는다' - 따라서 모음은 [ATR]과 관련해서 인접하지 않는다.

이 단계에서 분절음이 특정 자질에 대해서 명시가 없을 수 있는 환경의 문제를 조사하지는 않을 것이다. 그러나 이러한 접근이 자질(혹은 자질 그룹)을 지배하는 교점은 그 자체의 **층열(tier)**을 차지하고, 한 층열에서의 인접성이 다른 층열에서의 인접성에 대응할 필요가 없는 표시로 이끈다는 의미에서 개개의 자질이 서로 독립적이라는 것을 암시한다는 것을 주목하라.

각 교점은 그 자체의 층열을 차지한다는 가정 위에서 영어의 단어 *plank*가 [plǽŋk]로 실현된다는 표시를 74)에서 제공한다. 이와 같이 해서 이것이 [유성성], [비음성], [후설성] 등 자질이 차지하는 층열을 포함하는 전파 과정을 보여주고 있다(여기서 모든 다른 자질은 무시하고 철자상의 부호로만 그것을 표시한다):

(74)

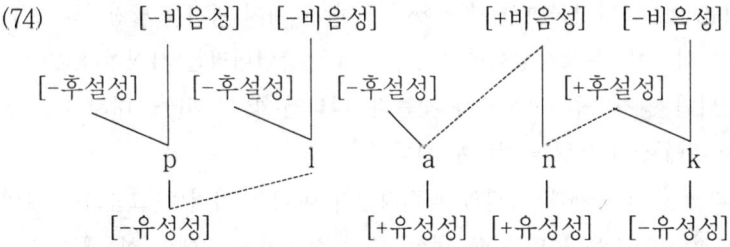

음운구조의 이러한 개념은 본질적으로 3차원적이기 때문에 종이 위에 표시하기가 유별나게 어렵다. (75)는 영어단어 *cab* /kæb/의 다소 완전한 음운적 표시의 시도인데, 여기서 공유하는 어떤 자질도 포함되어 있지 않다(분절음이

특정 자질에 대해서 명시가 없을 수 있는 조건에 관한 이론은 아직 전개하지 않았기 때문에 여기서는 각 분절음에 모든 자질에 대한 명시를 제공한다):

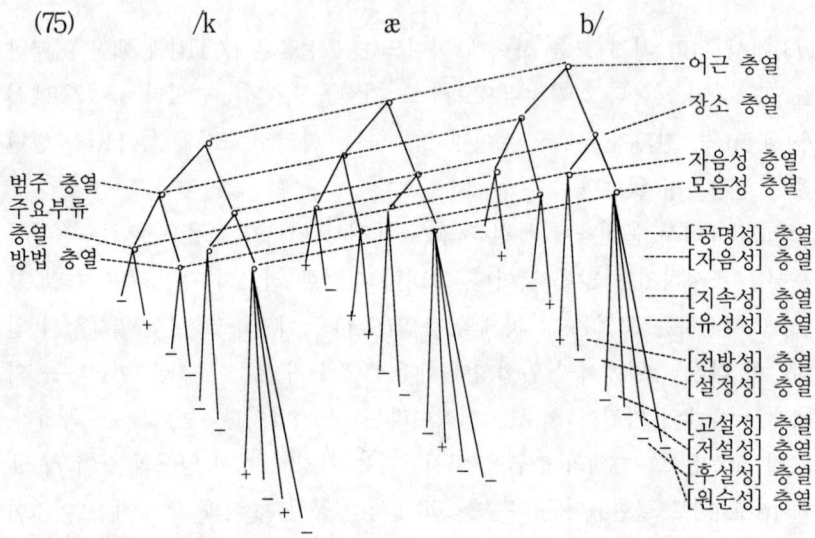

(75)에서 각 층열은 교점의 집합으로 이루어져 있음을 본다. 따라서 주요 부류 층열에서 각 분절음에 대해 하나씩 세 개의 부류교점을 발견하는데, 각 분절음은 주요 부류교점에 의해 지배되는 자질에 대한 어떤 명시를 갖는다는 것을 보여준다. [공명성] 층열에서 또한 세 가지 명시를 발견한다. 그러나 이것은 이것이 부류 층열이라기보다는 내용 층열이라는 사실이라고 가정하면 하나의 명칭, 즉 '+'나 '-'를 갖는다. 따라서 /k/와 /b/에 대해서 '-'값을, /æ/에 대해서 '+'값을 발견하게 된다.

따라서 (75)는 개개 자질의 독립성뿐만 아니라 자질의 그룹화를 보여준다. 그러나 그것은 논의해 온 현상, 즉 분절음의 중첩에 대한 예는 조금도 보여주지 않는다. 그러나 또한 아주 간단한 개념의 표시가 (75)에서 제안된 유형의 공식으로 어렵다 하더라도 이것이 어떻게 달성될 수 있는가는 명백하다.

*camber*와 같은 형태에서의 조음장소동화 현상은 비음의 조음장소가 폐
쇄음의 조음장소에 의해 결정되는데, 이것을 다시 생각해 보자. (48)에서 나
타낸 바와 같이 이러한 상황은 폐쇄음의 장소자질이 비음으로 전파하는 것
을 수반하는 것으로 분석될 수 있지만, 그것은 어떠한 장소 명시를 따로 갖
고 있지 않다.[32] (75)의 공식에 의해서 이것은 (76)과 같이 특징지을 수 있
는데, 그것은 /Nb/ 연쇄에 대한 기저표시를 보여주는 것이고(즉 /b/가 뒤따
르는 조음장소에 대해서 명시되지 않는 비음), (77)에서와 같이 전파 후의
[mb]에 대한 표층표시이다:[33]

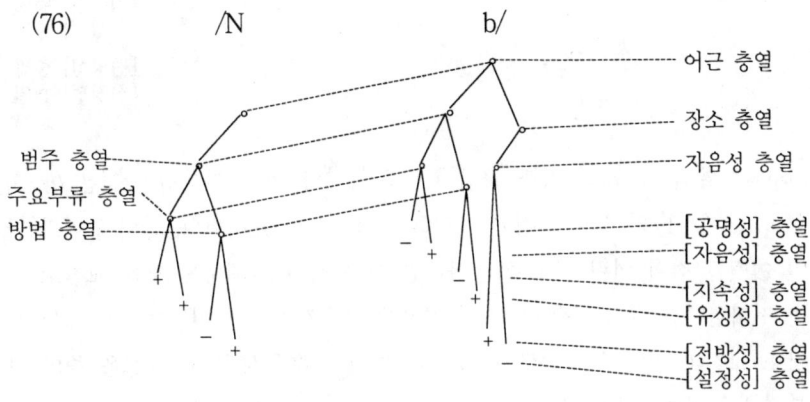

[32] 음운학에 대한 프라그(Prague) 학파의 접근(Trubetzkoy 1939를 보라)에 의해서 여기서
가지는 것은 다음과 같은 중화의 경우이다. 즉 그 언어의 그 밖 어딘가에서 발견되는
대립(예를 들어 /ræm/과 /ræn/과 /ræŋ/)이 (1)에서 입증된 바와 같이 특정 환경에서는
발견되지 않는다. 이러한 접근에서 또한 일종의 미명시에 대한 호소가 있었다. 즉 중화
환경에 나타나는 분절음은 '원음소(archiphoncme)'로 일컬어졌는데, 원음소는 문제의
환경에서 중화된 그러한 음운적 특성이 없는, 이 경우에서 조음장소를 특징짓는 특성이
없는 음운 단위를 말한다. 따라서 (1)에 있는 단어의 집합은 프라그 학파 음운학에서
/kæNbə/, /kæNtə/, /kæNkə/로 표시되는데, 여기서 /N/은 조음장소에 대해 명시를 갖지
않는 비음 자음을 특징짓는 원음소이고 *이 환경에서는 변별적이지 않다*(논의에 대해서
는 Lass 1984a: 3장을 보라). §2.2에서 보게 되듯이 이러한 접근의 본질은 비록 다소
다른 술어가 사용된다 하더라도 현대의 미명시 이론에 포함되어 있다. 원음소가 아닌
'원분절음(archisegment)'이라는 용어가 일반적으로 사용된다는 것을 주목하라.
[33] (76)과 (77)에 있는 것과 같은 비-후설 자음은 (75)에서의 모음 교점에 의해 지배되는
자질이 없다고 가정한다.

(76)에서는 비음 자음에 대한 어떠한 장소 교점을 발견하지 못한다. 그러나 전파의 결과로 (77)을 갖는다:

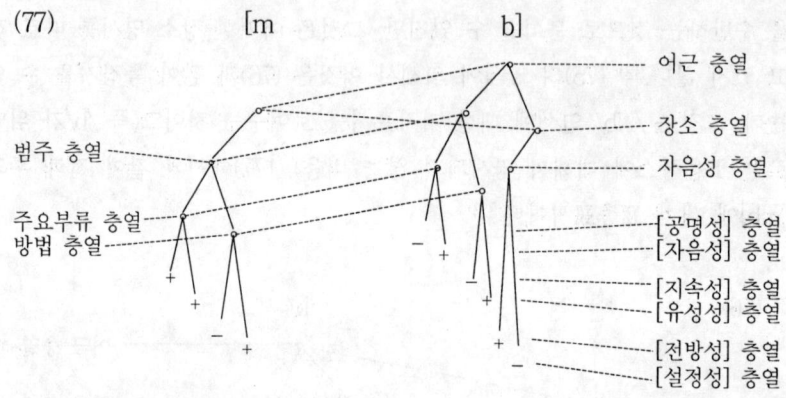

(77)

(48)에서와 같이 /b/의 장소 교점이 비음 '분절음'으로 전파하는 것은 /m/의 뿌리교점을 /b/의 장소 교점에 연결하는 점선으로 표시된다. 규약에 따라 만일 어떤 교점이 이런 식으로 전파하면 그 교점이 지배하는 모든 교점도 또한 전파한다는 것을 주목하라. 이 경우에 조음장소를 특징짓는 모든 교점은 장소 교점의 전파의 결과로 전파하고, 따라서 순음성을 두 분절음 중의 첫 분절음에 부여하게된다.

(77)에서 엄밀 분절음 가설을 포기하는 것의 결과를 보게된다. 비록 (77)의 다른 층열의 경우에서 두 개의 교점을 발견하지만 장소 층열에서는 단지 하나의 교점만 있고, 모든 층에서 그 교점에 의해 지배를 받는다.

여기서 사용된 공식은 고려해오고 있는 여러 가지 다른 유형의 현상을 설명하기 위해 사용될 수 있다는 것은 분명하다. 그러나 (75)-(77)과 같은 과도한 도형의 복잡성 때문에 이 이후로는 표시를 단순화할 것이고, 대신 '교점 공유'의 가능성과 함께 독립적인 층열로 이루어진 분절음의 개념을 특징 짓기 위해 다소 (74)와 더 닮은 어떤 것을 사용할 것이다. 그러나 독자는 이 것이 단순히 이제 막 소개한 더 완전한 도형에 대한 간략 표시라는 것을 알아야 한다. 따라서 층열의 층위구조가 쟁점이 아니라면 표시상 더 간단한 형태를 사용할 것이다.

이 책에서는 위에서 개관한 자질 수형도의 유형이 분절음의 구조 표시를 위해 정말로 적절하다고 가정하지만, 이 구조의 정확한 본질에 관한 문제는 조금도 상세하게 고려하지 않는다. 다시 말해 바로 앞 논의에서 채택한 (42)나 (43)의 특별한 구조가 적절한지 아니면 자질을 그룹으로 묶는 어떤 다른 구조가 선호될 수 있는지 하는 문제는 이 시점에서 고려하지 않는다. 오히려 이제 위에서 전개된 모델을 특히 자립분절적 처리가 가능한 것처럼 보이는 두 과정에 적용할 것이다.

1.4.1 고대영어 i-움라우트

고대영어는 많은 형태음운적 교체를 보여 주는데, 고대영어의 i-움라우트 (OEIU)로 알려진 소리-변화의 작용으로 생긴 OEIU는 뒤따르는 음절에서 /i/나 /j/가 있음으로써 유발하는 여러 가지 모음 변화를 수반한다. 이러한 교체는 (78)에서 예증되고, Lass와 Anderson(1975: 117)에서 가져온 것이다:

(78) 교체

[uː]	[yː]	cūþ	'알려진'	cȳþan	'알려지게 하다'
[u]	[y]	burg	'도시'	byrig	'도시(여격 단수)'
[oː]	[øː]([eː])	dōm	'재판'	dēman	'재판하다'
[o]	[ø]([e])	ofost	'서두름'	efstan	'서두르다'
[ɑː]	[æː]	hāl	'전체'	hǣlan	'낫게 하다'
[ɑ]	[e]	mann	'남자'	menn	'남자들'
[ɑ]	[æ]	faran	'가다'	færst	'가다(2인칭 단수)'

(78)에서 보듯이 고대영어 시대에 대부분의 움라우트가 된 형태(두 번째 칸에 있는 것)는 /i/나 /j/를 유발하는 환경을 상실하였다(그러나 /i/를 포함하는 *byrig*를 주목하라). 그러나 OEIU의 어원적 세부사항이 무엇이든지 간에,

그리고 그것이 고대영어의 공시적 음운학의 일부를 형성하는지 아닌지 간에, 여기서는 무엇보다도 음운과정에 의해 후설성 모음은 고설성 전설모음이나 접근음의 영향아래 전설성 모음이 되는 (역사적인) 음운과정을 다루고 있다는 것은 분명하다.34) 따라서 (79)는 몇몇 관련 형태가 OEIU를 겪은 방식을 보여준다:35)

(79) *cūþ+i+an   >   *cȳþ+i+an   >   cȳþan
      know-CAUSE-INF

     *hāl+i+an   >   *hæl+i+an   >   hælan
      whole-CAUSE-INF

     *far+ist   >   *fær+ist   >   færst
      go-2SG

자립분절적 이론의 관점에서 이해되는 것은 접미사의 모음으로부터 후설성 층열의 자립분절음이 전파한다는 것은 분명하다는 것이다. 적절한 표시는 (80)에 있는 것이 될 것이다:

(80)   [+후설성]   [-후설성]

$$\begin{bmatrix} -\text{공명성} \\ +\text{자음성} \end{bmatrix} \begin{bmatrix} +\text{공명성} \\ -\text{자음성} \end{bmatrix} \begin{bmatrix} +\text{공명성} \\ +\text{자음성} \end{bmatrix} \begin{bmatrix} +\text{공명성} \\ -\text{자음성} \end{bmatrix} \begin{bmatrix} -\text{공명성} \\ +\text{자음성} \end{bmatrix}$$
      b   u   r   i   g

이전에 고려했던 몇 가지 자립분절적 과정과는 다른 여러 가지 OEIU의 양상이 있다. 첫째로, 여기서 후설성 층열에서 분명하게 이미 값을 가지고 있

---

34 OEIU는 또한 여러 가지 이중모음뿐만 아니라 저 전설모음에도 영향을 주지만 여기서는 이것을 무시한다.

35 여기서 입증되었기보다는 재구된 역사적 형태를 다루고 있다는 것을 나타내기 위해 *를 사용한다는 것을 주목하라.

는 분절음에게 전파된다는 것을 주목하라. 전파하는 값은 따라서 원래의 값을 대치하는데(replace), 그 때 원래 값은 **탈락(delinked)**되어야 한다(연결선을 관통하는 이중 가로선으로 표시된다). 따라서 그 과정은 **자질변화(feature-changing)**인 것처럼 보인다. 또한 비록 자음이 후설성 층열에서 어떠한 명시도 갖지 않고, 따라서 자음은 교차금지 조건의 위반에 의해 전파를 막지 않는다 하더라도 자음은 또한 전파에 의해 영향을 받는다고 주장하는 것이 당연히 가능하다. 그것은 [-후설성]이나 [+후설성] 변이음을 가질 수도 있는 경우에서(예를 들어 고대영어에서 어말의 g의 경우에 [ç]와 [x]) 움라우트의 경우에 발견되는 것은 [-후설성] 변이음이기 때문이다.

1.4.2 터키어의 모음조화

특정 자질의 값에서 일치를 보여 주는 두 모음과 관련이 있는 영어의 음운과정을 고려했는데, 그것은 자질 전파라는 개념을 통합하는 모델 내에서 자연스럽게 표시되는 상황이다. 그러나 자질 [ATR]과 관련해서 보았듯이 (§1.3.3) 이러한 종류의 일치에 대한 훨씬 주목을 끌 만한 예가 있는데, 여기서 언어의 특별한 음운적 '영역(domain)' – 말하자면 단어 – 내에서 모든 모음은 특정 자질에 대해(혹은 실제로는 많은 자질에 대해서) 같은 값을 가져야 한다. 이러한 모음조화 현상은 자립 분절음운론의 옹호자에게 풍부한 예시의 근원을 제공해왔다. 이러한 이유 때문에 여기서는 모음조화의 가장 익숙한 과정 중의 하나인 터키어의 모음조화과정을 약간 상세하게 살펴볼 것이다.

터키어는 8개의 변별적인 모음의 체계를 갖고 있는데, 그것은 음운적인 토대 위에서 두 개의 높이 부류로 분류된다:36)

---

36 여기서는 비-고설(non-high)모음 계열의 정확한 음성적 실현에 관한 문제는 무시할 것이다 – 즉 여기서 사용된 전사의 음성적 정확성에 관하여 어떠한 주장도 하지 않을 것이다.

(81) [-후설성] [+후설성]

  [-원순성] [+원순성] [-원순성] [+원순성]

[+고설성] i y ɨ u

[-고설성] e ø ɑ o

(82)와 같이 여덟 개의 모음은 단음절의 어간에 나타날 수 있으므로 다음 여덟 가지 방식의 대조가 음운적 지위를 갖는다는 것을 함축하고 있다:

(82) çift [çift] '짝'

  üç [yç] '삼'

  ek [ek] '접사'

  köy [køj] '마을'

  kız [kiz] '소녀'

  kurt [kurt] '벌레'

  at [ɑt] '말'

  son [son] '끝'

그러나 복수음절의(polysyllabic) 단어에서 많은 제한이 있다. 이러한 제한에 대한 예비적 공식화를 (83)과 같이 나타낸다:

(83) a. 모든 모음은 [후설성]자질에 대해 같은 값을 가져야 한다.

  b. 고설모음은 바로 앞 모음(있다면)과 [원순성]자질에 대해 같은 값을 가져야 한다.

이러한 조건은 파생되지 않은 어간, 즉 단일의 형태소로 이루어진 단어뿐만 아니라 파생된 단어, 즉 어간과 접미사로 이루어진 단어에도 적용된다(비록 파생되지 않은 형태에서 많은 예외적인 형태가 있다 하더라도). 다음 예 (van der Hulst와 van der Weijer 1991)는 몇 가지 전형적인 파생 형태를

예증한다:

(84) 절대격 단수형 소유격 단수형 절대격 단수형 소유격 단수형

son	sonu	'끝'	dere	deresi	'강'
boru	borusu	'관'	at	atɨ	'말'
køj	køjy	'마을'	tɑt	tɑdɨ	'미각'
kurt	kurdu	'벌레'	kɨz	kɨzɨ	'소녀'
tilki	tilkisi	'여우'	kɑp	kɑbɨ	'그릇'
inek	inei	'젖소'	yty	ytysy	'철'

터키어는 일반적으로 한 개 이상의 접미사를 어간에 첨가함으로써 단어를 형성하는 교착어(agglutinative language)라는 것을 주목해야 한다. 따라서 (84)의 단어는 하나의 어간형태소로 이루어져 있는데, 그것은 그 자체로서 절대 단수형(예: *boru*)으로 나타날 수 있거나 하나의 소유 접미사가 뒤따를 수 있다(조화 규칙 때문에 [i, y, ɨ, u]로 실현되는 것 중의 어떠한 하나를 가질 수 있다).37)

(83a)의 조건은 모음조화에 대한 전형적인 상황을 나타낸다. 즉 어떤 영역(이 경우에 단어) 내의 모든 모음은 어떤 자질(이 경우에 [후설성])과 관련해서 일치한다. 이러한 종류의 상황은 비록 (83a)가 고대영어의 i-움라우트와는 나른 상황을 표시한다는 것을 주목해야하지만 고려해 온 자립분절적 장치에 의해 특징지을 수 있다는 것은 분명하다. (83a)는 한 모음이 다른 모음으로 전파하는 것을 수반하는 것처럼 보이지 않고, 오히려 조화과정의 영역 내에 있는 모든 모음이 문제의 자질에 대해 같은 값을 가지는 것처럼 보이기 때문이다.

(83b)는 더 복잡한 제한인데, 그것은 두 가지 면에서 (83a)와 다르다. 첫째로, 제한은 단지 모음의 하위부류, 즉 고설성 모음에만 관련이 있고, 둘째로,

---

37 어간 형태소에서 다른 분절음은 접사화 과정에 의해서 영향을 받을 수도 있다는 것을 주목하라-여기서 이것에 대하여 관심을 가질 필요는 없다.

제한은 방향적인 양상을 갖는데, 그것은 (83a)에서는 발견되지 않는다.

(85)의 추가의 범례 집합은 (83b)의 효과를 보여준다. 즉 비-고설성 모음은 원순 조화를 보이지 않는다:

(85)

절대격 단수형	탈격 단수형	절대격 복수형	소유격 복수형	
son	sondan	sonlar	sonları	'끝'
boru	borudan	borudar	boruda	'관'
køj	køjden	køjler	køjleri	'마을'
kurt	kurttan	kurtlar	kurtlaı	'벌레'
tilki	tilkiden	tilkiler	tilkileri	'여우'
inek	inekten	inekler	inekleri	'젖소'
dere	dereden	dereler	dereleri	'강'
at	attan	atlar	atları	'말'
tat	tattan	tatlar	tatları	'미각'
kiz	kizdan	kizlar	kizları	'소녀'
kap	kaptan	kaplar	kapları	'그릇'
yty	ytyden	ytyler	ytyleri	'철'

(여기서 [den, dan] - 혹은 [ten, tan] - 은 탈격 형태소의 실현이고, [ler, lar]는 복수 형태소의 실현이고, 앞에서와 같이 [i, ı]는 소유격 형태소의 두 실현이다).

따라서 저설모음은 다른 모음과 원순 조화할 필요가 없는데, *son* [son] '끝'의 탈격(ablative) 단수와 절대격(absolutive) 복수형과, 여기서 후설 원순모음은 저설 비-원순(low unrounded)모음이 뒤따르는데, köy[køj] '마을'과 같은 형에서 보는 바와 같다. 여기서는 전설성 모음이 관련된다.

원순 조화에 대한 제한은 더 일반적인 다음의 제약으로부터 도출될 수 있다:

(86) /o/와 /ø/의 모음만이 음절의 첫 위치에 나타날 수 있다(즉 저설모음

은 음절의 첫 위치에서 제외하곤 결코 [+원순성]이 아니다).

이제 원순 조화의 방향적인 양상을 살펴보자. (85)에서 소유격 복수형의 고려는 어떤 모음이 첫 모음이 아니라 바로 앞의 모음으로부터 [원순성]에 대한 값을 받는다는 것을 보여준다. *ütü* '철'의 복수형인 *ütüler* [ytyler]를 살펴보아라. 그 복수형태소는 비록 *ütü* [yty]의 저설모음은 원순화되더라도 ((86) 참조) 저설모음을 포함함으로 모음은 원순화되지 않는다. 단수 소유격 형은 *ütüsü* [ytysy]인데, [y]로 실현되는 소유격 형태소를 갖는다. 그것은 고설모음임으로 원순 조화를 겪는다. 그러나 복수 소유격형은 *ütüleri* [ytyleri] 이고, 이 소유격 형태소는 [i]로 실현된다. 즉 모음은 원순화되지 않는다. 이 것은 분명히 바로 앞의 모음이 복수 형태소의 모음으로 비원순임으로 소유격 형태소의 모음이 기대되는 방식으로 조화를 한다.

이와 같이 고설모음의 원순화는 뒤따르는 저설(따라서 비원순)모음을 넘어 전파될 수 없다. 따라서, 이미 보았듯이, 조화의 기술은 인접모음에 적용된다. 더 정확하게는, 이러한 경우에 원순 조화는 원순성 층열에서 인접한 분절음에게만 적용된다.

터키어의 조화과정은 모음 대조의 전 집합이 첫 모음에 단지 명시될 필요가 있다는 것을 의미한다. 첫 음절이 아닌 곳에서는 단지 [+고설성]과 [-고설성] 사이의 대조만 발견하는데, 첫 음절에서 다른 음절로 전파함으로써 [원순성]과 [후설성] 자질 값이 결정된다.

터키어의 모음조화에 대한 많은 자립분절적 처리는 어휘상 [후설성]과 [원순성] 자질이 표류한다는 것, 즉 그것은 어휘상 특정 모음에 연결되지 않는다는 것을 제안한다. 올바른 표층형을 도출하기 위해 (87)에서 주어진 두 개의 연결 규칙과 하나의 조건이 필요하다:

(87) a. [후설성]과 [원순성]을 첫 모음에 연결하라(첫 연결).

b. [후설성]과 [원순성]을 남아있는 모음에 연결하라(전파).

c. [+원순성]은 첫 음절이 아닌 비-고설성 모음에 연결되지 않을 수

　도 있다(목표 모음에 관한 조건).

이제 *borulari* [borulari] 형태의 다음 파생을 살펴보아라:

　(88)　[+원순성]

　　b [-고설성]　r [+고설성]　- 1 [-고설성]　r - [+고설성] →
　　[+후설성]

　　[+원순성]
　　　　⋮
　　b [-고설성]　r [+고설성]　- 1 [-고설성]　r - [+고설성] →
　　　　⋮
　　[+후설성]

　　[+원순성]

　　b [-고설성]　r [+고설성]　- 1 [-고설성]　r - [+고설성]

　　[+후설성]

　[+원순성]이 복수 접미사의 저설모음으로 전파할 수 없음은 또한 그것이 소유격 접미사에게 전파하는 것을 막는다는 것을 관찰하라. 게다가 표층표시를 파생하기 위하여 [원순성]으로 명시되지 않은 모든 모음은 [-원순성]값이 자동적으로 부여된다고 가정해야 한다.

1.5 요약

이 장은 음운적 분절음, 특히 분절음의 내부구조와 관련이 있었다. 분절음은 음운구조의 기본적인 원자(atoms)가 아니라는 것을 보았고, §1.2의 많은 것은 분절음보다 더 작은 단위를 가정하는 것에 대한 증거를 다루었다. 이러한 단위는, 일반적으로 자질이라 일컬어지는데, 분절음 구조의 진정한 원자이고, 특정 분절음 그룹이 음운적인 공식(즉 제약과 과정)에서 자연부류로, 일 반적으로 몇 가지 공유된 음성적 특성의 결과로, 그것은 또한 관련 자질의 정의에 대한 토대를 제공해 주는데, 서로 순환적으로 패턴을 이루는 방식에 의해 주로 동기가 주어진다. 예를 들어 어떤 언어에서 모음 /u o ɔ/는 입술-원순성이라는 공유된 음성적 특성의 토대 위에서 자연부류로서의 역할을 할 수 있을 것이고, 따라서 표시의 모델에서 [원순성] 자질을 가정하도록 할 것 이다. 분절음의 집합을 단순히 나열하는 것은 이러한 분절음의 집합이 왜 자 연부류를 형성하고 왜 몇몇 변화가 몇몇 환경에서 일어나는지를 여전히 설 명해 주지 못할 것이다.

§1.3에서 주요 부류와 방법자질로 시작해서 모음자질과 자음자질로 각각 나아가면서 여러 가지 잘 알려진 제약과 과정의 토대 위에서 동기가 주어질 수 있는 자질의 집합을 논의했다. 이것이 유일한 가능한 자질의 집합이라고 제안할 의도는 아니었고, 실제로 특정 음성학적, 음운학적 차원을 특징짓는 자질에 대한 많은 대안을 고려했다. 예를 들어 모음자질의 영역에서 여러 자 질이 여러 밀접하게 관련된 차원(높이, 혀뿌리와 긴장성)에 대해 필요할 수 있을 것이라고 제안했다. 자음적 자질에 대한 논의는 능동적인 조음자에 기 초한 체계뿐만 아니라 조음장소에 기초한 체계 조사를 포함했다. 그럼에도 불구하고 논의해왔던 자질(즉 밀접한 대용어)은 대부분의 분절음적 표시 모 델에서 부닥치게되고, 그리하여 자질이론에서의 일반적인 근거를 제공한다. §1.3의 끝에서는 자질의 개관에서 확인했던 그룹이 그 자체가 분절음적 구 조의 일부를 형성할 수도 있다는 생각을 소개했다. 분절음적 구조는 층위 구 조가 되고 종종 수형으로 표시되는데, 이것은 규칙과 제약이 자질 그 자체뿐 만 아니라 한 개 이상의 자질을 지배하는 구조 교점을 참조하도록 허용한다.

§1.4에서는 몇몇 환경에서 개개의 자질은 한 개 이상의 분절음에 동시에 부여될 수 있다는 것을 보았다. 다시 말해 자질은 어느 정도 자질 자체의 개 념과는 독립적이고, 단일자질은 그 영역으로 자음군, 음절, 혹은 심지어 하 나의 완전한 단어를 가질 수도 있다. 예를 들어 [mp]와 [ŋk]와 같은 영어의 비음+폐쇄음 자음군에서 자음은 반드시 같은 조음장소를 갖는다는 사실은

관련된 두 분절음이 조음장소를 특징짓는 단일자질만 갖는다는 것을 암시한다. 성조 현상을 살펴봄으로써 동화와 조화과정의 특성에 대한 이러한 자립분절적 접근을 소개하고, 움라우트와 모음조화와 관련이 있는 몇 가지 예로서 그것을 좀더 예증했으며, 그 과정에서 자질과 분절음 사이의 연결을 지배하는 몇 가지 원리를 조사했다. 다음 장에서는 음운적 자질이라는 개념은 언어에서 마주치는 음운과정의 완전한 범위를 고려하기 위해 충분히 다듬어야 할 것이라는 것을 보일 것이고, 이 장보다 다소 더 상세하게 자질의 형식적 속성을 고려할 것이다.

1.6 더 읽을거리

이 장은 음운학적 분절음과 자질에 의한 분절음의 내부구조와 관련이 있었다. IPA의 표기체계(부록)는 분절음 크기의 단위가 음운 분석에서 중심적 단위인 음운학의 견해를 반영한다. 이러한 견해에서 음운학적 특성은 주로 분절음의 특성이고, 음절과 같은 더 큰 단위의 특성이 아니다.

 분절음이 더 작은 음운학적인 단위로 구성되어 있다는 견해는(§1.2) Trubetzkoy(1939)의 연구에서 시작하는데, 그는 분절음이 관여하는 변별적인 대립에 따라서 분절음을 그룹지을 것을 제안한다. Jakobson 등(1951)과 Jakobson과 Halle(1956)는 이분적 변별 자질에 의해 그 개념을 형식화한다 (§1.3). 또한 Ladefoged(1980)와 Halle(1983)를 보아라. *SPE*에서 수정된 체계와 조음적 정의에 대한 강조를 발견한다. Hyman(1975)과 Baltaxe(1978)는 양분적인 전통에 대한 광범위한 논의를 포함하며, Keating(1988a)은 개관을 제공한다. 또한 다소 더 넓은 맥락에서의 자질의 연구에 대해서는 Jakobson과 Waugh(1979)를 보라. Kaye(1989: 2장)는 분절음을 자연부류로 그룹화하는 분포적인 동기를 논의한다. 여기서는 아직 고려하지 않았던 접근인 **조음음운론(articulatory phonology)**의 이론 내에서 Browman과 Goldstein(1986, 1989, 1992)은 음운론의 기본적인 단위가 자질이라기보다는 '조음적인 동작'이라고 간주한다. 또한 Clements(1992)를 보라.

주요부류자질(§1.3.1)은 Selkirk(1984b), Anderson과 Ewen(1987), McCarthy(1988), Clements(1988), van der Hulst와 Ewen(1991), Kaisse(1992), 그리고 Hume과 Odden(1995)에서 논의된다. 방법자질은 성(또한 아래 참조)과 지속성(Davis 1989)에 대한 자질과 유음의 변별적 특성(Spencer 1985; Lindau 1985; Walsh Dickey 1997)에 대한 자질과 비음성(Anderson 1976과 Ferguson 등 1975에서 있는 논문과 Huffman과 Krakow 1993)에 대한 자질을 포함한다. 비음성 특성은 특히 조화과정의 환경에서 많은 주목을 받았다. Herbert(1986)를 Cohn(1990, 1993), Piggot(1988), Piggot과 van der Hulst(1997)와 비교하라. 모음자질(§1.3.2)은 Lindau(1978), Wood(1982), Fischer-Jørgensen(1985), van der Hulst(1988), Clements(1989), 그리고 Odden(1991)에서 논의된다. Clements(1991)는 모음높이와 관련된 차원의 문제를 제시하는데, 그는 단일의 개구(aperture) 차원에 의해서 그것을 포착할 것을 제안한다. 또한 Goad(1993)을 보라. 이러한 차원(그리고 일반적으로 모음자질)에 관한 논의는 종종 아주 다양한 모음조화체계의 적절한 처리 문제로 모아진다. van der Hulst(1988)와 van der Hulst와 van der Weijer(1995) 뿐만 아니라 Vago(1980)에 있는 논문을 참조하라. ATR 모음조화체계에 관한 폭넓은 문헌이 있다(§1.3.3); 예를 들어 Archangeli과 Pulleyblank(1994)를 보라. McCarthy(1988)에 의해 제안된 조음의 주요 장소([순음성], [설정성], [설배성], [설근성])를 특징짓는 네 개의 조음자에 기초한 자질(§1.3.4)도 또한 모음의 기술에서 채택되어져 왔다(Sagey 1986; 또한 Hume 1992, Clements와 Hume 1995). 설정음의 지위는 약간의 논란의 문제가 되었다. 예를 들어 Lahiri와 Blumstein(1984), McCarthy와 Taub(1992), 그리고 Halle(1997)뿐만 아니라 Paradis와 Prunet(1991)에 있는 논문을 보라. 다른 자음성 자질에 대한 논의에 대해서는 Hayward와 Hayward(1989), Ladefoged와 Maddieson(1989), Trigo(1991), McCarthy(1994), Ní Chiosáin(1994)과 Rice(1984)를 보라. [중음성] 자질에 대한 제안에 관해서는 Hyman(1973), Vago(1976)와 Odden(1978)을 보라. 자질을 어떤 유형의 층위구조로 묶는 개념에 관한 아주 많은 문헌이 있다(§1.3.5). Den Dikken과

van der Hulst(1988)와 McCarthy(1988)는 이 분야에서의 다양한 종류의 제안을 논의한다(Odden 1991; Halle 1995; Pulleyblank 1995). 의존음운론에서 제안된 그룹화의 개념에 관한 발전은 van der Hulst(1995)에서 논의된다.

자질에 관한 모든 논의는 음운적 과정의 분석이나 분절음 목록에 관한 정보의 신빙성에 달려 있다. 후자와 관련해서 Maddieson(1984)과 Ladegoged과 Maddieson(1996)은 아주 가치가 있다. Maddieson(1984)은 400개 이상의 언어목록을 포함하는데, 각각의 장은 분절음의 여러 가지 부류(예: 모음, 유음 등)를 다루고 있다. Ladefoged와 Maddieson(1996)은 언어음의 잠재적인 대조적 특성에 관한 풍부한 정보를 포함한다. 또한 Crothers(1978)를 보라.

§1.4에서 자립분절음운론의 모델을 소개했다. 이러한 접근은 이 장에서 아직 고려하지 않았던 이론, 즉 **운율적 분석(prododic analysis)**에 관한 펄스(Firthian) 학파의 이론으로 거슬러 올라갈 수 있는데(예: Firth 1948와 Palmer 1970에 있는 다른 논문; Langendoen 1968), 그 이론은 본질적으로 접근에 있어서 비-분절적이다. 자립분절음운론과 운율적 분석 사이의 관계에 관한 논의에 대해서는 Goldsmith(1992), Ogden과 Local(1994)과 Goldsmith(1994)에 의한 일련의 논문을 보라. 펄스 음운론은 또한 **서술음운론(declarative phonology)**에서의 연구와 결합되어져 왔다(Ogden 1999; Coleman 1998). '비-분절적' 음운론의 대안적 모델은 Griffen(1976)에 의해 제의된다. 자립분절음운론의 형식적인 특성에 관한 분석은 Bird(1995; 또한 Goldsmith 1997를 보라), Kornai(1995)와 Scobbie(1997)에서 제의된다.

성조의 연구에 대해서는 Maddieson(1978)뿐만 아니라 Fromkin(1978)에서의 논문을 보라. 성조현상에 관한 연구는 자립분절음운론의 발전에 매우 중요했다. Clements와 Goldsmith(1984)와 van der Hulst와 Snider(1993)에 있는 연구를 보라. 성조 자질은 후두자질과의 관련성 때문에 발성(성 유형)에 대한 자질과 종종 함께 논의되는데, 성조 대조와 발성 대조를 위해 후두자질의 통합된 집합의 제안으로 이끈다. 성조에 대한 추가의 연구에 대해서는 Bao(1990), Duanmu(1990), Odden(1995)과 Yip(1995)를 보라.

공기흐름 장치에 관해서, 기술에 대해서는 Catford(1977), 가능한 자질체계에 관해서는 Ladefoged(1971), Lass(1984a), Ladefoged와 Traill(1994)을 보라.

고대영어 i-움라우트(§1.4.1)는 무수한 공시적 통시적 연구의 주제였다. 예를 들어 Lass와 Anderson(1975), Hogg(1992a,b)를 보라. 터키어 모음조화 (§1.4.2)에 대해서는 Clements와 Sezer(1982)와 van der Hulst와 van der Weijer(1991)를 보라.

비-선형음운론의 일반적인 개관은 van der Hulst와 Smith(1982a, 1985), Goldsmith(1990)와 Goldsmith(1995)에 있는 많은 논문에 의해 주어졌다. 80 년대 중반부터 90년대 중반까지 비-선형음운론에서의 몇 가지 발전에 관한 역사적 개관은 van der Hulst와 van der Weijer(1995)에서 찾을 수 있다.

음운적 습득과 관련해서 분절음의 구조를 다루는 연구에 대해서는 Vihman (1978), Levelt(1994), Storl-Gammon과 Stemberger(1994)와 Rice와 Avery (1997)를 보라.

수화음운론(phonology of sign languages)에서의 분절음의 구조는 Liddell과 Johnson(1989), Sandler(1989), van der Hulst(1993)와 Brentari (1999)에 의해 고찰된다.

2

자질

2.1 음운자질의 속성

1장에서 음운학적 표시의 원자는, 예를 들어 IPA의 표기 체계에서 표현된 분절음보다 더 작아야 하고, 이러한 원자는 음운자질이라 일반적으로 일컫는 단위로 적절하게 모형화된다는 것을 정립했다. 모든 음운학적 자질은 몇 가지 음성적 특성에 의해 정의되고, 따라서 어떠한 음운학적 자질 체계도 언어의 음운학적 과정에서 역할을 할 수 있는 음성적 특성에 관해 주장을 하게된다. 특정 분절음에 대한 자질과 관련되는 값은 그 분절음이 문제의 음성학적 특성을 갖는지 갖지 않는지를 보여준다. 예를 들어 만일 어떤 분절음에 [+저설성, −원순성] 자질 값을 부여하면 그 분절음은 [+저설성] 분절음의 **부류(class)**에 속하지만 [+원순성] 분절음의 부류에는 속하지 않는다고 주장할 것이다. 비록 이것이 사소해 보일지라도 후자의 주장이 보이는 것처럼 간단하지 않다는 것을 이 절의 뒤에서 보여줄 것이다. 특히 [+원순성] 분절음의 부류에 속하지 않는 어떤 것은 따라서 [−원순성] 분절음의 부류에 속한다는 주장의 추론은 논란이 됨으로 아래에서 이것을 조사할 것이다. 그러나 이 문제와는 상관없이 하고 있는 무언의 가정은 수반되는 양분적 선택이 항상 있다는 것이다. 즉 분절음은 '+'로 특징지어지는 집합에 속하거나 '−'로 특징지어지는 집합에 속한다. 이러한 가정 위에서 분절음은 적어도 음운학적 관점에서 볼 때 두 등급 이상의 특별한 특성을 결코 갖지 않는다.[1]

이러한 **양분성(binarity)** 주장은 경험적인 가설을 형성하는데, 그 가설은 음성학적 관찰에, 사실은 몇 가지 음운학적 분석에 의해 바로 지지를 받지 않는다. 예를 들어 비음화(nasalisation) 현상을 고려해 보라. 음성학적 관점에서 볼 때 비음화는 여러 가지 등급의 존재를 설정할 수 있고, 이것이 음운학적 분류가 엄밀히 양분적일 필요가 있는 것은 아닌지 생각하도록 하는 것이 분명하다. 실제로 여러 음운학자들은 몇 가지 음운학적 대립이 양분적이기보다는 분명히 **복합가(multivalued)**이고, 음운학적 자질이 두 개 이상의 값을 가지도록 허용함으로써 이것이 반영되어야 한다고 주장해 왔다. 예를 들어 Ladefoged(1971: 35)는 멕시코에서 쓰는 차이난텍어(Chinantec)는 (1)에서와 같이 두 개의 대조적인 비음화 등급을 가질 수 있다고 제안한다(차이난텍의 팔란트라(Palantla) 방언: Merrifield 1963).[2]

(1) a. 비음화 되지 않음

　　ha　　　　　　　　'그러한'

　　dza e dza si　　　'그는 읽기를 가르치러 간다'

　b. 가볍게 비음화됨

　　hã　　　　　　　　'(그는)활짝 편다'

　　dza ẽ dza ha　　　'그는 동물들을 세러 간다'

　c. 심하게 비음화됨

　　h ã̰　　　　　　　'거품'

　　dza ḛ̃ dza ha　　 '그는 동물들을 쫓으러 간다'

(1)에서 볼 때 적어도 세 개의 값을 갖는 자질이 이러한 상황을 특징짓기 위해 필요한 것처럼 보일 수도 있다. 즉 [0 비음], [1 비음], [2 비음] 값을 갖는 복합가 수치 자질에 의해 비음성을 특징지을 수 있을 것인데, 이것은 1장의 (25)에서 모음 높이에 대해 제안했던 것과 똑 같은 방식이다. 그럼에도 많은 음운학자는 양분성 가설의 가장 강력한 가능한 형을, 즉 모든 음운학적 분류

---

[1] 그러나 §1.3.3의 모음 높이에 관한 논의를 보라. 아래에서 이것으로 되돌아 갈 것이다.
[2] 여기서 성조를 무시한다.

는 양분적이라는 것을 받아들였다. 따라서 이러한 견해의 지지자들은 분명히 두 개 이상의 양분적 자질에 의해서 복합가의 자질을 분석한다. 그러한 전략은 1장 (21)의 모음-높이 차원의 분석에서 명백한데, 여기에서 언뜻 보기에 모음 높이의 단일의 복합가 지수인 것처럼 보인 것이 두 개의 [고설성]과 [저설성]의 양분적 자질에 의해 분석되었다.

이 시점에서 음운학적 기술에서 복합가 자질을 허용해야 하는지에 관한 문제를 조사하지는 않을 것이다. 오히려 두 개 이상의 요소를 포함하는 것처럼 보이는 그러한 대립의 속성과 표시로 논의를 제한할 것이다.

언뜻 보기에 양분성 가설을 표시하는 가장 자연스런 방법은 1장에서 소개한 [±비음성], [±설정성] 등과 같은 양분적 자질을 사용하는 것이다. §1.3.5에서 소개한 자질수형도 유형으로 이러한 접근은 (2)로 특징지어지는데, 그것은 비음과 비-비음성 소리, 즉 영어의 /m/와 /b/ 사이의 차이를 표시한다:

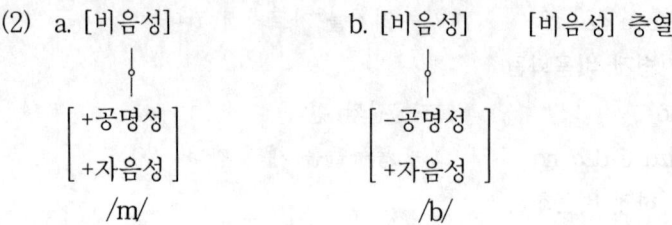

(여기와 다음에서 비음성 자질을 본 논의와 무관한 분절음 표시에서 모든 다른 층열을 나타내는 교점과 연결하지만, 주요 부류 층열을 유지한다.) 그러나 분절음이 특별한 특성을 갖는지 아닌지를 나타내는 다른 방법이 있다. 자질 값과 [+비음성]과 같은 이름으로 이루어진 명시와 함께 다음 (3)의 대조를 이용할 수도 있다:

(3) a. [비음성]   b.   [비음성] 층열

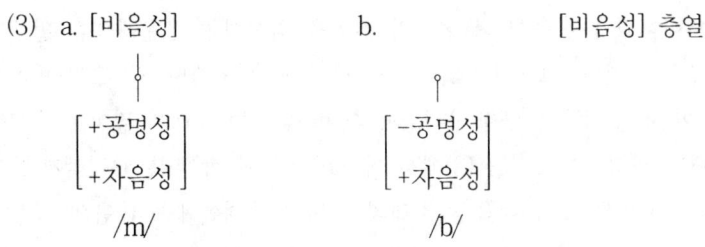

$$\begin{bmatrix} +공명성 \\ +자음성 \end{bmatrix}$$
/m/

$$\begin{bmatrix} -공명성 \\ +자음성 \end{bmatrix}$$
/b/

여기서 /m/는 표시 중 [비음성] 자질부분을 나타내어 특징짓지만, /b/는 [비음성] 자질이 없는 것, 즉 비음이 아니라는 것 외에는 /m/의 모든 특성을 가진다. 그래서 '+'와 '-' 값을 전혀 쓰지 않고, 오히려 /m/는 /b/에 전혀 없는 특성이 있음을 본다. 양분성 대립의 이 두 가지 표시 방법은 다소 같게 보일지라도, 이것은 곧 보게 될 두 개의 좀 다른 경험적인 주장을 구체화한다.

§1.2에서 보았듯이 음운과정에 순환적으로 참여하는 분절음의 집합은 자연부류라 한다. 게다가 분절음의 특정 집합이 자연부류를 형성한다는 사실은 또한 비음성, 원순성, 혹은 공명도 등급과 같은 몇 가지 공유된 음성적 특성 탓이라고 주장했다. 그 공유된 음성적 특성은 음운표시 체계에서 음운자질에 의해 특징지어지고, 따라서 1장에서 채택된 접근에서 자연부류를 형성하는 모든 분절음은 특정 자질에 대해 같은 값을 갖는다. 그래서 특정 언어의 /u o ɔ y w/는 음운 표시체계에 [+원순성]으로 특징지어지는 자연부류를 형성하는 것으로 음운과정에 참여한다. 그것은 /p t k b d g f θ s v ð z/가 모두 [-공명성]에 의해 음운과정에 참여하는 것과 같다.

어떠한 양분 자질도 '+'값이나 '-'값을 가질 수 있디는 가정 위에서 특정 자질에 대해 어느 하나의 값을 공유하는 분절음의 집합은 하나의 자연부류를 형성해야 하는 것처럼 보인다. 다시 말해 분절음의 집합이 [+F]나 [-F] (여기서 [F]는 어떤 자질이든지 가능함)로 표시되어야 하는지가 문제되어서는 안 된다. 어느 경우든 그 집합은 음운과정에 참여할 수 있다. 이런 주장은 '전통적인' 양분적 접근인 (2)에 내재해 있는데, 그것은 [+비음성] 분절음

집합뿐만 아니라 [-비음성] 분절음의 집합을 참고하는 음운과정을 발견할 수 있음을 암시한다. 그러나 (3)은 다소 다른 주장을 한다. 즉 오직 비음성 분절음만이 이런 지위를 가질 수 있다. 즉 비-비음성 소리의 집합은 참고할 어떤 수단도 없고, 그 소리는 (3)에서 어떠한 독특한 확인 특성도 갖지 않는다. 오히려 비음성과 비-비음성 소리의 차이는 후자에게는 비음의 특성이 전혀 없는 것이다.

따라서 (2)와 (3) 중에 선택할 때 조사해야 할 증거의 유형은 비-비음성 분절음의 집합이 언어에서 자연부류로서 역할을 조금이라도 하는지를 보여주는데 있다. 그런 경우를 발견하지 못했다해도, 이런 상황이 우연이 아니라 '실제적인' 음운 원칙을 나타낸다는 가정에서, 전통적인 형태의 양분성 가설을 거부하고, 다른 모든 사항이 같다면 (3)과 같은 분절음의 표시를 도입할 증거를 곧바로 밝혀냈다. 물론 또한 반대도 적용된다. 즉 비-비음성의 부류가 어떤 언어의 음운학에서 역할을 한다면 그 때는 (2)와 같은 표시가 더 적절해 보인다.3)

어떤 언어에서 비음성 분절음의 집합은 하나의 자연부류를 형성함을 이미 보았다. §1.2에서 논의한 여러 가지 예를 상기하자. §1.2에서 비음성 분절음만이 뒤의 자음과 조음장소가 일치한다. 또한 영어의 *plank* /plæŋk/ [p|ǽŋk] (1장 (74) 참조)처럼 비음성이 앞 모음에 전파되어 이 음으로 비모음화되거나, 불어의 *bon* /bɔ̃/처럼(모음의 비음화와 연이어 비(nasal)자음이 탈락함), 몇몇 언어에서 음소상 비(nasalised)모음이 나타나는 매우 일반적인 과정을 보자:

---

3 사실 전통적인 이분성 가설을 거부하도록 해 주는 증거는 논리적으로 가능하지 않다 - 형식적인 용어로 그것은 반증할 수 없는 가설이다.

(4)

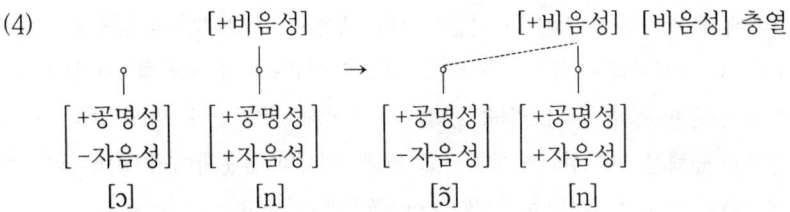

그러나 비-비음성의 소리가 하나의 자연부류로 역할을 하는 예는 우리가 알고 있는 한에서는 입증되지 않았다. 예를 들어 어떤 언어에서 비음성 설정음(/n/)의 부류와 반대로 비-비음성 설정음(예: /t d s z θ ð l r/)의 부류에 영향을 주는 과정을 발견할 수 없다. 예를 들어 (5)와 같이 (4)와 유사하나, 전파 교점으로 [-비음성]을 갖는 다음과 같은 규칙은 전혀 기록되어 있지 않다:

(5)

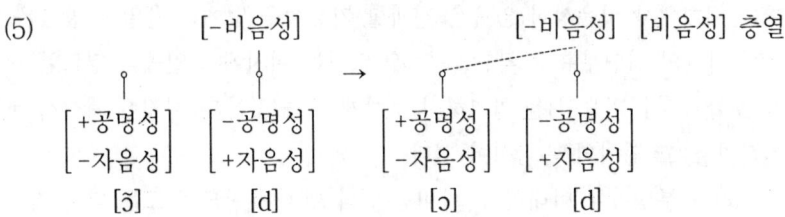

(5)는, [-비음성]을 전파해서 [ɔ̃d]를 [ɔd]로 바꿀 것인데, 분명히 불가능한 규칙이다.4) 이것은 물론 음운과정에 관한 지식에서 단지 우연한 공백일 수도 있지만, 다른 한편으로 그것은 음운체계의 기본 특성, 즉 비음성과 비음성이 없음은 같은 것이 아님을 반영할 수 있다. 이것이 사실이라면(사실에 의심이 거의 없음) 그 때 어느 값이든 동등하게 쉽게 허용하는 음운표시이론은 매우 강해 보인다. 일반적으로 우리의 주장은 음운이론의 어떤 부분도 실제로

---

4 여기서 비음성(nasal) 자음은 비음성 모음을 뒤따라야 하고, 반면에 비-비음성 (non-nasal) 자음은 비-비음성 모음을 뒤따라야 하는 언어의 제약들이 있다는 것을 부정하는 것은 아니다. 그러나 이러한 것들은 그러한 전파의 결과가 아니라 오히려 모음+ 자음의 특별한 연쇄의 적형성에 관한 일반적인 제약의 결과이다.

언어에서 발견되는 상황을 기술하거나 생성하고, 발견되지 않음을 기술할 수 없도록 제한해야 한다. 뿐만 아니라 그 이론은 '덜 자연적'이거나 '자연적이지 못한' 상황을 기술하는 것을 더 어렵게 해야 한다. 다시 말해 이론의 생성적 능력은 가능한 한 제한하고, 세계 언어의 음운학에서 일어나는 것을 적절하게 기술할 수 있는 것은 항상 규정해야 한다.

따라서 이 경우 비음성이 없다는 것은 분절음의 긍정적인 특성이 아니어서 소리, 부류, 과정의 특징에 어떤 역할도 하지 않는 것 같다. 이것은 또한 (3)이 분명히 (2)보다 더 적절하게 이 상황을 표현함을 의미하는데, [-비음성]이 '언급할만한'(addressable) 값이므로 (5)처럼 규칙의 형식화를 부적절하게 허용함을 암시한다. 그러나 (3)에 기초한 체계는 [-비음성] 값에 대응하는 어떠한 것도 없음으로 (5)의 효과를 갖도록 하는 규칙을 허용할 수 없으며, 따라서 이런 점에서 선호될 것이다. (2)처럼 [+비음성]과 [-비음성]을 갖는 체계에서 비음성이 없음을 전파할 가능성을 없애는 유일한 방법은 이 값이 하나의 자연부류로 역할을 할 수 없다는 취지에서 일종의 명료한 진술을 포함시켜 [-비음성]을 참고하지 못하게 하는 것이다. 이것은 확실히 바람직하지 않고 임의의 복잡성이 있다.

그러나 분명하게 비대칭적인 [비음성]의 행동이 반드시 모든 다른 자질에 대해 영향력을 갖지는 않는다. 예를 들어 [공명성]을 살펴보자. §1.3.1의 [+공명성] 자음부류에 영향을 주는 과정이 있으나, 또한 [-공명성] 분절음 부류에 영향을 주는 과정도 있었다. 따라서 비음과 유음의 자연부류는 음운과정에서 [+공명성, +자음성]을 언급할 수 있고, 1장의 (13)에서 우리가 본 것처럼, [-공명성]은 어말 무성음화 과정에 일반적으로 연계되는 분절음 부류, 즉 폐쇄음과 마찰음을 특징짓는 자질 값이다. 따라서, 분명히 공명성과 비-공명성 분절음의 집합 사이의 차이는 비음성과 비-비음성 분절음의 집합사이의 차이와 다른 음운론적인 유형을 갖는다. 즉 [+공명성] 뿐만 아니라 [-공명성]이 자연부류를 특징짓는다.

자질이 여러 가지 '형식적 유형(formal types)'을 가질 수도 있다는 개념은 *SPE*의 양분적 접근방법에서, 그리고 실제로 *SPE*보다 앞선 Jakobson의

접근에서도 명료치 않다.5) 그럼에도 불구하고 이러한 생각은 초기의 공식
화가 다소 다른 이론적 모형 속에 포함되어 있어도 오랜 전통을 갖는다.
그것은 이 책에서 논의하고 있는 형태의 자질 개념을 포함하지 않았다.
Trubetzkoy(1939)는 양분적 음운대립의 두 유형을 구분한다. 즉 §1.3.3과 2.1
에서 언급한 유형의 **복합가(multivalued)**대립에 더하여 **결성(privative)**
대립과 **등치(equipollent)**대립을 구분한다.6) 이 해석에서 비음성은 결성대
립, 즉 특정 특성, 곧 '유표(mark)'(Trubetzkoy의 용어로 *Merkmal*)의 존재
나 부재에 의하여 표시되는 두 부류를 포함한 대립의 예이다. 비음성 뿐만
아니라 Trubetzkoy는 결성대립의 예로 원순성과 유성성을 수반하는 대조를
특징짓는다. 이와 달리 등치대립에서 소리의 두 부류는 다른 부류가 없는 어
떤 특성을 갖는다는 점에서 다르다. 등치대립의 요소 사이의 관계는 '논리적
인 등치'(logical equivalence)관계이다(Lass 1984a: 46). 자질이론의 이 개념
은 [공명성]자질과 관련하여 보았듯이 다소 더 특정의 해석을 얻었다. 그것
은 음운과정의 기술상 두 값이 가능한 그러한 양분자질을 특징짓기 위해 사
용된다. 따라서 [F]자질에 대하여 [+F]뿐만 아니라 [-F]가 자연부류를 형성
하면 [F]자질은 등치이다. 이런 경우에 (6)과 같은 표시([비음성]에 대해서는
부적절한 것으로 보인다: (2) 참조)는 대립의 등치적 특성을 반영하는 것처
럼 보인다:

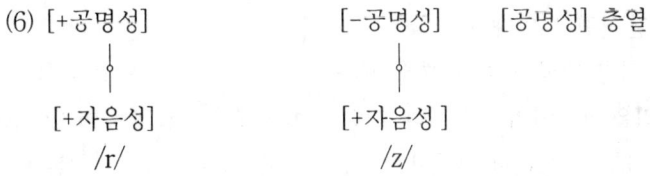

(6) [+공명성]   [-공명싱]   [공명성] 층열

    [+자음성]   [+자음성]
     /r/   /z/

마찬가지로, 예를 들어 음운과정이 어떤 특성에도 호소할 수 있음으로, 모음
의 전설과 후설이 '논리상 등치'임이 사실이면7) 단일자질로 등치인 [±후설

---

5 Jakobson 등(1951)과 Jakobson과 Halle(1956)를 보라.
6 이것들 그리고 관련된 개념들에 관한 논의에 대해서는 Lass(1984a: §3.2)를 보라.

성]이 있다는 주장이 된다. 즉 [+후설성]과 [-후설성]은 등치의 음운지위를
갖는다.

다음에서 **양분적(binary)**이라는 용어를 (6)의 '+'값뿐만 아니라 '-'값을
갖는 [공명성]과 같은 등치자질로 제한할 것이나, (3)처럼 결성대립을 특징
짓는 자질을 **단일가(single-valued)**의 자질로 일컬을 것이다.[8] 단일가의
자질은 따라서 '+'나 '-'값을 갖지 않고, 단순히 존재하거나 부재한다.

2.1.1 자질수형도와 자질의 속성

이렇게 엄격하게 자질의 여러 유형사이를 형식적으로 구분할 때, 우리는
§1.3.5에서 소개한 여러 가지 자질수형도 모델을 옹호하는 이상이 된다. 여
기서 대립의 여러 가지 유형사이의 구분 즉 등치, 결성, 복합가가 사용되나,
종종 형식적으로 명료하게 되지 않는다. 또한 영어의 *cab*에 대한 가능한 자
질수형도인 1장의 (75)와 같은 표시를 살펴보자. 한편으로는 부류교점, 즉
자질그룹에 대한 명칭과 내용교점, 즉 [후설성]처럼 개개의 자질로 붙여진
교점사이를 구분했다. 또한 *camber*와 같은 형태의 비음은 독립적인 조음장
소를 갖기보다는 오히려 그 조음장소가 뒤따르는 폐쇄음에서 자립분절의 전
파에 의해 결정됨을 보았다. 다시 말해 1장의 (76)과 (77)에서 보는 바와 같
이 비음은 그 자체의 장소교점(따라서 그것으로 지배받는 모든 다른 교점)
이 전혀 없었다. 따라서 방금 소개한 구별로 다른 부류교점처럼 장소교점은
단일가의 '자질'처럼 보인다.

방금 본 것처럼 몇몇 자질과 그에 따라 내용교점도 또한 단일가이다. 그
것이 결성대립을 표현하기 때문이다. 그러나 자질사이의 관계는 자질수형도
에서 다소 복잡하고, 그래서 여기서는 §1.3.4에서 소개한 '조음자이론'에 의
해서 조음장소 표시의 몇 가지 형식적인 양상을 살펴보자. McCarthy(1988)
에 의거 [순음성], [설정성], [설배성], [설근성] 자질로 특징짓는 많은 주요

---

[7] 그러한 주장이 *SPE*에 내재해 있는데, *SPE*는 [+후설성]도 [-후설성]도 '유표적'으로 취
급하지 않는다. §2.2의 유표성과 미명시의 논의를 보라.

[8] '일원적(unary)'과 '단일가의(monovalent)'라는 용어도 또한 사용된다.

조음장소를 구별했다는 것이 상기될 것이다(현재의 논의를 위해, 설근 자음, 즉 주요 조음자로 설근으로 만들어지는 자음을 무시하자). 자질수형도에서 이러한 자질을 특징짓는 각각의 교점은 (7)과 같이 조음적, 즉 장소 교점에 의해 지배된다:

(7)

자음은 [비음성], [설정성]이거나, [설배성]인 것은 분명하다. 즉 자음은 한 개 이상의 조음장소를 보통 갖지 않는다.9) 따라서 (7)에서 소개한 세 개의 주요 교점사이의 관계는 상호 배타적 관계이다. 각각의 자질은 단일가로 즉 존재하거나 부재한다. 그래도, 마찬가지로 장소부류교점은 세 가지 가능한 값([순음성], [설정성], [설배성])을 갖는 복합가라고 말할 수 있다. 이 세 개 의 값은 상호 배타적이므로 **이접적인(disjunctive)** 관계에 있음을 주목하 라. 즉 단지 하나의 장소 값만 선택될 수 있다.

부류교점인 장소와 달리 [순음성], [설정성], [설배성]은 분명히 내용 교점 이고, 예를 들어 어떤 것이 '순음성'이는 말은 그 조음장소를 확인해 준다. 그러나 이런 교점은 또한 자질수형도에서 다른 교점을 지배할 수도 있다. [순음성], [설정성], [설배성]을 통합하는 모델을 지지하도록 주장하는 장점 의 하나는 후치경 부근 앞에서 협착을 수반하는 것으로 정의되는 [전방성] 과 같은 자질은 오직 [설정성]인 분절음과 관련되는 것으로 특징지을 수 있 었음을 §1.3.4로부터 상기하자. 즉 어떤 자음이 [설정성]이 아니면, [+전방 성]인지 [−전방성]인지 하는 문제는 전혀 생기지 않는다. 마찬가지로, 어떤

---

9 이것은 이중 조음(/k͡p, k͡t/)과 이차조음(/t, p/)의 경우가 나타나지 않음을 말하지는 않 는다. 이것은 자질수형도에서 단일자음은 별개의 두 장소명시를 갖는다고 가정함으로 써 처리된다.

자음이 [설배성]이 아니면, 그 [고설성], [저설성], [후설성](설신위치를 특징 짓는 자질)에 대한 값은 무관하고, 설신이 자음생성에 관련이 없다면 위치는 기술할 필요가 없다. 이것은 [설정성] 자음으로 제한되는 [치찰성]과 [분포성], 순음으로 제한되는 [원순성]에도 매우 비슷하게 적용된다.

다른 자질이 존재한다면 오직 상관이 있는 어떤 자질이라는 개념은 (8)과 같은 자질수형도에 표시된다:

(8)

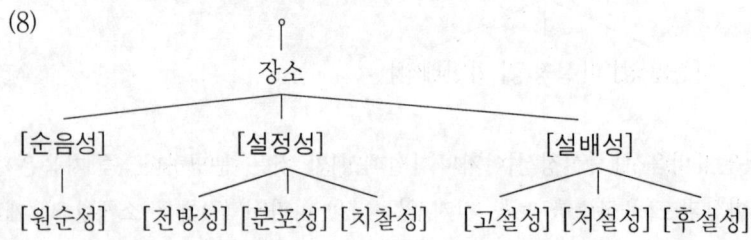

여기서 [원순성]은 [순음성]의 **종지(dependent**: 종속가지)라고 말하고, 반면 [전방성], [분포성], [치찰성]은 [설정성]의 종지이다. 그래서, 말하자면 [전방성]에 대한 명시의 출현은 [설정성]의 존재에 의존한다. 이제 [순음성], [설정성], [설배성] 자질을 [원순성], [전방성] 등과 같이 다르게 표시함을 주목하라. 이것은 장소부류교점과 양분적인 '종결' 내용 교점 사이의 중간에 있는 단일가의 내용 교점임을 보여준다. 그 중간 교점은, 단일가가 주어지며, 존재하거나 하지 않을 수 있으나 양분적인 종결 교점은 '관련이 있으려면', 즉 의존하는 중간 자질이 있기만 하면, '+'나 '-'값을 가져야 한다.

Yip(1989: 350)의 지적처럼, [순음성], [설정성], [설배성]과 같은 교점이 단일가를 받는 것 같이 보인다는 주장의 증거는 여러 조음장소 자연부류의 행동, 즉 [-설정성]이 나타나지 않음에 있다. 다시 말해, 비-설정성의 집합(예: /p t q/)에 영향을 주는 음운과정이 발견되지 않음을 그녀는 주장한다. 예를 들어 [-설정성]이 자연부류를 정의하기 위한 후보자가 아니면, 여기서 결성대립을, 따라서 단일가의 자질을 다루는 것이 되지만, 순음, 연구개음, 연구개수음의 집합은 하나의 자연부류를 형성할 수 있을 것이다. 그러나 이것은 이 음들이 혀 날의 수축을 포함하지 않아서가 아니라 아마도 음향적인 이유일 것이다. 이것으로 Avery와 Rice(1989: 195)는 (9)처럼 [순음성]과 [설배성]을 주변적 혹은 중음(Grave) 교점 아래로 묶는다.

(9)

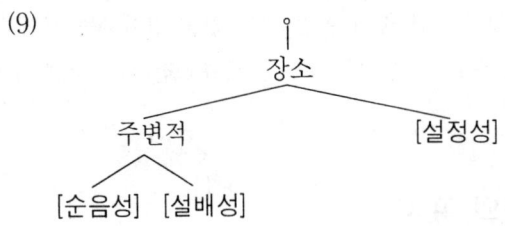

따라서 부류교점처럼 우리가 설정했던 중간의 내용 교점은 그것이 존재하거나 하지 않을 수 있다는 의미에서 단일가가 주어진다. 그러나 장소부류 교점과 그 종지인 (8)의 [순음성], [설정성], [설배성] 사이의 관계는 말하자면 중간 교점 [설배성]과 그것의 종지 종결자질 [고설성], [저설성], [후설성] 사이의 관계와 다르다. 여러 가지 중간자질 사이의 관계는 이접적인 관계라는 것을 보았다. 즉 단지 하나의 자질만이 어떤 분절음에 대해 선택될 수 있을 것이다. 그러나 [설배성]에 의해 지배되는 자질은 **연접적인(conjunctive)** 관계에 있다. 즉 설배자음은 [고설성], [저설성], [후설성]의 자질 각각에 대한 명시를 가질 것이다. 따라서 영어 /k/에 대한 표시는 다음과 같게 될 것이다:10)

(10)

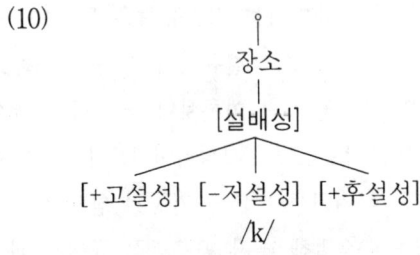

----

10 (9)는 많은 '선택'을 표시하는 자질수형도임을 주목하자. 그것은 개개의 분절음 표시가 아니지만, (10)은 특정 분절음(영어 /k/)의 표시로, 여기에서 이런 선택이 이루어진다. [설배성]은 그래서 장소 교점에 의해 지배되는 교점집합에서 선택되지만 [설배성] 아래 양분 교점 각각은 하나의 값이 부여된다.

따라서 분명히, [순음성], [설정성], [설배성]교점이, '부류교점'과 '종결내용 교점' 사이의 위치뿐만 아니라, 유형상 중간에 있다는 분석에 이르렀다. 그 들은 단일가가 주어지는 교점이고 완전히 없을 수도 있고, 없다면, 이들이 지배하는 내용 교점의 어떤 것도 또한 없을 것이다. 그것은 장소 교점이 없 으면 [순음성], [설정성], [설배성]교점 중의 어떤 것도 없을 것이라는 것과 정 확히 같다(예: 이미 논의한 동화). 그러나 그것은 부류교점과는 달리 내용 교점을 갖는다.11)

2.2 자질 비대칭성의 표시

비음성을 수반하는 결성대립으로 입증된 유형의 비대칭성(asymmetry)을 다루는 가장 적절한 방법은 단일가의 자질을 우리의 분석으로 통합해서 엄 밀 양분성 가설(strict binary hypothesis)은 포기하는 것이라고 위에서 제 안했다. 그 이전의 하위 절에서, 단일가의 교점뿐만 아니라 양분적 교점도 필요함을 일반적으로 인정해도, 자질수형도는 직면한 음운적 대립의 여러 유형사이의 분명한 형식적 구분을 하지 못함을 보았다. 이 장 뒤에서 단일가 의 자질을 사용하는 체계를 살펴보지만, 이것을 소개하기 앞서 우선 엄밀 양 분성 가설을 포기하지 않고 결성대립에 포함된 비대칭성의 유형을 표시하기 위한 유력한 시도가 있었음을 살펴보아야 한다.

비대칭성에도 불구하고 엄밀 양분성을 유지하는 접근유형은 두 가지 근 거 중 하나에서 바람직할 수도 있다. 한편으로 자질유형의 수를 제한하고, 따라서 모든 것이 같다면 자질유형의 확산을 갖는 이론보다 더 선호될 것이 다. 또 한편으로는 비록 많은 자질이 '기본적으로' 결성적이라도 [비음성]에 대해 위에 논의한 방식에서 드물기는 하더라도 반대편 기둥의 참고가 요구 되는 환경이 있다고 주장되어 왔다. 다시 말해 '+'가 음운학적 규칙과 과정 이 일반적으로 참고하는 [비음성]의 기둥이라도, 그것은 또한 [-비음성]을

---

11 자질수형도에서의 여러 가지 유형의 의존관계에 관한 논의는 Ewen(1995: §3)을 보라.

참고할 수도 있다. [-비음성] 값을 갖는 분절음에 의해 전파가 저지되는 조화과정도, 주장한 것과는 반대로, [-비음성]이 어떤 언어의 음운학에서 능동적인 값일 수 있다는 증거를 또한 제공할 것이다. 이러한 상황이 정말로 언어에서 발견되면, 즉 '반대편 기둥'(opposite pole)의 참고가 필요한 상황이면, 그 때는 모든 자질은 양분적이라고 주장할 수 있다.

　이제 자질 값 사이의 비대칭성 개념이 양분성 가설을 유지하는 이론 내에서 어떻게 설명될 수 있는지 살펴보자. 우선 논의해 온, 적어도 몇몇 양분자질의 값 사이의 비대칭성은, 심지어 엄밀 양분성 이론에서도, 설명될 필요가 있는 어떤 것으로 항상 인식되어 왔다는 것을 주목하라. 예를 들어 *SPE*에서, **유표규약(marking conventions)**이라는 복합집합을 설정했다. 위에 소개한 유형의 고려와 이 절의 과정에서 살펴볼 약간의 근거 위에 보통의 '+'와 '-'값 대신 몇 가지 양분적 자질의 두 값 중 하나는 m(유표: marked)으로, 다른 하나는 u(무표: unmarked)로 표시했다. [후설성]과 같이 비대칭성을 가정할 이유가 없다고 주장하는 경우에 '-'값은 유지되었다. '평가척도(evaluation metric)'가 이것과 관련이 있었는데, 이것으로 특정 분절음에 대해 u값을 갖는 자질은 '무료'(cost free)였고, m값을 갖는 자질은 문제 분절음의 '유료'(cost)(즉 음운적 복잡성: phonological complexity)에 기여했다. (11)은 이러한 접근으로 모음 /i e ɑ o u y/를 포함하는 체계의 모음자질 (vowel features)에 대한 모형을 나타낸다:

(11)		/i/	/e/	/ɑ/	/o/	/u/	/y/
	[고설성]	u	m	u	m	u	u
	[저설성]	u	u	u	u	u	u
	[후설성]	-	-	u	+	+	-
	[원순성	u	u	u	u	u	m
	복잡도	1	2	0	2	1	2

분절음의 '비용'은 유표명시의 수를 '+'와 '-'의 수에 첨가해서 간단히 설정된다. 위의 언급처럼 이런 표시는 유표규약의 집합과 관련이 있고, 유표규약은 특정자질에 대해 u값과 m값을 표시하는 것이었다. (12)(*SPE*: 405)는 이런 규약의 한 예이다:

$$
(12)\ [u\ \text{저설성}] \rightarrow \left\{ \begin{array}{l} [+\text{저설성}] \ / \ \left[\begin{array}{c} \overline{} \\ u\ \text{저설성} \\ u\ \text{원순성} \end{array} \right] \\[2em] [-\text{저설성}] \end{array} \right\}
$$

따라서 [저설성]에 대한 무표 값은 후설성과 원순성에 대해 무표인 모음에 대해서는 '+'이고, 아니면, '-'가 무표이다(즉 /ɑ/([+저설성])는 무표이나 다른 모든 모음은 [-저설성]이 무표임).

(11)에서의 상대적인 복잡성과 관련한 주장의 유형, 즉 다음과 같은 주장을 조사하는 것은 독자에게 맡긴다. 전설 모음에 대해서 비-원순성인 것은 무표이고, 비-저설모음에 대해서 고설성인 것은 무표이다. 실제로 이런 형태의 유표성이론에는 더 이상의 공간을 할당하지 않을 것이다. 그 이론은 이제 살펴볼 양분자질이론(Binary Feature Theory) 내의 대안적 접근으로 대개 대체되었다.[12]

2.2.1 미명시

미명시(underspecification)라는 개념이 양분적 모델의 비대칭 문제에 대한 최근의 접근에 사용되었다. 분절음 구조의 이 개념에서 어떤 자질에 대한 유표 값은 기저에 명시되나, 무표 값은 음운표시에 나타나지 않고 표층 음성표시의 파생과정에서 규칙으로 채워진다. 이런 입장을 (13)처럼 형식적으로 표시할 수 있는데, 여기서 이 장의 처음에 소개한 표시의 유형으로 되돌아간

---

[12] *SPE*에서 공식화된 것과 같은 유표성 이론의 부적절성의 논증에 대해서는 Lass와 Anderson(1975: App.IV), Kean(1980)을 보라.

다:

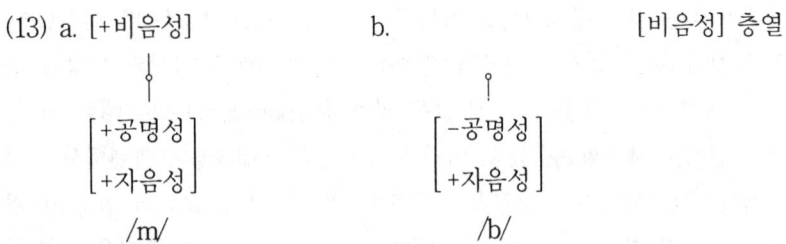

(13) a. [+비음성]   b.   [비음성] 층열

$$\begin{bmatrix} +공명성 \\ +자음성 \end{bmatrix} \qquad \begin{bmatrix} -공명성 \\ +자음성 \end{bmatrix}$$

/m/   /b/

따라서 비강(nasal)자음은 비음성에 대해 기저에 명시되나 구강자음은 이 자질에 대해 **명시되지 않고(unspecified)**, 따라서 그 분절음은 대체로 '미명시'된다. 즉 그 분절음은 모든 자질에 대해 명시를 하지 않는다. 이것은 (3)에 있는 것과 참뜻이 매우 가깝다는 것이 분명해질 것이다. 두 접근은 비-비음성이 긍정적인 특성이 아님을 표현하나, (13)의 주장은 단지 '정상적인' (normal) 경우이고, 비-비음성이 음운과정의 특성화에서 규칙으로 이끌릴 수 있는 [-비음성] 값에 호소함으로써 명백하게 역할을 하는 경우를 표시함이 형식적으로 여전히 가능하다. 그러나 '엄밀 결성주의자'(strict privatist) 는 [-비음성]을 쓰는 분석은 결함이 있음을 분명하게 보여야 한다. 그래도 마찬가지로 그런 분석은 사실 어떤 언어의 음운학에서 필요함을 보여주기 위해 미명시를 사용하는 '양분주의자'(bianrist)에 의존한다.

미명시이론에서 자질의 유표 값만이 기저에 명시되고, 무표(혹은 **자동**: default) 값은 파생과정에서 첨가되고, 따라서 (13)의 표층표시는 (2)와 동일할 것이다.

2.2.2 잉여성

이 시점에서 미명시라는 장치가 또한 상대적인 유표성과는 다른 어떤 것을 표현하기 위해 사용될 수 있음을 주목 해야한다. 예를 들어 영어는 */ɯ ɤ/ 와 같은 어떠한 모음도 없으므로 모든 비-저후설성 모음은 원순성인 언어이다. 즉 모음이 [-저설성, +후설성] 자질을 가지면 [+원순성]이어야 함을 안다. Halle(1959)는 따라서 비-저후설성 모음을 [+원순성]으로 음운적으로 명시하지 않는 것이 필요하다고 지적했다. 즉 [원순성] 자질은 비-저후설성 모음에 대해 변별적(혹은 대조적)이 아니므로 기저에서 명시되지 않은 채로 둘 수 있다. 따라서 [+원순성] 값은 **잉여적(redundant)**으로, 다른 자질 명시를 근거로 예측할 수 있다. 이것은 유표성과 비대칭성과 관련해서 고려한 것과는 다른 유형의 주장임을 주목하자. 비-저후설성 모음이 원순성이거나 비-원순성인 것이 더 자연스러운지에 관한 어떤 일반적인 주장을 하지 않기 때문이다. 오히려 이런 특정 자질의 값이 비-대조적이어야 하고 따라서 예측할 수 있고 음운적으로 잉여적인 것은 영어의 모음체계 구조의 자동적인 결과이다.

이런 상황은 (14)처럼 **잉여성 제약(redundancy constraint)**으로 표시할 수 있다.

(14) 만일 [-저설성, +후설성]이면, [+원순성]이다

그러나 음운표시에서 양분자질에 대한 특정 값을 명시하지 않는 즉 유표성과 잉여성이 없다는 두 가지 이유가 논리적으로 독립적이라도, 서로 관련이 없지 않다. 예를 들어 다음 (15)의 두 개의 잠재적 잉여성 제약을 살펴보자:

(15) a. 만일 [+저설성]이면, [+원순성]이다.
    b. 만일 [+저설성]이면, [-원순성]이다.

(15b)는 세상 언어에서 빈번한 상황을 표시하나, (15a)는 기대되지 않는다. 즉 /a/나 /ɑ/유형의 모음이 없는 언어는 사실상 하나도 없다. 다시 말해, 여러 언어의 잉여성(비-대조성)을 표시하는 (15b)를 근거로, [-원순성]은 저설모음에 대해 명시하지 않은 채로 둘 수 있다. 유표성을 근거로 정확히 같은 결론에 도달할 것이다. 즉 [-원순성]은 저설모음에 대해 일반적으로 무표 값

이므로 명시되지 않은 채로 둘 수 있다.

그러나 무표 값은 특정 체계에서 반드시 비-대조적이지는 않다. [비음성] 자질을 보자. 보아 온 것처럼 [비음성]에 대해 [-비음성]은 무표 값이다. 그러나 영어에서 [-비음성]은 대조 값이다. 즉 영어의 /m/와 /b/의 유일한 차이를 가정하면, /m/는 비음인 반면 /b/는 아니다. 유표성의 고려를 통합하지 않는 양분자질의 접근으로는 두 값은 (2)처럼 어휘적으로 명시될 것이다.

다음 두 절에서 미명시접근을 더 상세하게 살펴보자. 그러나 먼저 음운표시가 단순화될 수 있는 약간 다른 방식을 살펴보자. 어떤 단일의 언어도 대조적인 분절음(즉 음소)의 목록을 분류하기 위해 자질의 전 집합(내용이 무엇이든)을 사용하지 않음은 매우 분명할 것이다. 예를 들어 영어나 네덜란드어와 같은 언어는 대조적인 역할을 하지 않지만, 성문개방 정도(degree)를, 특징짓는 후두자질을 사용해야하는 어휘적 대조를 이용하지 않는다. 예를 들어 쉰 소리(breathy)와 삐걱거리는(creaky) 유성분절음 사이, 즉 기식과 비-기식 폐쇄음 사이의 어떠한 대립도 없다. 이것은 수반되는 자질이, 그 정확한 성격이 무엇이든지, '대체로' 잉여적이고, 어휘적으로 명시할 필요가 없음을 의미한다. 이러한 상황은 지금 논의해오고 있는 것과 다름을 주목하자. 여기서 자질의 값 중 하나는 어떤 환경에서 잉여적일 수 있다. 그러나 음운 차원에서 잉여자질은 예를 들어 변이음적인 변이를 표현하기 위해 음성적으로 사용될 수도 있다. 영어 대부분의 방언에서 어두의 무성폐쇄음은 강세를 받는 모음 앞에서 기식화된다. 이것은 이런 환경의 무성 폐쇄음은 자질이 기식음을 특징짓는 어떠한 것에 대해서도 하나의 값이 부여됨을 함축한다(다른 체계라도 이런 후두의 현상을 특징짓는 자질 논의는 §2.7 참고). 예를 들어 네덜란드어에서는 같은 과정이 일어나지 않는다.

그러나 이 장의 나머지에서 어휘명시에서 없을 수 있는 자질이 아닌 값의 미명시를 살펴보자. 다음 두 절에서 위에서 소개한 미명시의 개념에 대한 두 가지 접근을 논의한다. §2.2.3에서는 잉여성을 근거로 한 미명시(**대조적 명시: constrastive specification**)를, §2.2.4에서는 유표성을 근거로 한 미명시(**기본적 미명시: radical underspecification**)를 논의한다.

2.2.3 대조적 명시

다음 (16)처럼 다섯 개의 대조적인 모음체계를 갖는 언어를 고려해 보자:

(16)	/i/	/u/	/e/	/o/	/ɑ/
[고설성]	+	+	-	-	-
[저설성]	-	-	-	-	+
[후설성]	-	+	-	+	+
[원순성]	-	+	-	+	-

이 자질모형은 잉여정보를 포함한다. [원순성] 자질은 어휘명시에서 완전히 없앨 수 있다. 어떤 모음 쌍도 이 자질로 구별되지 않기 때문이다. 앞 절의 논의 참조.13)

모음 /ɑ/를 (16)의 다른 모음과 구별하기 위하여 [+저설성]으로 명시하는 것으로 충분하다. [+저설성]인 어떤 모음도 없기 때문이다. 이 모음에 대한 다른 명시를 생략하고, 다음 (17)의 잉여성 기술이나 제약으로 이 값을 채울 수 있다:

(17) a. 만일 [+저설성]이면, [-고설성]이다.
     b. 만일 [+저설성]이면, [+후설성]이다.

잉여성 제약은 이처럼 음운과정을 표현하지 않음을 주목하자. 오히려 이것은 분절음의 특정 목록에 관한 기술을 한다. 이 때문에 특정 언어에서 잉여성 제약의 존재는 형식논리에 낯익은 다음 원칙으로 또 다른 잉여성 제약을 도출하게 한다:

---

13 [원순성]이 아니라 [후설성]을 생략할 수도 있을 것이다. 대조성을 근거로 (16)에서 생략되는 자질로 다른 자질이 아닌 하나의 자질을 택할 어떤 이유도 없다. 어떤 경우든 결국 아래 (20)처럼 미명시된 표시로 끝낸다. 두 자질 사이의 관계에 관한 논의 Schane (1973)을 보라.

(18) $(A \rightarrow B) \rightarrow (\sim B \rightarrow \sim A)$

(즉 A→B가 참이면, ~B→~A도 또한 참이다). 이것은 (17)의 잉여성 제약이 특정 체계에 대해 참이면, (19)의 잉여성 제약도 또한 참임을 함의한다:

(19) a. 만일 [+고설성]이면, [-저설성]이다.
    b. 만일 [-후설성]이면, [-저설성]이다.

이런 진술은 (16)의 모형을 (20)과 같이 단순화하게 해주는데, 여기서 모든 비대조적인 값과 자질은 생략된다:

(20)

	/i/	/u/	/e/	/o/	/ɑ/
[고설성]	+	+	-	-	
[저설성]				-	+
[후설성]	-	+	-	+	

(17)과 (19)의 제약집합 (a)와 (b)의 지위는 다름을 주목해야 한다. (a) 제약은 자질 [고설성]과 [저설성]의 정의가 되면 모든 언어에서 참이어야 한다. 따라서 이런 잉여성 제약은 그 체계의 '보편적인' 특성을 표현한다.14) 이와 달리 (b) 제약은 문제의 언어가 저전설성과 저후설성 모음 사이의 대조가 없을 때만 참이다. 따라서 어떤 언어가 /a/ [+저설성, -후설성]뿐만 아니라 /ɑ/ [+저설성, +후설성]을 가지면, (b) 제약은 적용되지 않는다. 따라서 이런 제약은 언어-득정적 문법의 일부이다. 같은 수의 모음을 갖는 언어는 아주 유사한 체계를 갖는 경향이 있는데, 어떤 자질명시가 다른 것보다 선호되기 때문이다.

---

14 이런 종류의 보편적 잉여성을 기술할 필요성은 문제의 자질체계의 부적절성을 반영하는 것으로 주장할 수도 있다. 이런 종류의 추가 장치를 요구하는 것과는 달리 보편적으로 불가능한 상황이 기술될 수 없는 분절음 구조의 모델을 갖는 것이 더 바람직해 보일 것이다.

　　대조적 명시이론(Constrative Specification Theory)으로 알려진 미명시에 대한 접근에서(Steriade 1987; Clements 1988; Archangeli 1988a; Mester와 Itô 1989 참조) 잉여 자질만이 명시되지 않은 채로 있을 수 있고, 유표성을 근거로 하는 미명시의 가능성은 이용되지 않는다.

　　대조적 명시이론은 초기 생성음운론 모델과 한 가지 결정적인 방식에서 다르다. 이런 앞의 모델에서 음운규칙은 단지 '완전히 명시된 모형', 즉 모든 자질이 명시되는 것만 참고할 수 있었다.[15] 이와 달리 대조적 명시이론은 잉여 값이 잉여제약의 적용에 의해 아직 명시되지 않은 분절음에 규칙이 작용하도록 한다. 이런 입장은 음운현상의 다양한 유형, 특히 동화과정을 수반하는 유형들에 대한 더 만족스러운 특성화를 제공하도록 한다. §1.4에서 동화는 비-선형음운론에서 (21)에 표시된 방식으로 자질이 다른 분절음에 전파하는 것으로 특징적으로 보여짐을 상기하자:

(21)　　　　　　[F]

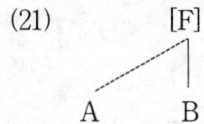

　　　　　　A　　　B

그러나 이러한 종류의 동화는 1장의 (72)와 같은 예에도 불구하고, 우리가 주장하기로, 예를 들어 비음성은 중간에 끼여드는 측음을 넘어서 자음에서 모음으로 전파할 수 없다는 것을 보여 주었는데 엄밀하게 인접한 분절음을 수반할 필요가 없다. 실제로 §1.4.2의 터키어 모음조화 현상의 논의에서 분절음은 1장 (88)의 조사에 의해 보는 바와 같이 뛰어 넘을 수 있다고 묵시적으로 가정했다. 거기서 전파하는 자질은 모든 끼여드는 자음을 무시한다는 것을 알게 된다.

　　같은 종류의 분절음 횡단의 투명성은 §1.4.1에서 논의한 고대영어의 사례와 같은 움라우트 과정에도 적용된다. 또한 이러한 종류의 전파과정에 연

---

[15] 논의에 대해서는 Stanley(1967), Ringen(1975), Kiparsky(1982)를 보라.

루되는 모음 사이에 끼여드는 자음은 일반적으로 그 과정에 전혀 참여하지 않은 것처럼 보인다. 즉 그러한 자음은 그 자체가 전파에 의해 영향을 받지 않고 - 그 자음은 변하지 않고 그대로 있다 - 또한 전파자질이 '목표' 모음에 도달하는 것을 막지도 않는다. §1.3.2의 논의와 같은 자질체계에서 [고설성], [저설성], [후설성]과 같은 모음자질은 대조적 명시이론 내에서 자음의 어휘명시가 필요하지 않다(혀-몸(즉 설배) 자음사이, 예를 들어 경구개음과 연구개음 사이의 대조를 보여 주거나, 연구개음화나 경구개음화와, 그것은 [+후설성]과 [-후설성] 사이의 대조를 수반할 수 있는데, 같은 이차조음을 수반하는 대조를 갖는 언어에서는 제외하고). 예를 들어 헝가리어에서 [후설성] 자질은 모음에 대해서 어휘적으로 대조적이나 그 명시는 자음에 대해서는 잉여적이다. 즉 바로 그 [후설성] 자질을 수반하는 자음 사이의 어떠한 대조도 없다. 터키어처럼 헝가리어는 모음조화 언어이다. 헝가리어 모음조화에 관련되는 자질인 [후설성]은 모음에서 모음으로 전파하나 중간에 끼여드는 자음은 영향을 받지 않고 그대로 있다:

(22) 주격단수   여격단수

    ház   háznak   [hɑːznɔk]   '집'

    öröm   örömnek   [œrœmnɛk]   '기쁨'

대조적 명시이론은 (22)의 여격형의 자음은 전파과정에 관련되는 자질에 대해 명시되지 않는다고 말하도록 한다. 따라서 [후설성]에 대한 어떠한 명시도 없다는 것은, 비록 이것이 다른 분절음을 넘어 전파하는 것을 수반해도 어간 모음의 후설성 특성이 접사의 모음으로 전파할 수 있다는 사실을 간단히 설명한다:16)

---

16 여기서 문제는 자음에 '모음' 자질을 명시하는 것을 잉여적으로, 따라서 표층에서조차도 자음명시에서 완전히 생략하기보다 잉여규칙에 의해 파생과정에서 첨가되는 것으로 처리하는 동기이다.

(23)　　　　　　[+후설성]　　　　　　　　　　　　　[후설성] 층열

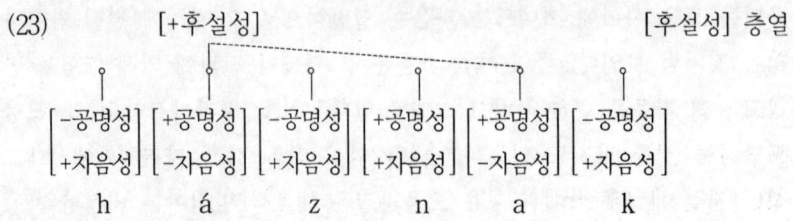

$$
\begin{array}{cccccc}
\left[\begin{array}{c}-공명성\\+자음성\end{array}\right] & \left[\begin{array}{c}+공명성\\-자음성\end{array}\right] & \left[\begin{array}{c}-공명성\\+자음성\end{array}\right] & \left[\begin{array}{c}+공명성\\+자음성\end{array}\right] & \left[\begin{array}{c}+공명성\\-자음성\end{array}\right] & \left[\begin{array}{c}-공명성\\+자음성\end{array}\right] \\
h & á & z & n & a & k
\end{array}
$$

뛰어넘은 분절음이 전파관련 자질을 명시하지 않는 추가의 증거는 자음 중 유성동화를 수반하는 과정에서 발견할 수 있다. 예를 들어 네덜란드어의 음절-말 무성저해음은 (24)처럼 다음의 음절-초 저해음이 또한 유성이면 유성화된다:

(24) zakoek　'손수건'　/zɑkduk/ → [zɑgduk]
　　 kasboek　'출납장'　/kɑsbuk/ → [kɑzbuk]

이런 과정이 어떻게 작용하는지에 관한 상세한 것과 이에 관한 제약은 여기서 관심을 가질 필요가 없지만, 분명히 [+유성성]의 좌방향으로 전파된다. 즉 언뜻 보아 (25)처럼 형식화가 가능한 과정이다:

(25)　　　　　　　[+유성성]　　　[유성성] 층열

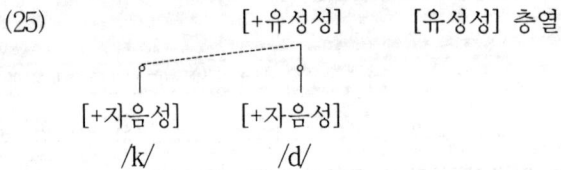

　　[+자음성]　　[+자음성]
　　　/k/　　　　/d/

그러나 공명성자음이 뒤따르는 무성저해음은 (26)처럼 [+유성성]이 아니다:

(26) kruidnagel　'정향'　　　/krøydnaːɣəl/ → [krøytnaːɣəl][17)
　　 Parklaan　（거리이름)/pɑrklaːn/　 → [pɑrklaːn]

---

17 *kruid*의 끝자음은, 기저에서 유성인데, 어말 무성화를 겪는다는 것을 주목하라(1장 (12a)를 참조).

언뜻 보기에 이것은 기대되지 않은 것처럼 보인다. 공명음(유성 저해음 처럼)은 음성적으로 [+유성성]이기 때문이다. 이 과정을 표시하는 가장 간단한 방법은 (27)처럼 단순히 동인(trigger)이 [−공명성]이어야 함을 말하는 것처럼 보인다.

(27)

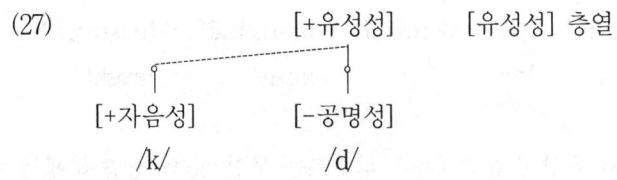

이것은 확실히 사실을 설명하고, 그와 같은 것이 적절하지만, 또한 그것은 아주 많은 것을 드러내지 못한다. 특히 그것은 왜 전파 과정이 저해음으로 제한되어야 하는 지와, 저해음이 앞의 저해음 속으로 유성성을 전파하지 못하도록 하는 공명 자음에 대해서는 어떠한 지를 보여주지 못한다.

대조적 명시이론과 같이 미명시를 허용하는 접근에서는 그 현상을 표시하는 간단한 방법이 있다. 네덜란드어에는 유성과 무성 공명음 사이의 어떠한 대조도 없다. 즉 네덜란드어는 */l̥/나 */m̥/와 같은 분절음이 없다. 따라서 [+유성성]은 공명 자음에 대해 음운적으로 잉여적이고, 그래서 명시될 필요가 없다. 따라서 공명 자음은 [+유성성] 명시가 없기 때문에 공명자음은 유성동화를 유발하지 않는다. 따라서 (25)의 초기 공식화가 적절하다. 즉 [+유성성]으로 표시되는 모든 자음, 즉 모든 유성 저해음은 [+유성성]을 앞선 자음으로 전파하지만, [+유성성]이 아닌 모든 자음은, 즉 물론 [−유성성]인 무성 저해음이거나, 그 자질에 대해 전혀 명시되지 않는 공명 자음인데, 동화과정에 참여하지 않는다.

러시아어의 유성동화와 관련해서 공명 자음의 행동을 주목하는 것은 흥미롭다(Hayes 1984b; Kiparsky 1985). 러시아어에서 저해음 자음군의 모든 요소의 [유성성] 자질의 값은 (28)의 형태에서 보는 것처럼 그 자음군의 끝 요소로 결정된다(Hayes 1984b: 318; Kiparsky 1985: 103; (28)은 동화과정이

단어 중간은 물론 형태적 경계의 여러 유형을 넘어 일어남을 보인다는 것을
주목하라):

(28) a. zub-ki   '작은 이'   /zubki/   → [zupki]
     b. Mcensk#by   '만일 Mcensk'   /mtsɛnskbi/ → [mtsɛnagbi]
     c. Mcensk#byl '그것은 Mcensk였다' /mtsɛnskbil/ → [mtsɛnagbil]
     d. mozg   '두뇌'   /mɔzg/   → [mɔsk]

(28a)의 *zubki*에서 유성 순음폐쇄음은 뒤따르는 무성 /k/의 영향 하에서 무
성화된다. 이것은 어말 무성화의, 그것은 러시아어의 다른 환경에서도 발견
되는데, 문제가 아니라는 것이 (28b, c)에 의해 입증되는데, (28b, c)에서 형
태소 끝의 무성 저해음자음군은 /b/로부터의 전파에 의해 유성화된다. 실제
로 어말 무성화는 동화과정을 급여(feed)할 것이고, (28d)에서 /g/는 끝 위치
에서 무성화되고, 따라서 앞선 마찰음의 유성동화를 유발한다.

  이제 (29)에 있는 형태를 살펴보자:

(29) a. iz Mcenska 'Mcensk로부터' /iz mtsɛnska/ → [is mtsɛnska]
     b. ot mzdy   '뇌물로부터'   /ɑt mzdi/   → [ɑd mzdi]

여기서 저해음의 유성 명시는 중간에 끼여드는 공명음을 넘어 전파하고, 따
라서 그것은 [유성성]에 대해 명시되지 않는다고 가정해야 한다. 즉 (29a)의
*iz Mcenska*에서 유성 치경마찰음은 비록 공명자음이 중간에 끼여 든다해도
뒤따르는 무성 /ts/의 영향 때문에 무성화된다. (29b)의 *ot mzdy*에서 형태소
끝의 무성 치경폐쇄음은 /z/로부터의 전파에 의해 유성화된다. 여기서 주어
진 분석에서 그러한 경우는 위에서 고찰된 조화와 움라우트의 경우와 유사
하다.

  이러한 유형의 또 다른 경우는 Yip(1988: §5.4)에 의해 논의된다. 광동
중국어(Cantonese Chinese)에서 같은 음절에서의 순음 자음과 원순 모음이

같이 나타나는 것에 대한 여러 가지 제약이 있다. 한 가지 그러한 제약은 음절 끝의 순음자음은 원순모음이 앞설 수 없고, 따라서 */tup, køp/와 같은 연쇄는 불가능하지만, /tip/와 같은 형태는 허용된다고 기술한다. 이것은 이화(dissimilation)제약의 한 예인데, 이화제약은 두 분절음은 특정 자질에 대해 같은 값에 연결될 수 없다고 기술한다.18)

두 번째 제약은 음절-초의 순음자음과 관련이 있는데, 그 자음은 /u/나 /o/가 뒤따를 수 있으나 /y/나 /ø/가 뒤따를 수는 없다(/puk, mou/와 */pyk, møy/). 이 제약은 따라서 후설 원순모음이 순음자음과 결합할 수는 있지만 전설 원순자음과 결합할 수 없다는 점에서 이전의 제약 보다 더 약하다. 왜 이러해야 하는가?

보아왔듯이 순음자음은 [순음성] 교점에 의해 지배된다(위의 (8) 참조). 물론 음성적으로 모든 모음 /u o y ø/는 [+원순성]이고, 따라서 [순음성] 교점에 의해 또한 지배된다. 그러나 (비-저) 후설모음에 대해서 이것은 잉여자질이다. 왜냐하면 광동어에서 원순 /u o/에 대응하는 어떠한 후설 원순모음이 없기 때문이다. 그렇게 해서 기저에서 /u o/는 [순음성]에 대해 명시되지 않고, 따라서 순음자음과 /u/나 /o/의 연쇄는 (30a)에서 보는 바와 같이 문제의 이화제약을 위반하지 않는다. 그러나 같은 것이 전설 원순모음에게는 적용되지 않는데, 전설 원순모음은 /i e/와 대립하고 있고, 그것에 대해 [순음성]이 어휘적으로 대조적이다(30b):

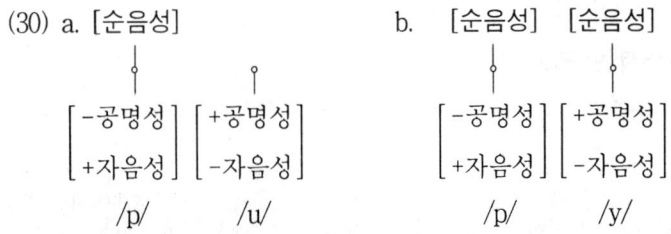

(30) a. [순음성]   b. [순음성] [순음성]

$$\begin{bmatrix} -\text{공명성} \\ +\text{자음성} \end{bmatrix} \quad \begin{bmatrix} +\text{공명성} \\ -\text{자음성} \end{bmatrix} \qquad \begin{bmatrix} -\text{공명성} \\ +\text{자음성} \end{bmatrix} \quad \begin{bmatrix} +\text{공명성} \\ -\text{자음성} \end{bmatrix}$$

/p/   /u/   /p/   /y/

---

18 Yip은 이것을 필수굴곡원리(Obligatory Contour Principle: §1.4를 참조)의 작용 탓으로 돌리는데, 그 원리는 '인접한 동일 요소'를 금지한다.

순음 자음뿐만 아니라 전설 원순모음은 광동어에서 [순음성]으로 어휘적으로 명시되기 때문에 두 음의 연쇄는 이화제약을 위반한다.

이와 같은 예는 규칙이 잉여자질이 생략되는 표시를 참고하도록 하는 것이 단순한 표기상의 경제성 이상이라는 것을 암시한다. 그것은 잉여 정보가 비-잉여 정보와는 다르게 행동한다는 관찰된 사실을 간단히 표현한다. 즉 그것은 전파과정과 제약에 의해 완전히 무시된다.19)

지금까지 고려해 오고 있었던 잉여성은 **분절음내적(intrasegmental)**이다. 즉 분절음의 몇몇 자질 값들은 이 분절음이 나타나는 환경에 무관하게 순전히 같은 분절음의 다른 명시들의 토대 위에서 예측할 수 있다. 그러한 제약은 또한 **분절음 구조제약(segment structure constraints)**으로 일컬어진다. 그러나 또한 몇몇 명시는 특정 분절음이 나타나는 환경의 토대 위에서, 이웃하는 분절음에서 특정 자질의 값(들)과 관련해서거나 말하자면 음절에서의 그것의 위치 때문에서거나, 예측할 수 있다. 따라서 영어의 세 자음 중의 음절-초의 연쇄가 주어질 때 첫 번째 자음은 /s/만 올 수 있고, 그래서 [+자음성]을 제외한 모든 자질 명시는 잉여적이라는 것을 안다. 이러한 종류의 상황은 **음소배열제약(phonotactic constraints)**으로 특징지어진다.20)

이 절에서는 대조적 명시이론은 자질 값이 명시되지 않는 것을 그 값이 문제의 언어에서 대조적이지 않는 상황으로 제한한다는 것을 보았다. 게다가 명시하지 않는 장치를 상대적인 유표성의 경우로 확장하는 미명시 이론을 이제 살펴볼 것이다.

2.2.4 기본적 미명시

§2.1에서의 논의에서 비대칭성이라는 개념을 소개했다. 양분적 자질의 두

---

19 분명히, 잉여 정보를 참고하는 음운과정이 있는지를 입증할 필요가 있다. 이런 경우가 사실 존재한다고 주장되어왔는데, 그것은 어떤 파생 단계에서 잉여규칙이 적용되고, 그 다음 그 잉여규칙은 음운규칙의 두 번째 부류를 급여할 것이라는 것을 함축할 것이다.

20 *SPE*에서 음소배열제약은 형태소구조제약으로 일컬어졌다. 이후의 설명(예를 들어 Vennemann 1972)은 그 제약을 음절구조제약으로 특징짓는다. '음소배열제약'이라는 용어가 어떤 것보다도 더 일반적이다.

값은 단지 두 값 중의 하나만이 음운학적 제약과 과정의 특성화에 일반적으로 나타나고, 다른 값은 그 정도로 덜 일반적으로 혹은 전혀 나타나지 않는다는 점에서 종종 다르게 행동한다는 것을 보았다. 다시 말해 값 중의 단지 하나만이 [비음성] 자질과 관련해서 예증된 바와 같이 자연부류를 규정할 수 있다. 즉 [+비음성] 소리의 집합은 음운과정에서 도움을 요청 받을 수 있는 하나의 부류를 형성하지만 [-비음성] 소리의 집합은 분명히 가능하지 않다. §2.2에서 이러한 종류의 상대적 유표성은 SPE에서 어떻게 다루어졌는지 간략하게 기술했다.

비대칭성에 대한 최근 이론에서 미명시가 유표성이론의 유표규약 대신 사용되었다. 이 이론은 일반적으로 **기본적 미명시 이론(Radical Underspecification Theory)**이라고 일컫는다(예를 들어 Archangeli 1988a; Archangeli와 Pulleyblank 1994 참조). 기본적 미명시 이론은 대조적 명시 이론보다 한 단계 더 나아가는데, 대조적 명시이론은 잉여적인 그러한 자질 값만 제거한다. [비음성]과 같은 모든 '비대칭적' 자질에 대해 기본적 미명시 이론은 기저표시에서 단지 하나의 자질 값만 명시하고 다른 값은 파생 과정에서의 규칙에 의해 첨가되게 한다. 기저에서 발견되는 값은 그 언어에서 일반적으로 자연부류를 규정짓는 값이다. 따라서 [비음성] 자질에 대해 기저의 값은 보통 [+비음성]일 것이다. 따라서 §2.2.1에서 언급했듯이 미명시 이론에서 기저에 명시되는 것은 바로 자질의 유표 값이고, 자동으로 주어지는 값은 규칙에 의해 첨가된다. 기본적인 미명시 이론 내의 대다수의 경우에서 어떠한 자질도 두 값이 특정 언어에서 기저에 명시되지 못하게 하며, 따라서 사실상 기본적 미명시 이론은 일반적으로 모든 자질들이 비대칭적이라고 주장한다. 즉 어떠한 자질도 기저에서 등치적이지 않다.

이런 후자의 주장은 모든 자질에 대해 어떤 값이 기저에 명시되지 않을 수 있는지, 즉 두 값 중에서 어떤 값이 '기대되는' 값인지를 결정해야 함을 의미한다. 이것은 간단하지가 않다. 특히 그 이론은 보게 되듯이 여러 언어에 대해 여러 해결책을 허용하기 때문이다. 그러나 우선 기저의 표시를 표층의 표시들과 관련시키기 위해 기본적 미명시 이론 내에서 사용된 장치를 조사해 보자. 자질 비대칭성은 **자동규칙(default rules)**의 집합에 의해 표현된다. (31)의 집합은 /i u e o ɑ/ 모음체계를 갖는 언어에 대한 (16)의 **완전히 명시된(fully specified)** 모형을 생성할 것이다:

(31) a. [   ] → [-고설성]
    b. [   ] → [-저설성]
    c. [   ] → [-후설성]

자동규칙에 의해 첨가되는 자질 값은 문제 언어의 음운규칙에 의해 참고되지 않는 값이지만, 그 자질의 반대 값은 분절음의 기저어휘 표시에 존재하는 값이다. 따라서 예를 들어 (31c)의 주장은 전파와 같은 과정에서 관련되는 것이 [-후설성]이라기보다 [+후설성]이라는 것이다. (31)의 자동규칙의 집합을 가정하면 (32)는 (16)의 모음에 대한 기저표시를 나타낸다:

(32)	/i/	/u/	/e/	/o/	/ɑ/
[고설성]	+	+			
[저설성]					+
[후설성]		+		+	+

결정적으로 (32)의 각 자질에 대한 값 중의 하나만이 발견되고, 자질의 어떤 것도 두 값으로 기저에 명시되지 않는다.

만일 (32)를 (20)과 비교하면, 여기서 비-대조적인(즉 잉여적인) 자질 값만 생략되는데, 자동규칙이 많은 잉여성 제약을 불필요하게 해줌을 알게된다. (17a)와 (19)와 같이 자동규칙에 의해 채워진 것과 동일한 값을 채우는 모든 잉여성 제약은 공전적으로(vacuously) 적용될 것이다. 자동 값의 이러한 채움은 전형적인 패턴이고, 따라서 기본적 미명시 이론에서는 (33)처럼 단지 하나의 잉여성 제약만이 (16)의 체계에 대해 여전히 필요하게 된다:

(33) 만일 [+저설성]이면, [+후설성]이다.

이것은 (32)가 아니라 (34)가 (16)의 모음체계의 '기본적으로 미명시된' 기저 표시이라는 것을 의미한다:

(34) /i/ /u/ /e/ /o/ /ɑ/

[고설성] + +

[저설성] +

[후설성] + +

기본적으로 미명시된 기저 체계의 특성은 대조적 명시 이론에서의, 이 이론에서는 단지 잉여적인 명시들만이 제거되어졌는데, 기저 체계와 형식적으로 다소 다르다. 기저표시는 대조적 명시 이론의 의미에서 더 이상 형식적으로 대조적이지 않다. 특정 분절음의 표시는 (34)에서 어떤 다른 분절음의 표시를 형식적으로 '포함'할 수도 있기 때문이다. 이와 같이 비록 /i/의 음운적 표시가 단지 [+고설성] 명시만 포함한다하더라도 그것은 그 체계에서 유일한 [+고설성] 모음이 아니다. 유사하게 모음 /e/는 완전히 명시되지 않고, 따라서 그것의 표시는 형식적으로 대조적이지 않다. 그러한 상황은 (20)처럼 대조적 명시이론에서는 불가능할 것인데, 그 이론에서는 어떠한 표시도 형식적으로 '중의적'일 수 없다. 그렇다하더라도 기본적 미명시 이론에서 어떤 체계의 각 모음의 기저표시는 여전히 하나밖에 없다는 것을 주목하라. 즉 동일한 자질 명시를 갖는 어떠한 분절음의 쌍도 없으며, 따라서 어떤 분절음의 표시도 모든 다른 분절음의 표시와는 다르다.

기저표시에서 어떤 값이 존재하는지의 선택은 분절음의 어휘적 표시뿐만 아니라 언어에서 자동규칙들의 집합을 결정한다는 것은 분명하다. 만일 고려해오고 있는 예에 대해 여러 개의 자동규칙들을 가정하려고 하면, 말하자면 기저에 명시되는 것으로 [-고설성]을 취함으로써, (35)의 자동규칙과 잉여성 제약의 집합을 가지게 될 것이다:

(35) a. 자동규칙   b. 잉여성 제약

   [ ] → [+고설성]   만일 [+저설성]이면, [-고설성]이다

   [ ] → [-저설성]   만일 [+저설성]이면, [+후설성]이다

   [ ] → [-후설성]

이것은 (36)의 어휘적 표시를 만들어 낼 것이다:

(36)   /i/   /u/   /e/   /o/   /ɑ/

[고설성]   -   -

[저설성]   +

[후설성]   +   +

Archangeli(1988a)는 두 선택 중 하나만 '기대'되어도 두 선택(실제로 다른 것)이 가능하다고 주장한다. 따라서 [+고설성]은 일반적으로 [-고설성]이 아 닌 자동규칙을 나타낸다고 가정된다. 복잡성의 이유로 (35)를 선호하겠지만, (35)는 상대적으로 단순한 고설모음 /u/가, 예를 들어, 그 중설모음 짝인 /o/ 보다 덜 복잡한 표시를 갖는 기저표시의 집합을 만들어낸다.

기본적 미명시 이론의 옹호자는 어떤 체계에서건 기저에 완전히 명시되 지 않는 하나의 분절음이 일반적으로 있다고 주장한다. 다시 말해 음운적인 체계는 하나의 '특별한 모음'을 갖는 경향이 있다. 그 모음은 특히 없는 듯 이, 다시 말해 모음조화와 같은 음운과정에서 보이지 않는 것처럼 행동하면 서, 기대되는 여러 가지 음운과정에 참여하지 못하는 모음이거나, 자동의 **삽 입(epenthetic)** 모음, 즉 어떤 이유로 모음이 요구되지만 모음자질에 대한 특정 명시가 중요하지 않은 환경에서 일반적으로 삽입되는 모음으로 나타난 다. 따라서 몽고어인 칼카어(Khalkha)는 [dɔlɔːn-ɔːs] '7(탈격)'과 [gөrөːsn-өːs] '영양(탈격)'처럼 저설모음이 단어의 첫 모음과 원순성에서 일치하는 모 음조화과정을 보인다.21) 그러나 비-초의 /i/는 마치 원순조화에서 보이지 않 는 것처럼 행동한다. 즉 만일 어두의 모음이 원순이면 두 번째 음절에 있는

/i/는 조화를 겪지도 않고(즉 그것은 [i]로 표층에 나타남) 원순성이 뒤따르
는 음절로 전파하는 것을 막지도 않는데, 그것은 [θtʃigdθr] '어제' 형태로 입
증되는 바와 같다. 이런 모음의 지위는 칼카 몽고어의 기저표시에서 그것을
완전히 명시하지 않고 놓아둠으로써, 즉 '비워둠'으로써 반영될 수 있다. 또
한 어떤 체계에서건 비어있는 모음의 실체는 특정 자질 중의 어떤 값이 기
저에 있어야 하고 어떤 값이 자동규칙에 의해 첨가되어야 하는 선택을 결정
할 것이다. 따라서 (34)의 모든 자질에 대해 명시되지 않는 것은 바로 /e/이
므로 비어 있는 모음으로 행동하는 것으로 예측된다. (36)의 /i/가 그렇다.

이제 약간 더 복잡한 예, 즉 (37)의 모음체계를 살펴보자. (37)은 고대영어
의 한 단계를 나타낸다(Hogg 1992a를 참고):

(37)	/i/	/y/	/u/	/e/	/ø/	/o/	/æ/	/ɑ/
[고설성]	+	+	+	−	−	−	−	−
[저설성]	−	−	−	−	−	−	+	+
[후설성]	−	−	+	−	−	+	−	+
[원순성]	−	+	+	−	+	+	−	−

(31)과 같은 자동규칙의 집합을 사용하고 그 위에 '−'는 [원순성]에 대해 무표
값이라고 가정한다. 이것은 (38)의 자동규칙과 잉여제약의 집합을 낳는다.

(38) a. 자동규칙   b. 잉여성 제약

    [   ] → [−고설성]   만일 [+후설성, −저설성]이면, [+원순성]이다

    [   ] → [−저설성]

    [   ] → [−후설성]

    [   ] → [−원순성]

이것으로 고대영어 체계는 (39)와 같이 표시하게 된다:

---

[21] 칼카에서의 모음조화에 관한 논의에 대해서는 Svantesson(1985)를 보라.

(39)   /i/   /y/   /u/   /e/   /ø/   /o/   /æ/   /ɑ/

	/i/	/y/	/u/	/e/	/ø/	/o/	/æ/	/ɑ/
[고설성]	+	+	+					
[저설성]							+	+
[후설성]			+			+		+
[원순성]		+	+			+		

마지막으로 후설 원순 뿐만 아니라 후설 비원순 모음을 갖는 터키어의 것과 같은 모음체계를 살펴보자:

(40) 자동규칙
    [   ] → [-고설성]
    [   ] → [-후설성]

(40)은 [원순성]에 대해 자동규칙을 포함하지 않고, 따라서 터키어의 모음체계에 대해 (41)을 갖는다는 것을 주목하라:

(41)   /i/   /y/   /ɨ/   /u/   /e/   /ø/   /ɑ/   /o/

	/i/	/y/	/ɨ/	/u/	/e/	/ø/	/ɑ/	/o/
[고설성]	+	+	+	+				
[후설성]			+	+			+	+
[원순성]		+	−				+	−

(41)은 [+원순성]과 [-원순성], 즉 단일자질에 두 개의 값을 갖는 것이 발견된다는 점에서 고려해온 다른 기본적으로 미명시된 기저체계와는 다르다. 그러나 그러므로 기본적 미명시 주장을 포기하려는, 즉 모든 자질은 기저표시에 있는 하나의 값만을 갖는 것처럼 보일지라도 이것은 전혀 사실이 아니다. 오히려 여기서의 제안은 특정 값이 유표적인지 아닌지는 부분적으로 분절음의 표시에 수반되는 다른 자질의 역할이라는 것이다. 원순성에 관한 한 비-저후설성 모음이 [+원순성]인 것은 무표 값인 반면에, 전설모음에서

는 [-원순성]이 무표 값이다. 영어는 /y ø/와 같은 전설 원순모음과 /ɯ ɤ/와 같은 비-저후설성 비원순모음을 하나도 갖지 않는다는 점에서 다르지 않다. 이것은 (40)의 집합에 (42)의 자동규칙을 첨가할 수 있음을 의미한다:

(42) **자동규칙**

$$[\quad] \rightarrow [+원순성] / \begin{bmatrix} \underline{\qquad} \\ +후설성 \end{bmatrix}$$

$$[\quad] \rightarrow [-원순성] / \begin{bmatrix} \underline{\qquad} \\ -후설성 \end{bmatrix}$$

(42)에 첨가했던 규칙은 실제로 자동규칙이라는 것을 주목하자. 즉 그 규칙은 단지 기저에 [원순성]에 대한 값을 갖지 않는 분절음에게만 적용된다. 따라서 (41)의 /y/는, 이미 유표값 [+원순성]을 갖고 있는데, [-후설성] 모음에 영향을 주는 자동규칙의 지배를 받지 않을 것이다.

기본적 미명시 이론은 잉여성(즉 비대조성)뿐만 아니라 상대적 유표성의 근거 위에서 미명시를 허용한다는 점에서 대조적 명시 이론보다 더 많은 것을 말해준다. 이런 접근으로 일반적으로 특정 자질에 대해 하나의 값만이 기저에서 필요한 상황(양분성이 결정적인 역할을 하는 것처럼 보이는 방금 언급된 것과 같은 경우에도 불구하고)에 이르게 되는 것은 분명하다. 대체로 이러한 접근이 양분성 개념이 포기되고, 음운론에서 여타의(*anywhere*) 한 값만을 가질 수 있는 자질을 통합하는 체계로 대체되는 것과 같은 접근이 아닌지를 질문해 볼 수 있을 것이다. 이제 이 문제로 관심을 돌려보자.

2.3 단일가의 자질

보아 왔듯이 기본적 미명시 이론의 옹호자는 자질 단지 하나의 값만이 기저에서 필요하다해도 자질이 두 개의 값을 가져야 한다고 주장하는 여러 가지 근거가 있다고 주장한다. 이것은 미명시를 수반하는 기저표시를 완전히 명시한 표층의 표시로 연결하기 위해 자동규칙과 같은 여러 가지 형식적인 장치가 필요함을 의미한다.

기본적 미명시 이론에서 양분성 가설을 유지하는 이유는 살펴본 것처럼 여러 가지 유형으로 되어있다. 첫째, 몇몇 언어는 보통 무표적인 자질 값을 어휘적으로 명시되는 것, 즉 유표적인 것으로 여기는 것처럼 보인다. 이것은 요루바어(Yoruba)의 조화체계에서 사실인 것처럼 보이는데, §2.4.3에서 약간 상세하게 논의할 것이다. 둘째로, 어떤 자질의 두 값을 기저에서나, 파생 과정의 어떤 시점에서 참고해야 하는 증거를 보여주는 언어에서의 과정이 있는 것 같다. (41)의 터키어에서의 [원순성] 자질의 분석은 이것의 한 예를 제공해 준다. 셋째로, Chomsky와 Halle(1968)에 의해 진술되었듯이 유표성은 환경 의존적일 수 있다. 그래서 한 값은 환경 A에서 유표적일 수 있지만, 반면에 다른 값은 환경 B에서 유표적이다. 따라서 저해음이 음절의 끝 위치에서 무성인 것은 무표적이지만, 무성성은 모음 사이의 위치에서는, 적어도 강세 받는 음절을 뒤따를 때는, 유표적이다. 넷째로, 전파 과정은 전파에 연루되는 자질의 '반대의 값'을 갖는 분절음의 존재에 의해 저지할 수 있다.

이미 살펴보았듯이 기본적 미명시를 양분적 자질로 통합하는 접근에 대한 대안은 단일가의 자질이라는 개념에 기초하는 것일 것이다. 기본적 미명시 이론과 같이 양분적 자질에 기초한 체계는, 모든 다른 것이 동일하다면, 모든 자질이 단일가가 주어지는, 즉 파생의 모든 차원에서 단지 하나의 값만 갖는, 것보다 더 복잡한 표시이론이다. 단일가의 접근에서 어떤 언어의 모음 /y/는 [원순성] 명시를 갖는 점에서 /i/와 다를 수도 있는데, /i/는 음운적 차원에서뿐만 아니라 음성적 차원에서 완전히 [원순성]이 없을 것이다. 따라서 전설 모음이 원순인 것이 유표적이라는 사실은(이전 절에서의 논의를 보라) 음운학을 통틀어 /y/는 /i/와 비교해서 추가의 특성, 즉 원순성을 가질 것이라는 사실에 의해 반영될 것이다. 모음자질에 대한 이러한 접근은 (3)에 의해 함축된 것과 같은데, (3)에서는 비음성과 비-비음성 사이의 구분을 단일가의 자질 [비음성]의 존재와 부재를 수반하는 것으로 특징지었다.

단일가의 자질을 채택하는 것은 자동규칙의 집합이 불필요하게 될 것이고, 자질의 '비-명시(non-specification)'의 해석은 음운학적인 문제가 아니라 완전히 음성학적 성분(component)에 대한 문제일 것이라는 것을 의미할 것이다.22) 만일 양분적 자질이 필요하다고 제안하는 주장이 성공적으로 반박될 수 있다면 이것은 분명히 형식적인 단순화를 이룰 것이다.

단일가의 자질 접근은 기본적 미명시 이론의 한 극단적인 형태로 간주될 수 있는데, 기본적 미명시 이론에서는 자질의 값 중의 하나가 일반적으로 자동 값이라는 생각이 그 논리적 결론에 이른다. **단일가 자질이론(Single-valued Feature Theory)**의 주장은 간단히 자동규칙이 음운학에서 전혀 어떠한 역할도 하지 못하고, 따라서 자질은 그런 자동 값을 갖지 않는다는 것이다. 즉 모든 자질은 단일가가 부여된다. 따라서 단일가의 체계는 유표성 생각을 직접적으로 표현한다는 점에서 미명시의 정신을 반영하지만, 더 엄격한 방법으로 반영한다.

단일가의 자질은 여러 가지 방식으로 음운 분석에 도입되어 왔다. §2.1.1 에서 고찰한 자질수형도의 모델과 같은 몇몇 접근은 어떤 자질은 단일가가 주어지지만 반면에 다른 자질은 양분적이게 한다. 또 다른 접근은 Goldsmith (1985)의 접근인데, 그는 특정 자질이 문제 언어의 음운과정에서의 자질의 행동에 따라 한 언어에서는 단일가 부여되나 다른 언어에서는 양분적일 수도 있는 모델을 제안한다. 또 다른 음운학자는 모든 자질이 단일가가 부여된다고 주장한다.23)

보아 왔듯이 단일가 자질 사용은 음운적 장치의 복잡성의 약화를 초래하는 것 같다. 위에서 논의한 미명시 이론과 관련이 있는 여러 가지 장치를 살펴보자. 대조적 명시 이론과 관련이 있는 '잉여성 제약'과 기본적 미명시 이

---

22 여기서 음운적 성분의 출력은 - 그것을 '표층 음운표시'라 부르자 - '음성적 성분'의 입력을 형성하는데, 그것의 역할은 생성된 가지의 실현에 대해 상세한 음성적 지시의 집합을 제공하는 것이라고 가정한다.

23 이러한 입장은 의존음운론(예를 들어 Anderson과 Jones 1974, 1977; Anderson과 Ewen 1987)과 지배음운론(예를 들어 Kaye 등 1990; Harris 1994)의 지지자에 의해 아주 광범위하게 옹호되어져 왔지만 최근에는 여러 가지 형태로 점점 더 채택되어져 오고 있다. 또한 Schane(1984)의 분자음운론(particle phonology)의 모델 내에서의 접근과 Rennison (예를 들어 1986)의 연구를 보라.

론과 관련이 있는 '자동규칙'을 구별했다. 이미 언급했듯이 일관되게 단일가의 자질을 도입하면, 자동규칙의 범주는 더 이상 필요하지 않을 것이다. 분명히 자동규칙의 역할은 어휘적 표시에서 명시되지 않는 자질의 값을 '채우는' 것이므로 자동규칙은 단일가의 접근에서는 어떠한 역할도 갖지 않는데, 이 접근에서 모든 자질은 단지 하나의 값만을 가진다. 이것을 (43)의 모음체계를 고찰함으로써 예증해 보자. 우선 그 모음체계에 대해 잉여성 제약이 적용되지 않는 기본적으로 미명시 된 다음의 표시를 나타낸다:

(43)	/i/	/e/	/ɑ/	/o/	/u/	/y/	/ø/
[고설성]	+				+	+	
[저설성]			+				
[후설성]			+	+	+		
[원순성]				+	+	+	+

모음의 공간을 특징짓기 위한 단일가의 자질의 특정 집합을 지지하는 주장을 선행해서 세 개의 자질을 사용해서 (43)의 단일가에 대응하는 것을 만들어 보자. 이것들은 [전설성], [저설성], 그리고 [원순성]이다(여기서 [저설성]에 양분적 접근에서보다 다소 더 넓은 해석을 부여한다. 그리고 양분적 용어로 [+고설성]이 아닌 모든 모음은 단일가의 용어로 [저설성]이라고 말하자)[24]. 이것은 (44)의 체계를 만들어 주는데, 여기서 [전설성]을 i로, [저설성]을 a로 그리고 [원순성]을 u로 표시한다(지금부터 계속해서 굵은 활자의 사용으로 단일가의 자질을 나타낼 것이다).

(44)	/i/	/e/	/ɑ/	/o/	/u/	/y/	/ø/	
	i	**i**			**i**	**i**	**i**	층열
		a	**a**	**a**		**a**	**a**	층열
			u	**u**	**u**	**u**	**u**	층열

---

[24] 더 적절한 정의는 음향적 특성, 특히 상대적 공명도에 의해서일 것인데, 그것에 의해 저 모음은 모든 다른 것이 같다면 고설성 모음보다 더 공명적이다. 그러나 설명의 편의를 위해 조음적인 명칭을 계속 사용할 것이다.

(44)의 표시는 기저에 되어 있지만, 그럼에도 불구하고 첨가될 수 있는 어떤 것도 없다는 의미에서 '완전히 명시된'다. '자동규칙'은 단일가의 접근에서 형식적으로 전혀 무관하다. 이와는 달리 잉여성 제약은 비록 미명시 이론에 서보다 훨씬 더 제한적인 규모일지라도 여전히 체계에서 필요할지도 모른 다. 예를 들어 (44)는 어떠한 그러한 잉여성도 나타내지 않지만, 반면에 (43) 은 (45)의 제약에 의해 걸러질(filtered out) 수 있는 잉여성을 포함한다:

(45) 잉여성 제약

    a. 만일 [+저설성]이면, [+후설성]이다

    b. 만일 [+후설성, −저설성]이면, [+원순성]이다

잉여성의 문제를 §2.4.3의 단일가의 체계와 관련지어 살펴본다. 그러나 이 시점에서 만일 모음 /i u æ/를 포함하는 삼-모음체계를 발견할 수 있으면 /æ/의 표시는 단일가의 체계에서조차도 잉여성을 포함할 것이라는 것을 주 목한다. 즉 그것의 표층표시는 i뿐만 아니라 a를 포함할 것이지만, 반면에 i 는 그것의 기저표시에서 생략될 것이다. 그것의 출현이 예측할 수 있고 따라 서 잉여적이기 때문이다.

단일가 자질 이론(Single-valued Feature Theory)은 본질적으로 기저의 어휘적 음운 표시와 표층의 음운 표시 사이의 차이는 최소라고 – 즉 여기서 논의 중인 경우에서, 그것들은 동일하다는 주장을 한다. 이러한 의미에서 음 운적인 '장치'는 단일가의 모델의 채택으로 단순화된다.

이미 예측했던 바와 같이 단일가의 자질 체계는 일반적으로 자질 유형에 서뿐만 아니라 모음의 공간을 특징짓기 위한 여러 지수의 선택에서 *SPE* 체계와는 다르다. 1장의 (21)에서 본 바와 같이 *SPE* 체계는 자질이 모음의 공간을 고설성–저설성과 전설성–후설성 차원 위의 점으로 나누고, 입술–원 순성은 이 두 차원 위에 겹쳐진다는 점에서 본질적으로 직사각형이다. 그러 나 단일가의 자질 이론과 관련되는 자질체계는 (46)에서와 같이 모음 공간 을 삼각형으로 보는 전통적인 견해와 일치해서 일반적으로 **삼방향적**

(tridirectional)이다.

(46) 고설성   고설성
　전설성   원순성

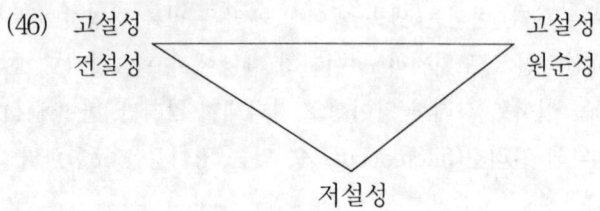

저설성

(46)에서 예증된바와 같이 삼 방향적인 자질체계가 특징적으로 그들의 자질 세트에서 사용하는 세 개의 기본적인 축은 모음 삼각형의 세 끝에 해당한다. 위에서 제시된 바와 같이 이러한 세 축의 조음적인 실현은 일반적으로 (47) 에서 보여지는바와 같이 고 전설성(high front), 고 원순성(high round)과 저 설성(low)이다:[25]

(47) 단일가의 모음자질

  i '고 전설성'

  u '고 원순성'

  a '저설성'

음성학적 관점에서 볼 때 이러한 자질은, 그 자체로 모음 /i/, /u/, 그리고 /ɑ/ ((44)에서와 같이)를 나타낼 것인데, 분명히 기본적이다. 그 자질은 **정량 (quantal)** 모음(Stevens 1972, 1989), 즉 그것의 음향적인 효과가 꽤 넓은 범위의 조음적 형태로 달성될 수 있다는 점에서 음향적으로 특별히 '안정적' 인 그러한 모음에 해당한다. 뿐만 아니라 이러한 세 모음은 음향적 뿐만 아 니라 조음적 관점에서 볼 때 최대한으로 다르다. 게다가 /i/, /u/, 그리고 /ɑ/

---

[25] 이러한 세 개 외의 다른 자질이 제안되어져 왔다(아래의 §§2.4.3과 2.5를 보라). 그러 나 당분간 자질 [고설성], [저설성], [후설성], 그리고 [원순성]에 의해 양분적인 용어로 기술된 모음 집합의 특성화로 논의를 제한한다.

는 음운학에 관한 한 또한 기본적이다. 바로 이 세 개의 모음을 포함하는 체계는 일반적으로 /i/, /u/, 그리고 /ɑ/ 부근에서의 모음을 가지고, 이것은 또한 아이들이 습득하는 첫 모음이다. 따라서 i, u, a를 기본적인 모음자질로 선택하는 것은 음성학적으로 뿐만 아니라 음운학적으로 잘 동기 지어진다.

고립된 단일가의 자질이 완전한 분절음을 특징짓는다는 사실이 그 체계의 주요한 이점이라고 종종 주장되어져 왔다. 즉 모든 자질은 본래가 음성학적으로 해석할 수 있는 '요소(element)'이다.26) 그러나 양분적 모델에서 자질 값은 이러한 특성을 갖지 않으며, 분절음이 [-후설성] 값을 가진다는 사실이 어떤 다른 자질에 대한 값에 관해서는 어떤 것도 말하지 않는다. 이것을 단일가의 모델과, 여기서 i는 그 자체로 모음 /i/에 대한 표시인데, 대조해라. 이 접근에 내재해 있는 것은 단일자질에 의해 표시되지 않는 모음은 기본적 모음 /i/, /u/, /a/의 '혼합물(mixtures)'이라는 주장이다. 따라서 Harris(1994: 97)는 /i u a/를 '단순(simplex)'으로, /e o y/를 '복합(compound)'으로 일컫는다. 반면에 Donegan(1973)은 비록 양분 자질로 연구를 했지만 '순수(pure)'와 '혼합(mixed)' 모음으로 일컫는다. /e/와 같이 혼합 모음은 따라서 고립해서 /ɑ/를 특징짓는 요소뿐만 아니라 고립해서 /i/를 특징짓는 요소를 포함하지만 모든 요소는 그것이 모음의 표시에서 홀로 나타날 때보다 덜 '강'하다. 간단한 조음적 용어로 /e/는 전설이지만, /i/보다 덜 전설적이고, 저설모음이지만 /ɑ/보다 덜 저설모음이다.27)

이중모음화나 단모음화를 수반하는 과정이 종종 이러한 주장을 지지해서 인용되어져 왔다. 양분적인 접근에서 이중모음화 과정은 새로운 자질 모형의 첨가를 수반하지만, 반면에 단일가의 모델에서는 유일한 변화가 이미 존재하는 자질의 재배열을 수반한다고 주장된다. 예를 들어 중세영어 /klɑu/가 현대영어 /klɔː/ '발톱'으로 바뀌는 것은 (48)에서와 같이 표시될

---

26 단일가의 자질은 일반적으로 지배음운론 내에서 요소라 일컬어진다(§3.8을 보라). 요소는 음성적으로 해석할 수 있어야 한다는 개념의 바람직함에 관한 논의에 대해서는 예를 들어 Harris(1994: §3.2.3)를 보라.

27 주석 24에서 본 바와 같이 a의 조음적 정의는 음향적인 특성에 기초한 것보다 덜 특성을 보여주고, 실제로 이것이 또한 i와 u에 대해서도 적용된다는 것도 아마 사실일 것이다.

수 있다:

(48)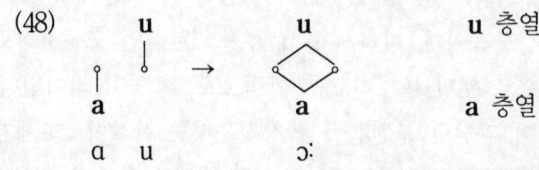

자질을 뿌리교점에 연결하는 것이 일어나는 유일한 변화이다. 유사한 과정
이 Jones(1989: §2.4.4)와 Hogg(1992b: 215)에 의해 인용되는데, 그들은 예
를 들어 *eorþe* '지구'에서의 고대영어 이중모음 /eo/가 (49)에서 표시된 것
처럼 중세영어의 몇몇 방언에서 전설 원순모음 /ø/로 단모음화 했다는 것에
주목한다:

(49)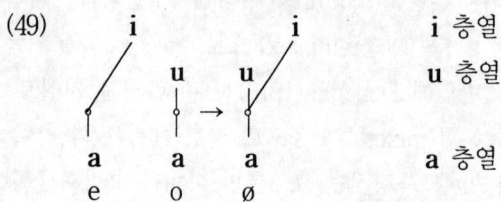

여기서, 전과 같이, 두 분절음은 **융합(fusion)**을 겪었고, 그 결과 여러 자질
이 이제 단일의 분절음 교점에 연결된다.

(44)의 모음체계와는 달리 많은 체계는 전설 원순모음을 갖지 않는다. 분절음
의 표시에 대한 자질수형도 접근에서 단일가의 자질의 통합은 **층열 융합
(tier conflation)**에 의해 이것을 특징짓도록 한다(예를 들어 Kaye 등 1985;
Harris 1994: 102를 보라). 전설 원순 모음이 없는 체계에서 i와 u자질은 단
일 층열을 공유하고, 따라서 (50)의 체계에서와 같이 결코 결합할 수 없다:

(50)　　/i/　　/e/　　/ɑ/　　/o/　　/u/
　　　　i　　　i　　　　　　　u　　　u　　i/u 층열
　　　　　　　a　　　a　　　a　　　　　　a 층열

유사하게 알래스카 에스키모어의 체계와 같이 단지 세 개의 '기본적' 모음만 갖는 모음체계(예: Lass 1984b: 85 참고)에서 세 개의 모음자질 층열은 하나로 융합된다:

(51)　　/i/　　/ɑ/　　/u/
　　　　i　　a　　u　　i/u/a 층열

　여기서 소개된 세 개의 단일가의 자질은 (44)의 일곱 개의 모음을 특징짓도록 해준다는 것을 보았다. 그러나 언뜻 보기에 자질이 단순히 어떤 모음의 표시에서 함께 나타난다할 때 이것은 최대인 듯이 보이고, 가능한 세 자질의 다른 어떠한 결합도 분명히 없다. 이러한 일곱 개의 표시는 세계의 언어 체계에서 발견되는 여러 모음의 최대 수를 전부 다 논하는 것은 아니라는 것이 분명해질 것이다. 일곱 개 이상의 모음을 포함하는 체계의 존재는 세 가지 기본적인 모음 성분(의 결합)에 의해서 기술할 수 있는 전체 모음의 숫자가 증가될 수 있는 어떤 방법이 틀림없이 있을 것이라는 것을 의미한다. §2.5에서 이 문제로 되돌아 갈 것이다.

2.4 움라우트와 조화과정

이 절에서는 미명시이론과 단일가의 자질 이론 연구를 예증할 움라우트와 조화를 수반하는 많은 경우를 살펴보고, 앞 절에서 제기한 몇 가지 문제를 이야기한다.

2.4.1 움라우트

§1.4.1에서 고대영어 i-움라우트(OEIU)는 양분적인 용어로 접미사에서 어간으로 [-후설성]의 자립분절적 전파를 수반한다는 것을 보았다. *burg* '도시'의 여격 단수형인 단어 *byrig*에서의 전파를 1장의 (80)에서와 같이 형식화했는데, (52)에서와 같이 약간 변형된 형태로 여기서 되풀이했다:

115

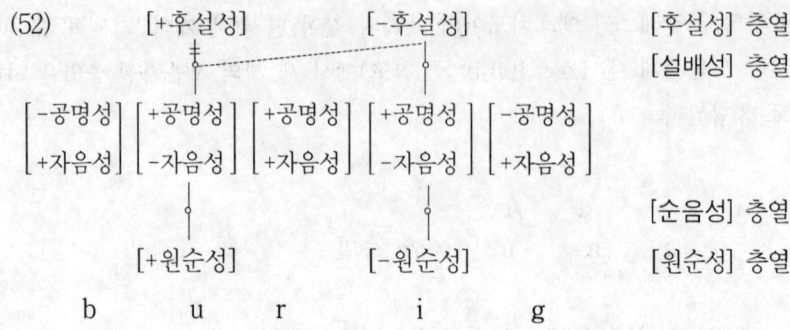

(분명해질 이유로 (52)에 [원순성] 자질을 포함시킴). [-후설성]의 전파는 두 번째 과정, 즉 첫 모음에 어휘상 연결된 [+후설성] 값의 탈락을 반드시 수반했다. 기본적으로 미명시된 접근에서 두 번째 단계가 더 이상 필요치 않다. [-후설성]이 고대영어의 음운학에서 능동적인 값이라는 가정에서, 그것이 전파하는 사실로 입증한 것처럼, 유표 값이므로 어휘적으로 존재한다. [+후설성]은 자동 값이고, 움라우트 과정이 적용될 때 존재하지 않으며, 따라서 (53)의 공식이 기본적 미명시 이론에서 충분하다:

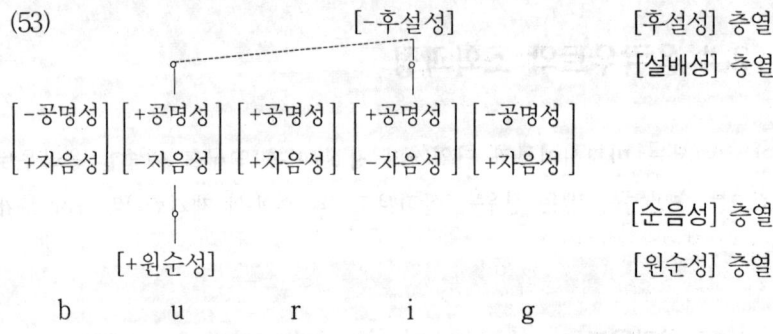

(더 나아가 [+원순성]은 유표형이고, 따라서 [-원순성]을 생략한다고 가정함). 첫 모음은 이제 [후설성] 층열의 명시와 연결되기 때문에 자동규칙은 적용되지 않는다.

언뜻 보기에 다소 동일한 것처럼 보이지만 꼭 같은 과정의 단일가의 공식

을 살펴보자:

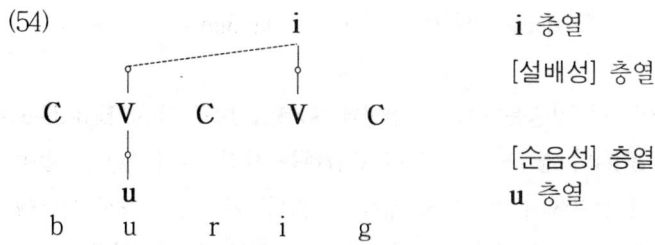

(예증을 위해 양분자질 [자음성]을 단일가의 자질인 C와 V로 대체하는데, 이것은 여기의 주장에 영향을 주지 않지만, 논의에 대해서는 §2.6을 보라).

기본적 미명시 이론에서처럼 그 과정은 접미사 모음에서 어간 모음으로의 자질의 전파를 수반한다. 수반되는 자질은 전방성자질이고, 기저에서 어휘상 후설성모음은 이 층열의 자질과 연결되지 않는다(따라서 그것을 i 층열로 재 명명함).

그렇다면 수반되는 자질의 '이름'에서가 아니라 (53)과 (54)는 어떤 의미에서 다른가? 두 경우에서 '전방성'은, [-후설성]으로든 i로든, 수반되는 전파특성으로 특징지어진다. 기본적 미명시 접근은 [-후설성]이 고대영어에 대해 기저에 존재하는 값이라는 것을 의미한다. 그러나 또 다른 언어가, [+후설성]이 전파 값이고, 따라서 그 언어에서 기저에 존재하는 값이라는 것을 제외하고는, 동일한 과정과 함께 존재할 수도 있는 가능성이 배제되지 않는다. 이와는 달리 단일가의 접근은 '후설성'은 결코 전파할 수 없다는 예측을 한다. 그 체계에서 후설성은 줄 수 있는 자질이 아니기 때문이다.

이러한 예측이 옳은지를 살펴보기 전에 또 다른 움라우트 과정인 고대 아이슬랜드어(Old Norse)의 u-움라우트(ONUU)를 조사할 것인데, 그것은 전설 모음이 뒤따르는 /u/나 /w/의 영향으로 원순 모음이 되는 과정을 수반한다. 몇 가지 예들이 (55)에 주어져 있다:

(55) i > y   /systur/   '누이'   (<*swistur)

e > ø   /tøgr/   '10'   (<*tegur)

ɑ > ɔ   /lɔndum/   '땅(여격 복수)' (<*lɑndum)

ONUU의 언어학적 상술은 아주 복잡한데(Gordon 1957: 273; Benediktsson 1963 참조), OEIU의 경우에서와 같이 유발하는 환경(/u/나 /w/)은 종종 소실되고, 따라서 철자에서 발견되지 않을 수 있다. 기본적 미명시 이론에 의한 *systur*의 움라우트에 대한 가능한 표시가 (56)에 주어져 있다:

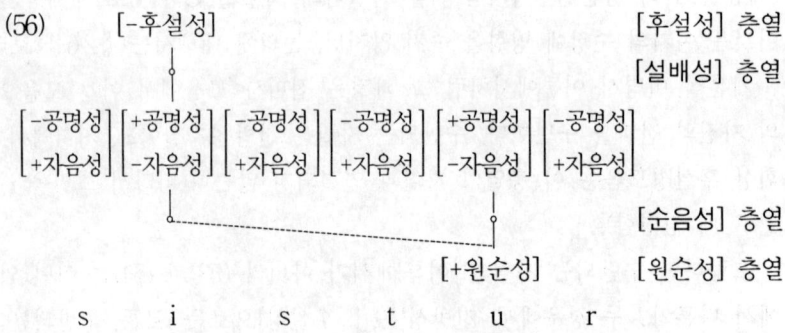

반면에 단일가의 이론에 의한 것이 (57)에 주어져 있다:

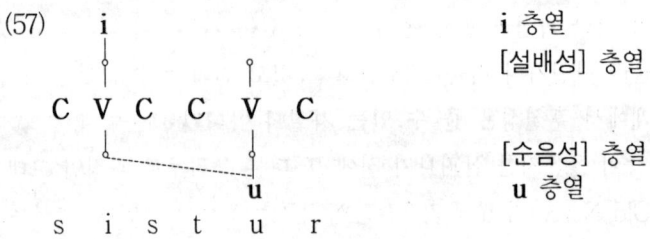

OEIU의 경우처럼 (56)에서 [+원순성]을 기저에 존재하는 값으로 선택하는 것은 이러한 현상에 대한 기본적 미명시 접근에서 [+원순성]이 고대 아이슬

랜드의 기저 값이지만, 마찬가지로 전파 값이 [-원순성]인 언어를 발견하는 것이 가능할 것임을 암시한다. 반면에 단일가의 접근은 그런 언어, 즉 '비원순성'이 그 체계에서 특성이 아닌 언어를 발견하지는 못할 것이라고 예측한다.

이런 점에서 단일가의 접근이 더 올바른 예측을 하는 것처럼 보인다. (58a)의 움라우트 과정은 본 바와 같이 실제로 기록되나, 우리가 아는 한 (58b)는 전혀 입증되지 않는다:

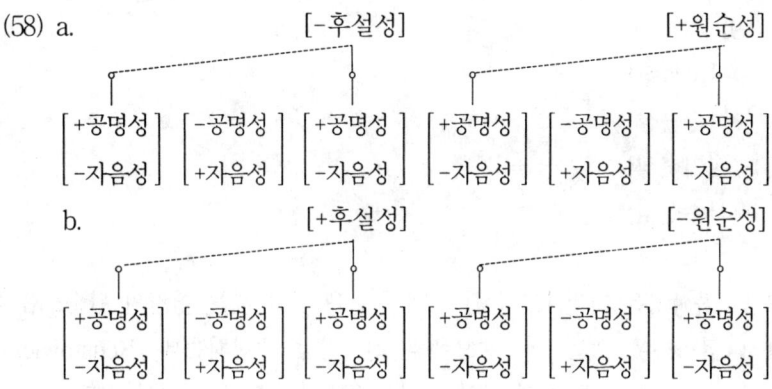

추정되나 입증되지 않은 두 움라우트 유형에 대한 (58b)의 규칙을 형식화하는 것이 가능하고, 따라서 그것은 기본적 미명시 이론에서 명료한 설명에 의해 배제되어야 하지만, 단일가의 자질 이론에서 이러한 과정을 표시해줄 규칙을 형식화하는 것은 전혀 불가능하다. 전파 값 [+후설성]과 [-원순성]에 대응하는 어떤 것도 없기 때문이다. 따라서 모든 조건이 같다면 단일가의 자질 이론이 움라우트 과정에 대해 더 적절한 설명을 주는 것 같다.

2.4.2 야웰마니(Yawelmani)어의 모음조화

이제 기본적 미명시 이론의 발전에 영향을 미쳤으나(Archangeli 1984를 보라), 또한 단일가의 접근(Ewen과 van der Hulst 1985)에도 흥미로운 지지를 제공하는 한 경우를 살펴보자. 이것은 야웰마니어의 모음조화 분석과 관련이 있는데 야웰마니어는 캘리포니아에서 말하여지는 요쿠트족(Yokuts)의 방언이다. 이 언어는 작은 모음체계와(단지 /i/, /u/, /ɑ/, 그리고 /o/만을 가짐) 비교적 간단한 모음조화 규칙을 가지기 때문에 이 장에서 소개해 왔던 세 가지 접근, 즉 대조적 명시 이론, 기본적 미명시 이론과 단일가의 자질 이론 각각에 의해서 이 현상의 분석을 살펴볼 것이다.

야웰마니어 모음체계는 (59)의 완전히 명시된 자질 표시가 주어질 수 있다:

(59)　　　　/i/　　/u/　　/ɑ/　　/o/

[고설성]　　+　　+　　−　　−

[원순성]　　−　　+　　−　　+

[저설성]　　−　　−　　+　　−

[후설성]　　−　　+　　+　　+

모음조화과정은 자질 [고설성]에 대해 같은 값을 갖는 어간의 원순모음 뒤에서 접미사에 있는 비원순모음의 원순화를 수반하는데, Kenstowicz와 Kisseberth(1979: 78 이하)에서 가져온 (60)에서 예증된 바와 같다.:

(60) a.　xɑt-nit　　　　　'먹힐 것이다'

　　　bok'-nit　　　　'발견될 것이다'

　　　xil-nit　　　　　'엉킬 것이다'

　　　dub-nut　　　　'손에 이끌릴 것이다'

　　b.　xɑt-xɑ　　　　'먹읍시다'

　　　bok's-xo　　　　'찾읍시다'

　　　giy'-xɑ　　　　'만집시다'

　　　dub-xɑ　　　　'손으로 이끕시다'

(60a)는 접미사의 /i/가 어간이 /u/를 포함하면 [u]로 실현됨을 보여주고,

(60b)는 만일 어간이 /o/를 포함하면 접미사의 /ɑ/가 [o]로 실현된다는 것을
보여준다. 이러한 상황은 (61)과 같은 선형적 공식으로 특징지을 수 있다:

(61) a. /i/ → [u] / /u/ C ___
     b. /ɑ/ → [o] / /o/ C ___

Archangeli(1984)는 (62)와 같은 규칙의 비-선형적 공식을 나타낸다:

(62) [+원순성]

     [α 고설성]   [α 고설성]

(여기서 'α'는 두 모음이 자질 [고설성]에 대해 같은 값을 가져야 한다는 것
을 나타낸다).

  이제 대조적 명시 이론 내에서 이 체계의 분석을 살펴보자. 단지 잉여적
인 자질만이 비-대조적이라는 의미에서 음운 표시에서 생략될 수 있음을 상
기하자. (59)의 모음체계가 주어지면 다음의 잉여성 제약의 집합에 따라서
[저설성]과 [후설성] 자질에 대한 모든 값을 생략할 수 있다는 것은 분명하
다:28)

(63) a. 만일 [+고설성]이면 그 때는 [-저설성]이다
     b. 만일 [+원순성]이면 그 때는 [+후설성]이다
     c. 만일 [+원순성]이면 그 때는 [-저설성]이다
     d. 만일 [-고설성, -원순성]이면 그 때는 [+후설성, +저설성]이다
     e. 만일 [+고설성, -원순성]이면 그 때는 [-후설성]이다

---

28 잉여성 규칙의 다른 집합이 선택될 수 있을 것인데, 예를 들어 만일 [+저설성]이면 그
  때는 [-고설성, -원순성, +후설성]이다. 물론 이것은 다른 집합의 음운 표시를 만들어
  낼 것이다.

이것은 (64)의 비-잉여적인 명시를 남긴다:

(64)   /i/   /u/   /ɑ/   /o/

[고설성]   +   +   -   -

[원순성]   -   +   -   +

남아있는 자질 값 중의 어떤 것도 대조적 명시 접근 내에서는 생략될 수 없다. 각각은 한 분절음을 적어도 하나의 다른 분절음과 구별하기 위해 필요하기 때문이다.

(62)의 조화 규칙은 [+원순성]의 전파에 의해서 공식화되고, 모든 모음은 대조적 명시 접근에서 [원순성] 자질에 대해 명시되기 때문에, 따라서 그 규칙의 적용은 (65)에서 보인 바와 같이 자질 변화를 수반할 것이라는 것은 분명하다:

(65)   [+원순성]   [-원순성]   [원순성] 층열

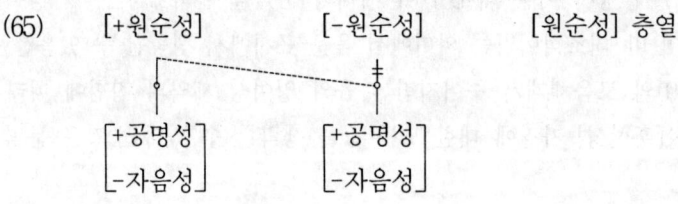

(편의상 두 모음은 동일한 높이 명시를 가져야 한다는 사실을 무시한다). [+원순성] 명시는 첫 번째 모음에서 두 번째 모음으로 전파하는데, 원래의 [-원순성] 명시에서 두 번째 모음의 탈락이 뒤이어 일어난다.

(66)은 대조적 명시 접근 내에서 기저표시로부터의 여러 가지 모음의 파생을 보여준다. (66a)는 조화에 영향을 받지 않을 때의 모음의 파생을 보여주고, (66b)는 원순 조화에 의해 영향을 받을 때의 /i ɑ/의 파생을 보여준다:

(66)　　　　a. 모음조화 없음　　　　　b. 모음조화

	/i/	/u/	/ɑ/	/o/		/i/	/ɑ/	
[고설성]	+	+	−	−		+	−	기저표시 →
[원순성]	−	+	−	+		−	−	
[고설성]	+	+	−	−		+	−	조화(65) →
[원순성]	−	+	−	+		+	+	
[고설성]	+	+	−	−		+	−	잉여성(63)
[원순성]	−	+	−	+		+	+	
[저설성]	−	−	+	−		−	−	
[후설성]	−	+	+	+		+	+	
	[i]	[u]	[ɑ]	[o]		[u]	[o]	

자질을 바꿀 필요가 없는 기본적 미명시 접근이론 내에서 분석되는 같은 문제를 이제 살펴보자. 어떤 자질도 기저에 명시되는 두 개의 값을 가질 수 없다는 주장에 따라 Archangeli(1984)는 (63)의 잉여규칙 외에 야웰마니어를 위한 다음 두 개의 자동규칙을 제안한다:

(67) a. [　　] → [+고설성]　　　　b. [　　] → [−원순성]

따라서 기저표시는 다음과 같다:

(68)　　　　　　/i/　　　/u/　　　/ɑ/　　　/o/

	/i/	/u/	/ɑ/	/o/
[고설성]			−	−
[원순성]		+		+

/i/는 이제 모든 자질에 대해 기저에서 명시되지 않는다는 것을 주목하라.

(68)은 기본적으로 미명시되어 (62)에서 최초의 조화규칙 공식으로 돌아갈 수 있는데, (62)에서 탈락은 어떤 역할도 하지 않는다. 따라서 야웰마니어의 조화 모음의 파생은 (69)의 단계를 수반한다:

123

(69)　　a. 모음조화 없음　　　　b. 모음조화

	/i/	/u/	/a/	/o/	/i/	/a/	
[고설성]			-	-		-	기저표시 →
[원순성]		+		+			
[고설성]	+	+	-	-	+	-	자동(67a) →
[원순성]		+		+			
[고설성]	+	+	-	-	+	-	조화(62) →
[원순성]		+		+	+	+	
[고설성]	+	+	-	-	+	-	자동(67b) →
[원순성]	-	+	-	+	+	+	
[고설성]	+	+	-	-	+	-	잉여성(63) →
[원순성]	+	+	-	+	+	+	
[저설성]	-	-	+	-	-	-	
[후설성]	-	+	+	+	+	+	
	[i]	[u]	[a]	[o]	[u]	[o]	

우선 [고설성]에 대해 자동규칙을 적용한다는 것을 주목하라. (62)의 조화 규칙은 이 자질을 참고하기 때문이다. 기본적 미명시 접근 내에서 이 순서화 는 (70)에서 공식화된 **잉여성 규칙순 제약(Redundancy Rule Ordering Constraint)**으로 일컬어지는 규약에 의해 규정된다:

(70) 잉여성 규칙순 제약(RROC)

　　[αF], 여기서 'α'는 '+'이거나 '−'를 부여하는 어떠한 [잉여성 혹은 자동] 규칙도 [αF]를 참고하는 첫 번째 규칙 이전에 적용된다.

RROC에 따라서 야웰마니어 조화 규칙은, [고설성] 자질을 참고하는데, [+고 설성]을 부여하는 자동규칙의 앞선 적용을 유발한다.

　　(62)의 적용 이후에 [원순성]에 대한 자동규칙이 적용되고, 그것은 [−원순

성]을 [+원순성]으로 명시되지 않은 모든 분절음에 부여하고(기저에서거나 조화의 결과로), 마지막으로 대조적 명시 이론에서처럼 잉여성 규칙이 작용한다.

마지막으로, 야웰마니어의 모음조화를 단일가의 자질 체계에 의해 어떻게 다룰 수 있는지를 살펴본다. 위에서 소개된 세 개의 단일가의 자질, 즉 i(전 방성), u(원순성), 그리고 a(저설성)를 가정한다. 이러한 가정 위에서 야웰마니어 모음체계의 표층표시는 (71)에서와 같이 될 것이다:

(71) [i]   [u]   [ɑ]   [o]
      i   u   a   u,a

(여기서 그리고 여타의 곳에서 분절음의 표시에 나타나는 두 개의 단일가의 자질은 컴마에 의해 연결되고, 따라서 u, a는 자질 u뿐만 아니라 a를 포함하는 모음이라는 규약을 채택한다).

지금까지 대조적 자질 이론, 기본적 미명시 이론과 단일가의 이론은 비록 관련은 있다하더라도 분명히 다른 음운적 표시 이론이라고 가정해오고 있다. 그러나 단일가의 자질 이론 내에서 두 접근을 예견할 수 있다는 것은 분명하다. 위의 논의에서 채택해오고 있는 접근에서 (71)의 표시는 또한 기저 표시일 것이다. 어떠한 잉여성도 수반되지 않기 때문이다. 주장해 온 바와 같이 이러한 단일가의 이론 형태에서는 (63)에 대응하는 어떠한 '잉여성 규칙'도 필요하지 않다. 즉 기저표시는 이미 '대조적 명시'의 기준을 충족하고 있다.

또한 기본적 미명시 이론의 자동규칙도 단일가의 접근에서는 필요하지 않다고 주장했다. 만일 자동규칙이 어휘적으로 명시되지 않는 자질 값을 '채 우기' 위해 단순히 필요하다면 이것은 분명히 사실이다. 이러한 규칙은 때때로 기본적 미명시 이론 내에서 **보완규칙**(complement rules)으로 일컬어진다. 왜냐하면 채워진 값은 어휘상 명시된 값의 보완물이기 때문이다. 그러나 보아왔듯이 Archangeli의 (68)에서의 야웰마니어의 '기본적' 분석은 /i/는

125

'명시되지 않은' 모음이고 따라서 어떠한 기저 명시도 갖지 않는다는 주장을
수반한다. 단일가의 접근에서 (72)를 나타내도록 기저표시로부터 전방성 성
분을 생략해서 기본적 미명시 이론의 이런 양상을 채택할 수 있다:

(72) [i]   [u]   [ɑ]   [o]
           u   a   u,a

여기서 /i/만이 그것에 대응하는 표층표시와 다르다. 따라서 (73)과 같이 전
방성 성분을 부여하는 자동규칙을 공식화할 수 있다:

(73) V
       |
       → i

즉 비어서 남은 모음은 전방성 성분이 부여되고, [i]로 표층에 나타난다. 이
것은 '보완 규칙'이 아니라 야웰마니어의 '무표적' 자질의 속성에 관해 특정
주장을 하는 규칙임을 주목하라.
   야웰마니어 조화규칙은 단순히 (74)에서와 같이 **u**의 전파를 수반한다:

(74)   u   **u** 층열

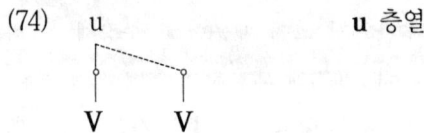

   단일가의 체계에서 여러 가지 표층모음의 파생은 (75)에서 보는 것처럼
(73)과 (74)의 두 규칙 적용을 수반한다:

(75) a. 모음조화 없음　　　　b. 모음조화

/i/	/u/	/ɑ/	/o/	/i/	/ɑ/	
	u	a	u,a		a	기저표시
	u	a	u,a	u	u,a	조화(74)
i	u	a	u,a	u	u,a	자동(73)
[i]	[u]	[ɑ]	[o]	[u]	[o]	

2.4.3 요루바어(Yoruba)의 모음조화

이제 조화의 다소 더 복잡한 경우를 살펴보자. 이것은 나이지리아에서 말하여지는 니제르-콩고어(Niger-Congo)인 요루바어와 관련이 있는데, 그 언어의 조화체계 분석은 기본적 미명시 이론의 동기를 제공하고 확증하는데 중요한 역할을 해왔다(예: Pulleyblank 1988a; Archangeli와 Pulleyblank 1989).

표준 요루바어는 일곱 개의 모음체계를 갖는데, 중설(mid)모음이 자질 [전향설근성] ([ATR]: §1.3.3 참고)에 대한 값에서 서로 다른 것으로 일반적으로 분석된다:

(76)

	/i/	/e/	/ɛ/	/ɑ/	/ɔ/	/o/	/u/
[고설성]	+	-	-	-	-	-	+
[저설성]	-	-	-	+	-	-	-
[후설성]	-	-	-	+	+	+	+
[ATR]	+	+	-	-	-	+	+

요루바어는 [ATR]자질을 수반하는 모음조화체계를 갖는다. 중설모음(/e ɛ o ɔ/)은 (77)에 의해 보여진 바와 같이 [ATR]에 대한 자질 값이 일치해야 하고, (77a)의 형태는 조화 제약에 의해 허용되는 중설모음의 결합을 보여주고, 반면에 (77b)의 그것에 대응하는 형태는, [ATR]에 대해 다른 값을 갖는 두 개의 중설모음을 포함하고 있는데, 금지된다(Archangeli와 Pulleyblank 1989: 177; ´=고성조, `=저성조, 중성조는 유표적이지 않고, /p/는 [kp]로 실현됨):

127

(77) a. ebè   '얌 더미'   ɛsɛ̀   '발'

      epo   '기름'   ɛ̀kɔ   '빵죽'

      olè   '도둑'   ɔbɛ̀   '수프'

      owó   '돈'   ɔkɔ̀   '탈것'

  b. *ɛbè   *esɛ̀

    *ɛpo   *ɛ̀kɔ

    *ɔlè   *obɛ̀

    *ɔwó   *okɔ̀

  c. *ebɑ   *osɑ

뿐만 아니라 (77c)의 연쇄, 즉 [-ATR] /ɑ/가 뒤따르는 [+ATR] 중설모음은
금지된다.

　이러한 자료로부터 요루바어의 이음절 단어에서 어떠한 모음의 쌍도 이
자질에 대해 같은 값을 가져야 할 것이라는 것을 기대할 수 있을 것이다. 그
러나 이것은 (78)에서 요약한 바와 같이 그렇지 않다:

(78) a. /i/와 /u/([+ATR])는 앞서거나 뒤따르는 어떤 모음과도 결합할 수
　　　　있다.

　　 b. /ɑ/([-ATR])는 /e/나 /o/([+ATR])가 뒤따를 수 있다.

(79)에서 몇 가지 대표적인 형태를 나타낸다:

(79) a. ilɛ̀   '땅'   ɛ̀bi   '죄'

    itɔ́   '침'   ɔ̀kín   '해오라기'

    ilá   '오크라'   àdí   '야자유'

  b. ɑte   '모자'   àwo   '접시'

이제 Archangeli와 Pulleyblank에 따라 기본적 미명시 접근 내에서 그 사실

을 다루기 위해 형식적 표시에 관해 할 필요가 있는 가정을 조사하자. (80) 의 자동규칙과 잉여성 제약을 제안할 수 있다:

(80) a. 자동규칙   b. 잉여성 제약

    [ ] → [+고설성]   만일 [+저설성]이면 그 때는 [-고설성]이다

    [ ] → [-저설성]   만일 [+저설성]이면 그 때는 [+후설성]이다

    [ ] → [-후설성]   만일 [+저설성]이면 그 때는 [-ATR]이다

    [ ] → [+ATR]   만일 [+고설성]이면 그 때는 [+ATR]이다

이것은 (81)의 기본적으로 미명시된 표시를 보여준다:

(81)

	/i/	/e/	/ɛ/	/ɑ/	/ɔ/	/o/	/u/
[고설성]	−	−		−	−		
[저설성]			+				
[후설성]				+	+	+	
[ATR]		−		−			

(81)에서 볼 수 있는 것처럼 Archangeli와 Pulleyblank는 [-ATR]을 기저 값으로 받아들인다. 우선 저모음 /ɑ/를 포함하는 단어를 살펴보자. /ɑ/는 [+ATR]이든지 [-ATR]이든지 간에 어떤 중설모음도 뒤따를 수 있지만, [+ATR] 중설모음(/e/나 /o/)이 앞설 수 없음을 보았다. (82)는 /ɑ/를 포함하는 두 단어, 즉 [ɑ̀wo] '접시'와 [ɔjɑ̀] '시장'의 파생을 나타낸다([ATR]자질이 명시되지 않는 어휘적 표시를 나타내기 위해 대문자를 사용한다):

(82)

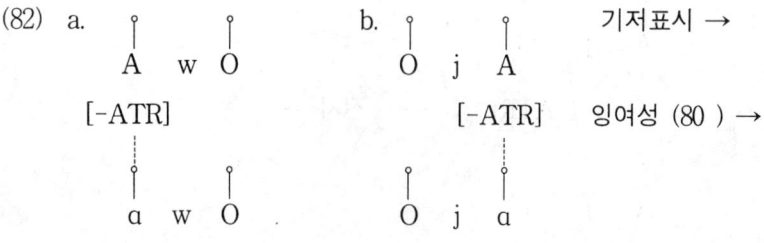

a.   A w O   b.   O j A   기저표시 →

    [-ATR]   [-ATR]   잉여성 (80) →

    ɑ w O   O j ɑ

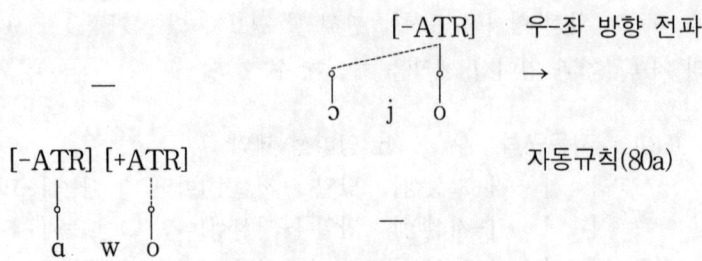

만일 요루바어가 왼쪽에서 오른쪽으로의 [-ATR] 전파를 가지면 (82a)는 *[awɔ]로 잘못 실현될 것이다. 저설모음에 대한 잉여적인 [-ATR] 자질 명시가 잉여성 규칙순 제약(70)에 의해 [-ATR]을 전파하는 조화 규칙이 적용되기 전에 부여된다는 것을 주목하라. 만일 이것이 사실이 아니라면 그때 전파는 작용할 수 없을 것이다.

그러나 [awɔ]와 같은 단어는 기대할 수 있는 것처럼, 여기서 그 두 모음 모두가 [-ATR]이고, 따라서 조화 위반의 문제가 없으면 요루바어에서 또한 적형일 것이다. 따라서 [aʃɔ] '천'와 [ajɛ] '노'와 같은 형태를 발견한다. Archangeli와 Pulleyblank는 이와 같은 형태는 요루바어의 형태소가 기저표시에서 [ATR]층열에 표류자질을 갖게 함으로써 생성될 수 있다고 제안한다. 다시 말해 §1.4.2의 터키어 모음조화의 논의에서와 같이 형태소는 처음에 모음과 연결되지 않는 [-ATR] 자질을 포함할 수 있다. 게다가 전사(mapping)(§1.4에서 성조 논의 참조)는 형태소의 끝 모음을 목표로 삼아야 한다. 이러한 가정 위에서 [aʃɔ]의 파생은 (83)에서와 같이 진행된다:

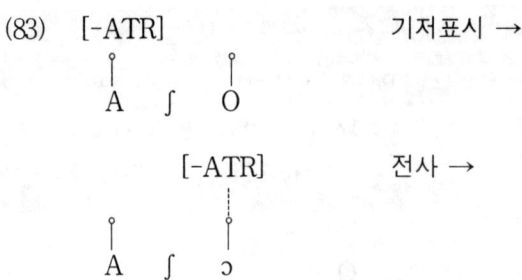

우-좌 방향 전파

고설모음이 위의 (79a)에서와 같이 [-ATR] 모음과 함께 나타나는 단어에 대해서도 유사한 설명이 가능하다. 이러한 단어는 또한 표류하는 [-ATR] 자립분절음을 가질 것이다. 그러나 [-ATR]은 고설 [-ATR] 모음을 배제하는 (80b)의 잉여성 제약 때문에 고설모음에 연결될 수 없을 것이다. 만일 그 고설모음이 [ɛbi] '죄'에서와 같이 단어 끝이라면 표류하는 [-ATR]은 첫 번째 가능한 모음, 즉 앞서는 비-고설모음과 연결한다. 자동규칙 (80a)에 의해 그 끝 모음은 (84a)에서와 같이 [+ATR]이 된다. 그러나 만일 그 고설모음이 (84b)에서의 [ilɛ] '땅'과 같이 첫 음절에 있다면 [-ATR]은 정상적으로 끝 모음으로 전사되지만 고설인 첫 모음과 연결할 수 없다.

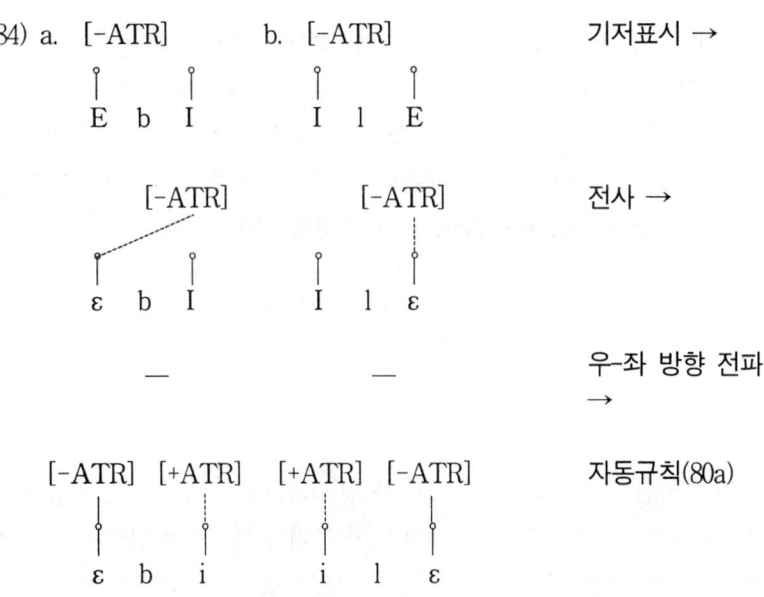

그러나 (84a)가 표류하는 [-ATR]이 끝의 고설모음을 건너뛸 수 있고, 앞서는 비-고설모음으로 전사될 수 있다는 것을 보여 준다해도 그것은 분명히 고설모음을 교차하여 전파할 수 없다. 이것에 대한 증거는 (85)와 같은 삼음절 단어에서 나온다:

(85) a. èlùbɔ́ '얌 가루'   b. *ɛlùbɔ
     odídɛ '회색 앵무새'   *ɔdidɛ

이러한 단어가 또한 표류하는 [-ATR]을 가진다는 가정 위에서 [èlùbɔ́]의 파생의 첫 단계는 [-ATR]의 끝 모음으로의 전사를 수반한다:

(86)   [-ATR]   전사

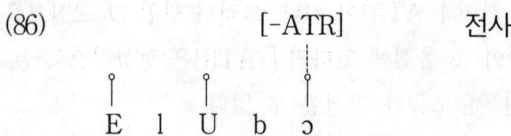

이전처럼 [-ATR]은 두 번째 음절의 고설모음으로 전파할 수 없다. 그러나 그것은 또한 (85b)의 수용불가로부터 보듯이 첫 음절의 모음으로 전파하지도 않는다. 이런 가능성은 전파규칙이 연결할 수 없는 분절음을 결코 건너뛸 수 없다는 가정에 의해 배제된다. 이것은 (87)과 같이 **불연속자질공유**(**discontinuous feature sharing**)를 수반할 것이기 때문이다.

(87)   *   [-ATR]   우-좌 방향 전파

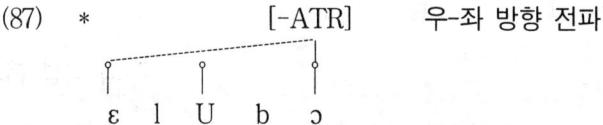

이 같은 사실은 음운표시의 중요한 특성, 말하자면 자질 공유는 인접한 부류 교점을 수반해야 한다는 것에 대한 추가 증거를 제공한다(선의 교차와 관련해서 §1.4의 논의 참조).29) 그렇다해도 언뜻 보기에 (88)의 형태는 이 제약을 위반하는 것처럼 보인다. 여기서 첫 번째와 세 번째 모음은 [-ATR]이지

만, 두 번째 모음은 [+ATR]이기 때문이다:

(88) àkùrɔ́ '농장의 한 유형'

그러나 사실 어떤 위반도 수반되지 않는다. [èlùbɔ́]처럼 [-ATR]은 두 번째 음절의 모음이 [+고설성]이므로 그 모음으로 전파할 수 없고, 첫 음절의 모음으로 전파하기 위해 이 모음을 교차할 수 없다. 따라서 이 시점에서 두 개의 파생은 본질적으로 동일하다:

(89)   [-ATR]   전사

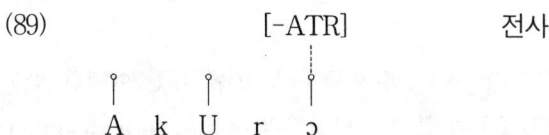

(86)의 첫 두 음절의 모음에 대한 [ATR] 값은 자동규칙 (80a)로 결정된다. 즉 모음자질 값은 둘 다 [+ATR]이다. 이것은 또한 (89)의 두 번째 모음에도 적용되지만, (89)는 (80b)의 잉여성 제약을 받는데, 그 제약은 [+저설성] 모음이 [-ATR]임을 결정한다. 이런 잉여성 제약은 자동명시가 결정되기 전에 적용되므로 그 파생은 다음처럼 계속된다:

(90) a.   b. [+ATR]   [-ATR]   잉여성
          —   (80b) →

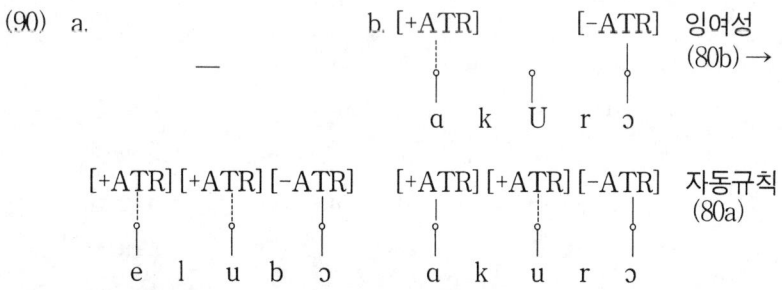

---

[29] 그 밖의 곳에서와 같이 여기서도 모음조화과정에 참여하지 않는 자음은 [ATR]이 연결하는 부류교점이 전혀 없다고 가정한다는 것을 주목하라. 자음이 모음조화과정에 의해 무시된다는 사실은 따라서 이 제약의 위반이 아니다.

133

따라서 이러한 형태는 전파를 수반하기보다는 오히려 (80)에서 주어진 요루바어의 자동규칙과 잉여성 제약의 상호 작용의 결과이다.

방금 주었던 그 분석은 [-ATR]이 어휘적으로 명시되는 자질-값이고, [+ATR]이 자동 값인 분석이다. 이것은 범-언어학적으로 특별한 상황이고, [ATR]이 음운학에서 역할을 하는 대부분의 언어는 [+ATR]을 기저 값으로 선택할 것이다. 만일 주어진 분석이 Archangeli와 Pulleyblank가 주장하듯이 적절한 것이라면 그 때 이것이 음운과정에서 사용될 수 있는 두 값들을 갖는 양분 자질이라는 견해를 찬성하는 분명한 증거를 가지게 된다. 요루바어의 이러한 분석은 이와 같이 모든 자질은 단일가라는 주장에 대한 흥미로운 도전을 나타낸다.

그러나 대안적 분석이 가능하다. 실제로 [-ATR]에 대한 어떠한 참고도 하지 않는 요루바어 모음조화의 분석은 단일가의 자질, **i, u, a**, 그리고 ATR을 사용하는 체계에서 가능하다. 이러한 분석은 모음 /e/와 /o/를 Archangeli와 Pulleyblank의 설명에서와 같이 /ɛ/와 /ɔ/의 대응물로서가 아니라 고설모음 /i/와 /u/의 [-ATR] 대응물로 간주하는 것에 의존한다. 이러한 주장에 대한 좋은 음성적 근거가 있다. 즉 고설 [-ATR] 모음과 중설 [+ATR] 모음은 음향적으로 아주 유사하고, 구별하기가 아주 어렵다.

자질 ATR을 갖는 단일가의 체계를 가정하면 이것은 다음의 요루바어 모음체계 표시를 만들어 낼 것이다:

(91) /i/   /e/   /ɛ/   /ɑ/   /ɔ/   /o/   /u/

i	i	i				i 층열
	a	a	a			a 층열
			u	u	u	u 층열
ATR				ATR	ATR 층열

이와 같이 유일한 ATR 모음은 /i/와 /u/이다. 물론 [-ATR]을 포기하는 것은 요루바어의 조화과정이 어떤 다른 자질의 전파를 수반하는 것으로 재분석되

어야 한다는 것을 의미한다. 이러한 자질이 **a**라고 제안한다.

그러한 분석이 어떻게 작용할 것인지를 살펴보자. 이미 보아왔듯이 Archangeli와 Pulleyblank의 분석에서 [-ATR]은 고설모음과 연결되는 것이 허용되지 않는다. 여기서 유사한 어떤 것이 필요한데, **a**가 /i/나 /u/로 전파하는 것을 막아야 한다. 이것은 §2.3에서 소개된 층열 융합이라는 장치에 의해 이루어질 수 있다:

(92) /i/ /e/ /ɛ/ /ɑ/ /ɔ/ /o/ /u/

    i   i   i   i 층열

  ATR   **a**   **a**   **a**   **ATR**   **a/ATR** 층열

               u   **u**   **u**   **u** 층열

즉 **a**와 **ATR** 자질은 하나의 층열을 공유하는데 분절음의 표시에서 결합할 수 없고, 따라서 **a**의 고설모음으로의 전파는 형식적으로 불가능하다. 게다가 양분자질 이론의 잉여성 규칙순 제약 (70)이 단일가의 모델에서 자질을 언급하는 어떤 규칙의 첫 적용에 앞서 완전히 비어있는 모음으로 자동자질을 부여하기 위해 작용한다고 가정한다. 요루바어에 대해 자동규칙은 (93)의 것이다((73)의 야웰마니어에 대한 자동규칙 참조):

(93)   V
        |
       → a

이것은 위의 (82)와 (83)에 있는 요루바어의 2음절 단어에 대한 다음의 파생을 허용하는데, 여기서 Archangeli와 Pulleyblank의 표류자질에, 이 경우에 **a**에 의한 분석을 계속 사용한다:

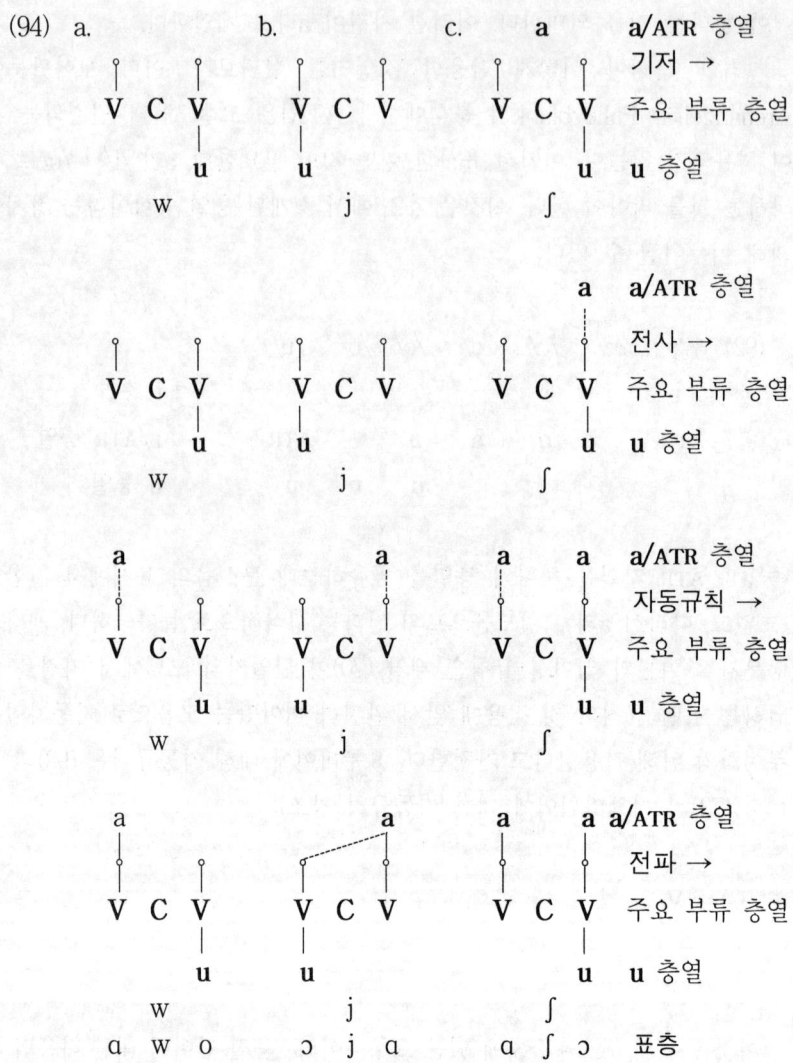

(94) a.   b.   c.   **a**   a/ATR 층열
                                                        기저 →
      V C V   V C V   V C V   주요 부류 층열
            | | |
            u   u   u   u 층열
         w   j   ʃ

                                                  a   a/ATR 층열
                                                        전사 →
      V C V   V C V   V C V   주요 부류 층열
            | |
            u   u   u   u 층열
         w   j   ʃ

      a   **a**   **a** **a** a/ATR 층열
                                                        자동규칙 →
      V C V   V C V   V C V   주요 부류 층열
            | | |
            u   u   u   u 층열
         w   j   ʃ

      a   **a**   a   a a/ATR 층열
                                                        전파 →
      V C V   V C V   V C V   주요 부류 층열
            | | |
            u   u   u   u 층열
         w   j   ʃ
      ɑ w o   ɔ j ɑ   ɑ ʃ ɔ   표층

전사가 이전과 같이 (94c)에서 일어난다. 전파가 일어나기 전에 비어있는 모음은 자동자질 **a**가 부여된다. 이것은 (94c)의 전파가 공전되게 한다.

이제 (84)의 고설모음을 포함하는 형태를 살펴보자. 단일가의 자질 분석에서 고설모음의 파생은 (95)와 같이 진행된다:

(95) a.   a ATR   b.   ATR   a   a/ATR 충열

                                                   기저 →

         V   C   V   V   C   V   주요 부류 충열

         i   i   i   i   i 충열

              b   l

         a   ATR   ATR   a   a/ATR 충열

                                                   전사 →

         V   C   V   V   C   V   주요 부류 충열

         i   i   i   i   i 충열

         ε   b   i   i   l   ε   표층

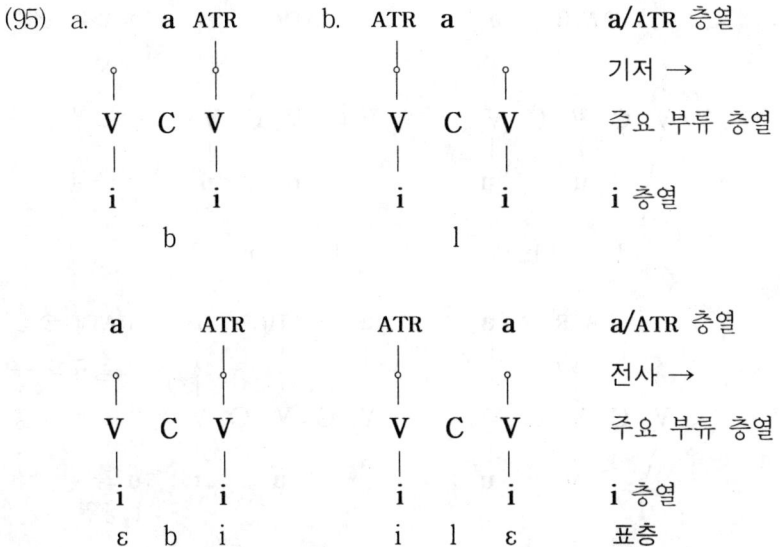

a는 (95a)에서 고설모음 /i/로 전사될 수 없는데, /i/는 이미 관련 충열에서 자질 명시(ATR)를 가지고 있다. 또한 **a**는 같은 이유로 (95b)의 첫 모음으로 전파할 수도 없다. 3음절 형태 [èlùbɔ́]와 [àkùrɔ́]는 기대할 수 있는 바와 같이 다루어진다:

(96) a.   ATR a   b.   ATR a   a/ATR 충열

                                                   기저 →

         V   C   V   C   V   V   C   V   C   V   주요 부류 충열

                 u   u   u   u   u 충열

                                                   i 충열
         i

             l   b   k   r

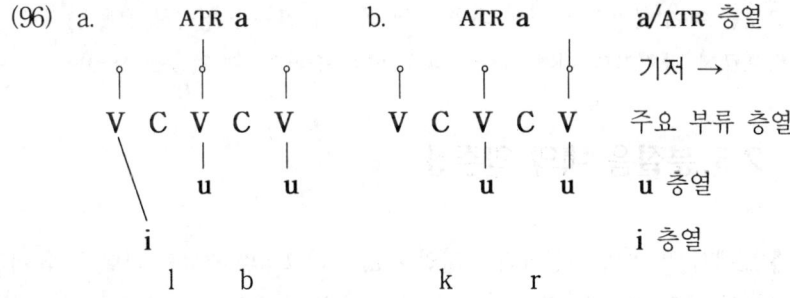

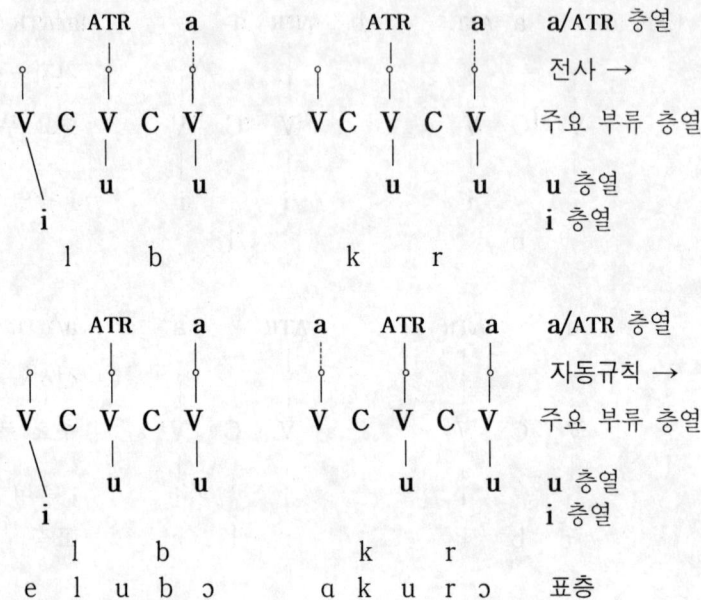

(94)에서와 같이 어떠한 전파도 없다.

양분적 모델과 단일가 모델의 상대적 장점을 조금 상세하게 주장하는 것이 여기서의 관심은 아닐지라도 여기서 언뜻 보기에 '예기치 않은' 양분 자질 값([-ATR]) 전파의 분명한 경우처럼 보이는 것이 그 전파를 다른 자질, 그것은 이미 문제의 언어에 대한 자질 목록의 일부를 형성하는데, 탓으로 돌림으로써 단일가의 이론 내에서의 해석이 주어질 수 있음을 보았다.

2.5 분절음 내의 의존성

§2.3에서 세 개의 단일가의 자질인 i, u, 그리고 a의 결합은 최대 일곱 개의 분명히 다른 표시를, 즉 (44)에 주어진 것을, 허용한다고 언급했다. 그러나 특히 §1.3.3에서의 논의에 비추어서 더 광범위한 모음의 배열을 갖는 모음 체계를 어떻게 보아야 하는지를 고려해야 한다는 것은 분명하다. §1.3.3에

서 모음체계는 여러 가지 방법으로 구성될 수 있다고 제안했다는 것을 상기하라. 한 유형의 체계에서, 1장의 (28)에 있는 것인데, 모음은 두 개의 집합, 즉 [+ATR] 집합과 [-ATR] 집합으로 나누어졌다. 대안으로 두 집합은 주변성(peripherality)과 중심성(centrality) 사이의 대립을 수반할 수 있는데, 그것을 1장의 (26)에서와 같이 긴장 대 이완의 대립으로 특징지었다. 마지막으로, 어떤 체계에서는 네 개의 변별적 모음 높이를 수반하는 복합가의 실수(實數) 모음-높이 대립을 확인할 수 있는 증거가 있다는 것을 관찰했다.

우선 ATR 대립에 의해 구성되는 체계를 살펴보자. §2.4.3에서의 요루바어의 논의에서 단일가의 자질 ATR을 소개했고, (97)에서 보여지는 바와 같이 이러한 유형 체계의 두 집합의 요소 사이를 구별해주는 것은 바로 이러한 자질의 존재이라는 것이 분명해질 것이다:

(97) /i/ /e/ /ə/ /o/ /u/ /ɪ/ /ɛ/ /ɑ/ /ɔ/ /ʊ/

i	i				i	i			i	층열
	a	a	a			a	a	a	a	층열
		u	u				u	u	u	층열
ATR	ATR	ATR	ATR	ATR					ATR	층열

여기서는 이러한 면에서 특별한 요루바어와 같은 체계가 아닌 ATR이 '긍정적인' 특성인 체계를 가정할 것이다. (97)과 같은 체계는 ATR자질의 전파에 의한 조화의 간단한 해석을 허용한다.

그러나 아직까지는 단일가의 이론 내에서 체계의 두 번째 유형, 즉 주변적 모음과 중심적 모음 사이의 구별을 수반하는 것을 실명할 수 있을 것 같지 않다. 단일가의 자질 이론의 대부분의 옹호자는 이러한 체계를 다루기 위해 추가의 자질, 즉 그 자체로 슈와-같은 모음으로 해석할 수 있는 자질이 필요하다고 제안했다. 이러한 자질은 중심 모음은 주변 모음보다 덜 분명한 음향적 특성을 갖는다는 사실 때문에 **중립성**(neutral: Harris 1994, § 3.3.5), **중심성**(centrality: Anderson과 Ewen 1987, §6.2), 그리고 **약성**

(**cold**: Kaye 등 1985: §1.2)으로 다양하게 일컬어진다. Harris(1994)를 따라서 여기서 중립성 자질을 @로 표시한다. 1장의 (26)과 같이 긴장 대 이완의 대립에 의해서 구성된 체계는 이제 (98)에서와 같이 특정지어질 수 있다:

(98)　/i/　/e/　/ə/　/o/　/u/　/ɪ/　/ɛ/　/ɑ/　/ɔ/　/ʊ/

i	i				i	i			i	층열
a	a	a	a		a	a	a		a	층열
		u	u	u			u	u	u	층열
		@	@	@		@	@	@	@	층열

이완모음은 @의 존재로 긴장모음과 다르다.

　모음 높이의 수치의 대립을 갖는 체계를 설명하는 것은 그러나 덜 간단하다. 새로운 자질을 단순히 첨가하는 것(혹은 **ATR**이나 @를 사용하는 것)은 적절해 보이지 않는다. 단일의 음성적 지수가 여기서 수반된다고 주장해왔기 때문이다. 오히려 세 자질, **i, u,** 그리고 **a**의 결합 잠재성을 증가시켜야 할 것처럼 보인다.

　원칙적으로 이것이 이루어질 수 있는 두 가지 방법이 있다. 자질이 특정 표시에서 한번 이상 나타날 수 있다고 가정할 수 있거나 자질결합에서의 자질 중의 하나가 어떤 의미에서 다른 자질보다 더 두드러질 수 있다는 견해를 취할 수 있다. 이런 두 입장 중 첫 번째는 Schane(1984)에 의해 옹호되고, 반면 **의존성(dependency)**이라는 개념이 여러 가지 접근에서 많은 수의 가능한 표시를 만들어내기 위해 사용된다.

　Schane에게서, 그는 단일가의 자질을 **분자소(particles)**로 일컫는데, 모음 높이 등급의 아래로의 각 단계는 **a**의 첨가를 수반하고, 따라서 저설모음은 하나 이상의 출현을 포함한다:

(99)　/i/　/e/　/ɛ/　/a/

　　i　ia　iaa　iaaa

의존성에 기초한 이론은 다른 접근을 채택한다. 이러한 이론에서 수치 체계에서의 중설모음의 쌍 사이의 구별은 자질 중의 하나가 다른 것보다 분절음에 더 많이 기여하게 함으로써 이루어진다. /o/와 /ɔ/의 표시에서 필요한 자질은 말하자면 동일하다(u와 a). 그러나 u는 a보다 /o/의 표시에서 더 '중요'하지만 반면에 /ɔ/에 대해서는 그 역할이 뒤바뀐다. 다시 말해 한 자질은 **핵(head)**이고 다른 자질은 **종지(dependent)**이다. (100)에서 전설 원순모음이 없는 전형적인 일곱 개의 모음체계에 대한 표시를 나타내고 있는데, 여기서 모든 표시에서 밑줄로서 핵을 나타낸다:30)

(100) /i/ /e/ /ɛ/ /ɑ/ /ɔ/ /o/ /u/

    i   i̱   i   u   u̱   u   i/u 층열

    a   a̱   a   a̱   a   a 층열

이러한 접근 내에서 낮추거나 올리는 것과 같은 등급(scalar)과정은 두 층열 위의 자질 사이의 관계에서의 변화로 특징지어지는데, 한 수치를 따라 이동하면서 한 자질은 또 다른 자질보다 분절음의 표시에서 더 '중요'하게 되는 식과 같다. 따라서 /ɑ/에서 /u/까지의 수치는 두 자질 a와 u 사이의 상호 작용으로 특징지어지는데, 그것에 의해 a는 표시에서 처음에 최대한으로 두드러지고(그것은 /ɑ/에 대한 유일한 자질이다), 마지막으로 최소한으로 두드러진다(그것은 /u/에 대해서 없다).

의존성의 도입은 (48)의 단모음화 분석을 세련되게 해준다. 거기서 /ɑu/의 /ɔ:/로의 단모음화는 단순히 자질의 재배열을 수반했다. 이제 3장의 초분절 구조의 논의를 미리 논해보면, 단모음화의 기내되는 결과가 실제로는 /o:/가 아니라, /o:/는 또한 자질 u와 a를 포함하는데, 왜 /ɔ:/인지를 보일 수 있다.

---

30) 핵성(headships)은 음운학의 의존 관계에 관한 문헌에서 여러 가지 방법으로 표시된다. **의존음운론(dependency phonology)**으로 알려진 접근(Anderson과 Jones 1974, 1977; Ewen 1980a; Anderson과 Ewen 1987)에서 핵은 분절음적 표시에서 그 종지보다 더 높은 곳에 위치된다. 이러한 형식화는 층열을 통합하는 자립분절적 표시와 결합하기 어렵고, 따라서 여기서는 예를 들어 Harris(1994: §3.3.3)의 기저규약을 채택한다.

/ɔː/에 대해서 핵은 **a**이고, 반면에 /oː/에 대해서 핵은 **u**이다. 출력 /ɔː/가 따라서 기대된다. /ɑu/는 '하강'이중모음이기 때문인데, 여기서 첫 번째 요소는 두 번째 요소보다 더 두드러지고, 따라서 (101)처럼 핵으로 해석될 수 있다:

(101)

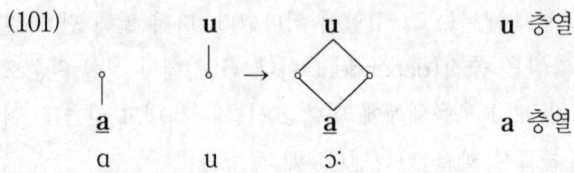

또한 (98)의 긴장(주변적)모음과 이완(중심)모음의, 여기서 이완모음은 그것에 대응하는 긴장모음과 비교해서 여분의 자질 @를 포함하는 것으로 표시하는데, 표시 사이의 더 만족스러운 관련성을 제공하도록 의존관계가 발동될 수 있다. 따라서 /i/에서 /ɪ/로의 변화는 말하자면 자질의 첨가를 수반할 수 있을 것이다. 중심모음을 주변모음보다 더 많은 자질을 포함하는 것으로 간주하는 것이 적절하다는 것이 곧 바로 분명한 것은 아니고, 이것으로 (102)처럼 Harris(1994)는 '긴장'뿐만 아니라 '이완'의 모든 모음은 그 표시에서 @가 핵이 되고 그렇지 않으면 종지가 되는 @를 포함한다고 제안하게 된다:[31]

(102) /i/ /e/ /ɑ/ /o/ /u/ /ɪ/ /ɛ/ /ɔ/ /ɔ/ /ʊ/

i̱	i				i	i				i 층열
	a	a̱	a		a	a	a	a		a 층열
			u̱	u̱				u	u	u 층열
@	@	@	@	@	@̱	@̱	@̱	@̱	@̱	@ 층열

게다가 Harris는 @만이 만일 그것이 핵이면 분절음의 해석에 기여하고, 종지 위치에서 그것은 어떠한 해석도 갖지 않는다고 주장한다.

---

[31] 설명을 위해 **i**와 **u**를 각각 /e/와 /o/의 핵으로 간주하나 완전한 설명은 이런 자질과 **a**사이의 관련성을 고려해야한다.

2.6 자음과 단일가의 자질

단일가의 자질이론을 지지해 온 주장은 분절음의 내재적 복잡성을 측정하기 위한 간단한 척도를 제공한다는 것이다. 즉 분절음이 자질명시에서 더 많은 자질을 필요하면 할수록 그 분절음은 더 복잡하다. 따라서 '순수' 모음 /i u ɑ/는, 각각 단일자질로 표시되는데, /e o y ø/와 같은 '혼합된' 모음보다 덜 복잡하고, 그것은 두, 세 개의 자질을 필요로 한다. 모음자질과 관련해서 여기서는 계속하지 않지만 그 개념이 §1.3.1에서 고려된 것과 같은 연화 (lenition)과정을 설명할 때 어떻게 이용되는지를 조사할 것이다. 모음사이의 연화는 공명도에 기초한 층위인 것처럼 보이는 것을 따른 이동을 수반함을 보았는데, 무성폐쇄음은 우선 유성폐쇄음이나 무성마찰음 단계를 지나, 그 후 유성마찰음 단계를 지나 공명자음으로 나아가는 식이다. 각 단계는 어떤 특성에서 이웃 모음으로 동화하는 것으로 보통 간주되고, 실제로 공명자음은 종종 이 환경에서 유성음이 된다. 따라서 언뜻 보면 연화가 이웃 모음에서 전파로 표시될 것으로 기대할 수 있다. 그러나 연화는 결국 탈락하는 것이 종종 관찰된다. 실제로 종종 인용되는 정의는 Hyman(1975: 165)의 정의이다:

(103) 분절음 X는 Y가 영(zero)으로 가는 도중에 X 단계를 지나가면 분절음 Y보다 더 약하다고 밀한다.

이런 사실은 Harris(1990, 1994)처럼 연화를 분절음의 복잡성에서의 감소를 수반하는 것으로 간주하는 데서 사용되어 왔다. Harris는 (103)에서 정의된 것과 같은 연화는 모음사이의 위치로 제한되지 않고, 또한 어두나 어말 위치에서도 발견된다고 언급한다. (104c, d)에서의 모음 사이의 '궤적 (trajectories)'뿐만 아니라 어두 위치에서 (104a)의 것과 어말 위치에서 (104b)의 것과 같은 발전을 발견한다:

(104) a. (무성) 마찰음 〉 [h] 〉 Ø

　　　b. (무성) 파열음 〉 [?] 〉 Ø

　　　c. 무성 파열음 〉 무성 마찰음 〉 유성 마찰음 〉 유음 〉 Ø

　　　d. 무성 파열음 〉 유성 파열음 〉 유성 마찰음 〉 유음 〉 Ø

Harris의 용어에서 이러한 변화의 각각은 표시에서 자질의 제거를 수반해야 한다. 또한 이것은 공명도 층위의 자음성 끝에 있는 분절음은 최대한으로 복잡한 자질 표시를 가지고, 모음성 끝에 있는 분절음은 최소한으로 복잡한 표시를 가져야 함을 의미한다. Harris가 제안하는 전 자질의 집합을 여기서 조사하기에는 도를 벗어나게 할 것이고, 그가 제안하는 모델에서 연화의 몇몇 예를 (105)에 보는 것으로 설명을 제한한다:

(105) a.　[s]　>　[h]　>　ø

　　　　　h　　　h　　　　　　　'소음성' 층열

　　　　　R　　　　　　　　　　'설정성' 층열

　　　b.　[t]　>　[?]　>　ø

　　　　　?　　　?　　　　　　　'폐쇄음' 층열

　　　　　h　　　　　　　　　　'소음성' 층열

　　　　　R　　　　　　　　　　'설정성' 층열

　　　c.　[t]　>　[s]　>　[z]　>　[r]　>　ø

　　　　　R　　　R　　　R　　　R　　　　'설정성' 층열

　　　　　h　　　h　　　h　　　　　　　'소음성' 층열

　　　　　H　　　H　　　　　　　　　　'성대경직' 층열

　　　　　?　　　　　　　　　　　　　'폐쇄음' 층열

Harris가 사용하는 자질의 집합은 확실히 (104)의 여러 과정을 자질의 수에서의 감소를 수반하는 것으로 획일적으로 처리하도록 한다. 그러나 결과로서 생기는 자음의 표시는 세 개의 자질, i, u, 그리고 a에 의해 모음 공간을 특징짓는 단일가의 자질 체계와 차이가 나는 것처럼 보인다. 이러한 자질은 고립해서 가장 기본적인 모음, 즉 모음 삼각형의 '모서리'에 있는 것에 대응하기 때문에 적절하다고 주장되었다. 공명도 층위와 관련해서 층위의 두 끝, 즉 무성폐쇄음과 모음은 이러한 기본적인 모음과 같은 지위를 가져야 하는 듯이 보일 것이다. 그러나 Harris의 모델로부터 무성 폐쇄음은 가장 복잡한 표시를 가져야 하는 것으로 추론되는데, 그것은 이 주장과 상충된다.32)

무성폐쇄음과 모음이 최대한으로 간단한 범주라는 주장은 분명히 중간의 범주가 더 복잡하다는 것을 의미하고, 같은 식으로 중후설모음은 /u/나 /ɑ/보다 더 복잡하다는 것을 의미한다. 이러한 가정 위에서 연화는 전부에 걸쳐 복잡성에서의 감소(혹은 실제로는 복잡성에서의 증가)를 수반하는 것으로 해석될 수 없다. 실제로 연화와 복잡성을, 거꾸로 건 바로 건, 동일시하는 것은 잘못이고, 이것은 (104)의 모든 연화과정이 같은 원인을 갖는다는 가정에서 생긴다고 믿는다. (104a)와 (b)의 것들은 실제로, §1.3.5에서 [h]를 자체의 장소 명시가 없는 '결성(defective)' 분절음으로 특징짓는 것에서 제안했듯이, 복잡성의 감소의 경우이다. 같은 설명이 [ʔ]에 대해서도 적절할 것이다. 그러나 언급했듯이 모음 사이의 변화는 이웃하는 모음의 어떤 특성으로의 동화에 의해 유발되는 듯이 보이고, 진파가 복잡성에서의 감소로 이끌어야한다고 기대할 어떠한 선험적인(a priori) 이유도 없는 것 같다. 실제로 단일가의 접근에서 있다하더라도 그 역을 기대할 것이다.

그러면 단일가의 모델 내에서 모음 사이의 연화에 수반되는 동화를 어떻게 표시할 수 있는가? 이러한 용어에서 연화는 장소동화를 수반하지 않고, 따라서 Harris의 R(설정성)과 같은 자질이 어떠한 역할도 하지 않는다고 가정하는 것을 주목하라. 오히려 수반되는 자질은 1장 (43)의 **범주적**

---

32 다른 모델(예를 들어 K. D. Rice 1992의 것)은 분절음이 더 공명적이게 되면 복잡성이 증가하는 표시체계를 통합한다는 것을 주목하는 것은 흥미롭다.

(categorial) 부류교점, 즉 [공명성], [자음성], [지속성], [유성성](§1.3.5에서의 논의 참조)에 의해 지배되는 양분자질에 해당하는 것들이다.

이 장의 앞에서 단일가의 자질인 C와 V를, 그것들은 각각 [+자음성]과 [+공명성]에 해당하는 것으로 간주될 수 있는데, 소개는 했지만 논의하지는 않았다. 그것들이 홀로 나타날 때 단일가의 모음자질의 해석에 유추하여 이 두 자질은 고립해서 '범주적 공간'의 양끝, 즉 각각 폐쇄음과 모음으로 해석할 수 있다. 다른 분절음의 범주, 예를 들어 마찰음과 공명자음은 (106)에서와 같이 두 자질의 다양한 결합으로 표시될 수 있는데, 여기서 설정성 계열을 예로 든다:

(106) /t d/   /s z/   /l r n/   /i/
　　　　 C　　　C̲　　　C　　　　　C 층열
　　　　 V　　　V̲　　　V　　　　　V 층열

이전과 같이 표시에 의존 관계를 도입하고, 기대할 수 있는 바와 같이 공명자음에 대한 표시에서 V는 마찰음에 대한 표시보다 더 두드러진다. 모음의 경우에서와 같이 층위의 한쪽 끝에서 다른 쪽 끝으로 이동하면서 한 자질이 다른 자질을 희생해서 더 '중요'하게 된다. 이와 같은 모델에서 약화(weakening)를 V의 두드러짐에서의 증가, 즉 이웃하는 모음의 V자질로의 동화로 특징지을 수 있다.

분명히, 그것을 제시했듯이, 그 모델은 단지 공명도 등급상의 몇몇 범주만 규정한다. 자음자질에 대한 Harris의 모델에서의 표시에서와 같이 이 모델이 모든 범위의 가능성을 다루는 방식을 고려하지는 않을 것이다. 특히 이 문제를 다루는 의존 음운론 내에서의 광범위한 문헌이 있기 때문이다(비록 이것이 일반적으로 다소 다른 표기를 채택한다하더라도).33)

---

33) 예를 들어 Anderson과 Ewen(1987: §4.4), Ewen(1995: §2.2), van der Hulst(1995)를 보라.

2.7 후두자질

이 시점까지 [유성성] 자질은 후두의 대립으로 종종 일컬어지는 것의 특성화에 적절하다고 가정해오고 있다. 양분적인 접근에서 분절음은 [+유성성]이거나 [-유성성]인 것으로 간주되어져 왔다. 미명시를 통합하는 모델에서 분절음은 §2.2.3에서의 러시아어 유성동화에 관한 설명에서와 같이 [유성성]에 대한 어떠한 값도 갖지 않는다. 만일 이 자질이 적절하다면 단일가의 이론이 어떤 값이 언어에서 '능동적'인지를, 즉 예를 들어 전파에 일반적으로 연루되는 것이 [+유성성]인지 [-무성성]인지를, 설정하는 것이 분명히 관련이 있다. 그러나 양분 이론 내에서조차도 단순 양분자질이 언어에서 발견되는 전 범위의 후두 대립을 표현하기에는 부적절하다고 오랫동안 인식되어져 왔다. 실제로 Halle와 Stevens(1971)는 [유성성]을 네 개나 되는 양분자질 [퍼진 성문], [수축된 성문], [느슨한 성대], [경직된 성대]로 대치할 것을 제안한다. 그러나 Ladefoged(1973)가 지적하듯이 이러한 네 개의 자질은 사실 두 개의 삼분 지수를 특징짓는데, 이분 자질 [고설성]과 [저설성]은 모음 높이라는 단일 지수의 표현인 것과 같은 식이다.

우선 퍼진/수축된 성문 지수를 살펴보자. 이 지수는 성문의 개방의 정도를 특징짓는데, 성대가 진동하는지와는 독립적이다. (107)에서와 같이 어떤 자질은 이 지수가 몇몇 언어가 여러 유형의 유성이나 무성 분절음 사이에 보여주는 대립을 표시하기 위해 필요하다(Ladefoged 1973: 80에서 가져온 자료):

(107)

	$\begin{bmatrix} -\text{전파성} \\ +\text{수축성} \end{bmatrix}$	$\begin{bmatrix} -\text{전파성} \\ -\text{수축성} \end{bmatrix}$	$\begin{bmatrix} +\text{전파성} \\ -\text{수축성} \end{bmatrix}$
a. 하우저어	ḅ	b	
b. 우덕어		p	pʰ
c. 베자어	ḍ	d	ḍ
d. 신디어		d	ḅ

(107)의 여러 가지 대조의 유형은 성문 개방에 의해 적절하게 특징지어지는
데, 즉 하우저어(Hausa)(107a)에서는 후두음화된(삐걱거리는 유성) 폐찰음
과 '정상적인' 유성 폐찰음사이에서, 신디어(Sindhi)(d)에서는 '정상적인' 유
성 폐찰음과 기식의 유성 폐찰음 사이에서, 그리고 우덕어(Uduk)(b)에서는
무성 비-기식 폐찰음과 유성 기식 폐찰음 사이에서의 성문개방이다. (107c)
의 베자어(Beja)에서의 대조는 여러 유형의 유성 파열음, 말하자면 삐걱거리
는 유성음과 '정상적으로' 유성화되고 기식의 유성화된 파열음 사이의 세 가
지 방식의 대립을 수반한다.

후두적인 대립에 의해 두 번째 지수, 즉 경직된/느슨한 성대는 성대 진동
의 유무 사이의 차이에 책임이 있다. 즉 유성 소리는 [+느슨한 성대], 무성
소리는 [+경직된 성대]이다. 그러나 연음(lenis sounds 軟音)은 느슨한 성대
도 아니고 경직된 성대도 아니고, 따라서 한국어는 (108d)의 대립을 갖는다:

(108)

	$\begin{bmatrix} -경직성 \\ +연음성 \end{bmatrix}$	$\begin{bmatrix} -경직성 \\ -연음성 \end{bmatrix}$	$\begin{bmatrix} +경직성 \\ -연음성 \end{bmatrix}$
a. 하우저어	ɓ/b		p
b. 우덕어	b		p/pʰ
c. 베자어	ɗ/d/ɗ		t
d. 한국어		d̥	t/tʰ

이러한 대립이 여기서 필요하다고 주장하는 이유 중의 하나는 성대 진동
과 성조 사이에 밀접한 관계가 있는 것처럼 보인다는 것이다. [+느슨한]은
저성조에 해당하고, [+경직된]은 고성조에 해당하는 반면에, 중성조는 연
(lenis) 무성 자음에 해당한다. 비록 성문 개방과 성대 진동에 대한 여러 자
질을 갖는 증거가 설득력이 있다하더라도 성대 진동 지수에 대해 세 가지
방식의 대립이 필요하다는 것이 아주 확실하지 않다는 것을 언급하는 것을
제외하고는 이것은 여기서 계속할 문제가 아니고, Ladefoged(1973: 82)가 지
적하듯이 유성과 무성 소리 사이의 차이를 명시하는 어떠한 간단한 방법도

가지고 있지 않다.34) 게다가 (107)과 (108)의 자질결합은 언어에서 발견되는 것보다 훨씬 더 많은 후두 대립의 집합을 기술할 수 있을 것처럼 보인다.

2.7.1 단일가의 후두자질

단일가의 이론 내에서 일반적으로 [유성성]에 해당하는 자질은 그 자체로 후두 대조의 특성화에 충분하지 않다고 가정되어져 왔다. 그럼에도 불구하고 [유성성]에 해당하는 어떤 것은 보통 통합되고, 따라서 이제 이전 절에서 제기된 문제를 제시할 필요가 있다. 즉 [+유성성]이나 [-유성성]은 능동적인 값인가?

Harris(1994: §3.6)는 비록 (107)과 (108)에 있는 언어와는 달리 그들이 단지 두 가지 방식의 후두 대립만 가진다하더라도 언어가 이러한 면에서 다르다는 것을 보여주는 것처럼 보이는 증거를 인용한다. 영어에서 '유성 폐쇄음' 계열의 /b d g/는 사실 아주 드물게 유성화되지만, 종종 음성적으로 무성과 연음((軟音)이라고 그는 진술한다. 이와는 달리 /p t k/계열은 항상 무성이고, 첫 위치에서는 기식화된다. 게다가 무성 계열의 어떤 특성은 영어에서 '능동적'인 것처럼 보이는데, 뒤따르는 유음의 무성화에 의해 예증되는 바와 같다:

(109) /krɪb/   [kɹɪb̥] '마구간'
    /pliːz/   [pl̥iːz̥] '제발'

(또한 끝의 '유성' 저해음의 무성화된 속성도 나타내었다).

그러나 Harris는 불어에서 /b d g/계열은 항상 완전히 유성회되고, /p t k/계열은 기식화되지 않는다고 진술하고, 이것이 불어에서 /p t k/는 '중성적'인 계열이고, 반면에 영어에서는 /b d g/계열이 중성적인 계열이라는 것을 의미한다고 제안한다 - 즉 그 두 계열은, 그가 진술하기로, '모든 내용과

---

34 실제로 Ladefoged는 [경직된 성대]자질을 지지하는 많은 음성적 주장에 관해 의심을 품는다.

목적에서 [음성적으로] 동일'하다. 이것과 관련해서 (24)의 네덜란드어 자료을 다시 고려하는 것이 도움이 되는데, 거기서 *zakdoek* /zɑkduk/ '손수건'의 [zɑgduk]로의 실현을 [+유성성]의 전파를 수반하는 것으로 분석했다. 불어처럼 네덜란드어는 무성 계열을 기식화하지 않는다는 것을 주목하자.

이러한 사실은 Harris가 두 개의 단일가의 자질, [+느슨한 성대]에 해당하는 것인 L과 [+경직된 성대]에 해당하는 것인 H를 제안하도록 이끈다(부호의 선택은 위에서 논의된 성조와의 관련성을 반영한다). 성문 개방 지수에 해당하는 자질은 하나도 없지만, Harris는 H에 대해 '기식화는 경(fortis) 파열음을 정의하는 표현에 존재할 때 이 [자질]이 받는 특정 해석'이라고 진술한다. (기식화는 완전히 개방된 성문과 관련이 있다). 대부분의 언어는 이 자질 중의 단지 하나만 필요로 할 것이다. 즉 어떤 것 사이의 선택은 문제의 언어의 음운학에서 어떤 것이 능동적인가에 의존할 것이다. 영어에서 H는 능동적이고, 따라서 무성계열은 '중성적' 연(lenis) 계열과 비교해서 추가의 자질을 포함하게 되지만, 불어와 네덜란드어에서는 L이 능동적이고, 따라서 무성계열은 '중성적'이다:

(110) a. 영어   b. 불어   c. 네덜란드어
      /ptk/ /bdg/   /ptk/ /bdg/   /ptk/ /bd/
        H   H 층열
                          L   L L 층열
      cool ghoul   peau beau   tuin duin
                        '피부' '아름다운'   '정원' '모래언덕'

단순한 두 가지 방식 이상의 대립을 갖는 언어는 두 자질을 이용하고, 실제로 두 자질이 단일 분절음의 표시에 나타날 수 있다(Harris 1994: 135):

(111) a. 태국어

/pʰ/　　/p/　　/b/

H　　　　　　　　H 층열

　　　　　　　L　L 층열

/pʰàa/　/pàa/　/bàa/

'쪼개다' '숲'　'어깨'

b. 구야라티어(Gujarati)

/pʰ/　　/p/　　/b/　　/ḇ/

H　　　　　　　　H　H 층열

　　　　　　　L　L　L 층열

/pʰɔdʐ/　/pɔɾ/　/baɾ/　/ḇaɾ/

'군대'　'지난해'　'12'　'짐'

비록 이 접근이 여러 언어가 후두적 대조를 다루는 방식에 대한 명쾌한 설명을 준다하더라도 자질의 실제 선택은 몇 가지 문제를 일으킨다. L과 H가 아주 다른 음성적 지수를 나타낸다는 것을 알기는 어렵고, 그들의 조음적 정의(느슨한 대 경직된 성대)뿐만 아니라 Harris가 '신호 전사(signal mapping)'(저 대 고 기본 주파수)라 부르는 것은 단일의 지수가 관련된다는 것을 암시하는 것처럼 보인다. 이것은 또한 그 대립이 단일가의 자질 이론의 기본적인 주장과는 반대로 등치대립이라는 것을 함축할 것이다.

이 문제는 H를 포기하고 그것을 성문 개방 자질로, 그것을 O라고 명명하는데, 대치함으로써 피할 수 있다고 생각한다.[35] 이것은 후두적 대조를 두 개의 다른 지수에 의해 특징짓고, 또한 능동적인 값으로 [경직된 성대]를 포기하도록 해준다는, 그것은 음성적 근거에서 바람직해 보이는데, 것을 주목하라(또한 Ladefoged 1973 참조). 그러나 (110)과 (111)의 표시는 H를 O로 대치하는 것을 제외하고는 바꿀 필요가 없다.

---

[35] 이러한 계통에 따른 앞선 제안에 대해서는 Ewen(1980b); Anderson과 Ewen(1987: §5.1)을 보라.

이제 (109)의 영어 '무성화' 과정의 분석을 살펴보자. 보아왔듯이 영어는 능동적인 자질로 **O**를 갖는다. 경(fortis) 폐쇄음 계열은 **O**를 포함하는데, 그것은 음절 초의 모음 앞 위치에서 기식음으로 실현될 것이다. 그러나 경 폐쇄음이 유음이 뒤따를 때는 (112)에서와 같이 **O**의 전파가 일어난다:

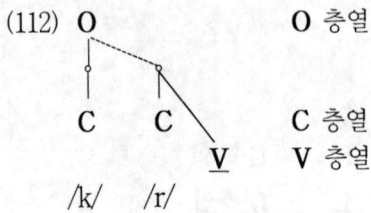

(112)

O 전파 때문에 생기는 공명음의 표시는 성문개방에 대한 명시가 그 공명음의 내재적 유성성을 무시하는 것과 같고, 영어의 퍼진 성문은 성대진동과 양립할 수 없다. 무성공명음은 **O**가 능동적인 자질인 그런 언어에서만 나타나는 경향이 있음을 주목하는 것은 흥미롭다. 예를 들어 네덜란드어는, 무성 폐쇄음 계열은 '중성적'인데, 이러한 종류의 무성화를 보이지 않는다.

2.8 요약

1장은 자질이 분절음을 특징짓는 방법과 관련이 있었다. 이 장에서는 자질 자체의 속성에 관해, 특히 분절음의 많은 음성적 특성이 음운구조에서 어떻게 암호화되어져야 하는지에 관한 문제에 집중해 오고 있다. §2.1에서 자질은 단계적인 대립보다는 오히려 양분적 대립을 특징지어야 하고, 그런 대립을 표시하는 가장 자연스러운 방법은 양분적인 자질에 의해서라는 주장을 조사했다. 어떤 음성적 특성의 존재뿐만 아니라 부재도 양분자질의 두 반대되는 값에 의해 **반드시** 암호화된다는 생각을 의심하는 것처럼 보였던 증거를 살펴보았다. 하나의 그러한 증거물은 비음성과 구강성의 특성과 관련이 있었다. 구강성의 특성은 비음성의 부재에 의해서가 아닌 어떤 다른 방법으로 암호화될 필요가 없다고 주장했다. 다시 말해 구강성은 '긍정적' 특성이 아니고, 따라서 그것을 특징짓는, 예를 들어 비음성의 부재와 같은, 어떠한 명료한 수단도 필요로 하지 않는다. 구강-비강 차원을 특징짓는 자질은 따라서 단일가로 간주될 수 있다고 제안했다.

음성적 차원의 두 기둥 사이의 비대칭성은 음운학적 문헌에서 여러 가지 형식적 대우를 받았는데, 그 중의 약간은 모든 음운자질은 양분적이라는 가설을 지지한다. 이것을 §2.2에서, 특히 잉여성과 미명시의 개념을 통합하는 접근과 관련해서 살펴보았다. §2.3에서 단일가의 자질이론에 의해, 모음 구조의 특성에 집중하면서, 자질 비대칭성을 고찰했고, §2.4에서는 §2.2와 2.3에서 고려된 여러 이론이 많은 움라우트와 조화과정을 어떻게 다루는지를 논증했다.

§2.5는 분절음 표시에서의 추가 개념인 의존성의 소개를 보여주었다. 의존성은 분절음표시에서 자질 사이에 유지하고 있는 관계인데, 어떤 자질이 핵 위치나 종지 위치를 차지할 수 있는 것과 같은 것이다. 이 개념이 모음의 표시에서 어떻게 사용될 수 있는지를 논증했고, 반면에 §2.6은 단일가의 자질과, 작게는 의존성이 자음 구조의 특성화에서, 특히 자음의 주요 부류와 방법 특성과 관련해서 어떻게 사용될 수 있는 지와 관련이 있었다. 마지막으로, §2.7은 같은 개념을 후두적인 특성의 표시에 적용했다.

2.9 더 읽을거리

§1.6에서 언급된 많은 더 읽을거리가 또한 이 장과도 관련이 있다.

음운자질의 속성에 관해서(§2.1), '변별적인 대립의 논리적 분류'의 기본적인 개념에 대해서는 Trubetzkoy(1939: 3장)를 보라. 논의에 대해서는 Anderson(1985: 4장)을 보라. 복합가의 자질에 관해서, Ladefoged(1971), Vennemann과 Ladefoged(1973)와 Williamson(1977)을 보라. Clements (1985)와 McCarthy(1988)는 자질수형도에 대한 기본적 참고서이다. 또한 Padgett(1995)를 보고, 자질수형도에서 자질과 층열의 여러 유형에 관해서는 Avery와 Rice(1989)를 보라.

'자질수형도'(§2.2)라는 표제 하에서 다루어지는 여러 가지 이론에 관한 아주 많은 문헌이 있다. Chomsky와 Halle(1968: 9장)는 '자질의 본질적인 내용'에 관한 그들의 이론을 펼쳐 낸다. Carins와 Feinstein(1982)과 Carins (1988)는 SPE의 유표성 이론에 관한 개선점을 제안한다. 유표성 이론에 관한 비판적인 설명에 대해서는 Lass(1975), Lass와 Anderson(1975: 부록 IV)과 Kean(1980)을 보라.

Steriade(1995)는 유표성과 미명시(§2,.2.1)와 관련되는 문제에 대한 개관을 한다. 양분 자질이 명시되지 않도록 하는 것에 반대하는 초기의 주장에 대해서는 Stanley(1967)를 보라. 대조적 명시(§2.2.3)와 기본적 미명시 (§2.2.4)에 관한 연구에 대해서는 Kiparsky(1982), Archangeli(1984, 1988a), Pulleyblank(1988a, b), Ringen(1988), Abaglo와 Archangeli(1989), Mester 와 Itô(1989), Mohanan(1991), Archangeli와 Pulleyblank(1994)와 Pulleyblank (1995)를 보라. Itô 등(1995)은 최적성 이론에서의 미명시의 역할을 고찰한다. Keating(1988b)은 음성적 표시에서의 미명시의 관련성을 보여준다. 또한 Stevens 등(1986)과 Stevens와 Keyser(1989)를 보라.

단일가의 모음자질과 모음공간은 삼각형(§2.3)이라는 개념에 관해서 많이 쓰여져 왔다. 예를 들어 Sanders(1972), Anderson과 Jones(1974), Schane (1984), Goldsmith(1985), Rennison(1986, 1990), Anderson과 Ewen(1987), Kaye 등(1990), Harris(1994), Harris와 Lindsey(1995), Lombardi(1996)와 Cyran(1997)을 보라.

움라우트와 조화과정(§§2.4, 2.4.1)에 관한 읽을 거리에 대해서는 Vago (1980)와 van der Hulst와 Smith(1988a)에 있는 논문과, 또한 Aoki(1968), Anderson(1973), Ultan(1973), Vago(1973), Ringen(1975), Halle와 Vergnaud (1981), Hume(1990), van der Hulst와 van der Weijer(1995)와 Polgárdi (1998)를 보라.

야웰마니어 모음조화(§2.4.2)의 설명에 대해서는 Kuroda(1967)를 보라. Archangeli(1984), Pulleyblank(1988a)와 Archangeli와 Pulleyblank(1989,

1994)는 요루바어(§2.4.3)의 조화에 관한 설명을 준다. 네즈펄스(Nez Perce) 어의 조화, 특히 그것이 ATR이나 a의 전파를 수반하는지에 관한 논의에 대해서는 Anderson과 Durand(1988)를 보라.

분절음-내의 핵성(§2.5)의 개념은 의존음운론(Anderson과 Jones 1974; Ewen 1980a; Anderson과 Ewen 1987; van der Hulst 1989)의 모델에서 시작한다. 개관에 대해서는 Lass(1984a: 11장)를 보라. 본질적으로 같은 개념이 지배음운론(Kaye 등 1985, 1990; Harris 1994)에서 사용된다. '의존성'이라는 용어가 그 밖의 곳에서는, 특히 자질수형도에서는 다른 의미로 사용되는데, 예를 들어 McCarthy(1988), Mester(1988)와 Ewen(1995)을 보라.

단일가의 자질이론(§2.6)에서의 자음의 표시에 관한 제안에 대해서는 위에서 주어진 의존음운론과 지배음운론의 참고서 외에 Smith(1988), Harris(1990, 1997)와 Harris와 Kaye(1990)를 보라. Ladefoged(1975: 12장)는 복합가의 자질 [장소]에 의한 설명을 제공하는데, 그 자질의 값은 조음장소에 대한 전통적인 조음적 명칭에 해당한다.

후두자질의 표시에 관한 양분적 처리에 대해서는(§2.7) Halle와 Stevens (1971), Ladefoged(1973), Iverson(1983), Lombardi(1991)와 Steriade(1996)를 보라. 단일가의 자질에 의한 분석에 대해서는 Ewen(1980b), Davenport와 Staun(1986)과 Harris(1994)를 보라.

3
음절

3.1 서언

이 책의 첫 두 장에서는 분절음의 내부구조를 좀 상세하게 살펴보았다. 논의의 과정에서 몇몇 자질은 단지 단일의 분절음보다 더 큰 말의 연쇄와 관련이 있을 수도 있다는 것을 보았다. 이것은 예를 들어 두 인접 분절음이 장소나 유성성(voicing)에 대한 명시에서 일치하는 경우와 일반적으로 관련이 있었다. 모음조화와 같은 다른 경우에서, 연관되는 두 분절음은 문제의 조화 과정에 영향을 받지 않는 것처럼 보였던 자음이 중간에 끼여들 수 있다는 점에서 바로 인접하지 않은 것처럼 보였다. 그러나 만일 인접성을 어떤 층열에서 연속적인 요소를 일컫는 것으로 해석한다면 인접성 조건은 사실 충족된다고 주장했다.

인접 분절음의 연쇄가 어떤 특성과 관련해서 일치하는 것처럼 보이는 다른 유형의 경우가 또한 있다. 예를 들어 브라질에서 말하여지는 남아메리카 인디안어인 테레나어(Terena 혹은 Tereno, Bendor-Samuel 1960 참조)에서 일인칭 단수 형태소는 비음성을 왼쪽에서 오른쪽으로 단어 끝까지 전파함으로써 실현된다. 따라서 '그의 형'에 대한 형태는 [ɑjo]이고, 반면에 '나의 형'에 대한 형태는 모든 분절음이 비음화되어 [ãĵõ]을 낸다는 사실만 다르다. 전개해오고 있는 표기의 유형에서(미명시 등등의 고려를 무시하고) 분절음의 연쇄는 (1)에서 보인 바와 같이 단일의 비음 자질이나 자립분절음을 공유할 수 있다(비음성은 단일가의 자질 N으로 표시(§2.3 참조)된다고 가정

할 것이고, 또한 단일가의 자질 **V**와 **C**를 사용한다):

(1)   **N**   **N** 층열

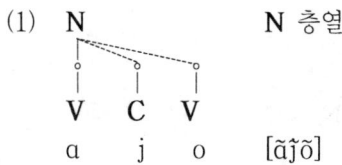

        α   j   o   [ãĵõ]

이 같은 경우에 단일자질은 개개의 분절음이 아닌 분절음의 연쇄의 특성인 것처럼 보인다. 이것은 다른 것보다 더 규칙적으로 이 같은 과정에 연루되는 특별한 분절음의 연쇄, 아마도 독립적으로 동기 지워지는 어떤 종류의 성분을 형성하는 연쇄가 있는지에 관한 문제를 야기한다. 다시 말해 몇몇 연쇄가 그런 과정의 적용을 위해 **영역(domains)**을 규칙적으로 형성하는가, 아니면 분절음의 모든 연쇄가 (1)에서 예증된 유형의 자질공유를 위한 후보자라는 것이 사실인가?

'단어'가 이러한 종류의 한 영역으로 행동하는 성분인 것은 확실히 사실인 것처럼 보인다. (1)과 같은 단어-영역내의 비음일치 과정은 그 과정이 (1)의 경우보다 더 복잡해도 일반적이다. 예를 들어 테레나어에서 상황은 제안한 것만큼 간단하지 않다. 오히려 비음성은 (2)에서 보는 바와 같이 명사의 어두에서 첫 저해음까지만(그것은 전비음화된(prenasalized) 폐쇄음이나 마찰음으로 실현된다) 전파한다(Bendor-Samuel 1960: 350의 예):

(2) a. owoku   '그의 집'   õw̃õŋgu   '나의 집'
    b. piho   '그는 갔다'   mbiho   '나는 갔다'
    c. emoʔu   '그의 말'   ẽmõʔũ   '나의 말'

(2a)에서 비음성은 연구개 폐쇄음까지 전파하는데, 여기서 더 이상 전파되는 것이 저지되는 반면, (b)에서는 첫 분절음, 즉 양순 폐쇄음을 넘어서 전파할 수 없다. 이런 경우에서 폐쇄음은 전비음화된, 즉 복합분절음(아래 §3.6 참

조)으로 실현된다. (c)의 성문폐쇄음은 비록 그 자체는 영향을 받지 않는다 하더라도 전파를 저지하지 않음을 주목하자.[1] (3)은 '나의 집' 형태에 대한 전파 후의 표시를 나타낸다:

(3)

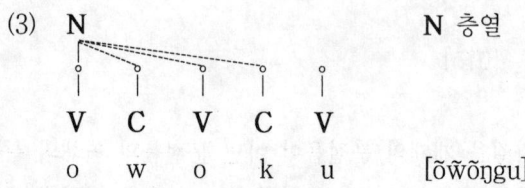

자립분절음 N이 전비음화된 폐쇄음을 주기 위해 무성폐쇄음과 어떻게 연결되는가하는 세부적인 문제를 여기서는 무시한다. 여기서 관련되는 것처럼 보이는 것은 §1.4의 아피나이에어에 대해서 논의된 결과와 유사한데, 테레나어에서 폐쇄음은 전파하는 자질을 '받는다'. 그러나 추가의 전파를 저지해서 그 분절음의 좌단은 비강음이나, 우단은 구강음을 낳는다. (3)이 예증하는 것은 비음 전파의 영역은, 비록 추가의 제한이 – 폐쇄음의 존재 – 그것은 전파가 문제의 영역 끝에 도달하는 것을 저지할 수 있는데, 있다하더라도 전체 단어이다.

수반되는 분절음의 연쇄가 특정 영역 내에 있는지 아닌지에 의해 적용이 결정되는 자질 일치의 많은 다른 과정을 찾을 수 있다. 따라서 영어에서 자음군 안의 저해음은 유성성(voicing)에서 일치해야 하지만, 단지 저해음이 단순(simple) 단어(즉 단지 하나의 형태소만 포함하는 단어, (4a)) 내에서나 어간과 몇몇 유형의 접사(예를 들어 복수 접미사; (4b), 여기서 문제의 경계를 +로 표시한다)를 포함하는 단어들에서 나타날 때만 그러하다. 일치는 (4c)의 형태에서(여기서 경계는 #로 표시됨) 보는 것처럼 합성어(compounds)에서는 발견되지 않는다:[2]

---

[1] 테레나어에서 성문 폐쇄음의 비음성 전파로의 투명성은 아마도 그런 분절음들이 자질 표시에서 장소 교점이 없다는 사실 때문일 것이다(§1.3.5에서의 /h/의 논의 참조).
[2] 접미사화와 합성의 형태론과 비음 장소동화 사이의 관련성에 관한 논의에, 특히 어휘음

158

(4) a. Brigden   [brɪgdən]

       tactile   [tæktaɪl]

    b. dogs   DOG+PL   [dɒgz]

       cats   CAT+PL   [kæts]

    c. matchbox   MATCH#BOX   [mætʃbɒks]

       textbook   TEXT#BOOK   [tɛkstbʊk]

       pigsty   PIG#STY   [pɪgstaɪ]

따라서 1장에서 전개된 자립분절적 표시에 의해서는 (5a)와 (b)가 유일한 가능한 것들이고, (5c)와 (d)는 단순한(simple) 영어단어 내에서는 나타나지 않고, 오히려 #가 사이에 끼여들 때만 발견된다:

(5)

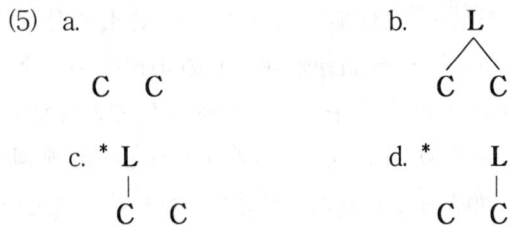

(여기서 유성성(§2.7)을 표시하기 위해 단일가의 자질 L을 사용하고, 따라서 무성성은 무표적이고, 그래서 (5c)는 유성과 무성 저해음의 연쇄를 나타낸다).

§1.2에서 논의한 영어의 비음 장소동화 현상은 영역에 의존적인 과정이 적용되는 또 다른 예를 제공한다. 비음이 단어의 끝에서 뒤따르는 폐쇄음과 의무적으로 동기관음이 되는 제약은 (6a)처럼 단일형태(monomorphemic) 단어에서만 적용된다. 즉 단어 끝의 폐쇄음이, 말하자면, (6b)에서처럼 과거시제 접미사의 실현이라면 적용되지 않으며, 또한 (6c)에서처럼 합성어에도

운론 내에서, 대해서는 예를 들어 Kaisse와 Shaw(1985)를 보라. 다른 종류의 접근에 대해서는 Harris(1994: 1장)를 보라.

적용되지 않고, 따라서 그것은 Borowsky(1993)의 분석에서 단어-차원 규칙이다:

(6) a. kind   [kaɪnd]

      lamp   [læmp]

    b. climbed   CLIMB+PAST   [klaɪmd]

       banged   BANG+PAST   [bæŋd]

    c. gumdrop   GUM#DROP   [gʌmfrɒp]

       moonbeam   MOON#BEAM   [muːnbiːm]

       gangbang   GANG#BANG   [gæŋbæŋ]

       Sten gun[3]   STEN#GUN   [stɛngʌn]

물론 수의적인 동화가 (6c)와 같은 형태에서 나타날 수도 있어, 예를 들어 *moonbeam*에 대해 [muːmbiːm]을 *Sten gun*에 대해 [stɛŋgʌn]이 나오게 되는 것을 부정하려는 것은 아니나 그런 동화는 설정 비음으로 대개 제한되고, 순음과 연구개음은 동화를 훨씬 덜 겪을 것 같다. 따라서 *gangbang*에 대해 *[gæmbæŋ]과 *gumdrop*에 대해 *[gʌndrɒp]은 실현가능성이 없다. 이런 예는, 동기관음성이 의무적인 (6a)의 예와 다르고, 불가능한 (6b)의 예와도 다르다.

　이와 같은 과정은 형태론적 구조와 통사론적 구조가 음운과정과 관련이 있을 수도 있다는 것을 보여주는 것 같다. 고려해오고 있는 예에서 자질 일치가 적용되는 영역은 성질이 형태-통사적인 것 같다. 그러나 많은 음운학자는 그러한 형태-통사적 단위의 역할은 간접적이고, 보통 **운율(prosodic)**, 혹은 **음운(phonological) 단위**나, **어구(phrases)**로 일컫고, 관련 영역은 음운단위라고 주장할 것이다.

---

[3] 비록 *Sten gun*의 철자가 그것이 두 개의 별개의 단어들로 이루어져 있다는 것을 암시할지라도 그것의 강세 유형(/stɛ́ŋgʌ̀n/)은 그것이 영어에서 합성어로 행동한다는 것을 보여준다는 것을 주목하라.

이런 종류의 잘 알려진 과정은 이탈리아어의 *Raddoppiamento Sintattico* (RS)의 과정이다(Nespor와 Vogel 1986 참조). 이것은 단어의 첫 자음이 단어 끝의 강세 받는 모음을 뒤따를 때 그 자음을 장음화하는 과정이다.[4] Nespor와 Vogel(1986: 38)은 다음의 예를 제시한다:

(7) a. La scimmia aveva appena mangiato metá [b:]anana.
   '그 원숭이는 바나나 반 조각을 막 먹었다'
   b. Il gorilla aveva appena mangiato quáttro [b]anane.
   '그 고릴라는 네 개의 바나나를 막 먹었다'

RS는 (7a)에 적용되는데 *meta*의 어말 모음이 강세를 받기 때문이다. 그러나 (7b)에는 적용되지 않는데 *quattro*가 어말 제2 음절에 강세를 가지기 때문이나 RS는 분절음적 조건이 충족되는 듯한 많은 환경에서 적용되지 않는다:

(8) a. La volpe ne aveva mangiato metá [p]rima di addormentarsi.
   '그 여우는 잠들기 전에 그것의 절반을 먹었다'
   b. Ho visto tré [k:]olibrí [k]osí [b:]rutti.
   '나는 세 마리의 사납게 윙윙거리는 새들을 보았다'

통사적 성분과는 다른 운율(음운)성분들을 가정하는 것을 찬성하는 주장의 일부로 Nespor와 Vogel은 RS는 단지 만일 두 단어는 같은 **음운어구 (phonological phrase)**, 즉 언급한 바와 같이 어떤 통사적 성분에 반드시 대응하지 않는 단위의, 일부라면 일어난다. 이와 같이 RS는 또한 영향을 받는 요소가 같은 초분절적인 영역 내에 있는지 있지 않은지에 그 적용이 달려있는 과정의 한 예를 제공한다.

이것은 RS의 아주 단순화된 진술이지만 그것은 어떤 음운적 과정에 대한

---

[4] RS의 연구자는 그 과정의 작용 방식에서 많은 지역적인 변이가 있다고 한다. 여기서는 그런 변이형에 관심을 갖지는 않는다.

비-통사적인 초분절적 영역의 중요성의 한 예로 기여한다. 이 장의 나머지에서는 아마도 이러한 음운적 영역 중에서 가장 익숙한 것, 즉 **음운성분(phonological constituents)**인 음절(syllable)을, 좀 상세하게 논의할 것이다. 4장에서는 더 큰 성분인 **음보(foot)**와 언어에서의 강세와 엑센트의 부여와 음보의 상호작용을 살펴본다. 이 책에서는 음운어구와 같은 성분을 살펴보지는 않을 것이고, 관심을 **음운단어(phonological word)**로 제한할 것이다. 논의의 기저에는 초분절적 성분 구조는 (9)의 일반적 형태를 가진다는 가정이 있는데, 여기서 ф는 음운어구이고, ω는 음운단어, F는 음보, σ는 음절이다:

(9)

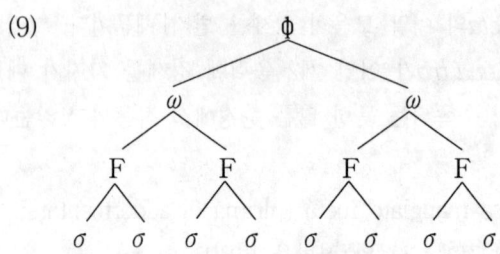

(9)의 **운율층위(prosodic hierarchy)**[5]는 어떤 차원에서도 성분은 바로 낮은 차원에서 두 개의 동일한 성분으로 분리된다는 점에서 성분구조를 보여준다. 이것은 다음과 같이 Nespor와 Vogel(1986: 7)에 의해 공식화된 원리의 반영이다: '운율적 층위의 주어진 비-종결 단위인 X^p는 바로 더 낮은 범주인 X^{p-1}의 하나나 더 많은 단위로 이루어져 있다'. 따라서 음운어구는 두 개의 음운단어로 이루어져 있고, 음운단어는 두 개의 음보로, 음보는 두 개의 음절로 이루어져 있다.

따라서 음절은 이 층위에서 가장 작은 요소이다. 어떤 의미에서 화자는 그들 언어에서 단어의 음절구조에 관해 알고 있는 것은 분명하다. 즉 그들은

---

[5] 따라서 또한 **운율단어(prosodic word)**, **운율음보(prosodic foot)** 등등의 용어들이 나온다.

단어에서 얼마나 많은 음절이 있는지 뿐만 아니라, 아주 자주, 어디에 한 음절이 끝나고 다음 음절이 시작하는지에 대해 결정을 내릴 수 있다. 대부분의 영어 화자는 예를 들어 (10)의 단어를 보이는 바와 같이 음절화 할 것이다:

(10) albatross [æl]$_\sigma$[bə]$_\sigma$[trɒs]$_\sigma$
    America [ə]$_\sigma$[mɛ]$_\sigma$[rɪ]$_\sigma$[kə]$_\sigma$
    slender [slɛn]$_\sigma$[də]$_\sigma$

음절의 존재는 위의 논의가 주어진다면 간단한 문제인 것처럼 보일 수도 있을 것이다. 그럼에도 문제는 제시했던 것만큼 아주 간단치가 않다. (11)의 여러 가지 음절화로 입증되듯이 모국어 화자가 어떤 언어의 모든 단어에서 음절 경계의 정확한 위치에 대해서 일치한다는 것은 확실히 사실이 아니다:

(11) master [mɑ:]$_\sigma$[stə]$_\sigma$ 혹은 [mɑ:s]$_\sigma$[tə]$_\sigma$
    revels [rɛ]$_\sigma$[vəlz]$_\sigma$ 혹은 [rɛv]$_\sigma$[əlz]$_\sigma$
    pastry [peɪ]$_\sigma$[strɪ]$_\sigma$ 혹은 [peɪs]$_\sigma$[trɪ]$_\sigma$ 혹은 [peɪst]$_\sigma$[rɪ]$_\sigma$

게다가 모국어 화자가 예를 들어 *eccentricity*는 다섯 개의 음절을, *remarkable*은 네 개의 음절을 갖는다고 말할 때 무엇을 세고 있는지가 바로 분명치 않다. 이 점에서 화자사이에 불일치는 거의 없어도, 음성저 관점에서 볼 때 여기서 수반되는 것은 **상대적 공명도(relative sonority)**, 특히 **공명도정점(sonority peak)**이라는 개념이라고 종종 주장한다. 즉 모든 음절은 하나의 공명도정점, 즉 다른 어떤 것보다도 더 공명스러운 분절음을 갖는다. 공명도는 따라서 절대적이 아니고 상대적인 특성이다. 청각적인 용어로 공명도정점은 주변의 분절음보다 더 두드러지고, **음절적(syllabic)** 요소를 형성한다.[6] §1.3.1에서 예측했듯이 모음은 본래 자음보다 더 공명스럽고, 따

---

[6] 보아 왔듯이 공명도의 음성학적 해석은 여기서 제시하고 있는 것만큼 논란이 없는 것은 아니다. 논의들에 대해서는 Malsch와 Fulcher(1989)와 Nathan(1989)을 보라.

라서 모음이 있으면, 음절 안에서 **음절적 정점(syllabic peak)**이 된다. 그러나 모음을 포함하지 않는 음절 안에서는 가장 공명스러운 자음이 음절적 정점이다. 예를 들어 영어의 *bottles*를 [bɔɬz]로 발음할 때 [ɬ]은 두 번째 음절에서 음절적이고, [bɔɬz]로 발음한다. 공명자음은 더 높은 공명도로 그 자음을 바로 앞서거나 뒤따르는 어떠한 분절음이 없을 때만 정점을 형성함을 주목하자. 단어 *confusion*은 [kənfjuːʒn̩]으로 발음되고, 세 개의 공명자음이 있다([n], [j], [n]). 그러나 (12)에서 보는 것처럼 끝의 [n]만이 음절적 정점인데, 여기서 공명도의 세 등급을 구별한다(모음, 공명자음, 저해음). 정점은 개원(◦)으로 비정점은 폐원(•)으로 표시한다.

(12)
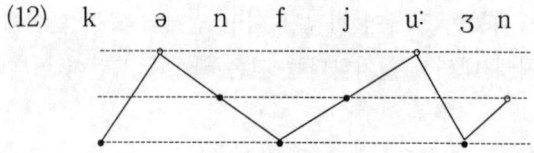

끝의 [n]은 더 공명스러운 분절음에 의해 앞서거나 뒤따르지 않는 유일한 공명자음이고(이전의 자음은 덜 공명스럽고, 어떠한 뒤따르는 분절음도 없다), 따라서 모음과 같이 음절정점을 형성하는데, 모음은 이웃 음보다 더 공명스럽다. 영어에서 음절적 자음은 강세를 받지 않는 음절로 제한되는데 그것은 강세 받는 음절은 완전한 모음을 포함하는 경향이 있는 반면, 강세를 받지 않는 음절은 일반적으로 모음약화가 발견되고 하나의 공명자음이 뒤따를 때는 약화된 모음이 추가로 수의적으로 일어나는 사실 때문이다. 따라서 [kənfjuːʒn̩] 뿐만 아니라 또한 [kənfjuːʒən] 발음도 나타난다.

저해음도 영어에서 음절적일 수 있지만 일반적으로 빠른 발화일 때만 그렇다. 따라서 *suspicious*에 대해 [ṣpɪʃṣ]와 같은 발음을 들을 수 있다. 뿐만 아니라 영어는 *psst*[pṣt]와 *ssh*[ʃ]와 같은 항목을 갖는다. 그래도 다른 언어에서 음절적 저해음(과 실제 공명음)은 그것이 강세를 받지 않는 음절에서는 물론 강세를 받는 음절에서 규칙적으로 나타날 수도 있다는 의미에서 더 널리 퍼져 있다(북서 인디언언어는 Hoard 1978, 버버어는 Dell과 Elmedlaoui 1985 참조).

이와 달리 (10)의 음절구분은 음절화가 단어 내의 분절음의 수와는 독립적임을 분명하게 입증한다. 예를 들어 세 개의 분절음으로 된 모든 연쇄를 *[ælb]$_\sigma$[ətr]$_\sigma$[ɒs]$_\sigma$와 같이 음절을 구분하도록 하나의 음절로 조직하는 어떤 언어도 없다. 그 반면에 동등하게 음절로 조직하는 것은 모든 독립적으로 주어진 형태소적 구조로부터 분명히 파생될 수 없다. (10)의 단어는 모두 단순단어, 즉 단일 형태소만을 포함하는 단어이기 때문이다. 실제로 음절적 구조는 심지어 형태론적 구조와도 상충될 수 있다:

(13) lending   LEND+ING   [lɛn]$_\sigma$[dɪŋ]$_\sigma$
     writer   WRITE+ER   [raɪ]$_\sigma$[tə]$_\sigma$

형태소경계는 (13)에서 폐쇄음 뒤에 오지만, 음절경계는 폐쇄음 앞에 온다.

몇몇 경우에서 형태-통사적 경계는 언어의 '정상적인' 음운적 음절화규칙의 적용을 막을 수도 있다. 영어의 모음사이에 오는 두 자음의 자음군에서 음절경계는 첫 자음 앞((10)의 *albatross*)이나, 자음사이(*slender*)에 올 것으로 기대한다. 정확히 같은 형을 (14)에서 보는 바와 같이 네덜란드어에서 발견한다:

(14) sterker   STERK+ER   '더 강한'   [stɛr]$_\sigma$[kər]$_\sigma$
     avontuur AVONTUUR   '모험'   [a]$_\sigma$[vɔn]$_\sigma$[tyːr]$_\sigma$

그러나 만일 형태론적 경계가 아주 강하면, 음절화는 (15)에서 보여진 바와 같이 기대되는 방식으로 작용하지 않는다:

(15) avonduur   AVOND#UUR   '저녁(시간)'   [a]$_\sigma$[vɔnt]$_\sigma$[yːr]$_\sigma$

네덜란드어 *avonduur*는 합성어인데, 여기서 첫 요소의 끝 자음은 기저에서 유성으로, 그것은 첫 요소의 복수형이 *avonden* [avɔndən]이라는 사실로부터 입증된 바와 같다(단수형은 *avond* [avɔnt]인데 음절-끝의 무성화를 갖는다. 1장 (12) 참조). *avond*의 끝 폐쇄음이 또한 *avonduur*에서도 무성이라는 사실은 여기서 또한 그 폐쇄음이 음절-끝이라는 것을 보여준다. 두 모음 사이의 자음들은 따라서 음절 경계를 앞서야 한다. 이와 같이 *avontuur*와 *avonduur*사이의 유일한 분절음적 구분은 음절 경계의 위치이고, 그렇지 않다면 그것은 동음이의어이다.[7] 만일 음절 구분이 운율적 단어 영역으로 그 자체가 묶여지면, 그 때 합성어의 각 요소는 음운단어를 형성한다고 가정해야 한다.

이제 모국어 화자의 한 연쇄를 '음절'로 구분하는 능력이 음운이론과 관련성을 좀 갖는지를 입증하려고 할 것이다. 음절이라는 개념에 호소함으로써 그렇지 않으면 설명할 수 없었던 음운적 사실을 설명할 수 있을까? 다시 말해 음절을 음운 이론 내에서의 한 단위로 형식화하도록 이끄는 분절음의 음운적 조직의 특성이 있는가? 만일 이 질문에 대한 답이 부정적이면, 비록 그것이 언어의 화자가 분절음의 연쇄 탓으로 돌리는 특정 종류의 조직을 반영하는 것 같다하더라도 음운적 표시이론에서 이러한 종류의 단위를 필요로 하지 않는다. §3.2에서는 음운 표시에서의 한 단위로 음절에 대한 필요성을 지지하는 것처럼 보이는 주장을 살펴볼 것이다. 그리고 나서 어떻게 음절구조가 가장 적절하게 표시되는지에 관한 문제를 논의하고(§§3.3-3.7), 그렇게 하면서 음절구조와 분절음적 구조 사이의 관계에 관한 여러 가지 문제를 제시하고, 음절이 몇몇 음운규칙의 적용에 대한 영역을 형성할 수도 있다는 것을 보임으로써 음절에 대한 추가의 동기를 제공할 것이다. 그러나 §3.8에서는 음절을 하나의 단위로 지지하는 몇몇 주장은 잘못이라고 주장하고, 반면에 음절보다 더 작은 운율적 단위에 대한 증거가 있다고 받아들이는 음운적 사조의 한 학파를 살펴볼 것이다.

---

[7] 그러나 초분절적으로 단어의 강세 패턴 사이에 차이가 있다: *avon'tuur* 대 *'avonduur*.

3.2 왜 음절인가?

비록 모국어 화자가 음절로 인식하는 단위가 있다는 것은 분명하다하더라도 여전히 그것이 음운 분석에서 필요한지를 입증해야 한다. 증거의 한 유형은 분절음의 임의적 연쇄가 그 언어의 가능한 단어인지 아닌지를 판단하는 모국어 화자의 능력과 관계가 있다. 앞으로 보게 되듯이 이러한 능력은 모국어 화자가 만일 문제의 연쇄가 그 언어의 가능한 단어라면 적형의 음절적 조직만을 분절음의 연쇄에 부여할 수 있다는 사실에 분명히 달려있다.

만일 모국어 화자가 음절구조에 접근하지 않고, 그의 혹은 그녀의 언어에서 분절음들의 연쇄를 적형으로 혹은 부적형으로 단지 확인만 할 수 있다면 어떻게 되겠는가? 예를 들어 영어의 모국어 화자는 */lmɒk/연쇄를 부적형으로 확인할 것이다. 왜냐하면 자음 자음군 /lm/이 어떠한 영어단어의 초에도 나타날 수 없기 때문이다. 다시 말해 단어 초의 연쇄 */lm/은 영어의 **음소배열제약(phonotactic constraints)**을 위반한다. 유사하게 */lɒpk/는 부적형이다. 자음 자음군 /pk/는 어떠한 영어단어의 끝에도 나타날 수 없기 때문이다. 그리고 */lɒpkmɜ:/는 받아들여지지 않는다. /pkm/는 적형의 영어 중간 자음군이, 즉 두 공명도 정점 사이에 나타나는 연쇄가 아니기 때문이다. 따라서 모국어 화자의 음운 지식의 일부는 (16)에서처럼 자음군이 그 언어에서 부적형인지에 관한 명시를 수반하는 것처럼 보일 수도 있다:

(16) 어두   어중   어말

     *lm-   *-pkm-   *-pk

     *mr-   *-kmr-   *-km

     *nw-   *-tnw-   *-tn

     . . .   .

그러나 (16)의 목록은, 비록 완전하다하더라도, 꽤 분명한 잉여성을 나타낸다. 어떤 언어의 중간 자음군에 관한 제약은 어두나 어말 자음군에 관한 제약과 독립적이지 않다. 오히려 만일 (16)에 있는 약간의 중간 자음군을 두 부분으로 나누면(분리가 되는 곳은 어디에서든), 첫 번째 부분은 적법하지 못한 어말 자음군이고/이거나 두 번째 부분은 적법하지 못한 어두 자음군이다:

(17) *-pkm- *pk+m 혹은 p+*km

  *-rtdl- *rtd+l 혹은 rt+*dl 혹은 r+*tdl

따라서 중간 자음군은 독립적인 단위가 아니라 '어두 자음군'이 뒤따르는 '어말 자음군'의 두 부분으로 이루어져 있다. 그러나 이러한 자음군은 단어의 중간이므로 여기서 '초의'와 '끝의'는 단어-초와 단어-끝, 혹은 심지어 형태소-초와 형태소-끝이라고 일컬을 수 없다. 오히려 부적형의 자음군을 단어나 형태소와는 다른 어떤 단위의 초와 끝 부분으로 이루어져 있는 것으로 간주해야 한다. 이러한 단위가 음절인데, 음절의 적형성은 순수히 음운적 요소에 의존한다.[8]

음운적 음절의 존재를 지지하는 두 번째 유형의 주장은 음운과정이 분절음 연쇄의 음절적 조직이라는 조건으로 볼 수 있다는 사실과, 또한 음절의 '끝머리' 혹은 '가장자리'에서 분절음에 영향을 주는 많은 과정이 있다는 사실과 관련이 있다. 적절한 예는 네덜란드어의 어말 무성화로 §1.3.1에서 그것을 살펴보았다. 분절음을 음절로 조직화하는 것이 주어지면 원칙은 아주 간단히 음절-끝의 저해음(즉 저해음 자음군)은 결코 유성화 되지 않는다는 것이다. 만일 음운적 단위로 음절을 가지지 않는다면 그 과정을 여전히 기술할 수는 있을지라도 규칙에서의 이접(disjunction)을 기술하도록 강요받는

---

[8] 단어-초의 음절은 단어의 처음에만 나타날 수 있는 어두 자음군을 가질 수 있다는 사실을 여기서는 무시할 것이다(예를 들어 네덜란드어의 *knuffel* '포옹'에서의 /kn/). 따라서 **alkne*는 네덜란드어에서 부적형이다. 게다가 몇몇 단어-끝 자음군은 끝이 아닌 음절의 끝 자음군으로 나타날 수 없다. 예를 들어 영어단어는 [r]을 발음하는 방언에서 /rst/연쇄로 끝날 수 있다하더라도(*burst*에서와 같이) 끝이-아닌 음절이 이 자음군으로 끝나는 어떠한 단형태소적(monomorphemic) 단어들도 없다.

다. 즉 무성화는 (18)에서 입증되는 바와 같이 두 환경에서 일어난다. 한편
으로 저해음은 단어-끝 위치에서(18a) 무성이고, 다른 한편으로 (18b)의 환
경에서는 어떠한 유성 저해음도 없다.

(18) a. /bɑd/ [bɑt] '목욕'

/lœyd/ [lœyt] '큰 목소리의'

/lœyt/ [lœyt] '류트'

b. /ɑtlɑs/ [ɑtlɑs] '지도책'

/ɔrtnər/ [ɔrtnɐr] '접는 것'

/prɪsmaː/ [prɪsmaː] '프리즘'

SPE 유형의 공식에서, 음절은 어떠한 공식적 인정도 주어지지 않았는데, 그
러한 분명한 이접은 (19)와 같이 표시되었다:

(19)

$$/ - \begin{Bmatrix} \# \\ C \end{Bmatrix}$$

즉 그 과정의 환경은 단어 경계나 자음을 앞서는 것으로 정의된다. 그러나
(19)와 같은 공식은, 환경에서 이접을 수반하는 어떤 다른 것처럼, 그 환경
에서 공유되는 것이 무엇인지를 찾지 못했다는 사실을 드러낸다.

　유성성에 대한 기저 값에 관한 문제는 고려사항이 아니다는 것을 주목하
라. (18a)에서는 보아 왔듯이, 저해음은 기저에서 유성(예를 들어 /lœyd/)이
거나 무성(예를 들어 /lœyt/)일수도 있는데, 그것은 다른 환경([lœydə] *luide*
'큰소리의'(굴절된) 대 [lœytən] *luiten* '류트')에서의 저해음의 행동에 달려있
지만, (18b)에서는 발견될 수 있는 어떠한 교체도 없다는 사실이 주어질 때,
저해음이 기저에서 유성인지 무성인지를 결정할 수 있는 어떠한 증거도 없
다.

　비-음절적인 공식에서는, (19)에도 불구하고, '끝의' 저해음이 무성이어야

하는 (18b)의 환경을 확인하기가 매우 어렵다. 그 환경은 사실, (19)가 암시하듯이, '자음을 바로 앞서는' 것이 아니다. 왜냐하면 (20a)의 형태의 존재 때문인데, (20a)는 중간 저해음의 무성화를 보이지 않는다. 실제로 무성 저해음은 같은 환경인 것처럼 보이는 곳에, 즉 /l/이나 /r/을 앞서는(20b) 곳에 또한 나타날 수 있다:9)

> (20) a. /'koːbraː/   cobra   '코브라'
>   /sjaːˈbloːn/   sjabloon   '모형'
>   b. /'meːtroː/   metro   '지하철'
>   /paːˈtroːn/   patroon   '유형'

오히려 원칙은 중간 자음군에 있는 저해음은 만일 그 자음군이 적형의 음절-초이라면 무성화를 겪지 않는다는 것이다. 만일 이것이, *atlas*에서와 같이 (네덜란드어에서는 어떠한 음절-초 */tl-/ 자음군도 없다), 사실이 아니라면 첫 번째 음절은 /l/앞에서 끝나고, 따라서 그 저해음은 음절-끝이다. 음절화에서의 차이는 (21)에서 보여지는데, (21)에서 (a)형태는 음절-끝 위치에서의 저해음을, 여기서 그것은 무성이어야 하고, 보여주고, 반면에 (b)형태는 두 번째 음절이 저해음 앞에서 시작하고, 따라서 그 저해음은 음절-초이고, 그리하여 그것이 기저에서 유성이면 무성화 하지 않는다는 것을 보여준다:

> (21)   a. [ɑt]σ[lɑs]σ   b. [koː]σ[braː]σ
>   [ɔrt]σ[nər]σ   [paː]σ[troːn]σ

이와 같이 네덜란드어의 무성화는 (22)에서 단일의 환경에서, 즉 (19)에서의 분명히 관련이 없는 두 환경에서가 아니라 음절-끝 위치에서 일어난다:

---

9 여기서 그리고 그 밖의 곳에서 강세 받는 음절 앞에 '를 둠으로써 강세를 나타낸다. 강세와 엑센트의 논의에 대해서는 4장을 보라.

(22)　　__]$_\sigma$

　영어의 무성폐쇄음 기식화는 음절-가장자리 과정의 또 다른 예를 제공한
다.[10] 기식화는 폐쇄음이 일차의 혹은 이차의 강세를 받는 모음이 뒤따를
때 일어나지만 폐쇄음이 그 음절의 첫 요소일 때만 그렇다. 따라서 만일 폐
쇄음이 /s/(적형의 음절-초 자음군을 낳기 위해 폐쇄음을 앞설 수 있는 유
일한 자음)가 앞서면 수반되는 자음이 단어-초 위치(23a)나 단어-중간 위치
(23b)에 상관없이 어떠한 기식화도 일어나지 않는다. 그러나 강세를 받지 않
는 음절을 앞서는 단어-중간의 폐쇄음은 그것이 /s/가 앞서거나 앞서지 않
거나 기식화 되지 않는다(23c):

(23)　a.　tile　　　[t^{h}aɪl]$_\sigma$

　　　　　stile　　　[staɪl]$_\sigma$

　　　b.　retire　　[rɪ]$_\sigma$[ˈt^{h}aɪə]$_\sigma$

　　　　　distend　[dɪ]$_\sigma$[ˈstɛnd]$_\sigma$

　　　c.　mutter　[ˈmʌ]$_\sigma$[tə]$_\sigma$

　　　　　muster　[ˈmʌ]$_\sigma$[stə]$_\sigma$

이와 같이 기식화가 발견되는 환경은 $_\sigma$[__ , 즉 강세음절의 앞에서이다.[11]
　음운 단위로서 음절의 지위를 지지하는 또 다른 증거의 근원은 '이완의'
혹은 '폐식음의(checked)'로(§1.3.3 이완모음의 논의 참조) 종종 일컫는 네
덜란드어 모음의 행동에서 발견된다. 이것은 네덜란드어에서 음절-끝의 위
치에, 즉 개(open)음절에 나타날 수 없는 모음의 집합이다. 따라서 (24)는 네
덜란드어에서 부적형일 것이다. 마지막 음절의 모음이 이완음이기 때문이다:

---

[10] 음절에 기초한 과정으로서의 영어의 기식화에 관한 더 완전한 설명에 대해서는
　　Spencer(1996: §6.2.1)를 보라.

[11] 후의 절에서 초의 /s/+저해음 자음군을 갖는 음절의 구조가 '정상적인' 음절의 구조보
　　다 더 복잡하다는 것을 보일 것이다. 이것은 또한 영어의 기식화가 발견되는 환경에 관
　　해 약간 다른 견해를 받아들이게 한다.

(24) *[maː]$_\sigma$[krɔ]$_\sigma$

이완모음은 따라서 단어-끝 위치에서 발견되지 않지만 그것은 또한 (25a)처럼 적형의 음절-초인 자음군 앞에서도 발견되지 않는다. 그래도 그것이 (25b)의 /rk/처럼 적형의 음절-초 자음군이 아닌 자음군을 앞설 수는 있다:

(25) a. *[mɑ]$_\sigma$[kroː]$_\sigma$
　　 b. [mɑr]$_\sigma$[koː]$_\sigma$　　Marco(이름)

게다가 뒤의 음절이 모음으로 시작하면 앞의 모음은 (26a)처럼 이완음일 수 없다:

(26) a. *[hɪ]$_\sigma$[aːt]$_\sigma$
　　 b. [maː]$_\sigma$[kroː]$_\sigma$　　macro '대량의'
　　　 *[hiː]$_\sigma$[aːt]$_\sigma$　　hiaat '모음충돌'

따라서 예를 들어 (26b)의 형태를 주기 위해서 긴장모음은 이러한 모든 환경에서 필요하다.[12]

　이러한 종류의 제약의 존재는 음절화와 관련해서 중의성을 제거함을 주목해야 한다. *macro*가 첫 음절에서 이완모음과 함께 실현될 수 없다는 사실은 가정하고 있는 음절화가 정말로 옳음을 나타낸다. 즉 /k/뿐만 아니라 /r/ 둘 다 비록 /k/로 끝나는 음절이 /r/로 시작하는 음절이 적형인 것처럼 네덜란드어에서 적형이라 하더라도 첫 음절이 아닌 두 번째 음절에 부여된다.

---

[12] 네덜란드어에서 /ə/는 긴장/이완 구분과 관련해서 변칙적이다. 비록 그것은 이완모음처럼 음성적으로 단모음이지만 긴장모음의 집합과 같은 환경에서, 예를 들어 단어-끝에서([kaː]$_\sigma$[də] *kade* '선창')와 모음충돌(hiatus)에서, 비록 단지 형태론적으로 복잡한 환경([bə]$_\sigma$[aː]$_\sigma$[mən] *be+amen* '확인하다')에서이지만, 나타날 수 있다. 네덜란드어의 비음 장소동화에서 /ə/의 지위에 관한 논의에 대해서는 예를 들어 Trommelen(1983), van der Hulst(1984), 그리고 van Oostendrop(1995)를 보라.

예를 들어 *macro*에서 /k/가 두 번째 음절에 부여된다는 사실은 일반적인 언어에서 유효한 것처럼 보이는 원리 때문이다. 즉 모음 사이의 자음이나 자음 자음군이 주어질 때, 만일 부적형의 음절-초 자음군이 그것으로 인해 형성되지 않으면 그것을 두 번째 음절의 초에 부여하라.13) 적형의 어두 자음군을 앞서는 어떤 것도 따라서 이전 음절의 끝에 부여된다. 이것은 보통 **최대두음원리(maximal onset principle)**라 일컬어진다.14)

영어의 강세부여는 음절의 존재에 추가로 증거를 제공한다. 폐쇄되거나 장모음을 포함하는 음절은 강세를 받지만 단모음으로 끝나는 음절은 강세가 없다. 이런 제한은 (27)로 예증되는데, Chomsky와 Halle(1968: 71)에 있다:

(27) arena $[ə]_σ['ri:]_σ[nə]_σ$

      agenda $[ə]_σ['ʤen]_σ[də]_σ$

      America $[ə]_σ['mɛ]_σ[rɪ]_σ[kə]_σ$

영어의 강세 부여 규칙은 아주 복잡하고, 따라서 여기서는 규칙의 작용에 관한 상세한 것은 조사하지 않을 것이다(그러나 예를 들어 §4.3을 보라). 그러나 단어의 여러 부류는 강세에 대한 그들의 '목표'로 여러 음절을 갖는다

---

13 그러나 음절의 초에서 자음 자음군을 허용하지 않는 언어는 자음 자음군의 첫 요소를 이전 음절에 부여하여야 할 것이다.

14 네덜란드어는 CV 연쇄를 바로 앞서는 이완모음을 허용한다. 이것의 한 가지 일반적인 근원은 명사와 동사의 굴절이다: /pad/[pɑt] *pad* '두꺼비'를 /pad+ən/[pɑdə] '두꺼비들'과 비교하고, /lɛk/[lɛk] *(ik) lek* '(나는) 누설하다'를 /lɛk+ən/[lɛkən] *(wij) lekken* '(우리는) 누설한다'와 비교하라. (이것은 어휘적인 문제다: /pa:d/[pɑt] *pad* '통로'를 /pa:d+ən/[pa:də] '통로들'과 비교하라). 네덜란드어의 표준 분석은 그 모음 사이의 자음이 왼쪽으로 음절화하거나, 즉 그것이 첫 음절의 일부를 형성하여 예를 들어 $[pad]_σ[ən]_σ$이 되거나, 또는 양음절적인 것으로, 예를 들어 $[pa[d]_σən]_σ$로 가정한다. 적형의 초자음군의 첫 자음은 이런 분석에서 양음절적으로 간주될 수 없다. 이것은 적형의 $[ko:]_σ[bra:]_σ$ *cobra* '코브라'가 아닌 *$[ko[b]_σra:]_σ$가 되기 때문이다. 그러나 적형의 끝 자음군의 두 번째 자음은 양음절적인데, 예를 들어 $[mar[m]_σər]_σ$ *marmer* '대리석'이다. 끝 자음군을 갖는 형태를 유추해서 *padden*과 *lekken*을 중복(즉 겹)자음을 포함하는 것으로 분석하는 것이 또한 가능한데, $[pad[d]_σən]_σ$과 $[lɛk[k]_σən]_σ$가 된다. 논의는 van der Hulst (1984, 1985)를 보라.

는 것을 관찰할 수 있다. (27)에서 예증된 명사의 부류에서의 목표는 어말 제2 음절인데, 어말 제2 음절이 장모음을 포함하고 있는 *arena*와, 자음에 의해 폐쇄되는 어말 제2 음절을 가지고 있는 *agenda*에 의해 예증되는 바와 같다. 그러나 *America*의 어말 제2 음절은 단모음을 포함하고 있고 자음에 의해 폐쇄되지도 않고, 따라서 어말 제2 음절은 강세를 거부하고, 그렇게되어 강세는 어말 제3 음절로 이동된다. 방금 했던 구별은 음운적 연쇄가 정말로 음절로 나누어질 수 있다면 일원적 방식으로 특징지어질 수 있음을 주목하자. 다시 말해 영어 강세규칙의 적용은 단모음을 뒤따르는 자음이 그 모음과 같은 음절에 속하는지(예: *agenda*) 아니면 뒤따르는 음절에 속하는지(예: *America*)에 달려 있다. 이것은, 우선 생각할 수 있는 것처럼, 단모음을 뒤따르는 자음 수의 문제가 아니라, (20)의 네덜란드어 예와 꼭 같이, 음절경계의 위치를 수반하는데 영어단어 *algebra*는 (28)에서 보는 바와 같다:

(28) algebra [ˈæl]$_\sigma$[ʤə]$_\sigma$[brə]$_\sigma$

여기서 어말 제2 음절의 모음은 두 자음이 뒤따른다해도 개음절에 나타나고, 따라서 그 음절은 강세를 거부하고, 그 강세는 어말 제3 음절로 옮겨간다.

영어의 강세 부여의 예는 음절을 통합하는 강세에 대한 접근이 Chomsky와 Halle(1968)에 의해 주어진 처리보다 우월하다는 것을 보여주기 위해 널리 사용되어 왔다. SPE에서는, 위에서 언급한 바와 같이, 음절이라는 개념에 대응하는 어떠한 음운단위가 없고, 따라서 적형의 음절-초이고, 따라서 강세 받는 단모음이 앞설 수 없는 모든 자음군은 강세규칙에서 개별적으로 명시되어야 한다. 이것은 어떻게 해서든 음절경계를 참고하는 모든 규칙에 언어의 음절화규칙을 통합하는 것과 같은데, 분명히 (27)의 형태에 의해 예증된 일반화를 놓친다.

3.3 음절구조의 표시

음절은 음운 이론에서 필요한 단위이고, 분절음은 음절이 구성되는 성분으로 간주될 수 있다는 것을 보았다. 일반적인 공식을 사용해서 이것을 (29a)의 수형 구조에 의해 표시할 수 있는데 그것은 영어의 *albatross*를 구성하는 음절의 가능한 표시이다:

(29) a.　　　　　　　　　　　b. [æl]σ[bə]σ[trɒs]σ

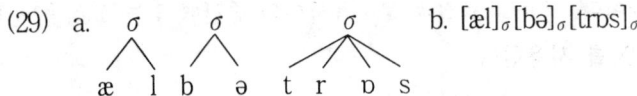

이처럼 /æ/와 /l/은 **음절(syllable)**(σ)이라 이름 붙여진 단위의 성분이고, 다른 분절음에 대해서도 유사하다. (a)의 수형구조와 (b)의 이름이 붙여진 각괄호는 같은 것이다. 결정적으로, 그러나 아마도 혼란스럽게, (a)의 성분 수형을 비록 외관상 형식적으로는 동일하다해도 (1)과 같은 표시와는 매우 다르게 해석한다는 것을 주목하자. 여기서 차원을 연결하는 선은 **성분성(constituency)**을 나타내나, 반면에 (1)의 그림과 그리고 유사한 그림은 **연결(association)**을 나타낸다. 다시 말해 (29a)의 /æ/와 /l/은 더 큰 단위인 σ의 일부이지만, (1)에서는 그런 어떤 주장도 하지 않는데 (1)은 단순히 자질 **N**이 연결되는 분절음 각각의 특성임을 보여준다. 이런 표기상의 중의성은, 불행히도 지금은 너무나 널리 퍼져 있어서 여기서 회피하려는 것은 무의미해 보인다.[15]

　음절 자체는 음절보다는 더 크지만 단어보다는 더 작은 성분으로 묶여질 수 있다고 제안할 증거가 있다는 것을 이미 보았다. 이 문제를 4장에서 살펴볼 것인데, 4장에서는 **음보(foot)**를 논의한다. 그러나 여기서는 우선 음절의 내부구조의 속성을 살펴보자.

---

[15] 그렇다하더라도 Kahn(1976)은 음절 교점을 분절음에 '연결되는' 것으로 간주한다는 것을 주목해야 한다.

(29)의 표시에서 음절은 어떠한 내부구조도 없는 **평면적인(flat)** 성분이
라고 가정된다. 이것은 음절 /trɒs/에 대해 (29a)에서 주어진 구조에서 볼 때
분명한데, 거기서 분절음들의 각각은 중간에 끼여드는 어떠한 교점들도 없는
음절 교점의 **직접(immediate)** 성분이다. 이것은 그러나 결코 논란이 없는
것은 아니고, 음절의 내부구조에 관한 여러 가지 제안이 제창되어져 왔다.

이 부분에서의 세 가지 제안을 구별할 것이다. 제안 사이의 차이는 (30)에
서 예증되는데, (30)은 영어의 단음절 형태소 /træmp/ *tramp*의 내부 구조의
세 가지 표시들이다. 당분간 음절과 분절음사이의 중간에 있는 교점을 칭하
기 위해 부호 'X'를 사용한다:

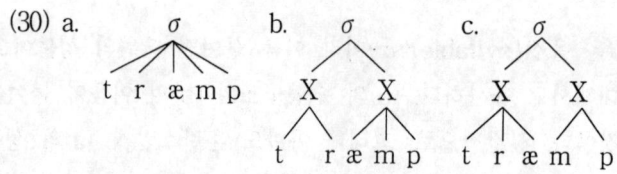

(30a)는, (29a)와 같이, 평면구조이고, 그 자체로가 음절에 부여할 수 있는
최소 성분구조이다. 그러나 (30b)와 (c)는 음절 내에 추가의 성분구조를 부
여하는 두 가지 다른 방법을 보여준다. 음절의 모음 앞에서의 주요한 분열을
보게되는 (30b)는 음절구조의 **두음운모이론(onset-rhyme theory)**을 예증
하고, 반면에 분열이 모음 뒤에 오는 (30c)는 **모라이론(mora theory)**이라
고 일컬어지는 접근의 한 해석이다. 이제 이러한 두 접근을 좀 상세하게 살
펴볼 것이다.

3.4 두음-운모이론

이름이 암시하듯이, 두음-운모이론에서 음절은 두 개의 직접 성분으로 구성
되어 있는 것으로 분석한다. 즉 모음을 앞서는 모든 자음을 포함하는 **두음
(onset)**과 모음과 그 모음을 뒤따르는 모든 것을 포함하는 **운모(rhyme)**이

다:

(31)

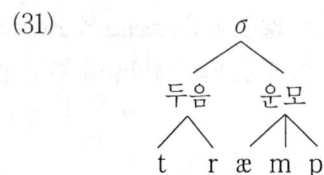

음절을 이러한 종류의 두 성분으로 나누는 여러 가지 주장이 제안되어 왔다. 그러나 우선 비록 음운적 성분 '운모'라는 이름이 전통적으로 운문에서 사용된 용어에서 파생되었다하더라도 두 개념을 같다고 여길 수 없다는 것을 주목하라. 즉 전통적인 의미에서 각운을 이루는 요소가, *bill-mill*과 같은 쌍에 의해 암시될 수 있는 바와 같이, 반드시 그 음절의 바로 일부인 것은 아니지만, 또한 *older-colder*와 *higgledy-piggledy*와 같이 각운을 이루는 쌍에 의해 입증되는바와 같이, 더 큰 어떤 것을 수반할지도 모른다. 후자의 경우에서 각운을 이루는 요소는 바로 그 음절의 운모가 아니고, 외견상 강세 받는 음절과 뒤따르는 모든 비-강세 음절의 운모 사이의 동일함을 다루고 있는 것이다. (다음 장에서 이러한 상황은 음절 위의 성분구조에 대한 증거를 제공한다는 것을 볼 것이다). 그러나 운모의 두 개념이 다르더라도 각운을 하는 전통은 강세음절에 관한 한 두음-운모 구분의 관련성을 나타낸다.

두음-운모구분의 다당성에 대한 추가의 증거는 두 성분의 뚜렷한 독립성에서 발견되어 왔다. 즉 음절은 두음과 운모의 연쇄로 간주될 수 있다는 가정 위에서 두음과 운모 사이에 유지하고 있는 분절음의 공기성(co-occurrence)에 관한 제약은 두 성분 각각 내에서 유지하고 있는 제약보다 훨씬 덜 엄격하다고 주장되어 왔다. 즉 적형의 두음과 적형의 운모의 목록이 주어졌을 때 이것은 적형의 음절을 형성하기 위해 꽤 자유롭게 결합할 수 있다.16) 따라

---

16 사실 이것을 '비-주변적인' 음절로 제한해야 한다. 왜냐하면 단어-초와 단어-끝의 음절은 두음 앞과 운모 뒤에 각각 추가의 요소를 일반적으로 보이기 때문이다. §3.4.4에서 이것을 살펴볼 것이다.

서 두음과 운모는 자율적인 단위로 간주되는데, 각각은 그 내부구조에 대해서 그 자체의 제약을 갖는다.

두음과 운모의 결합은 사실 완전히 자유롭지 않은데, Clements와 Keyser (1983: 20-1)가 보여준 (32)에 주어진 유형의 영어 음절의 적형성에 관한 많은 제약에 의해 입증된 바와 같다:

(32) a. 폐쇄음+/w/ 자음군은 /uː ʊ ʌ aw/앞에서 배제된다: */kwuːt/, 등등
     b. 영어는 sCₐV̆ₐ 형태로, 즉 s, 자음, 단모음, 그리고 다시 자음으로 이루어진 어떠한 단어도 사실상 없다.

이 두 제약 중 두 번째는 *spop, *skick, *stit와 같은 단어는 비록 어두의 s가 없는 자음의 연쇄가 영어의 적형이더라도 분명히 배제됨을 의미한다.

그럼에도 비록 (32)와 같은 제한의 존재는 Clements와 Keyser가 평면 음절구조를 지지하여 음절구조에 대한 두음-운모 접근을 거부하게 하지만 모음과 뒤의 자음 사이의 관련성은 있다해도, 음절 안에서 모음과 앞서는 자음 사이의 관련성보다 더 가까운 것이 분명하다. (32)유형의 제한은 두 성분 사이에서보다 두음이나 운모 내에서 훨씬 더 일반적이다. 예를 들어 영어는 비음이 뒤따르는 폐쇄음으로 이루어진 두음(33a), /ŋ/이 뒤따르는 긴장모음으로 이루어진 운모(33b)나, 보아 왔듯이, 적어도 단일 형태소 내에서 비음이 뒤따르는 폐쇄음과 동기관음이 아닌 어말 자음군(33c)을 허용하지 않는다:

(33) a. */kn-/, */pn-/, */gm-/
     b. */-iːŋ/, */-aʊŋ/
     c. */-mg/, */-ŋb/

운모를 성분으로 확인하는 것을 지지하는 또 다른 주장은 강세 부여와 관련이 있다. 많은 다른 언어와 같이 영어와 네덜란드어에서, 강세의 위치는 음절의 구조에 의존하고, 어떤 음절은 그렇지 않다면 강세를 기대할 환경에

서 강세를 거부할 수도 있다. 음절이 강세를 받는지 아닌지를 결정할 때 두음에서의 자음의 유형이나 수는 완전히 무관한 것 같다. 그것은 (34)의 형태의 조사에서 보는 바와 같은데, (34)의 형태는 (27)의 형태와 같은 부류에 속하는 것으로, 강세의 목표 음절은 어말 제2 음절이다:

(34) a. arena $[ə]_\sigma['riː]_\sigma[nə]_\sigma$

       verbena $[vər]_\sigma['biː]_\sigma[nə]_\sigma$

       angina $[æn]_\sigma['ʤaɪ]_\sigma[nə]_\sigma$

    b. America $[ə]_\sigma['mɛ]_\sigma[rɪ]_\sigma[kə]_\sigma$

       orchestra $['ɔː]_\sigma[kə]_\sigma[strə]_\sigma$

       cholesterol $[kə]_\sigma['lɛ]_\sigma[stə]_\sigma[rɒl]_\sigma$

    c. agenda $[ə]_\sigma['ʤen]_\sigma[də]_\sigma$

       appendix $[ə]_\sigma['pɛn]_\sigma[dɪks]_\sigma$

       veranda $[və]_\sigma['ræn]_\sigma[də]_\sigma$

그 구별은 운모 구조만의 문제로, 그것은 (34)의 모든 형태의 목표 음절에 의해 예증된 바와 같은데, (34)에서 두음 자음의 실체와 수는 그 음절이 강세를 받거나 거부하는지에 어떠한 역할도 하지 않는다. 이것은 또한 운모가 음운규칙에 의해 다루어질 수 있는 단위임에 틀림없다는 것을 함축한다.

유사한 증거가 네덜란드어의 지소(diminutive) 접미사, 특히 그것이 공명 자음으로 끝나는 명사를 뒤따를 때의 행동에서 발견될 수 있다. 1장의 (14c)와 (15)에서 이런 경우의 접미사 형태는 끝 자음뿐만 아니라 그 앞의 모음 속성에 의존함을 보았는데, (35)에서 다시 예증한 바와 같다:

(35) a. duimpje   DUIM+DIM   '엄지손가락'

       maantje   MANN+DIM   '달'

       bijltje   BIJL+DIM   '도끼'

       boertje   BOER+DIM   '농부'

	b. kammetje	KAM+DIM	'빗'
	mannetje	MAN+DIM	'남자'
	belletje	BEL+DIM	'벨'
	barretje	BAR+DIM	'막대기'

(35a)의 형태는 공명자음이 뒤따르는 장모음과 이중모음을 포함하고, 지소접미사 [tjə]를(혹은 끝 자음이 순음이면 [pjə]) 취하지만, 반면에 (35b)의 형태는 공명음이 뒤따르는 단모음을 포함하고, 지소접미사 [ətjə]를 취한다. 따라서 접미사의 적절한 형태의 선택을 결정하는 것은 대체로 운모의 모양이다. 그러나 두음은 (36)의 형태에서 보는 바와 같이 어떠한 역할도 하지 않는다:

(36)	a. aaltje	AAL+DIM	'뱀장어'
	paaltje	PAAL+DIM	'장대'
	staaltje	STAAL+DIM	'표본'
	maaltje	MAAL+DIM	'식사'
	baaltje	BAAL+DIM	'꾸러미'
	kraaltje	KRAAL+DIM	'구슬'
	b. arretje	AR+DIM	'썰매'17)
	palletje	PAL+DIM	'잡다'
	stalletje	STAL+DIM	'마구간'
	malletje	MAL+DIM	'금형'
	balletje	BAL+DIM	'공'
	knalletje	KNAL+DIM	'강타하는 소리'

이제 음절의 두음-운모 견해 내에서의 추가의 가능한 성분구조 층, 즉 운모의 내부구조를 살펴보자.

---

17 네덜란드어는 어떠한 *al* 명사도 없다.

3.4.1 운모구조

(31)에서 운모는 평면 성분으로 표시되었다. 그러나 음절의 경우에서와 같이 운모가, (37)에 예증된 바와 같이, 두 개의 성분, 즉 **음절핵(nucleus)**과 **말음(coda)**으로 이루어져 있다고 간주하는 주장을 발견할 수 있다.

(37)　운모

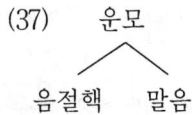

음절가 평면 구조가 아니라 (37)에서와 같이 두 개의 직접 성분을 가진다고 주장하는 무슨 증거가 있는가? 언어의 어떤 음절은 강세를 받을 수 있지만 반면에 다른 음절은 받지 않고, 이것이 운모 내용의 역할인 것 같다는 것을 – 즉 두음은 그러한 과정과 무관하다는 것을 이미 보았다. (27)에서 논의된 영어의 예에서와 같이, 몇몇 언어에서 이것은 단순히 운모에서의 분절음의 수의 문제인 것 같다. 이런 형태의 증거는 강세를 받는 *arena*와 *agenda* 형태의 어말 제2 음절은 강세를 거부하는 *America*의 어말 제2 음절과는 반대로 공통적인 어떤 것을 갖고 있음을 암시한다. 지금부터 장모음은 겹음(geminates)으로 간주할 것이다. 즉 그것은 운모에서 두 위치를 차지하고, 그렇게 해서 이중모음과 정확히 같은 구조를 가지고, 영어의 강세규칙과 관련해서 같은 방식으로 행동한다(예를 들어 *angina* [æn]ₒ[dʒaɪ]ₒ[nə]ₒ). 따라서 영어의 **중음절(heavy)**과 **경음절(light)** 사이의 구분(즉 강세를 받지 않는 것과 반대로 강세를 받는 것)은 단순히 운모에서의 분절음의 수의 문제이다. 즉 중음절은 (38a, b, c)처럼, 운모에서 두 분절음을 포함하지만, 반면에 경음절은 하나의 분절음만 포함한다(38d):[18]

---

[18] (38b)의 장모음을 겹음으로, 즉 /iː/가 아닌 /ii/로 표시한다. 이 책의 나머지에서 장모음의 겹 지위가 본 문제와 관련이 있을 때에만 겹 표시를 사용할 것이다.

(38) a. 중음절   b. 중음절   c. 중음절   d. 경음절

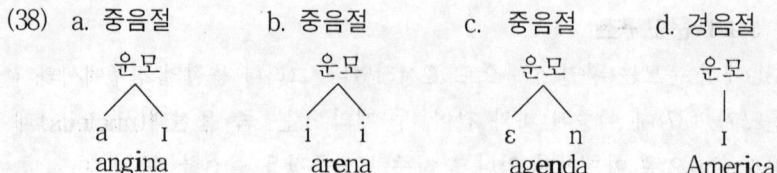

각 단어의 강세에 대한 목표 운모(어말 제2 운모)는 굵은 활자로 주어져 있다.

그런데 영어 자료는 운모가 (37)의 내부구조를 가져야 하는지에 관한 어떠한 단서도 제공하지 않는다. 관련이 있어 보이는 유일한 것은 운모교점이 한 개 이상의 딸(daughter) 교점을 갖는지 여부이다. 그러나 모든 언어가 같은 방식으로 경음절과 중음절의 구분을 하는 것은 아니다. 몇몇 언어에서 역할을 하는 것은 운모의 분절음 수뿐만 아니라 분절음의 유형이다. 예를 들어 서시베리아어인 셀컵(Selkup)어에서 장모음을 이루는 두-분절음의 운모는 중음절이지만, 반면에 (39)처럼, 하나의 자음이 뒤따르는 단모음으로 이루어진 두-분절음의 운모는 경음절이다(Halle와 Clements 1983: 129):

(39) a. kɨˈpɔɔ   '작은'
          quˈmooqɪ   '두 인간'
      b. ˈamɨrna   '먹다'
          ˈuucɨkkak   '나는 일하고 있다'

강세는 셀컵어에서 가장 오른쪽의 중음절에, 혹은 중음절이 없으면 첫 음절에 온다. 따라서 (39a)에서 음절 [pɔɔ]와 [moo]는, (34a)에 해당하는 음절들처럼, 중음절로 기능을 하고 따라서 강세를 받는다. 그러나 (39b)의 어말 제2 음절, 각각 [mɨr]와 [cɨk]는 비록 운모가 두 개의 분절음을 포함한다하더라도 경음절로 기능을 한다. 따라서 셀컵어에서는, 영어와 같이, VV를 포함하는 운모는 중음절이지만, 영어와는 달리, VC를 포함하는 운모는 경음절이다. 이와 같은 증거는 (39b)에서 어말 제2 음절은 모음과 자음이 운모 내의

다른 성분에, 즉 각각 음절핵과 말음에 속하기 때문에 경음절이고, 이 언어에서 중음절과 경음절 사이의 구분을 설정하는데 관련이 있는 것은 전체로서의 운모에서가 아니라 음절핵에서의 분절음의 수이라는 것을 암시하는 것으로 해석될 수 있다.

음절중량(syllable weight)이라 하는 것과 관련해서 언어의 두 유형 사이의 구분은 (40)에 요약되어 있다. 여기서 영어에 의해 실증된 언어의 유형을 **운모중량(rhyme-weight)중심 언어**, 그리고 셀컵어에 의해 실증된 유형의 언어를 **음절핵중량(nucleus-weight)중심 언어**라 한다(Hayes 1995 참조):

(40) a. 운모-중량중심 언어에서 음절핵은 중음절과 경음절 사이의 구별에 어떤 역할도 하지 않는다. 전체로서의 운모가 한 요소 이상을 포함하면 그 음절은 중음절이다.

　　 b. 음절핵-중량중심 언어에서 음절핵 교점의 구조는 음절중량을 결정한다. 즉 분지음절핵은 중음절이고, 비분지 음절핵은 경음절이다.

운모-중량중심 언어에서 (41)의 가능성을 발견한다:

(41) 운모-중량중심 언어

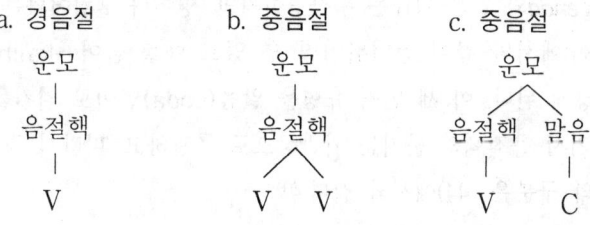

반면에 음절핵-중량중심 언어는 (42)의 것을 갖는다:

(42) 음절핵-중량중심 언어

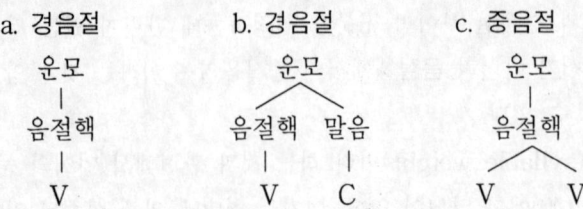

   a. 경음절   b. 경음절   c. 중음절

이것이 가장 일반적인 유형일지라도 다른 가능성이 발견된다. 예를 들어 네덜란드어와 같은 언어는 제 3의 유형을 나타내는 것 같은데, 그 언어에서 중량은 오로지 음절이 폐쇄되는지 아닌지에, 즉 (43)의 자료에서 보는 바와 같이, 그 모음이 장모음인지 단모음인지에 상관없이 음절-끝 자음의 존재유무에 달려있다:19)

(43) a. kolibri   ['koː]$_σ$[liː]$_σ$[briː]$_σ$ '윙윙거리는 새'

     pagina   ['paː]$_σ$[ɣiː]$_σ$[naː]$_σ$ '페이지'

   b. agenda   [aː]$_σ$['ɣɛn]$_σ$[daː]$_σ$ '일기'

     proportie   [proː]$_σ$['por]$_σ$[siː]$_σ$ '비율'

영어와 같이 네덜란드어에서 VC운모는 외관상으로는 중음절로 간주되고, 따라서 *agenda와 같은 형태는 부적형이지만, 영어나 셀컵어와는 달리 VV 운모는 (43a)에서와 같이 건너뛰어질 수 있고 예를 들어 *koˈlibri가 아닌 ˈkolibri를 낳게 된다. 이 세 번째 유형을 **말음(coda)언어**로 일컬을 수 있을 것인데, 여기서 음절핵의 분지는 외관상으로 무관하고, 따라서 경음절과 중음절 사이의 구분은 (44)에서와 같다:20)

---

19 이 분석은 네덜란드어 모음체계가 음질적인(qualitative) 구분을 갖는 긴장 대 이완이 아니라 음량적인(quantitative) 구분을 수반하는 것과 같은 장 대 단에 의해서 대략적으로 분석된다는 가정에 의존한다. 음질적인 구분의 경우에서 중음절과 경음절 사이의 차이는 수반되는 요소의 수에서가 아니라 모음에서의 자질에 의존할 것이다(아래 §3.6 참조).

(44) 말음언어

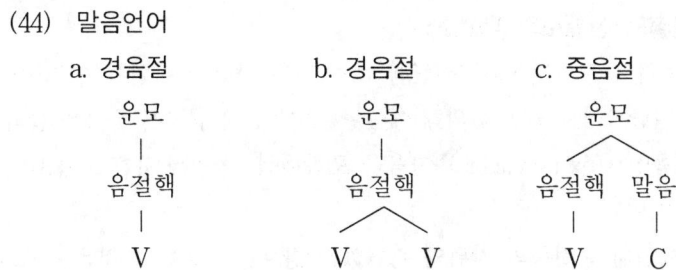

  a. 경음절   b. 경음절   c. 중음절

위의 논의에서, 많아야 두 개의 분절음을 갖는 운모를 고려해 왔다. 그러나 언뜻 보기에 두 분절음 이상을 갖는 운모도 또한 있는 것같이 보일 것이다. 왜냐하면, 네덜란드어의 *balk* /bɑlk/ '광선'과 같이, 그 운모가 말음에 두 자음을 갖거나 말음에서 복합 음절핵과 자음(영어의 *pike* /paɪk/)을 갖거나 둘 다(영어의 *wild* /waɪld/)를 가지기 때문이다. 따라서 (45)의 구조는 그런 운모에 적절할 것이라고 가정할 수 있을 것이다:

(45) a.

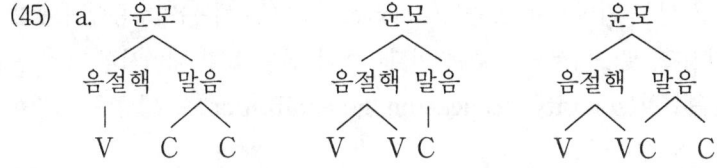

그러나, 보게 되듯이, 네 개의 분절음 운모와 세 개의 분절음을 포함하는 것조차도 아주 제한을 받고, 그것이 나타나는 곳에서 이것은 끝이-아닌 음절에서가 아니라 단어-끝인 음절에 오기가 쉽다. 또한 이것은 **주변적인 (perpheral)**, 즉 단어-초와 단어-끝 음절에 관한 제약은 여러 가지 방식에서 중간 음절에서의 제약과 다른 것 같다는 일반적인 사실과 연관될 수 있다. 이제 이 현상의 한 가지 양상을 살펴볼 것이다.

---

[20] 또한 중-경 구분이 운모에서의 자음의 성질에 의존하는 언어들이 있다고 주장되어 왔다. 예를 들어 공명자음이 뒤따르는 모음을 포함하는 운모는 중음절일 수 있지만 반면에 저해음이 뒤따르는 모음을 갖는 운모는 경음절일 것이다((65) 참조).

3.4.2 음절의 선행소와 후행소

주변적 자음의 음절적 행동과 관련해서 두 가지 부류를 확인할 수 있는데, 그 둘은 네덜란드어와 영어에 의해 예증된다. 이 절에서는 첫 유형을 살펴볼 것이고, '외음절적(extrasyllabic)' 자음을 포함해서 두 번째 유형을 §3.4.4에서 살펴볼 것이다.

음절 내에서의 분절음의 지위와 관련있는 정보를 제공하는 것은 주요 부류와 방법 자질인 것 같다. 특히 음절 내에서의 분절음의 특정 연쇄의 적형성은 상대적 공명도에 의해 결정되는데(§1.3.1 참조), 그렇게 해서 두음 내에서 덜 공명스러운 자음은 더 공명스러운 자음을 앞서지만, 반면에 말음 내에서는 그 역이 유지된다. 음절에서 가장 공명스러운 분절음은, 보통 모음인데, 음절핵을 형성한다. 따라서 음절 내에서 공명도 '경사(slope)'는 보통 첫 자음에서 음절핵으로 감에 따라 올라가고, 그리고 나서 음절의 끝에 도달할 때까지 떨어진다. 영어의 *tramp* /træmp/와 *quilt* /kwɪlt/ 그리고 네덜란드어의 *plank* /plɑŋk/ '선반'와 같은 음절은 따라서 분절음의 순서가 공명도 층위를 준수한다는 의미에서 '표준적(canonical)'이다(저해음은 두음에서 공명자음을 앞서고, 말음에서는 그 역순이다). 이와 같이 음절 내에서의 요소는 **공명도연쇄원칙(sonority sequencing generalization)**으로 종종 일컬어지는 것을 따른다.

지금까지 고려해오고 있는 형태에서 분지 두음(영어의 *tray*), 분지 음절핵(네덜란드어의 *ui* /y/ '양파')인 것처럼 보이는 것의 예를 보았다. 분지 성분의 공기(co-occurrence)도 또한 가능해 보인다(예를 들어 영어의 *cry, old, tramp, flounce*). 그러나 두음과 말음에서, 적어도 주변적 위치에서 꼭 두 개 이상의 자음을 허용하는 것처럼 보이는 영어와 네덜란드어의 단어를 찾기는 어렵지 않다. 흥미롭게도 많은 그런 단어에서 공명도연쇄원칙의 위반을 발견한다. 단어의 초에서 덜 공명스러운 자음을 앞서는 더 공명스러운 자음의 예와 단어의 끝에서 그 역의 예를 발견하기 때문이다.

네 개나 심지어 다섯 개까지의 자음을 포함하는 말음인 것 같은 것을 살펴봄으로써 시작을 한다. '정상적인' 말음을 뒤따를 수 있는 자음의 유형에 관한 제약이 있다. 즉 그 자음은 거의 항상 설정음이고, 게다가 그 자음은 주로 형태론적으로 복합 형태에서 발견된다. 이런 모든 것은 (46a)의 네덜란드어 형태와 (46b)의 영어 형태에서 예증된다:

(46) a. /ɛrᴠst/   ergst   '가장 진지한'

     /prɔmptst/   promptst   '가장 신속한'

     /mɑfst/   mafst   '가장 어리석은'

    b. /sɪksθs/   sixths

     /θrʌsts/   thrusts

한 가지 일반적인 책략은 이러한 분절음과 연쇄((46)에서 밑줄 그어진)가 그 음절 자체의 일부, 즉 **중심음절(core syllable)**이 아니라 **후행소(appendix)**를 형성하는 것으로 간주하는 것이다. 그 때 후행소는 정상적인 음절화 과정의 영역 밖에 있다고 간주된다.

어두의 위치에서 또한 공명도연쇄원칙을 위반하는 자음을 발견한다. 네덜란드어에 대해(그리고 영어의 번역에 대해) (47a, b)에서 보여진 바와 같이, 이것은 추가의 수의적인 자음(47b)과 함께 무성 저해음이 뒤따르는 /s/로 이루어진 자음군(47a)에서 나타난다:

(47) a. /stɔk/   stok   '막대기'

     /spɪn/   spin   '거미'

    b. /strɪp/   strip   '벗기다'

     /spleːt/   spleet   '쪼개다'

그러나 그러한 연쇄는 네덜란드어의 중간 음절의 초에서 나타날 수 없다. 오히려 그것은 만일 그 연쇄가 또 다른 자음이 선행하지 않으면 (48c), (48a, b)에서 보여진 바와 같이, 두 음절 사이로 분리된다:

(48) a. [pɑs]σ[taː]σ   pasta   '파스타'

     [hɑs]σ[pəl]σ   haspel   '물레'

   b. [ɑs]σ[traː]σ   astra   '아스트라'

     [ɛs]σ[plaː]σ[naː]σ[də]σ   esplanade   '산책길'

     [hɑm]σ[stər]σ   hamster   '햄스터'

(48)의 형태의 첫 음절에서 모음이 단/이완음이라는 사실은 뒤의 저해음이 첫 음절의 운모로 음절화되어야 한다는 것을 보여준다. §3.2에서 보았듯이 그 음절이 개음절이면 모음은 네덜란드어에서 장/긴장음일 것이다.

그러나 영어의 대응어에 대해서 /s/가 말음으로 음절화되어야 한다고 제안하기 위한 이런 종류의 확실한 증거를 발견할 수 없다. 이미 (23)에서 단어 초의 /s/뒤의 파열음은 RP에서 기식화되지 않음을 보았다([stəʊn] *stone* 대 [thəʊn] *tone*). 이것은 관련 자음군이 중간에 나타나든지 그렇지 않든지 (매우 강한 형태론적 경계가 중간에 끼여들지 않으면: [dɪskɑːd] *discard* 대 [ðɪs khɑːd] *this card*) 강세에 상관없이([mˈɪstə] *mister* 대 [mˈɪsteɪk] *mistake*) 적용된다. 마찬가지로 파열음 뒤의 중간의 /r l j w/는 어두 위치와 관련된 무성화를 보이지 않는다(예: [pl̥eɪ] *play* 대 [spleɪ] *splay* 대 [dɪspleɪ] *display*). 이것은 /s/가 *splay*에 뿐만 아니라 *display*의 두음에 속한다고 제안하는 것처럼 보일 것이다. 그러나 §3.8에서 이 단어의 /s/를 앞선 음절의 말음에 부여하는 접근을 살펴볼 것이다. 이 논의를 미리 예측해서 당분간 영어의 /s/는 네덜란드어처럼 *discard, display, mister*와 같은 단어에서 첫 음절의 말음으로 음절화되고, 따라서 두음은 최대 양분적이라고 단순히 가정할 것이다.

공명도연쇄원칙을 유별나게 위반하는 어두자음군을 갖는 것으로 빈번하게 인용되는 언어는 폴란드어이다(Rubach와 Booij 1990: 122-3; Rowicka 1999: 5장). 폴란드어는 다양한 종류의 어두자음군, 즉 두 자음 중 거의 어떤 결합도 허용하는 것처럼 보이는 어두자음군(49a) 외에도 두 개 이상의 자음을 갖는 자음군(49b)을 허용한다:

(49) a. ptak   '새'   /pt-/

         scheda   '상속'   /sx-/

         skok   '뛰다'   /sk-/

         mnożyć   '늘리다'   /mn-/

         lnu   '아마포'   /ln-/

         rtęć   '수은'   /rt-/

     b. pszczoła   '꿀벌'   /pʃtʃ-/

         lśnić   '빛나다'   /lɕn-/

         bzdura   '무의미'   /bzd-/

그러나 네덜란드어와 영어에서와 같이 폴란드어에서의 단어-내의 두음에 대한 선택은 상당히 제한을 받는다. Rubach와 Booji는 폴란드어에서 어떠한 주변적 자음도 'SSG[공명도연쇄원칙]의 관점에서 볼 때 중요하지 않다'고 가정한다. 일단 이러한 가정이 되면, 그들이 주장하기로, SSG에 대한 예외의 수는 아주 줄어든다. 게다가 어두의 주변적 자음이 두음의 일부가 아니라고 가정하는 것은 단어-초에서 발견되는 /rt/와 같은 중간 자음군을(*rtęć*) 음절화하는데 어떠한 중의성도 없음을 의미한다. 어두의 /r/은 중심음절의 일부가 아닌 것으로 간주되므로 중간의 /rt/ 자음군은 다른 음절이어야 (heterosyllabic) 한다(예: *karty* [kar]ₐ[ti]ₐ '카드').

따라서 어말 위치에서 공명도연쇄원칙을 위반하는 자음은 그 음절에 속하지 않는다고 가정하면 같은 해결책이 (47)의 어두자음에도 가능할 것 같다. 문제의 자음은 그 음절두음의 일부가 아니라, 오히려 **선행소(prependix)**를 형성한다.

이런 견해에서 '음절'은 (50)의 네덜란드어 *striktst* '가장 엄격한'의 표시에서 예증한 것처럼 의무적인 중심음절과 수의적인 선행소와 후행소의 세 부분까지 포함하는데, 여기서 중심음절만이 σ교점에 의해 지배된다:

(50)

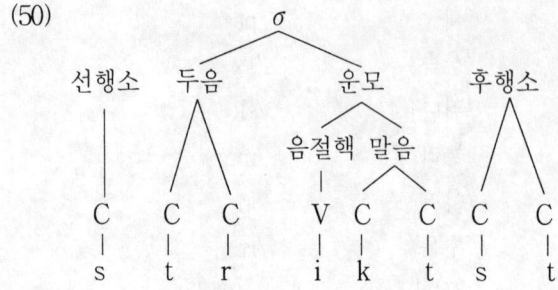

중심음절의 구조는 이전 절에서 논의된 제약의 유형에 의해 결정된다. 이 시점에서 선행소와 후행소의 운율적 구조의 나머지와의 관련성에 관한 문제는 여러 가지 제안이 되어져 왔다는 것을 언급하는 것을 제외하고는 고려하지 않을 것이다. 한 가지 제안은 이러한 요소가 운율적인 단어 층에 붙고, 따라서 그 자음은 음절의 성분이 아니라 단어의 성분이라는 것이다.

　언어는 그 언어가 선행소와 후행소를 허용하는지에 관해서 서로 다르다. 네덜란드어는 분명히 두 가능성들을 허용하고, 그 결과로 (50)의 아주 복잡한 연쇄가 생긴다. 같은 식으로 중심음절 내의 가능성도 또한 다양한데, 예를 들어 두음이 분지 하는지 아닌지, 말음이 허용되는지(즉 음절이 폐쇄될 수 있는지) 그리고 분절음의 어떤 결합이 허용되는지에 따라 서로 다르다. 다시 말해 이것들은 언어마다 서로 다른 지수(parameters)이고, 그것은 모든 언어들은 CV 음절, 즉 두음에 단일 자음을 갖는 개음절을 갖는 것과 같이 '선호되는' 음절구조에 관한 사실을 설명할 수 있는 그런 식으로 공식화되어야 한다. 이것이 중심음절의 기본적인 유형인 것 같다. 몇몇 언어는 단지 CV 음절만 허용하지만, 반면에 다른 언어는 여러 가지 유형의 더 복잡한 구조를 인정한다. 음절의 두음-운모 분석에 의해서 언어가 두음이 수의적이기를 선택하도록 하는 지수가 필요하다. 이 지수는 두음이 없는 음절을 허용하는 언어는 두음을 갖는 음절을 또한 허용한다는 식으로 공식화되어야 한다. 두음을 금하는 언어는 발견되지 않는다. 그것을 (51)과 같이 공식화한다:

(51) 의무적 두음: **예** 또는 아니오

'예' 설정이 (51)에서 굵은 활자라는 사실은 이것이 '무표적'(혹은 자동의) 설정이라는 것을 나타낸다. 첫 언어 습득에 관한 연구에서 만일 습득되는 언어의 자료가 유표적인 설정이 적절하다는 것을 나타내지 않으면 무표적 설정이 아이가 가정하는 것이라고 간주된다. (51)이 음절에 대한 선호되는 최소 크기인 것 같은 것을 반영한다고 말하는 것 외에는 여기서 여러 가지 지수에 대한 설정의 상대적 유표성에 관한 여러 가지 가정을 옹호하지 않을 것이다. (51)을 이것을 더 직접적으로 반영하는 (52)와 같이 공식화 할 수 있다는 것을 주목하라:

(52) 분지 음절: **예** 또는 아니오

추가의 지수는 두음에서 허용되는 자음의 수와 관련이 있다. 이것을 (53)과 같이 공식화한다:

(53) 분지 두음: 예 또는 **아니오**

복합 두음을 허용하는 언어는 허용하지 않는 언어보다 더 유표적인 것 같다. 따라서 무표적인 설정을 '아니오'로 한다. 의무적인 두음과 분지 두음 지수 사이의 상호작용이 있을 수 있음을 주목하자. 두 지수가 '예'로 설정되면 하나나 두 개의 자음을 갖는 두음을 허용하나 공(비어있는: empty)두음을 허용하지 않을 언어를 가질 것이다. 그러한 언어가 존재하지 않는다고 생각되면 그 때 (53)은 (51)이 '아니오'로 설정되어질 때만 필요할 것이다.

운모 내에서는 (54)와 같이 공식화된 유사한 지수가 필요할 것이다:

(54) a. 분지 운모: 예 또는 **아니오**
　　 b. 분지 음절핵: 예 또는 **아니오**

분지운모 지수에 대한 유표성 설정은 말음을 갖는 언어가 유표적이라는 것을 함축한다는 것을 주목하라. 이것은 두음과 말음 사이의 근본적인 비대칭성을 반영한다. 즉 두음의 존재는 무표적이고, 말음의 존재는 유표적이다. 다르게 진술해 보면 음절이 분지 할 수 있을 것으로 기대하지만 음절 내에서 성분이 분지 할 것으로 기대하지 않는다. 이것은 또한 말음의 분지를, 그것은 (50)에서 가능해 보이는데, 규정하는 지수의 부재에 반영되어 있고, §3.8에서 말음은 결코 복잡하지 않다고 제안하는 강력한 주장들이 있다는 것을 볼 것이다. 만일 이것이 사실이라면 그때는 어떠한 분지 말음 지수도 필요하지 않다.

분지 운모 지수에 대한 무표 값은 모든 환경에서 같은 것이 아니라 문제의 운율적 구조에 의존할 수도 있다는 것을 또한 주목하라. 많은 언어는 강세받는 운모가 분지 하도록 요구한다(영어는 예를 들어 /bɪ/을 허용하지 않는데서 전형적이다). 지수 설정의 완전한 설명은 이것을 고려해야 할 것이다.

의무적인 두음과 분지 두음 지수 사이의 의존성이 있을 수도 있다는 것을 이미 보았다. 유사한 의존성이 두음과 운모의 복잡성 사이에 유지된다. 언어가 복합 두음을 허용할 것이지만, 복합 운모를 허용하지 않을 어떠한 언어도 없을 것이라고, 즉 분지 두음 지수를 '예'로 설정하지만 분지 운모 지수는 '아니오'로 설정할 어떠한 언어도 없을 것이라고,[21] 주장되어 왔다(예: Kaye 와 Lowenstamm). §3.4.3에서 옹호할 견해인 운모는 음절의 핵이고 두음은 종지라라는 가정 위에서 이것은 어떤 성분에서의 종지는 그것의 핵보다 더 복잡할 수 없다고 가정함으로써 설명될 수 있다. 이 원리는 다양한 범위의 음운적 성분에 대해서도 적용된다고 제안되어져 왔다(예: Dresher와 van der Hulst 1998).

이러한 지수는 중심음절을 설명한다. (50)의 것과 같은 선행소와/혹은 후행소가 언어에서 허용되는지를 기술하기 위해 추가의 지수가 필요할 것이다.

---

[21] 이것은 물론 특정 음절이 CCV형을 가질 수 없다는 것은 아니고, 단순히 CCV를 허락하면 그 언어는 또한 CCVV를 허용함을 말하는 것이다.

마지막으로, 각 음절적 위치에 대해 허용되는 분절적 내용을 명시하는 지수의 집합이 채택되어져야 한다. 이미 보아왔듯이 예를 들어 두음에서의 두 번째 위치는 일반적으로 공명자음에 의해 단지 채워질 수 있는데, 영어에서와 같이 공명자음은 유음이나 /j w/로 제한되어질 것이다. 유사하게 음절핵에서의 두 번째 위치는 종종 단지 제한된 모음의 집합에 의해서만 채워질 수 있고, RP에서는 단지 고설모음과 중설모음, 즉 겹음의 두 번째 반만을 발견한다. 말음은 일반적으로 두음에 나타날 수 있는 자음의 하위집합만 허용한다. 따라서 두음에서 발견되는 대조는 네덜란드어의 어말 무성화와 관련해서 보았듯이 말음에서 '중화(neutralised)'된다 – 두음 위치에서 말음 위치에서는 발견되지 않는 유성과 무성 저해음 사이의 대조가 있다. §2.6에서 논의된 Harris의 접근에 의하면 말음은 '약(weak)' 위치이다.

§3.8에서 이와 같은 지수는 통합될 수 있는 음절구조에 대한 접근을 논의할 것이다. 그 사이에 관심을 음절구조가 어떻게 부여되는지의 문제로 돌린다.

3.4.3 음절화

어휘적 항목, 즉 기저형은 개별적으로 음절화될 필요가 없다고, 즉 음절화는 변별적이지 않다고 일반적으로 가정된다. 오히려 음절화는 자질 내용과 분절음의 선형적 순서에 기초해서 대개 예측할 수 있다고 주장되고, 따라서 음절화는 기저에서 명시될 필요가 없다. 분명히, 따라서, 분절음의 연쇄가 위에서 설정했던 여러 가지 음절적 성분에 어떻게 부여되는지를 결정해주는 원리의 집합을 가질 필요가 있다.

분절음의 연쇄에서 가장 왼쪽의 요소로서 단순히 시작해야 하는 것처럼 보일지도 모른다. 그러나 분절음을 왼쪽에서 오른쪽으로 음절에 부여하는 것은 VCV연쇄에서 문제가 생길 것이다. 즉 C는 가장 왼쪽의 가능한 성분, 즉 말음에 부여될 것이고 반면에 최대두음원리(§3.2)에 의해 그 C는 두 번째 음절의 두음을 형성해야한다. 따라서 우선 음절적 요소를 확인한다고 가정할 것이다. 다시 말해 **음절성(syllabicity)**의 부여, 즉 두음–운모이론 내에서 **음절핵형성(nucleus formation)**이라 일컬을 과정으로 시작을 한다. 이것은 영어의 *albatross* /ǽlbətrɑs/에 대해서 (55)에서와 같이 모든 공명도 정점(§3.1의 논의 참조)을 음절핵에 부여하는 것을 수반한다(N으로 음절핵을 표시한다):

(55)　N　　　N　　　N
　　　 |　　　 |　　　 |
　　　æ l b ə t r ɒ s

　또한 **운모형성(rhyme formation)** 과정이 필요하다. 운모는 음절핵의 성분과 다음 음절의 두음의 일부가 아닌 뒤따르는 모든 자음을 만들어냄으로써 형성된다(두음형성에 대해서는 아래를 보라). 이 성분 내에서 음절핵은 핵이고 뒤따르는 분절음은 종지이다. 분절음의 내부 구조와 관련해서 §2.5에서 보았듯이 핵-종지 관계는 언어학적 구조에서 성분의 요소들 중의 한 요소가 어떤 의미에서 다른 요소보다 더 중요할 때 요구되어 진다. 운모의 경우에 음절핵은 운모의 **의무적인(obligatory)** 요소라는 점에서 분명히 더 중요하다. 즉 운모는 음절핵을 포함해야 하지만, 어떤 다른 분절음을 포함할 필요는 없다. 여기서 채택하고 있는 표시의 유형에서 종지는 (56)에서와 같이 핵에 **부가되는(adjoined)**데, 그것은 영어의 단음절 단어 *at*의 운모에서 /t/를 /æ/에 부가한 결과의 표시인 (56)에서와 같다:

(56)

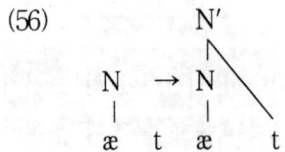

이와 같이 /t/는 음절핵의 모음 /æ/를 직접 지배하는 교점의 딸이 아니라 N′(=운모)이라 는 명칭을 갖는 더 높은 교점의 딸이다. 이러한 규약은 음절핵이 운모의 핵이라는 것을 나타내기 위해 사용된다. 즉 전체의 성분은 그

성분의 핵의 명칭을 갖는다. 핵에서 가장 꼭대기 명칭까지 이르는 길은 **투사(projection)** 혹은 **투사선(projection line)**으로 일컫는다. 이 경우에 (57)의 구조는 **음절핵투사(nucleus projection)**이다:[22]

(57)   N′
　　　　|
　　　　N
　　　　|
　　　　æ

운모형성은 이와 같이 (55)에서 모음 뒤의 분절음을 골라내어(만일 적형의 운모가 이와 같이 형성되면) 그것을 음절핵형성에 의해 만들어진 교점에 부가하여 (58)이 생겨난다:

(58)

N′　　　　N′　　　　N′
N　　　　N　　　　N
|　＼　　|　＼　　|　＼
æ　l　b　ə　t　r　ɒ　s

　그러나 (58)은 한 가지 점에서 옳지 않다. 비록 /t/를 두 번째 음절의 음절핵에 부가하는 것이 적형의 운모를 낳는다하더라도 그것은 세 번째 음절의 두음의 일부이어야 한다. 따라서 운모형성 이전에 **두음형성(onset formation)**이라는 과정의 순서를 따라야 한다. 이러한 순서화는 §3.2에서 소개된 최대두음원리의 존재가 주어지면 어쨌든 기대할 것이다. 이 원리에 따라 비-음절핵 요소는 만일 부적형의 음절-초 자음군이 만들어지지 않으면 두음에 부여되고, 그 때만이 운모형성이 적용된다.[23] 이와 같이 음절핵형

---

[22] N′은 'N-바'로 종종 발음된다.

[23] 게다가 여기서 /t/가 첫 음절의 말음이 아니라 두 번째 음절의 두음에 속한다는 음성적 징후들이 있다. 이것은 /r/이 음절-초 위치에서 전형적인 무성화를 겪는다는 사실에서 볼 때 분명하고, 이것은 영어에서 초의 무성 폐쇄음을 뒤따를 때만 일어난다(*tress* /trɛs/

성 이후에(50) 공명도 '골짜기'(공명도정점의 역, (12)참조)를 형성하는 모든 (끝이 아닌) 분절음은 두음에 부여된다. 여기서 관련 공명도골짜기는 /b/와 /t/에 의해 형성된다(그러나 /l/과 /r/에 의해 형성되지는 않는데 그것은 그것의 이웃 중의 적어도 하나보다 더 공명스럽다). 두음형성은 (59)를 만들어 낸다:

(59) N   O N O   N
     | | | | |
     æ l b ə t r ɑ s

비록 /t/가 두음으로 /ɑ/는 음절핵으로 음절화 된다하더라도 중간에 끼여있는 /r/은 아직 음절화되지 않았다는 것을 주목하라. 영어와 다른 언어에서, 보아왔듯이, 두음은 복잡할(complex) 수 있다. 그러한 언어에서 두음형성 과정은 두 번째 자음을 두음의 핵으로 부가함으로써 뒤이어질 수 있는데, (60)을 만들어 낸다:24)

(60)

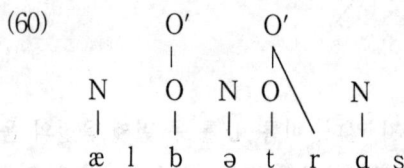

규약에 따라 부가는 또한 인접되는 요소가 없을 때조차도 추가의 구조 차원을 부여하고, 따라서 성분 구조는 일정하다. 다시 말해 두음의 핵은 O'에 의

[trɛs] 참조). Neil Smith에 의해 지적된바와 같이 *albatross* /ǽlbətrɒs/ [ǽlbətrɒs]는 이러한 점에서 *Albert Ross* /ǽlbət rɒs/ [ǽlbətrɒs]와 대조가 되는데 *Albert Ross*에서, 형태론적 토대 위에서, /t/는 앞 음절의 말음으로 음절화되고, 결과적으로 어떠한 /r/의 무성화도 없다.

24 여기서 두음 – 자음 성분– 내에서 '가장 자음적인'(가장 덜 공명스러운) 자음은 핵이고, 따라서 *albatross*의 끝 음절의 두음에서 /t/는 핵이고 /r/은 종지라고 가정한다. 이것은 아마 가장 널리 받아들여지는 경우일 것이고, 더 공명스러운 분절음이 어떠한 성분 내에서도 핵이라는 견해에 대해서는 예를 들어 Anderson과 Ewen(1987)을 보라.

해 확인되고, 두음의 종지는 O′교점에 부가된다. 따라서 (60)에서 /b/는 또한 O′으로 명명되고, 두 번째 음절의 두음의 핵처럼 음절구조와 관련해서 /t/와 같은 지위를 갖는데, /t/는 끝음절의 두음의 핵이다.

운모형성은 이제 두음형성을 뒤따르고, (61)을 만들어 낸다:

(61)

이러한 과정은 **음절형성(syllable formation)**이 뒤따르는데, 그것은 음절핵투사와 두음투사가 있으면 앞의 두음투사의 그룹화를 수반한다:

(62)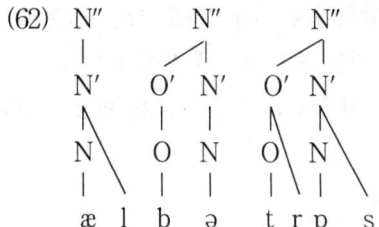

운모형성의 경우처럼 음절형성은 음절의 핵으로서 음절핵 투사의 선택을 수반한다. 즉 음절핵은 음절에서 유일한 의무적 요소이다. 당분간 이것을 특징 짓기 위해 지금까지 사용해 오고 있는 σ명칭이 아니라 N‴이라는 명칭을 사용한다. 음절의 핵으로서 음절핵의 지위는 운모의 핵으로서의 음절핵의 지위와 추가의 프라임에 의해 구별된다. 즉 N‴ 대 N′.25)

두음, 음절핵, 운모와 음절핵형성 규칙을 제안했다해도 아직까지 말음형성의 규칙에 관한 어떠한 언급도 하지 않았다. 영어의 *tramp*와 같이 외관상

---

25 이 표기는 통사론(Jackendoff 1977)의 표기에서 유래하고, 예를 들어 Kaye와 Lowenstamm(1984) 과 Levin(1985)에 의해 음절구조에 적용된다. N‴는 'N 다블 바'로 발음된다.

분지말음을 갖는 음절이 존재하는 것에 비추어, 말음성분의 핵으로서 /p/를 선택할 규칙을 기대할 수도 있을 것인데, (63)의 음절구조를 만들어 낸다:

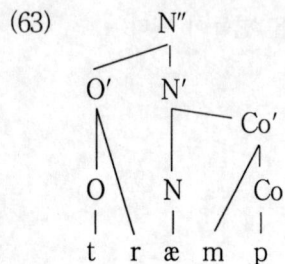

(63)

비록 이것이 지금까지 주장해오고 있는 것과 일치한다하더라도 또한 복합 말음은 사실 가능하지 않고 따라서 그와 같은 말음형성 과정에 대한 필요성 이 없다고 제안하는 주장도 있다는 것을 언급했다(§3.4.2에서 지수에 대한 논의를 또한 참조). 그러나 말음이 복합적이지 않을지라도 말음 성분이 있 고, 결과적으로 운모형성은 또한 말음 교점을 종지 교점에 부여하는 것을 수반 한다고 가정한다. 이것은 *albatross*에 대해 (64)의 최종 구조를 만들어 낸다:

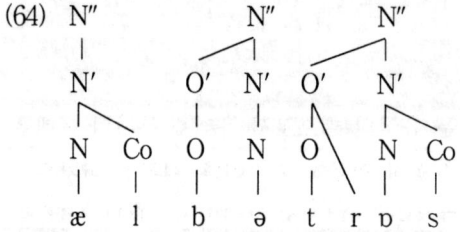

(64)

위에서 개관된 과정은 분지 음절핵을 지지하는 어떠한 동기도 없는 언어 에서 음절화의 적절한 설명을 제공한다. 그러나 이 설명은 모음-길이 구분 을 갖는 언어를 다루도록 다듬어져야 한다(즉 여기서 음절핵 교점은 하나의 V나 두 개의 V을 지배할 수 있다). 게다가 몇몇 언어에 대해서 모음 뒤의 공명자음은 말음을 형성하기보다는 음절핵에 통합되어야 한다는 증거가 있다. 예를 들어 장모음이나 공명자음이 뒤따르는 단모음으로 이루어진 운모는 무겁지만 저해음이 뒤따르는 단모음으로 이루어진 운모는 가벼운 언어에 이것은 적절한데 (65)에서 보는 바와 같다:

(65) a. 중   b. 경
     VV   V
     VR   VO

(여기서 R=공명자음이고 O=저해음이다). 이런 종류의 많은 경우를 Zec (1995a: §2.3)는 고찰하고 있다. 그 하나는 음절핵-중량 언어인 카와카왈라 (Kwakwala)어로, 또는 카와키우틀(Kwakiutl, Boas 1947)어로 또한 알려져 있는데, 그 언어는 CVO 음절이 CVR 음절과 다르게 행동하는 많은 과정을 보여준다. 예를 들어 강세는 좌단의 중음절에 오고, 그 단어에 중음절이 없으면 끝음절에 와서, (66)의 형태를 만들어낸다:

(66) a. 중   b. 경
     'qaːsa ‘걷다’   bəˈha   ‘자르다’
     'dəlxa ‘축축한’   gasˈxa   ‘손가락으로 들다’

(66)의 형태는 (65)의 패턴을 따르는데, 그렇게 해서 공명음 /l/은 ['dəlxa]의 첫 음절의 운모가 중(heavy)하게 하고, 반면에 저해음 /s/는 [gasˈxa]에서 같은 효과를 갖지 않는다.

이러한 경우에서 음절중량은 말음이 저해음이나 공명음에 의해 채워지는지에 달려 있다고 말하기보다는 오히려 음절핵의 두 번째 요소가 지수적 변이에 따른다고 가정할 수도 있을 것이다. 즉 요구되는 공명도의 등급은 언어마다 다른데, 어떤 언어는 음절핵의 두 번째 요소가 완전한 모음이기를 요구하지만 다른 언어는 그것이 공명자음이도록 한다는 그런 식이다. 그런 언어에서 공명자음을 말음이 아니라 음절핵에 부여함으로써 음절중량(혹은 오히려 운모중량)은 여러 가지 운모성분 내에서의 분절음의 수의 토대 위에서 설정된다는 원리를 유지하는데, 그것은 말음 자음이 [+공명음]인지 [-공명음]인지에 따라 구분이 되는 것과 함께 같은 운모형태가 무겁거나 가벼울 수 있는 상황을 허용하지 않게 된다.26)

따라서 운모형성은 (67)의 두 과정을 수반하는데, 그것은 여러 차원에서 모음 뒤의 요소를 부가한다:

(67) a. N층에 충분히 내재적인 공명도의 모음 뒤 분절음을 부가하라.
　　 b. N′층에 모든 다른 모음 뒤 분절음을 부가하라.

(67a)는 (68a)의 네덜란드어 단어 bij /bɛɪ/ '꿀벌'로 예증되고 이것은 N이 이제 복합 음절핵을 표시하고, (68b)의 카와칼라어 형태로 예증되는데 이것은 인접 위치에서 공명자음을 포함한다.

(68) a.　　N　　　b.　　　N

　　　 b ɛ l　　　　　 d ə l

그러나 비록 (68b)가 공명 자음이 뒤따르는 단모음을 포함하는 카와칼라어의 운모에 적절하다하더라도 그에 대응하는 네덜란드어 연쇄 bel /bɛl/ '거품'은 (69a)의 구조를 가질 것인데, 여기서 공명자음은 N이 아닌 N′에 부가된다. (69b)의 bek /bɛk/ '입'에 대해서와 같이 네덜란드어에서 뿐만 아니라 카와칼라어(69c)에서도 모음과 저해음 연쇄에 대해 같은 구조를 발견한다:

---

26 Harris(1994: 114)가 언급하듯이 '가락적 요소에 영향을 받는 운율적 과정을 주는 것은 .... 강세 부여가 모음높이, 후설성이나 원순성과 같은 차원에 민감한 입증되지 않은 체계의 생성에 대한 길을 열어주는 것이다'. 그러나 [+공명음]인 바로 그러한 자음이 핵의 위치를 차지하도록 하는 형식적인 근거가 있는지는 당장은 분명하지는 않지만 그렇다하더라도 이것이 단지 음절화에서 공명도의 중요한 역할의 또 다른 면이라는 것은 분명하다.

(69) a.

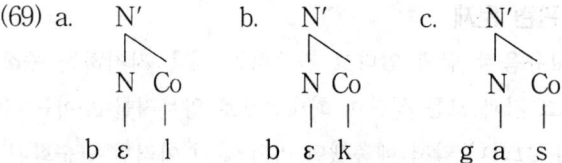

다음에서 위에서 사용해 온 표시의 약간 단순화된 형을 사용할 것이다. 명료하게 하기 위해 N′와 N″가 아닌 σ와 R 명칭을 다시 사용하자. 그러나 이것은 오로지 편이성을 위한 것이고, 이러한 재명칭은 해오고 있었던 언급의 타당성에 영향을 주지 않는다. 덧붙여서 그 표시는 두음부가에 의해 만들어진 추가의 구조 차원을 포함하지 않을 것이다. 게다가 O′의 사용에 의한 복합 두음의 구조를 나타내는 것이 아니라 단순히 O만을 사용할 것이다. 영어의 *albatross*는 따라서 (70)에서와 같이 표시될 것이다:

(70)

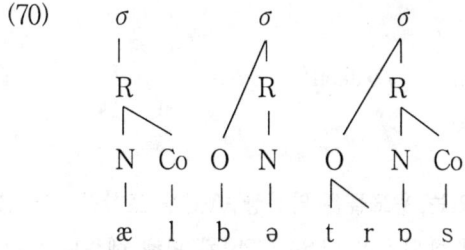

그리고 네덜란드어 *trein* '열차'는 (71)에서와 같이 표시될 것이다:

(71)

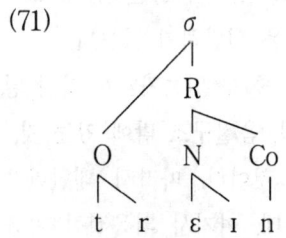

3.4.4 외음절성과 관련 문제

선행소와 후행소가 고유음절 밖에 있다고 간주하는 것을 지지하는 주장이 있음을 이미 보았고, 그 결과 모든 성분이 최대한으로 양분지를 보이는 중심 음절을 이제 설정했다. 그러나 앞서 예측했던 바와 같이 이러한 단순화된 음 절구조조차도 더 줄여질 수 있다고 제안하는 주장의 추가 집합이 있다.

이러한 주장은 운모에서의 자음과 관련이 있다. 주변의 끝음절은 후행소 를, 주로 설정음이고, 그것의 존재가 일반적으로 공명도연쇄원칙을 위반하 는데, 허용한다는 것을 이미 보았다. 그러나 (72)에서의 네덜란드어에 대해 서 예증된 바와 같이 끝이 아닌 음절들에서 발견하지 못하는 주변의 끝음절 에서 '추가' 자음의 또 다른 집합이 있다:

(72) a. 끝음절

    VCC   balk   /bɑlk/   '광선'

    b. 끝이 아닌 음절

    VC   balkon   /bɑlkɔn/   '발코니'

    VCC   *balkpel

단형태소적 단어의 끝음절에 있는 운모들은 외견상 VCC를 포함하지만(72a) 중간 음절에 있는 운모는(몇몇 예외들이 있음) (72b)에 의해 예증되는 바와 같이 VCC를 포함할 수 없다. (72b)에서의 용인 가능한 형태, *balkon*에서 /k/는 첫 음절의 운모가 아니라 두 번째 음절의 두음으로 음절화 된다.[27] (72a)에서 끝 자음은 후행소에 전형적인 특성을 보이지 않는다. 즉 그것은 설정음이 아니고, 끝 자음군이 공명도연쇄원칙을 위반하지 않는다.

이러한 의견에 대해 어떻게 형식적인 인식을 줄 수 있는가? 한 가지 일반 적인 접근은 이러한 추가의 자음을, 후행소처럼, 음절구조 밖에 있는 것, 즉 **외음절적(extrasyllabic)**인 것으로 간주하는 것이다. 따라서 네덜란드어 *balk*와 같은 단어는 (73)의 구조를 가질 것인데, 여기서 외음절적 자음은

---

[27] 놀랍지 않게도 그러한 연쇄들은 *balkbrug* '형교'와 같은 합성어들에서는 허용된다.

ESP에 의해 표시된다:

(73)

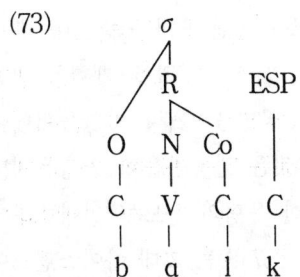

이러한 분석 위에서 수의적인 두음과, 그것은 분지 할 수 있는데, 의무적인 음절핵이 있는 운모를, 그것도 또한 수의적으로 분지 할 수 있고 단일 음절핵 뒤에 자음이 올 수 있는데, 갖는 구조로 중심음절은 좀 더 줄여진다. 이제 중심음절과 그 음절의 여러 부가물에 대한 다음의 구조에 이르게 되었다:

(74)

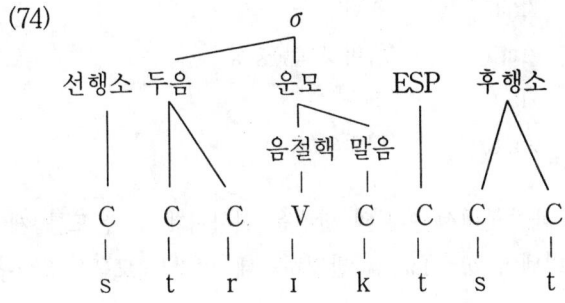

후행소와 선행소의 경우에서와 같이 외음절적 사음이 운율 구조에서 어디에 속하는지를 살펴보아야 한다. 이 문제를 이 시점에서 논의하지는 않지만 §3.8에서 그 문제로 되돌아 갈 것인데, 거기서는 여기서 외음절적 자음으로 해석했던 것을 추가(불완전한) 음절의 두음을 형성하는 것으로 간주하는 접근을 상세하게 살펴볼 것이다.

아직까지 고려하지 않은 운모의 한 범주는 두 자음(위에서 전개된 설명으로는 외음절적인 중의 두 번째)이 뒤따르는 분지 음절핵을 수반하는 것이다. 이와 같은 운모는 영어의 *paint* /peɪnt/, *mild* /maɪld/, *task* /tɑːsk/와 같은 단어에서 발견된다. 놀랍지 않게도 이러한 운모는 심한 제한을 받는다. 뿐만 아니라 영어에서 단지 주변적으로만 나타나고, 그 결합도 또한 제한을 받는다. Harris(1994: 77)는 예를 들어 말음자음은 공명음이거나 마찰음이어야 하지만, 반면에 외음절적 자음이라고 부르는 것은 말음자음이 공명음이면 거의 항상 설정음이라고 말한다. 게다가 이러한 유형의 운모는 언어변화에서 아주 자주 소실된다. 예를 들어 Lass(1984a: 257-8)는 고대 아이스랜드어가 장모음뿐만 아니라 장자음을 가졌는데, 강세 받는 음절에서 다음의 다섯 개의 운모 구조를 허용한다고 말했다: (75)처럼 VC, VVC, VCC, VV, 그리고 그가 '지나치게 긴' 혹은 '지나치게 특징지어진' 것이라 부르는 VVCC(철자의 액센트는 모음 길이를 나타냄).

(75) a. fat   /fat/   '천조각'
      b. fát   /faːt/   '혼란'
      c. fatt   /fat:/   '똑바로 선(중성)'
      d. fá   /faː/   '잡다'
      e. fátt   /faːt:/   '몇몇의(중성)'

스칸디나비아 언어의 대부분에서 이후의 발전은 지나치게 긴 운모를 제거했다(75e). 따라서 스웨덴어 *fätt* /fɔt:/를 발견하는데, 여기서 모음은 짧아졌다.

이와 같은 음절은, *paint*에 대해서 (76)에서 보여진 바와 같이, 외음절적 위치뿐만 아니라 운모에서 세 요소를 포함하는 구조를 갖는 것처럼 보인다:

(76)

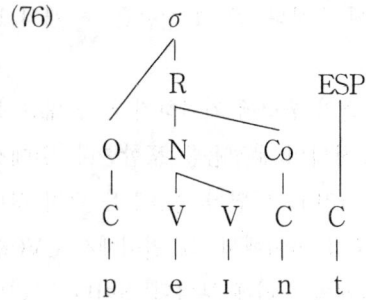

3.5 모라이론

운율적 층위에 관한 (9)의 표시에서, 음운어구에서의 각 성분은 바로 낮은 차원에서 동일한 성분으로 나누어지고, 그 결과 음운어구는 두 개의 음운단어로 이루어지고, 음운단어는 두 개의 음보로 이루어지고, 음보는 두 개의 음절로 이루어진다는 것을 관찰했다. 그러나 음절의 두음-운모이론 내에서 음절 교점 아래의 구조는 동일한 딸 교점으로 나누어지는 특성을 더 이상 보이지 않는다. 즉 음절은 두음과 운모로 이루어지고, 운모는 음절핵과 말음으로 이루어진다. 이것은 음절구조에 대한 두음-운모 접근에서의 약점으로 간주되어져 왔다. 특히 중음절과 경음절 사이의 구분이 어떤 획일적인 해석이 주어지기보다는 음절핵의 분지이거나 운모의 분지를 수반하는 것으로 특징지어져야 한다는 사실에 비추어볼 때 그렇다.

대안적 모델이 제안되어져 왔는데, 그 모델에서는 음절 무게라는 개념의 더 직접적인 특성을 제공하기 위한 시도가 이루어진다. 한 가지 그러한 접근에서 음절은 두음과 운모라 불리는 직접적인 성분으로 나누어지는 것이 아니라 '중량 단위' 즉 **모라(moras)**로 나누어진다.[28] 경음절은 단지 하나의 모라만을 포함하고(**1모라: monomoraic**임), 중음절은 적어도 두 개의 모라를 포함한다(**2모라: bimoraic**임). 따라서 모라이론에서는, 두음-운모이론과

---

[28] 특히 Hyman(1985), Hock(1986), Hayes(1989a)를 보라.

는 달리, 음절의 직접 성분이 같은 범주에 속한다. 즉 그 성분은 두 개의 모라이다.

이러한 접근에서 각 모라는 아마도 음절의 중량에 기여하지 않는 많은 분절음들과 함께 음절의 중량에 기여하는 하나의 분절음을 포함한다. 위에서 언급되었듯이 중음절은 두 개의 모라를 가지고, 반면에 경음절은 단지 하나의 모라만을 가진다. 따라서 운모-중량중심 언어에서, 그 언어에서 CVC음절들은 중음절인데, 모음과 끝 자음은 별개의 모라에 부여될 것이다. 그러나 보아온 것처럼 어두의 자음은 음절의 중량에 기여하지 않고, CVC음절에서 첫 자음은 별개의 모라에 속하지 않을 것이다. 모라이론의 몇몇 형에서 어두의 자음은 음절의 첫 모라, 즉 모음을 지배하는 모라에 부여된다. 그러나 더 일반적으로 말해서 어두의 자음과 일반적으로 모든 모음 앞의 요소는 음절교점에 직접 연결되는 것으로 표시된다. 즉 어두의 자음은 '외모라' (extramoraic)이다. 이것은 그런 요소가 결코 음절중량에 기여하지 않는다는 사실을 특징짓는다. 운모-중량중심 언어의 경음절과 중음절 사이의 차이는 모라이론에서는 (77)에서 볼 수 있는데, 여기서 Hayes(1989a)에 따라 어두의 자음은 외모라라고 가정한다(두음-운모중심 이론에서 운모-중량중심 언어의 표시가 되어있는 (41) 참조):

(77) 운모-중량중심 언어

여기서 모라는 μ로 표시되고, 앞에서와 같이 음절은 σ로 표시된다. 모라이론에서의 보통의 관행과 일치해서 장모음은 (77c)에서의 CVV음절의 경우에서와 같이 두 개의 모라와 동시에 연결되는 단일의 V명시를 수반한다(이

중모음은 물론 각각 하나의 모라와 연결된 두 개의 V를 가진다).

음절핵-중량중심 언어에서, 그 언어에서 CVC음절은 경음절인데((42)참조), CVC음절은 1모라일 것이고, 그래서 끝자음은 (78)에서와 같이 별개의 모라와 연결하지 않는다:

(78) 음절핵-중량중심 언어

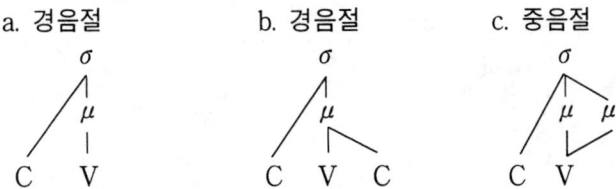

    a. 경음절   b. 경음절   c. 중음절

모라이론에서의 표시가 두음-운모이론에서의 표시와 매우 달라 보일지라도 언뜻 보기에 생각할 수 있는 것보다 아마도 더 많은 유사성이 있다. 두 모델은 '중량-관련' 분절음을 음절중량에 영향을 주지 않는 분절음과 구별하는 것과 관련이 있다. 두음-운모이론에서 어두의 자음은 중량과 관련이 없는 두음을 형성하지만, 모라이론에서는 그 자음은 '외모라'로서 간주될 수 있다. 중요한 차이는 이러한 형의 모라이론은 두음성분을 인정하지 않는다는 점에서 두음-운모이론과 다르다는 것이다:

(79) a.   b.

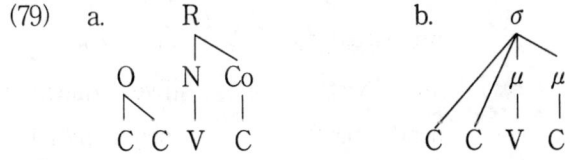

그러나 음절-끝의 자음과 관련해서, 보다시피 두 모델은 더 분명한 방식에서 다르다. 모라이론에서는 (77)과 (78)에서 볼 수 있는 것처럼 모라의 수는 음절이 중음절인지 아닌지를 결정하는데, 여기서 모든 중음절은 두 개의 모라를 가지며 모든 경음절은 하나의 모라를 갖는다. 두음-운모이론에서 운모

-중량중심 언어의 중음절 VC(41)는 음절핵-중량중심 언어의 경음절 VC (42)와 정확히 같은 **구조**를 가지며, 중량의 차이는 구조의 차이에서 생기는 것이 아니라 지수의 설정에 의해서만 생긴다.

위에서 보듯이 지나치게 긴 음절은 일반적으로 주변적인데, (80)처럼 3모 라(trimoraic)로서 표시할 수 있다:

(80)

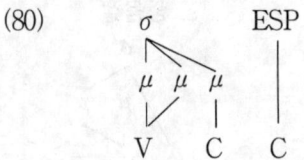

여기서 두 번째 자음은 외음절적이라고 가정한다.

모라이론에서 자연적인 표시가 보여줄 수 있는 현상은 **보상적 장음화 (compensatory lengthening)**라는 현상이다. 그런 하나의 과정은 모음과 또 다른 자음 사이의 자음 탈락을 수반하고, 결과적으로 모음의 보상적 장음화를 가져온다. 한 예는 초기 영어의 역사와 다른 독일어 방언에서 발견되는데, 여기서 모음 뒤의 비음이 마찰음 앞에서 탈락된다. 이 과정은 (81)에 있는 여러 가지 독일어 사이의 차이뿐만 아니라 영어의 어떤 불규칙동사의 어형변화 내에서의 교체는 이 때문이다(예: *think*와 *thought*).

(81) 현대 독일어   현대 네덜란드어   현대 영어

현대 독일어		현대 네덜란드어		현대 영어	
fünf	/fynf/	vijf	/vɛif/	five	/faɪv/
Mund	/mund/	mond	/mɔnd/	mouth	/mɑʊθ/
Gans	/gans/	gans	/ɣɑns/	goose	/guːs/

현대 독일어는 모음은 짧고 비음은 유지되어 왔는데, 아주 가깝게 원래의 상황을 나타내고, 현대영어는 비음의 소실과 모음의 보상적 장음화의 결과를 보여주고, 현대 네덜란드어는 이 현상과 관련해서 혼성이다.

두음-운모이론에서 보상적 장음화는 모라이론보다 표현하기가 더 어렵다. 두 이론에서 비음은 탈락되나, 운모의 분절음 수는 변하지 않은 채로 있다. (82)-(84)를 살펴보자. 이 두 이론에서 원시독일어 *fimf* '5'에서 *ff*까지의 변화에서 수반되는 것을 보게 된다:

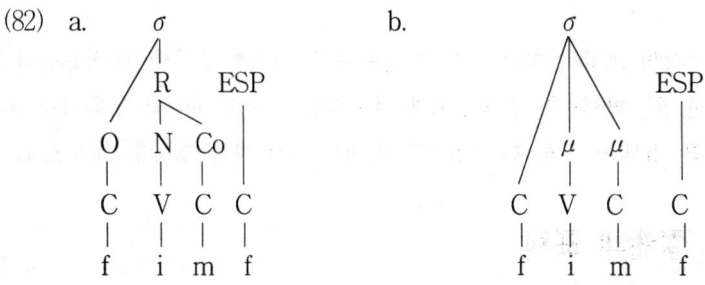

지금까지 그것을 제시한 것처럼(아래 §3.6 참고), 두음-운모이론에서 비음은 탈락된다(delinked). 뒤이어 말음도 또한 운모교점에서 탈락되고, C는 V로 바뀌고, 음절핵 교점의 딸이 되어 (83)을 만들게 된다(외음절적 자음이 이제 말음에 재부여될 수 있는지의 문제는 여기서 무시한다):

이와는 달리 모라이론에서 그 과정은 (84)처럼 단순히 비음과 모라 교점에서의 C교점의 탈락과 모라 교점의 V교점으로의 재연결을 수반한다:

(84)

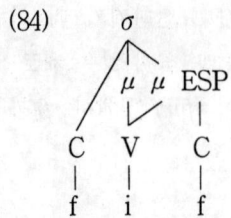

이러한 현상의 모라 설명의 어떤 이점은 두음-운모이론에서 '골격'층열의 도입으로 반격을 받을 수 있는데, 이제 자음적인 것뿐만 아니라 모음적인 분절음 길이의 표시에 관한 더 일반적인 문제의 맥락에서 그것을 살펴보자.

3.6 길이의 표시

음절구조에 관한 논의에서 두음과 운모나 모라와 같은 명칭을 분절적 모형(즉 더 정확하게는 1장의 (75)와 같은 자질수형)의 생략형으로서 역할을 하는 C와 V부호와 관련시켜오고 있다. 그러나 음운구조에 대한 현재의 접근은 이것이 어떻게 작용하는가에 관해 약간 다른 견해를 취한다. 분절음의 **뿌리(root)**교점(§1.4 참고)은 음절적 구조의 '종결교점'에 연결된다고 일반적으로 가정된다. 두음-운모이론에서 이러한 종결요소는 **골격(skeleton)** 혹은 **골격층열(skeletal tier)**을 차지한다고 말한다. (85)는 영어단어 *beacon* /biːkən/에 대한 골격을 통합하는 표시를 해주고 있다. 여기서 골격점은 'x'로 표시한다:

(85)

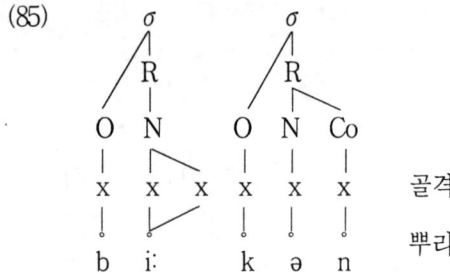

이러한 견해 위에서 장(혹은 겹)분절음의 표시는 단순히 두 개의 골격점에 연결된 단일의 뿌리교점을 수반하지만, 반면에 단분절음에 대해서는 골격과 뿌리층열 사이에는 (86)처럼 일-대-일의 관련성이 있다:

(86)
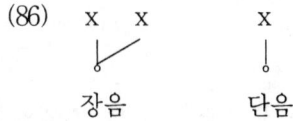

장음   단음

그러한 진술은 개별 언어에 의해 허용되는 분절음 유형의 특성의 일부를 형성한다. 따라서 (86)은 장모음과 단모음 사이의 음운적 구별을 하는 언어를 특징짓는다. 정확히 같은 접근이 이탈리아어와 같은 언어에서 장자음과 단자음 사이의 음소적 대조를 특징지을 것인데, 그것은 *papa* /papa/ [papa] '교황'과 *pappa* /pappa/ [pap:a] '아버지'와 같은 최소쌍에서 입증된다:

(87) a.
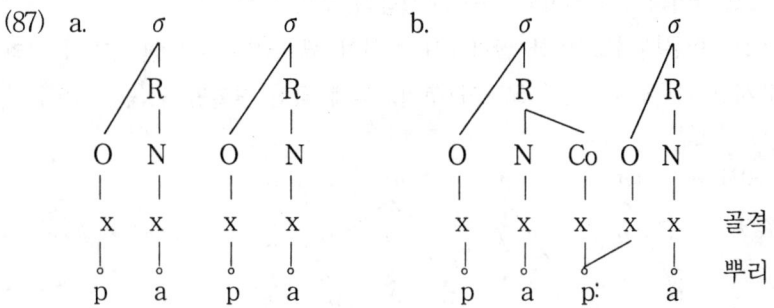

여기서 단일의 뿌리교점은 두 음절 사이에서 공유되고, 겹자음 /p:/는 동시에 첫 음절의 말음이고 두 번째 음절의 두음이다. 단일의 뿌리교점에 연결된 두 개의 골격위치를 수반하는 구조뿐만 아니라 그 역도 또한 발견된다. 폐찰음과 같은 복합 분절음(§1.4 참고)은 음절과 관련해서 단일의 분절음으로서 역할을 하고, 따라서 단지 하나의 골격위치만을 필요로 하지만 분절음적으로는 복합적이다. 폐찰음은 폐쇄음 부분과 마찰음 부분으로 이루어져 있고,

따라서 두 개의 뿌리교점을 가지는데, 그 결과로 *church* /ʧɜːʧ/는 (88)의 표시를 가질 것이다(골격 위의 음절구조는 무시함):

(88)

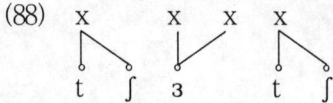

Clements와 Keyser(1983)에서 시작하는 골격위치에 관한 이러한 설명의 기저에는 골격위치는 음절에서 '시간조절(timing) 단위'라는 개념이 있다. 장단모음(long monophthongs)은 두 분절음의 지속시간을 가지기 때문에 두 개의 시간조절자리를 갖지만 단지 하나의 분절적 수형을 갖는다. 즉 수반되는 단지 단일의 조음만 있다. 반면에 폐찰음은 그 역을 보여준다. 즉 단일 분절음의 지속시간을 갖지만 두 개의 조음을 수반한다.[29] 실용적인 목적을 위해 시간조절단위라는 개념을 '분절음'이라는 개념과 대등한 것이라 간주할 수 있고, 단어의 골격위치의 수는 분절음의 수와 같다.

모라이론에서도 또한 골격표시 차원이 필요한가, 아니면 (87)의 모라식 표시가 될 (89)와 같이 모라가 뿌리교점에 직접 연결될 수 있는가?

(89)

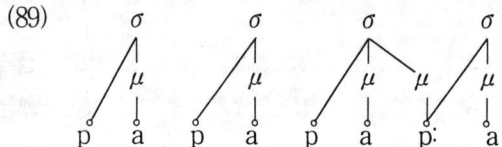

여기서 (89b)에서의 모음 사이의 겹음은 두 번째 음절교점과 첫 음절교점에 의해 지배되는 모라에 동시에 연결된다. 그와 같이 겹자음은 단일의 모음

---

[29] 복합분절음의 분석은 여기서 제시되는 것보다 상당히 더 복잡하다. 비록 폐찰음을 두 개의 뿌리교점을 갖는 두 개의 별개의 분절적 수형을 수반하는 것으로 표시했다해도 van der Weijer는 그러한 두 개의 뿌리를 갖는 표시는 /pt/와 같은 이중조음을 수반하는 자음에 더 적절하다고 주장한다. 폐찰음은, 그가 제안하기로, 분절적 수형 내에서 복잡성을 수반하고, [폐쇄음]뿐만 아니라 [지속음]자질을 포함한다. 이러한 문제에 관한 논의에 대해서는 van der Weijer(1994)를 보라.

사이의 자음과 형식적으로 구별되는데, 단일의 모음사이의 자음은 모라에 의해 직접적으로 지배되지 않는다. 그러나 (89)에서 골격층열이 없는 것은 겹자음이 모라이론에서 단일의 자음과 어휘적으로 어떻게 구별될 수 있는가 하는 문제를 일으킨다. 보아왔듯이 음절적 구조는 어휘적으로 존재하는 것이 아니라 상대적 공명도와 같이 위에서 논의된 요소의 토대 위에서 규칙에 의해 부여된다. 따라서 만일 겹자음이 그 표시에서 단지 하나의 뿌리교점만 가지면 그 단일 자음과 기저에서 구별할 어떤 다른 수단을 찾아야 한다. 이것은 겹자음이 항상 어휘적으로 모라와 연결된다고 가정함으로써 달성될 수 있을 것인데, 즉 겹자음과 단일자음 사이의 차이는 겹자음은 항상 음절의 중량에 기여한다는 사실이다. 단일자음의 표시는 (90a)에 있고 겹자음의 표시는 (b)에 있다:

(90) a. $\overset{\circ}{p}$　　　b. $\overset{\mu}{\underset{p:}{|}}$

이러한 분석 위에서 겹자음의 존재는 앞의 음절이 2모라이어야 한다는 것을 의미한다. 따라서 Lahiri와 Koreman(1988)과 Tranel(1991)에 의해 지적된 바와 같이, 겹자음에 의해 폐쇄된 음절은 항상 중음절이어야 한다. 그러나 Tranel(1991)은 적어도 몇몇 경우에서 이러한 예측은 입증되지 않는다고 말한다. 음절핵-중량중심 언어인 셀컵어((39)참조)를 다시 살펴보자:

(91) a. qu'mooqı　'두 인간'
　　 b. 'amirna　'먹다'
　　 c. 'u:cikkak　'나는 일하고 있다'

셀컵어에서 강세는 끝 중음절이나 단어의 첫 음절에 온다. 여기서 VV는 중음절이지만 VC는 중음절로 간주하지 않는다. 따라서 (91a)에서 강세는 중음절인 어말 제2 음절에 오지만 (b)에서는 어말 제3 음절에 온다. 어말 제2 음절이 VC를 포함하고 있고, 따라서 경음절이기 때문이다. (91c)는, 겹자음을 포함하는데, 어말 제3 강세를 갖는다는 점에서 (b)처럼 행동하고, 겹자음을 포함하는 음절은 따라서 경음절이어야 한다. 이것은 두음-운모이론에서는 문제가 아닌데, 이 이론에서는 (92)에서 보는 것처럼 (b)와 (c)는 같은 구조를 공유한다:

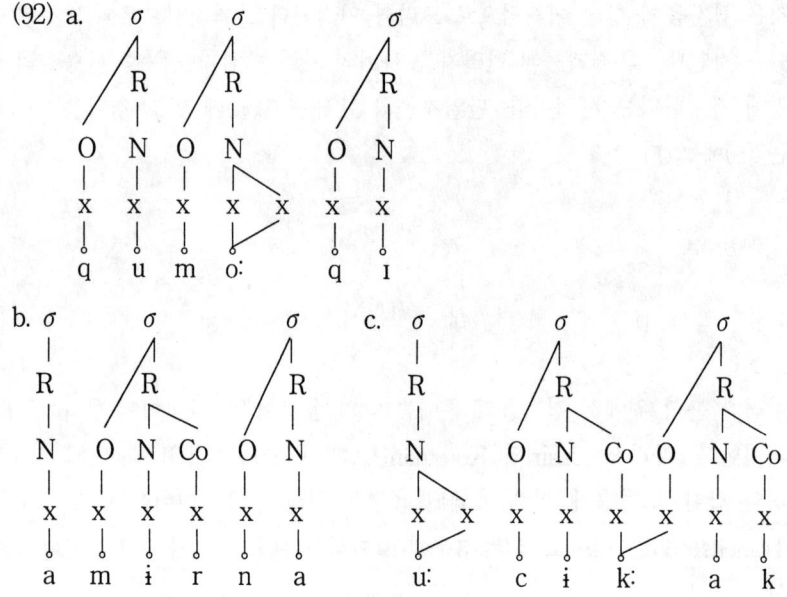

/amirna/에서의 /r/은 골격(두 번째 음절의 말음)과 관련해서 /uːcikkak/에서의 겹자음 /k/의 첫 부분과 같은 지위를 갖고, 그래서 어떤 것도 음절중량에 기여하지 않는다. 다시 말하면, 예상대로 둘 다 VC운모로 간주한다.

골격층열을 통합하지 않는 모라이론의 표시는 /amirna/를 (93)에서처럼 /uːcikkak/와 같은 구조를 갖는 것으로 표시할 수 없을 것처럼 보인다:

(93) a.

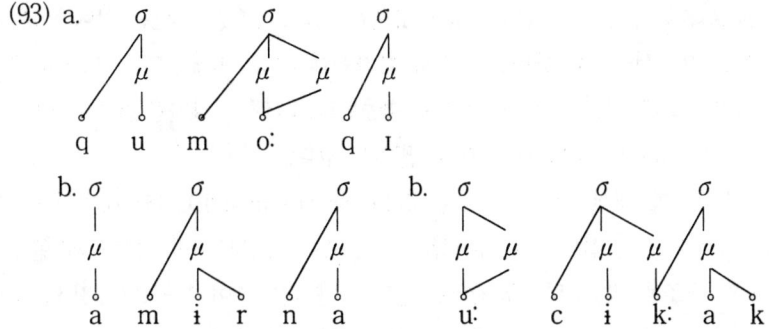

골격이 없을 때 (93c)의 어말 제3 음절은 이제 (a)의 것과 같은 모라구조를 갖는 것으로 잘못 표시되고, 따라서 어말 제2 음절에 강세를 받는 것으로 잘못 예측된다.

따라서 두음–운모이론처럼 모라이론은 외견상 음절표시에서 골격위치를 통합해야하고, 그 결과 겹자음은 (89b)의 표시가 아니라 (94)의 표시 중의 하나를 가질 것이다:

(94) a.

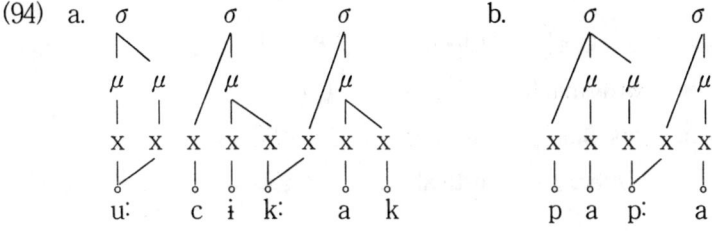

겹자음의 왼쪽 절반이 중량에 기여하는지 여부는 문제의 언어가 VC를 경음절로 여기는지 중음절로 여기는 지로 결정된다. 셀컵어(94a)는 VC를 경음절로 여긴다. 따라서 /k:/가 두 골격위치를 차지해도 그 첫 위치는 모라를 투사하지 않으며, 그와 반대로 이탈리아어는(94b) /p:/의 첫 위치가 모라를 투사한다. 일반적으로 말음이 중량에 기여하는지 여부는 '위치에 의한 중량(weight by position)' 규칙, 즉 '음절 내의 모라를 모음 뒤의 자음에 부여하

215

는 음절화의 규칙이나 원리'(Hayes 1995: 52)라고 종종 일컫는 것에 의해 결정된다. 따라서 이런 설명을 근거로 겹자음에 의한 폐쇄운모는 자음군에 의한 폐쇄운모와 정확히 같은 식으로 행동한다. 그래서 겹자음은 사전에서 어떤 특별한 표지(marking)를 가질 필요가 없다.

모라이론에 대한 유사한 문제는 Lahiri와 Koreman(1988)의 네덜란드어의 강세체계에 관한 설명으로 확인된다. 그들은 네덜란드어를 장모음과 단모음 사이의 대조를 갖는 것, 즉 긴장모음과 이완모음 사이의 구분(음질적 구별: 앞의 §1.3.3 논의 참조)이 아닌 모음체계의 음량적인 구분을 갖는 것으로 간주한다. 장모음은 단지 개음절에서만(폐쇄하는 자음이 가능한 단어-끝은 제외하고) 나타나고, 반면에 단모음은 단지 폐음절에서만 나타날 수 있다. 이와 같이 두음-운모이론에는 운모의 두 가지 유형, 즉 VV와 VC가 있다. §3.4.1처럼 네덜란드어의 강세는 중량에 민감하다(weight-sensitive). 그러나 기대되는 유형과는 반대로 VC음절은 중음절이고, VV음절은 경음절이다. 그것은 (95)의 형태로 예증되는 바와 같은데, 여기서 강세의 목표음절은 어말 제3 음절이다:

(95) a. [deːˈtɛktɔr]　　detector　　'발견자'
　　　 [wɪlˈhɛlmus]　 Wilhelmus　 (이름)
　　 b. [ˈmoːniːtɔr]　　 monitor　　 '모니터'
　　　 [ˈfɛstiːvɑl]　　　 festival　　　'축제'

(95b)에서 어말 제2 음절 VV는 강세를 거부하는데, 강세는 어말 제3 음절로 이동한다. Lahiri와 Koreman은 장모음이 2모라로 표시되기 때문에 모라이론이 골격을 통합하지 않으면 이러한 상황은 표현할 수 없다고 지적한다. 폐음절의 무거움은 그 자체로 문제가 되지 않지만(위치에 의한 중량) 동시에 VV를 배제하면서 이것을 중음절로 특징지을 어떠한 방법도 없다:

(96) a.

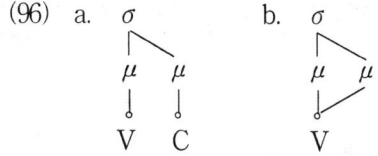

Lahiri와 Koreman은 네덜란드어에 대해서, 위의 셀컵어의 경우에서와 같이 모라이론에서 골격을 통합할 필요가 있고, 그렇게 해서 네덜란드어의 장모음은 1모라이지만 두 개의 골격점에 연결된다고 제안한다:

(97) a.

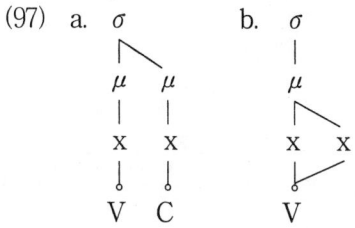

따라서 음절구조는 두음-운모이론에서뿐만 아니라 모라이론에서도 골격층열을 통합해야 한다고 제안할 많은 증거가 있는 것처럼 보인다.

3.7 음절위치의 독립성

장모음과 복합분절음의 표시에서와 같은 특정 경우에서 약간의 음절화 정보는 §3.5에서 보듯이 기저에 명시되어야 한다해도 음절구조는 기저에 존재하는 뿌리교점의 언쇄에 부여한나고 가정하고 있다. 그러면 어휘상 어떤 음절적 조직이 없이도 분절적 수형의 연쇄를 갖는다. 음절구조의 생성은 분절적 구조의 존재를 전제로 한다.

그러나 음절화와 음절구조가 이것이 암시할 수 있는 것만큼 간단하지 않다는 것을 암시하는 세계 언어에서의 여러 가지 현상이 있다. 따라서 분절적 요소가 기저에서 존재하는 것처럼 보이지만 그 요소가 음절구조에서 적절한 위치에 있을 때에만 실현되는 경우를 발견한다. 한 가지 자주 논의되는 경우는 영어의 /r/의 실현과 관련이 있다.

3.7.1 영어의 /r/

'어말의' r의 행동에 관한 한 영어의 세 개의 다른 '방언' 그룹을 구별할 수 있다. 이것을 '완전히 r발음을 하는(rhotic)' 방언, '완전히 r발음을 하지 않는(non-rhotic)' 방언과 '침입음의(intrusive) [r]' 방언으로 부르자.30) 스코트 방언처럼 완전히 r을 발음하는 방언은 모든 환경에서 모음 뒤의 /r/을 실현한다:

(98) rotor   [rotər]

        queer   [kwiːr]

        queerer   [kwiːrər]

        hurry   [hʌrɪ]31)

RP의 몇몇 변이어(varieties)처럼 완전히 r발음을 하지 않는 방언은 그것이 (99)처럼 뒤 음절의 두음으로 음절화될 수 있으면 단지 /r/을 실현한다:32)

(99) rotor   [ɹəʊtə]

        queer   [kwɪə]

        queerer   [kwɪəɹə]

        hurry   [hʌɹɪ]

---

30 이 구분은 실제 상황을 단순화한 것이지만 여기서 주장하고 싶은 것을 예증하는데 기여할 것이다. 놀랍지 않게도 많은 화자들은 위에서 확인된 방언들 사이에 온다. 영어의 방언 상황에 관한 논의에 대해서는 Wells(1982)를 보라.

31 스코틀랜드 영어에서 /r/의 실현에 관한 음성학적인 상세한 것들은 여기서 관심이 없는데, /r/은 부분적으로 단어에서의 위치에 따라서 전동음 [r]에서 시작해서 치경 연타음 [ɾ]을 거쳐 몇 가지 종류의 접근음 [ɹ] 혹은 [ɻ]에 이르기까지 다양할 수 있다(Wells 1982: 410-11을 보라). 여기서 유일한 관련 요소는 그 자음이 음성적으로 존재하는지 아닌지 이다.

32 RP /r/은 모든 관련 환경들에서 [ɹ]로 실현된다.

따라서 *rotor*에서 어두의 /r/은 실현되나 어말의 /r/은 실현되지 않는 반면에 *queerer*와 *hurry*에서 모음 사이의 /r/은 두 번째 음절의 두음으로 음절화되어 실현된다(/r/이 표면으로 나타나지 않는 *queer* 참조). *queer and quaint* [kwɪəɹəŋkweɪnt]와 같은 어구에서 보는 것처럼, 단어경계의 존재가 /r/의 실현을 막지 않는다는 것을 주목하라. 이런 환경의 /r/은 '연결의 (linking)'라고 한다.

세 번째 그룹인 '침입음의 [r]' 방언은 (99)처럼 실현되지만, 다른 환경에서는 [ɹ]을 또한 실현한다. 이와 같이 '완전히 r발음을 하지 않는' RP화자는 철자에 <r>이 있는 환경에서만 연결의 [ɹ]을 가지고, 반면에 '침입음의 [r]' 화자는 모든 모음으로 끝나는 단어와[33] 뒤의 모음으로 시작하는 단어 사이에(즉 두 모음이 모음충돌(hiatus)을 할 때) 철자에 상관없이 자음을 삽입한다. 그래서 *comma and colon*에 대해서 [kɒməɹəŋkəʊlən]과 같이 발음하게 되고, '완전히 r발음을 하지 않는' 방언의 화자는 [ɹ]없이 [kɒməəŋkəʊlən]으로 발음한다.

'침입음의' 방언에서 [ɹ]의 삽입은 음성적 환경에서 완전히 예측할 수 있어서, 기저에 명시할 필요가 없다. 오히려 단순히 음보-내의 위치에서 모음 사이의 공두음을 금지하는 규칙이 필요하고, 가능한 어떠한 분절음적 요소도 없을 때 [ɹ]이 삽입된다. 따라서 이 경우 음절적 구조는 모든 음절은 두음을 가져야 하는 정도로 적어도 부분적으로 분절음적 요소에 좌우되지 않는다.

이와 달리 완전히 r발음을 하지 않는 화자는 연결의 [ɹ]을 낳는 단어와 낳지 않는 단어에 대한 여러 가지 기저표시를 해야 한다. 따라서 *comma* [kɒmə]와 *bomber* [bɒmə]는 고립해서 같은 보양을 갖더라도 화자는 *comma and colon*이 어떠한 [ɹ]도 갖지 않지만 *bomber and fighter* [bɒməɹnfaɪtə]는 [ɹ]을 갖는다는 것을 '알아야' 한다. 따라서 *bomber*는 기저의 /r/이 있어서 /bɒmər/가 된다고 가정해야 한다. 그러나 '침입음의 [r]' 화자들은 그

---

[33] 단어-끝의 모음은 그러나 고설모음이어서는 안되고, 몇몇 화자들에게는 오직 저설모음만 될 수 있다.

두 형태를 동일하게 간주하고, 따라서 동일한 기저표시, 즉 /kɒmə/와 /bɒmə/를 가질 수 있다.

그러면 완전히 r발음을 하지 않는 방언의 화자는 기저 /bɒmər/에서 나온 [bɒmə]처럼 끝 위치에서 실현되지 않는 기저의 /r/을 외관상 갖는데, 음절화는 어떻게 작용하는가? 관련 현상, 즉 불어 연성의 논의 후에 이것으로 되돌아가자.

3.7.2 연성

불어는 두 가지 현상, 즉 연성과 유성의 h(h-aspiré)를 보이는데 이들은 음절구조의 분석에 대한 흥미로운 영향을 갖는다. 우선 연성을 살펴본다.34)

몇 가지 면에서 연성은 RP 영어의 연결의-[ɹ] 현상과 아주 유사하다. 그 둘은 그 언어의 초기 단계에서 단어-끝의 자음의 소실 때문에 생긴다. (100)과 같은 현대 불어의 형태를 발견하는데, 그 형태는 초기의 발음을 반영해서, 철자 표시에서 끝 자음을 가지지만 그 자음은 더 이상 음성적으로 실현되지 않는다:

(100) petit   [pəti]   '작은'

      gros   [gʀo]   '큰'

      un   [ɛ̃]   '하나'

이런 단어에서 어말 자음은 (101a)처럼 어구의 끝에서 혹은 자음으로 시작하는 단어가 뒤따르면 음성적으로 실현되지 않는다. 그러나 자음이 모음으로 시작하거나 전이음으로 시작하는 단어가 뒤따르면 그 자음은 실현된다 (101b):

---

34 연성의 완전한 논의에 대해서는 Tranel(1987: 11장), 또한 Selkirk(1972), Clements와 Keyser(1983)를 보라.

(101) a. petit livre   [pəti livʀ]   '작은 책'

     gros camion   [gʀo kamjõ]   '큰 트럭'

     un pouce   [ɛ̃ pus]   '엄지손가락'

   b. petit ami   [pətit ami]   '작은 친구'

     petit oiseau   [pətit wazo]   '작은 새'

     gros arbre   [gʀoz aʀbʀ]   '큰 나무'

     un enfant   [ɛ̃n ãfã]   '아이'

몇몇 환경(모음과 전이음을 앞서는)에서 어말 자음의 실현은 연성으로 일컬어지는 현상이다. RP의 연결의 [ɹ]과는 달리 여러 가지 자음이 연성에 연루되는데, [t], [z], [n]에 대해서 위에서 예증된 바와 같다. 연성이 적절한 음성적 환경에서 실제로 일어나는지 아닌지는 여기서 관심을 가질 필요가 없지만 성질상 형태적, 통사적, 문체적인 많은 요소에 의해 지배된다(Tranel 1987 참고).

음절구조이론에서 연성을 어떻게 설명할 수 있는가? 우선 완전히 r발음을 하지 않는 RP의 방언에서 [ɹ]-삽입의 처리가 어떻든 연성에 대한 설명은 틀림없이 다르고, 음성적 환경만으로 볼 때, 어떤 자음이 실현될지를 예측할 어떤 방법도 없음을 주목하자. 예를 들어 음성적 환경에서 [pətit wazo] '작은 새'에서 [t]를 기대하나, [gʀoz wazo] '큰 새들'에서는 [z]가 나오게 기대할 어떤 것도 없다. 오히려 어말 자음이 처음에 존재하나 적절한 환경에서 탈락되는 설명을 제안해야 한다.

연성의 사실이 방금 제안한 것만큼 간단하다면 이것은 필요가 있는 한에서는 간단할 것이다. *petit*의 음운적 형태는 /pətit/이고 *gros*의 음운석 형태는 /groz/이며, 불어는 적절한 환경에서 어말 자음을 탈락하는 규칙을 가진다고 간단히 말하면 될 것이다. 그러나 사실은 상당히 더 복잡하다.

우선 불어의 **모든** 자음이 연성의 연결자음으로 기여할 수 있는 것은 아님을 주목하라. 제한된 수의 경우에 또한 발견되는 [ʀ p g](예: *au premier étage* [opʀømjɛʀetaʒ] '일 층에서', *beaucoup aimé* [bokupɛme] '아주 사랑

받는', *un long été* [ɛ̃lɔ̃gete] '긴 여름')와 함께 단연 가장 일반적인 것은 (101) 설정음 [t n z]이다. 다른 자음은 연성과정에서 발견되지 않는다. 더 중요하게는, 정말로 결정적으로 불어는 일반적으로 '어말' 자음을 탈락하는 규칙을 갖는다는 생각을 거부하는 것에 대해, (102)처럼 어말 자음이 실현되는 많은 단어가 있다:

(102) a. cher garçon   [ʃɛʀ gaʀsɔ̃]   '사랑하는 소년'

    cher livre   [ʃɛʀ livʀ]   '귀중한 책'

    avec ça   [avɛk sa]   '그것과 함께'

   b. cher ami   [ʃɛʀ ami]   '사랑하는 친구'

    cher oiseau   [ʃɛʀ wazo]   '귀중한 새'

    avec eux   [avɛk ø]   '그들과 함께'

이런 자음은 어떤 환경 아래에서도 탈락되지 않고, 모음과 전이음 앞에서 표층으로 나타날 때는 연성자음처럼 행동하지만(102b), 또한 자음 앞에서는 연성자음과 다르게(102a) 행동한다. Clements와 Keyser는 항상 [dɔ̃k]인 *donc* '그러므로'와 연성 환경에서는 [dɔ̃t]이나 그 밖의 곳에서는 [dɔ̃]인 *dont* '누구의'와 같은 '최소'쌍에 주목한다. 그래서 우리는 연성이 불어 단어의 관련집합에만 영향을 준다는 것을 보증하고자 음운표시에서 자음의 두 유형 사이를 구분해야 한다.

  당분간 연성 사실로 음운적 연쇄는 불어에서 기저에서 필연적으로 음절화된다라고 가정하자. 이러한 가정 위에서 *avec*와 *donc*처럼 교체하지 않는 단어의 어말 자음은 규칙적인 경우처럼, (103)과 같이 운모로 음절화될 것이다:

(103)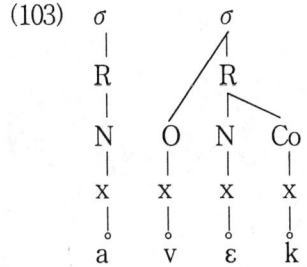

어말 자음은 만일 뒤따르는 음절의 두음이 (104a)의 *avec ça*에서와 같이 비어있지 않으면 음성적으로 실현될 것이다:

(104) a.   b.

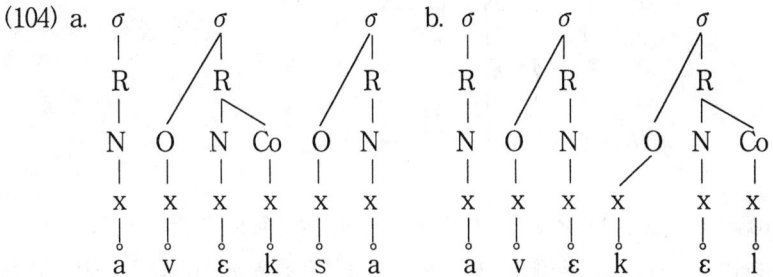

(104b)의 *avec elle*에서 어말 자음은 공두음이 채워지도록 음성적으로 '재음절화한다'. 그래서 [a.vɛ.kɛl]을 나타나는데, 여기서 음절 경계를 점(dot)으로 표시한다. 이것은 또한 최대두음원리(Maximal Onset Principle, §3.2 참조)의 관련성을 입증하고, 비록 어말의 /k/가 처음에 운모로 음절화 된다해도 이런 분석에서 그 /k/는 가능할 때, 즉 설사 그 두음이 다른 단어에 속해도 뒤따르는 두음으로 옮겨간다. 일반적으로 불어는 음운어구 내에서 공두음을 피하는 것처럼 보인다. 즉 불어에서 음절화의 영역은 음운어구이다.

연성자음이 어떤 자음이 뒤따를 때는 실현되는 것을 막지만, 어떤 모음이 뒤따를 때에는 실현되도록 하는 것을 어떻게 보장하는가? *petit garçon*과 *petit ami*에 대하여 다음의 표층표시를 가정한다:

(105) a.

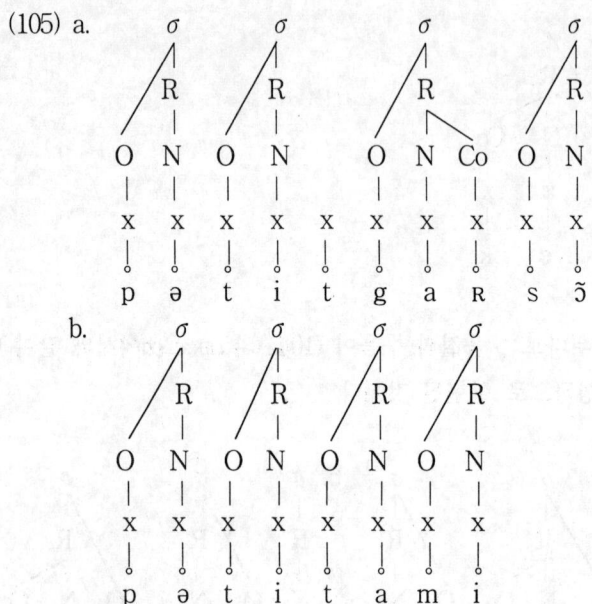

(105a)에서 *petit*의 끝 /t/는 어떠한 음절적 성분과도 연결되어 있지 않지만, (b)에서 그것은 그 연쇄의 세 번째 음절의 두음을 형성한다. 이처럼 표층에서, 뒤따르는 두음이 비어있으면 오직 어말 자음이 음절화되어 실현된다.

그렇다면 *petit*와 같은 단어의 기저의 표시는 어떠한가? 그것이 어떻게 연성환경에서 표층으로 나타나는지를 알 필요가 있으므로 자음의 분절적 내용을 확인할 수 있어야 함을 상기하라. 한 가지 가능한 전략은 기저표시는 어말 자음이 단어의 음절적 구조에서 통합되는지를 직접 암호화하고서 *petit*의 끝 /t/가 (106)과 같이 기저에서 음절화되지 않는다고 말하는 것이다:[35]

---

[35] 여기서 분절음의 선형적 순서는 골격위치의 순서화에 의해 결정된다고 가정할 것이다. 이것은 어말 자음의 뿌리교점은 골격위치에 연결되고 그렇지 않으면 그 연쇄의 다른 요소와 관련해서 순서화되지 않을 것이라는 것을 의미한다.

(106)

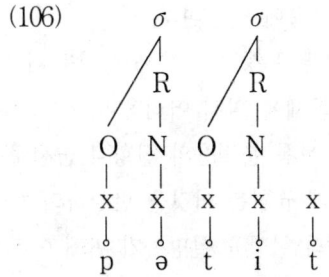

이것을 (103)의 *avec*에 대한 표시와 비교하자. (103)에서 어말 자음은 기저에서 음절화된다. 따라서 *petit*에서 어말 자음의 골격위치는 어떤 교점으로도 지배되지 않는다. *petit garçon*의 경우에서 /t/는 음절화되지 않고, 따라서 음성적으로 실현되지 않는다. 즉 그것은 음절적 구조의 일부를 형성하지 않는다. 다시 말해 /t/는 이 단어에서 **허가되지(licensed)** 않는다. 허가라는 개념은 특정 분절음이 음성적으로 실현되는지 아닌지를 결정할 때 사용되고, 이 경우에 *petit*의 어말 기저의 /t/가 연결할 수 있는 음절적 구조에서의 가능한 어떤 교점도 없고, 따라서 그것은 음성적으로 존재하지 않는다.36)

그러나 불어의 기저에서 음절화되지 않은 자음은 뒤의 두음이 없는 음절의 존재로 '구원될(rescued)' 수 있다. *ami*와 같은 단어는 두음이 없고, 보아왔듯이 불어는 음운어구 내의 가능한 곳에서 공두음을 피하므로, 두음이 없음은 *petit ami*에서 *petit*의 끝 /t/를 허가해서, (107)의 표층표시를 낳게 된다:

(107)

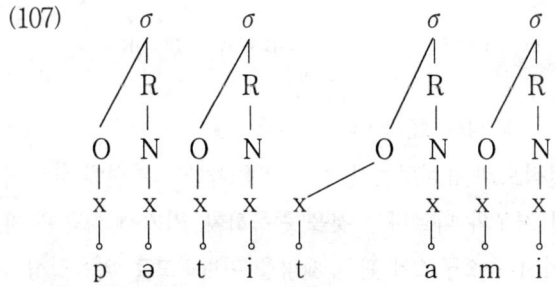

---

36 허가에 관한 논의에 대해서는 Itô(1986), Goldsmith(1990)를 보라.

*petit*의 끝 /t/는 이제 *ami*의 첫 음절의 공두음에 연결된다.

그러나 방금 한 연성의 설명은 비록 올바른 음성적 표시가 생성될 수 있다는 의미에서 적절하다하더라도 한 가지 문제에 의해 어려움이 야기된다. 이 장(§3.4.3)에서 이미 보았듯이 음절화는 보통 분절음의 선형적 순서로부터 예측할 수 있다. 두음, 운모, 음절핵형성의 규칙은 이것을 반영하려는 의도였다. 특정 언어에서 오로지 한 가지 유형의 현상을 설명하기 위해 이러한 주장을 포기하는 것은 바람직해 보이지 않는다. 그런 주장이 일반적으로 언어에 해당되는 것으로 보이기 때문이다. 게다가, 우리의 분석이 분절음의 적절한 범주를 '비정상적인' 것으로 확인하지 않는다. 일반적으로 언어에서, 보아왔듯이, 분절음은 기저에서 음절화되지 않으며, 물론 음성적으로 실현된다. 그러나 우리의 분석에서 '정상적인' 범주는, 즉 *avec*와 같은 단어에서 고정된 어말 자음은 기저에서 음절화되지만 '예외적인' 범주는, 예를 들어 *petit*의 [t], 즉 연성을 겪는 어말 자음은 기저에서 음절화되지 않는다. 따라서 우리의 설명이 확실히 최적이 아니다.

그러나 대안적 분석이 가능한데, 그것은 §3.4.4에서 소개했던 외음절성이라는 개념과 유사한 개념을 사용하는 것이다. 이 분석에서 어말의 연성 자음들은 사전(lexicon)에 외음절적인 것으로, 즉 불어의 정상적인 음절화 연산(algorithm)에서 '보이지 않는' 것으로 단순히 표시된다:

(108) a. x   x   x   x <x>   b. x   x   x   x
        | | | | | | | | |
        o   o   o   o   o   o   o   o   o
        p   ə   t   i   t   a   v   ɛ   k

여기서 외음절성은 < >에 의해 표시된다.

연성 자음을 외음절적으로 표시하는 동기는 외음절성과 관련해서 앞서의 §3.4.4에서 고려했던 경우와 다르다는 것을 주목하자. 거기서 자음은 자음의 존재가 문제 언어에서 음절구조에 관한 제약을 위반하므로 외음절성임을 알았다. 그러나 여기서는 수반되는 어떠한 그런 위반도 없다. 즉 [pətit]의 발음은 비록 어떠한 공두음도 뒤따르지 않더라도 불어에서 적형일 것이다(정말로 *la petite bonne* [lapətitbɔn]처럼 여성형 *petite*의 가능한 실현임). 오히려 이런 자음이 마치 음절화에서 보이지 않는 것처럼 행동한다는 것은 연성자음을 갖는 단어의 집합에 관한 특이한 사실이고, 따라서 단지 이러한 자음을 예외적인 것으로 표시하는 것이 적절하다. (108)에 < >는 따라서 그 존재가 수반되는 분절음의 어떤 음운적 양상으로도 예측할 수 없는 구별표시로 간주될 수 있다.

외음절성 표시는 어말 자음이 뒤따르는 모음으로 시작하는 단어에 의해 허가될 때 음성적 차원에서 보이지 않고, 그리하여, 앞에서와 같이, 예를 들어 *petit*의 끝 /t/는 *ami*의 공두음에 연결할 수 있다고 가정한다.

외음절성 분석은 또한 RP의 '완전히 r발음을 하지 않는' 화자, 즉 연결의 [ɹ]을 보이지만 침입음의 [ɹ]은 보이지 않는 화자에게 적절해 보인다. 이러한 화자에게 끝의 /r/은 외음절적으로 표시될 수 있고, 뒤따르는 두음이 비어 있을 때에만 실현되는데, 그 결과 *rotor*의 기저표시는 다음이 될 것이다:

(109)   x   x   x   x   x   x
        | | | | | |
        ⌄   ⌄   ⌄   ⌄   ⌄   ⌄
        r   ə   ʊ   t   ə   r

3.7.3 유성의 h(*h-aspiré*)

불어는 분절음과 음절적 구조사이의 관련성과 관련한 또 다른 현상을 보이는데, 보통 유성의 h로 일컫는 것으로 시작하는 단어와 관련이 있다.

불어에서 모음으로 시작하는 단어는 연성을 유발하고, 또한 정관사에서 모음의 소실과 같은 많은 다른 현상에 연루된다는 것을 이미 보았다. (110a)의 자음으로 시작하는 단어를 (b)의 모음으로 시작하고 전이음으로 시작하는 단어와 비교해 보자:

(110) a. le pouce   [lø pus]   '엄지손가락'

<table>
<tr><td>la main</td><td>[la mɛ̃]</td><td>'손'</td></tr>
<tr><td>b. l'arbre</td><td>[laʀbʀ]</td><td>'나무'</td></tr>
<tr><td>l'étoile</td><td>[letwal]</td><td>'별'</td></tr>
<tr><td>l'oiseau</td><td>[lwazo]</td><td>'새'</td></tr>
</table>

연성이 유발되는 환경과 같은 환경에서 모음은 탈락되는 것처럼 보일 것이다. 그러나 모두 철자상의 *h*로 시작하는 (111)의 형태를 살펴보자:

<table>
<tr><td>(111) a. le hibou</td><td>[lø ibu]</td><td>'올빼미'</td></tr>
<tr><td>la hache</td><td>[la aʃ]</td><td>'도끼'</td></tr>
<tr><td>b. l'hirondelle</td><td>[liʀɔ̃dɛl]</td><td>'제비'</td></tr>
<tr><td>l'humidité</td><td>[lymidite]</td><td>'습기'</td></tr>
</table>

(111b)에서 모음으로 시작하는 단어들은 (110b)로부터 기대할 수 있는 것처럼 행동하는데, 그 단어들은 정관사에서 모음의 탈락을 유발한다. 그러나 (a)의 것들은 비록 또한 어두의 모음으로 발음된다하더라도(예를 들어 [ibu]) 보통 모음으로 시작하는 단어에 영향을 주는 과정에 저항한다. (a)의 형태는 유성의 h 단어들이다.

유성의 h 단어의 경우에서 비록 음성적으로 결코 실현되지는 않는다하더라도, 탈락이 적용되는 것을 저지하기 위해, 그럼에도 불구하고 어떤 의미에서 표층에 '존재하는 단어' 어두의 자음을 가지는 것 같다. 따라서 연성 자음들의 경우에서와 같이 완전히 명시되지만 음절화 되지 않는 자음을 갖기보다는 (112a)에서와 같이 기저에 존재하지만 어떠한 분절적 내용도 갖지 않는 골격위치를 가지고, 따라서 *le hibou*에 대한 표시인 (112b)에서와 같이 음절화된다:

(112)

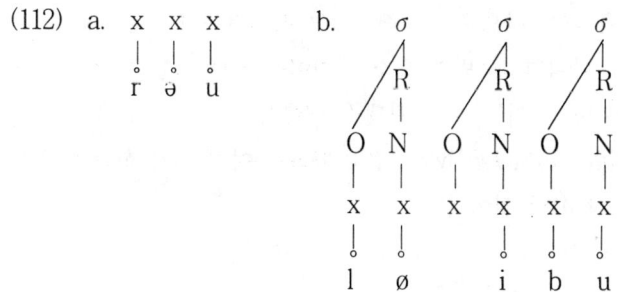

*hibou*의 첫 음절의 두음은 골격위치에 연결되고, 따라서 탈락을 위하여 그 단어는 두음을 가지고, 그래서 모음의 소실을 막는다. 이와 달리 *hirondelle* 같은 단어는 '정상적인' 모음으로 시작하는 단어처럼 어떤 두음도 없고, 따라서 탈락이 유발된다.

흥미롭게도 철자상의 *h*가 없는 몇몇 모음으로 시작하는 단어(113a)가 있는데, 그것은 많은 전이음으로 시작하는 항목(113c)과 함께 유성의 h 단어처럼 행동한다. 탈락을 허용하는 (b)의 형태를 참고하라:

(113) a. le onze août   [lø ɔ̃z u]   '8월 11일'

        b. l'oiseau   [lwazo]   '새'

            l'huile   [lɥil]   '기름'

        c. le yaourt   [lø jauʀt]   '요구르트'

            le huit avril   [lø ɥit avʀil]   '4월 8일'

            le ouistiti   [lø wistiti]   '명주원숭이'

(113a)의 형태 *onze*는 (111a)의 *hibou*처럼, 즉 분절적으로 공음절적 위치를 갖는 것으로, 간주되어져야 한다. (113c)의 것들은 외견상 어두의 전이음을 자음인 것으로 간주하고, 따라서 탈락이 저지된다. 그러나 (113b)에서 표층 전이음은 탈락을 저지하지 않는다.[37] 이것은 전이음을 두음으로가 아니라

---

[37] 탈락을 허용하는 /j/로 시작하는 단어들의 예들이 있는 것처럼 보이지 않는다는 것을

음절핵으로 음절화 되는 것으로 간주해야하는지(이것은 Tranel 1987: 174에 채택된 해결책임), 아니면 두 번째 요소가 전이음일 때 복합 두음을 허용해야하는지를 의미한다. 불어는 사실 형태소 내에서 그러한 두음을 허용하고 (예를 들어 *lui* [lɥi] '그를', *loi* [lwɑ] '법'), 따라서 여러 가지 형태의 최상의 표층표시는 아마 (114)일 것이다:

(114)

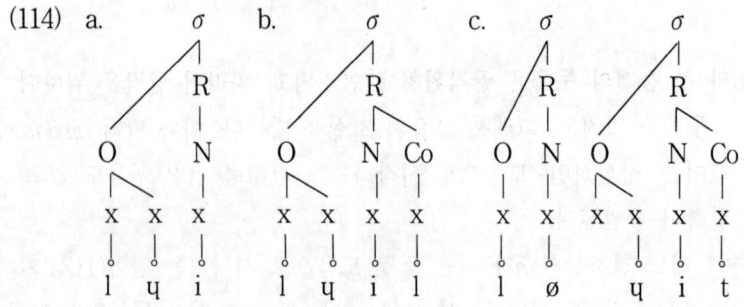

(a)와 (b)에서 반모음 [ɥ]는 핵(head)이 [l]인 복합 두음의 일부인데, 그것은 (a)에서는 기저에 존재하고 (b)에서는 탈락의 결과로 두음의 일부가 된다. 이와는 달리 (c)에서는 기저의 복합 두음이 핵을 가지나 어떠한 분절적 내용도 없기 때문에 탈락이 저지된다((111a)의 *hibou*참조).

　대체로 연성과 유성의 h는 기대되는 방식으로 상호작용을 하고, 그렇게 해서 유성의 h를 갖는 단어들은 탈락을 저지해서, 예를 들어 *petit hibou* [pəti ibu] '작은 올빼미'를 낳게 된다.[38] *hibou*의 첫음절의 두음은 골격위치에 연결되기 때문에 *petit*의 끝의 음절화 되지 않은 /t/는 그것에 연결될 수 없다(위에서 논의한 바와 같이 불어에서 연성은 만일 두 번째 요소가 전이음이 아니면 복합 두음을 형성할 수 없다 - *petit rêve* *[pətitʀɛv] '작은 꿈' 참조 - 오히려 그것의 역할은 두음이 없는 음절을 방지하는 것이다). 이 두

주목하라.

[38] 여기서, 그 밖의 곳에서와 같이, *petit*에서 일반적으로 슈와를 탈락하는, 예를 들어 [pti ibu]를 낳는, 것과 같은 여러 가지 다른 수의적인 음성적 과정들을 무시할 것이다.

음은 어떠한 분절적 요소에도 연결되지 않기 때문에 그것은 또한 실현될 수 없다. 이와는 달리 *petit hymne* '작은 찬송가'는 *petit ami* '작은 친구'처럼 행동할 것이고([pətitimn]과 [pətitami]), hymne의 두음에 연결되는 어떠한 골격위치도 없는데, *hymne*는 *ami*처럼 기저에서 모음으로 시작한다.

3.7.4 보상적 장음화와 관련 과정

이제 약간 다른 유형의 현상이지만 또한 공 음절적 위치라는 개념에 호소할 수 있는 현상을 살펴보자. 음운적 표시에서 특정 층열을 갖는 것을 지지하는 일반적인 주장의 유형은 음운구조의 다른 양상과의 독립성을 수반한다. 특히 **안정성 효과(stability effects)**를 수반하는 현상을 확인할 수 있는데, 여기서 분절음의 어떤 양상은 탈락되지만 어떤 다른 양상은 외관상 음운적 표시에서 여전히 존재한다. 그런 경우에, 수반되는 두 가지 양상은 그 구조의 독립적인 부분을 형성한다. 따라서 성조 표시와 관련해서 성조를 갖는 단위는 탈락되지만 그 단위가 연결되었던 성조들은 '뒤에 남아있고' 이웃하는 성조를 갖는 단위로 연결하는 경우가 있다는 것을 §1.4에서 보았다. 성조는 따라서 별개의 층열에 적절하게 표시된다.

골격위치는 별개의 음운적 층열 위의 요소라는 견해를 지지하는 유사한 현상이 발견될 수 있다. 한 가지 그러한 현상은 §3.5에서 소개한 한 예인 보상적 장음화를 수반한다. 그 용어는 일반적으로 어떤 과정이 작용할 때 – 혹은 때때로 작용하시 못할 때 – 분절적 요소를 다른 수단에 의해서 문제의 골격 교점에 연결하기 위하여 골격층열 위의 요소의 수를 보존하도록 분절음을 장음화하는 것을 기술하기 위해 사용된다.

한 가지 그러한 경우는, 티베르 히브루어(Tiberian Hebrew)에서 가져온 것인데, Lowenstamm과 Kaye(1986: 104)에 의해 인용된다. (115)의 명사를 살펴보자:

(115) a. seefer '책'
       geʃem '비'

b. ʔiiʃ   '남자'

   ʕaamʔ   '사람들'

   haar   '산'

티베르 히브루어는 정관사 /ha/가 명사의 초에 붙는 과정을 갖는다. 이것이
일어날 때 그 명사의 첫 자음은 (116)에서와 같이 보통 겹자음이 된다:

(116) hasseefer   '책'

     haggeʃem   '비'

(117)은 [haggeʃem]에 대해 골격층열뿐만 아니라 뿌리층열을 갖는 표시를
제공한다:

(117)

```
    x  x  x  x  x  x  x  x
    |  |  |  \  |  |  |  |
    o  o  o   o  o  o  o  o
    h  a   g  e  ʃ  e  m
```

그러나 (115b)의 형태는 다르게 행동한다. 이 단어에서 어두의 자음은 히브
루어에서 결코 겹자음이 되지 않는 /ʔ ʕ h ʔ r ħ/ 집합의 일부를 형성한다. 따
라서 관사는 추가 변화 없이 단순히 명사에 붙게 되어, 예를 들어 [haʔiiʃ]와
[hahaar]가 나오기를 기대할 것이다. 그러나 실제 형태는 다음과 같다:

(118) haaʔiiʃ   '남자'

     haaʕaam   '사람들'

     haahaar   '산'

여기서 명사의 어두 자음보다 정관사의 모음이 길어진다. 이것을 문제의 과
정이 명사 앞에 세 개의 골격자리가 틀림없이 있는 '모형'을 요구한다는 사

실 탓으로 돌릴 수 있다. 이런 요구는 어두 자음의 겹자음화로 보통 충족되나, 그 것이 겹자음화를 겪을 수 없는 집합에 속하면 하나의 골격자리는 (119)처럼 분절적 내용 없이 남아있다:

```
(119) x   x   x   x   x   x   x
      |   |       |   |   |   |
      o   o       o   o   o   o
      h   a       ʔ   i   i   ʃ
```

모형을 충족하기 위해 모음을 비어 있는 골격위치에 연결함으로써 모음의 보상적 장음화가 일어난다:

```
(120) x   x   x   x   x   x   x
      |   |  /    |   |   |   |
      o   o       o   o   o   o
      h   a       ʔ   i   i   ʃ
```

이와 같은 현상은 음절적 위치가 분절적 정보 없이 존재할 수 있다는 것을 암시하고(이 경우에 일시적이더라도), 음절적 위치는 음운적 표시의 독립적인 부분을 형성한다고 가정하는 것을 지지하는 강한 증거를 제공한다.

보상적 장음화의 다른 예는 더 복잡한 상황을 보인다. 예를 들어 Steriade (1982)와 Wetzels(1986)는 고대 그리이스어의 동이오니아(East Ionic) 방언의 보상적 장음화를 논의하는데, 그 언어에서 자음 뒤의 /w/는 소실되고 동시에 모음의 장음화가 일어난다:

```
(121) odwos    > oːdos      '문지방'
      kalwos   > kaːlos     '아름다운'
      ksenwos  > kseːnos    '이방인'
```

(121)에서 탈락된 /w/는 장음화하는 모음과 인접해있지 않다. /w/의 탈락은 (122)에서 보인다:

(122)

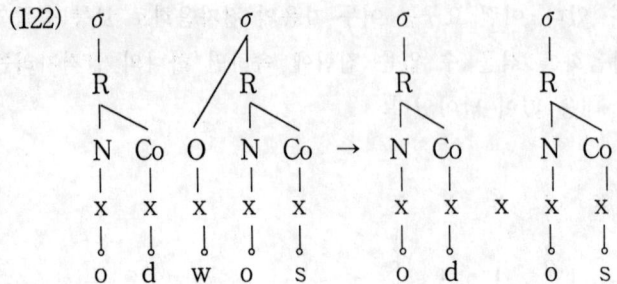

/w/의 탈락 뒤에 두 번째 음절은 두음이 없게된다. 이 음절에 두음을 제공하기 위해 앞의 자음은 첫 음절의 끝 위치에서 두 번째 음절의 두음 위치로 이동한다:

(123)

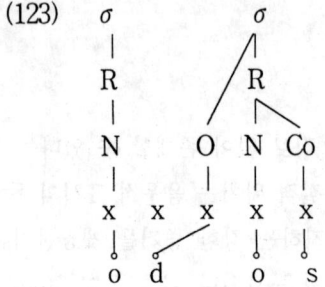

이것이 이번에는 (124)에서와 같이 모음의 보상적 장음화를 유발한다:

(124)

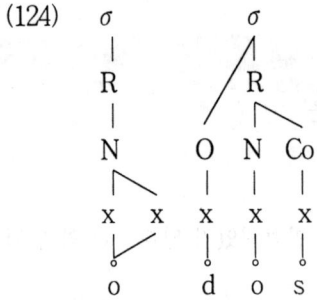

골격위치는 또한 분절음의 내용과 독립적으로 행동하고, 따라서 그것은 음절적 구조에서 그 존재를 정당화한다.

그러한 보상적 장음화 과정은 또한 음절보다 더 큰 연쇄와 관련이 있어 보인다. 이것이 엄밀히 말해서 이 장의 영역밖에 있다해도 여기서 몇 가지 관련 예의 고려에 약간의 공간을 할애한다. 한 가지 그러한 것은 중세영어 개음절장음화(Middle English Open Syllable Lengthening(MEOSL))로 알려진 영어사에서의 과정을 수반한다. MEOSL은 전통적으로, 그 이름이 암시하듯이, 개음절에서, 즉 슈와 모음이 뒤따르는 단일 자음이 뒤따르는 강세를 받는 음절에서, 모음의 장음화를 수반하는 것으로 간주된다. 예가 (125)에 있다(Lass 1992: 48):

(125) /wikə/ > [weːkə]   '주'
　　　/wudə/ > [woːdə]   '목재'
　　　/berə/ > [[bɛːrə]   '참다'
　　　/nosə/ > [nɔːzə]   '코'
　　　/samə/ > [saːmə]   '같은'

전통적인 해석은 보상이라는 개념과는 어떤 관계도 없는 듯이 보인다. 즉 어떤 것도 (125)에서 변화의 결과로 소실되지 않는다. 그러나 변화의 한 가지 견해는, Minkova(1991)에 의해 처음으로 제안되었는데, 장음화는 모음이 개음절에 있다는 사실에서가 아니라 오히려 끝의 슈와의 소실에 의해 유발된다는 것이다.[39] 다시 말해 예를 들어 [wudə]와 [woːdə] 사이에 등치가 있는 것이 아니라 [wudə]와 [woːd] 사이에 등치가 있다. 이러한 해석을 근거로 첫 모음의 장음화는 두 번째 모음의 소실을 보상한다. 이것은 또한 골격층열에서 요소의 수를 유지하기 위한 압력의 결과라고 주장할 수 있다. 즉 단모음을 갖는 두 음절의 연쇄는 어떤 의미에서 장모음을 갖는 단일음절과 대등

---

[39] 그러나 이러한 표시에 반대하는 주장들에 대해서는 Lahiri와 Dresher(ms)를 보라.

하거나 대안으로 두 경음절은 여기서 하나의 중음절과 같은 중량을 갖는 것으로 간주한다. 그 과정은 (126)에서와 같이 표시할 수 있다:

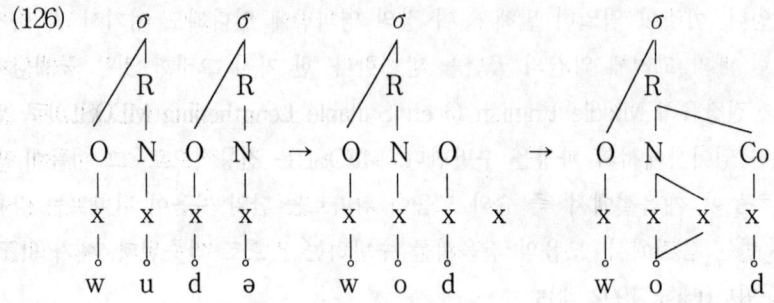

(126)

공명자음으로 끝나는 명사를 뒤따르는 네덜란드어의 지소 형태소의 여러 실현을 설명하기 위해 유사한 설명이 제안될 수 있을 것이다. §1.3.1로부터 *mann* /maːn/ '달'과 같이 공명자음이 뒤따르는 장모음으로 이루어진 운모를 갖는 단음절적 명사 다음에서 지소접미사의 형태는 [tjə]이지만, 만일 모음이 *man* /man/ '남자'에서와 같이 단모음이면 모음이 삽입되어 [manətjə]를 낳는다는 것을 상기하라. MEOSL의 경우에서와 같이 비록 이 경우에서 보상적 장음화가 아닌 보상적 삽입음을 다루고 있다하더라도 이것은 보상적이라 간주될 수 있다. 그렇다하더라도 두 경우에서 분절적 요소를 모든 골격요소와 연결함으로써 충족되어져야 하는 골격층열에서의 요소에 의해서 정의되는 **모형(template)**이 있는 듯이 보인다.

유사한 요인들이 분절적 요소의 탈락에 연루될 수 있다. 예를 들어 영어사에서 고설모음 탈락(Higj Vowel Deletion)으로 알려진 과정은 고설모음이 중음절(VC, VV)을 뒤따를 때는 /i/와 /u/를 탈락하지만, 경음절(V)을 뒤따를 때는 탈락하지 않는다(Lass 1984a: §4.3.2를 보라). 이것은 (127)의 것과 같은 고대영어 형태를 초래한다(모음 길이는 장음부로 표시함):

(127)   단수   복수
    a.   scip   scipu   '배'
         lim   limu   '수족'
    b.   word   word   '단어'
         land   land   '땅'
         bān   bān   '뼈'
         sweord   sweord   '검'

이러한 명사는 모두 같은 부류, 즉 a-어간중성명사에 속하고, 같은 식으로, 즉 /u/의 접미사화에 의해서 그 복수형을 형성할 것으로 기대된다. 그러나 /u/는 단지 경음절에 붙게될 수 있고(a), 반면에 중음절(b)은 접미사를 거부한다. 따라서 네덜란드어의 지소사형성의 경우처럼 이러한 형태론적 과정은 출력에 제약을 두는 것처럼 보인다. 골격층열에 의해 단지 세 개의 자리가 복수형 모형의 관련 부분에서 허용된다. 모라용어로 이런 자리는 두 개의 모라에 의해 지배된다. 모든 이런 자리가 이미 어간으로부터 분절적 요소에 의해 채워지면 그 접미사는 표층으로 나타날 수 없고, 그렇지 않으면 표층으로 나타난다:

(128) a. μ   μ   b.   μ   μ   c.   μ μ
          | | | | | |
       x x x x   x x x x   x x x x
       o | | | | | | o   o | / | o
       ʃ i p + u   w o r d + u   b a   n + u

접미사가 골격위치에 연결될 수 없으면 그 접미사는 전혀 실현되지 않는다.

3.8 허가와 지배

(74)에서 '중심'음절(두음, 운모, 음절핵과 말음으로 이루어진)과 많은 수의적인 성분, 즉 선행소, 외음절적 위치와 후행소로 이루어진 음절에 대한 구

조를 제안했다. 이것이 매우 복잡한 구조인 것처럼 보일지라도 이러한 복잡성은 주로 언어가 단어 내에서 허용하는 것보다 단어 가장자리에서 훨씬 더 많은 종류의 가능성을 허용한다는 사실 때문이라는 것을 관찰하였다. 따라서 추가의 자음은 단어의 왼쪽이나 오른쪽 주위에 나타날 수 있는데, 그것은 각각 음절의 초나 음절의 끝 자음군처럼 단어 내에서 발견하지 못하는 어두와 어말의 자음군을 낳게 한다. 그러나 중심음절 밖에 있는 것으로 확인했던 성분의 정확한 지위, 즉 '그것들이 무엇인가'와 그것이 어떻게 운율적 구조에 통합될 수 있는지는 아직까지 논의하지 않았다.

실제로 발견하는 것과 일치해서 가능성의 수가 가능한 한 제한된 음절구조이론을 갖는 것은 분명히 바람직하다. (74)의 표시는 중심음절의 일부를 형성하지 않는 것은 그 음절에서 주변적인 지위를 갖는 것으로 간주될 수 있다는 점에서 제한된 음절구조이론을 가지려는 시도이다. 중심음절 내에서 성분의 최대복잡성이 어떠할지를 고려함으로써 이런 접근을 계속해 보자.

위에서 논의한 분석에서 중심음절 내에서 두음 성분은 최대 양분적이라는 것을 상기하라. 외관상 세 개의 자음 두음에서 첫 자음은 중심음절 밖의 선행소에 부여한다. 그러나 운모 성분은 언뜻 보기에 이러한 특성을 나타내는 것처럼 보이지 않으며, 영어의 *pike*에서와 같이 초중(**superheavy**: **VVC**) 운모로 때때로 일컬어지는 것의 존재는 운모교점뿐만 아니라 그것의 딸인 음절핵 교점도 같은 음절에서 분지 할 수 있다는 것을 암시한다. 이것은 영어의 *paint*에서와 같이 VVCC연쇄도 또한 발견한다는 사실에 의해 확인되고, (76)에서 /t/는 외음절적 위치를 차지하지만, /n/을 운모 내로 음절화해서, (129)를 낳는 것이 적절해 보인다는 것을 보았다:

(129)

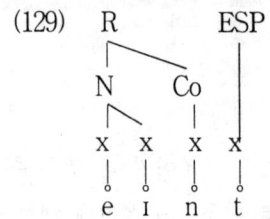

그럼에도 불구하고 몇몇 음운학자는 이러한 구조조차도 음절 내에서 허용되어서는 안 된다고 주장해 왔다. 오히려 이러한 견해에서 모든 음절적 성분들은 최대 양분적이고, 따라서 분지 음절핵은 말음자음이 뒤따를 수 없다. 이러한 주장은 특히 이 절에서 논의하는 음절구조에 대한 접근, 즉 보통 **지배음운론(government phonology**: 예를 들어 Kaye 등 1985, 1990; Charette 1991; Harris 1994; Brockhaus 1995; Ritter 1995)으로 일컬어지는 접근과 관련이 있다.

만일 운모가 최대 양분적이라는 가설을 받아들인다면 어떤 다른 방식으로 설명되어져야 하는 것은 *paint*에서의 것과 같은 외음절적 성분이 뒤따르는 바로 초중운모만이 아니다는 것을 주목하라. 영어의 *rhyme* /raɪm/과 *pike* /paɪk/의 운모와 같은 단어-끝의 초중운모는 따라서 (130)에서와 같이 또한 부적형인데, 여기서 운모 교점뿐만 아니라 음절핵 교점도 분지한다:

(130)

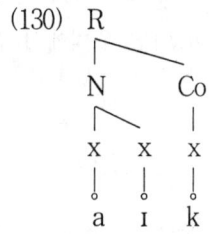

만일 운모는 최대 양분지이고 따라서 *paint*에 대해 (129)와 *pike*에 대해 (130)과 같은 구조는 부적형이라는 주장을 받아들인다면 이러한 형태는 어떻게 설명될 수 있는가?

한 가지 가능성은 지금까지 해오고 있었던 것보다 외음절성이라는 개념을 훨씬 더 확장하는 것일 것이고, 그 결과 분지 음절핵을 뒤따르는 어떠한 자음도 외음절적일 것이다. 이것은 *pike*에 대해 (131a)와 같은 주조를 줄 것이지만, *paint*는 아마 (131b)에서와 같이 두 개의 외음절적 자음을 가질 것이다.

(131) a.

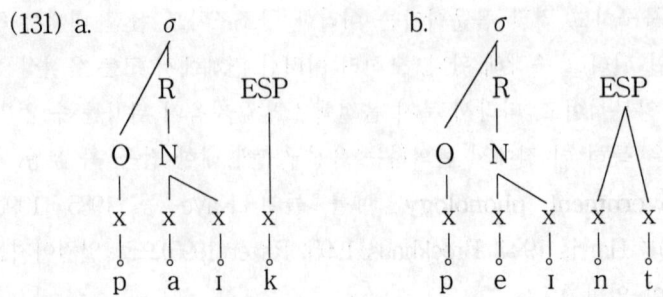

그러나 모든 음절적 성분을 최대의 두 딸로 제한하려는 바람 외에는 언뜻 보기에 이러한 자음을 외음절적으로 간주할 독립적인 이유가 있는 것처럼 보이지 않는다. 그렇다면 왜 분지 운모 내에서 분지 음절핵을 갖는 구조가 어떠한 경우에도 부적형이라고 주장하고 싶어해야 하는가?

이미 언급했듯이 논의 중인 유형의 연쇄, 즉 초중운모는 일반적으로 (132)의 네덜란드어 형태에 의해 예증된 바와 같이 단어-끝 위치로 제한된다. (132a)의 형태는 적형이지만 (132b)의 연쇄는 단어-끝이 아닌 위치에서 같은 초중음절을 가지는데도 부적형이다:

(132) a. kameel /kaːmeːl/ '낙타'
　　　 bordeel /bɔrdeːl/ '갈보집'
　　 b. *meelka /meːlkaː/
　　　 *deelbor /deːlbɔr/[40]

이러한 초중음절이 일반적으로 끝 위치로 제한된다고 한다면 외음절성이라는 개념에 대한 호소는 부적절해 보이지 않는다. 다시 말해 초중음절의 끝 자음은 본래의 중심음절 밖에 놓인다.

그러나 이 시점에서 왜 이러한 유형의 제약이 존재하는지를 물어야 한다.

---

[40] (132b)의 형태는 만일 그들이 합성어이면, 즉 만일 두 음절 사이에 경계가 끼여들면 적형일 것이다. 예를 들면 *keelpijn* '아픈 목'. 그러나 이것은 여기서 제시한 주장에 영향을 주지 않는다.

다시 말해 음절구조에 관한 그렇게 많은 '정상적인' 제한이 완화되도록 하는 끝 위치(실제로는 모든 '가장자리' 위치)는 어떠한가? 지배음운론의 모델 내에서 이루어진 몇 가지 기본적인 주장을 살펴봄으로써 이 질문에 접근할 것이다.

지배음운론은 음절구조의 다른 이론보다 훨씬 더 제한적인 음절에 관한 견해를 제공한다. 보아왔듯이 그 모델의 중심은 모든 음절적 성분이 최대 양분적이라는 주장이다. 이 주장은 따라서 위에서 제안했듯이 두음에 관해서 뿐만 아니라 또한 운모에 관해서도 적용된다. 그러나 이 시점까지 모든 분지는 최대 양분적이라는 것을 단순히 가정해오고 있었다. 지배음운론에서 이 원리는 가정이 아니라 **허가(licensing)**라는 개념으로부터 당연히 나오는데, 보게되듯이 허가는 외관상 양분지를 위반하는 구조를 배제하는 형식적인 수단을 준다.

이러한 허가라는 개념은 §3.7.2에서 논의된 것과 유사하지만 동일하지는 않다. 지배음운론에서 모든 영역 내의 종지(dependent)는 핵(head)의 존재에 의해 **허가되어(licensed)**야 한다. 두음이나 음절핵과 같은 음절적 성분 내에서 허가관계는 왼쪽에서 오른쪽이고, 즉 성분은 **두핵(head- initial)**이고 따라서 (133a)에서 /t/는 두음 내에서 /r/을 허가하고, 음절핵 내에서 /e/가 /ɪ/를 허가하지만, (133b)에서는 /f/가 두음 내에서 /l/을 허가하고 운모 내에서 /æ/가 /p/를 허가한다:

(133) a.   b.

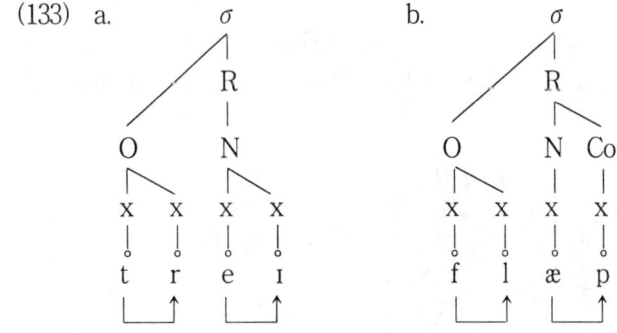

허가를 (33)에서와 같이 나타낸다.

결정적으로, 허가에 대한 한 가지 추가의 제한이 제안된다. 즉 허가는 단지 임밀하게 인접한 골격위치 사이에서만 적용된다(**국부성(locality)** 조건; Harris 1994: 156). 따라서 (133b)에서, 보는 바와 같이 /f/는 인접하는 골격위치 /l/을 허가하고, /æ/는 /p/를 허가한다. 이제 *band*와 *pike*의 것과 같은 가능한 초중운모를 살펴보자:

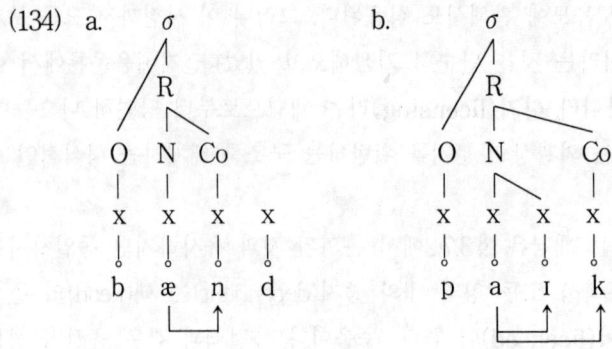

(134a)에서 /d/는 첫 음절로 음절화될 수 없다. /n/이 말음 위치를 차지하기 때문이다. (134b)에서, 핵이 초에 오는 분지 음절핵 교점을 가지고, 따라서 첫 모음은 두 번째 모음을 허가한다. 그러나 또한 핵이 초에 오는 분지 운모 교점을 갖는다. 핵(첫 모음)은 따라서 운모에 있는 다른 골격위치, 즉 /k/를 허가해야 한다. 이 두 개의 골격위치는 엄밀히 인접해 있지 않고(두 번째 모음이 끼여든다), 따라서 그 구조는 적형이 아니다.

따라서 지배음운론의 이러한 해석은 (135)의 음절적 구조만 허용한다:

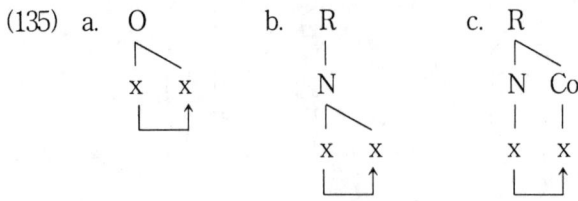

세 개의 성분, 즉 두음, 운모, 음절핵이 지배음운론에서 발견되는 유일한 것
이다. 비록 (135c)에서 말음 교점을 포함시켰다하더라도 이것은 지배음운론
에서의 표준 관행과 일치하지 않는다. 보아왔듯이 말음은 결코 복합적일 수
없으며, 따라서 그것에 해당하는 성분을 가질 필요가 없다고 주장된다. '말
음' 위치는 일반적으로 지배음운론에서 **운모의 부가사(rhymal adjunct)**로
일컬어지는데, 다음에서, 그러나 '말음'이라는 용어를 계속해서 사용할 것이
다.41) 지배음운론은 음운적 과정들이 이 교점을 참조할 어떠한 필요성도 갖
지 않는다는 점에서 전통적인 음절이라는 개념에 해당하는 어떠한 성분도
없다고 또한 주장한다. 뿐만 아니라 음절을 어떤 종류의 음운적 영역이라고
간주하도록 해 줄 두음과 운모 사이에 유지되는 어떠한 제약들도 없다(§3.4
에서의 두음-운모 구분의 동기에 관한 논의를 상기하라). 그럼에도 불구하
고 두음들과 운모들은 항상 함께 나타난다고 주장되고, 뒤따르는 운모가 없
는 두음과 그 역을 발견하지 못한다. 그밖에 이 장의 나머지에서 계속해서
'음절'이라는 용어를 비공식적으로 사용할 것이다.

　모든 이러한 것은 지배음운론에서 음운적 연쇄는 다음 일반적인 유형을
갖는다는 것을 의미한다:

(136)

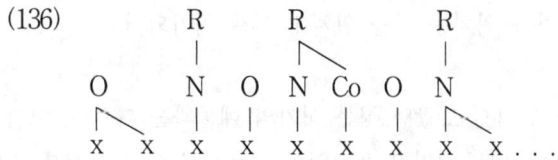

　모든 종지는 핵에 의해 허가되어야 한다는 것을 이미 보았다. 만일 그것
이 그렇게 허가되지 않으면 그것은 실현될 수 없다. 만일 이제 *pike*와 같은
단어의 표시로 되돌아간다면 /k/는 외견상 어떠한 핵에 의해서도 허가되지

---

41 어쨌든 특정 범주가 분지할 수 없다는 사실, 즉 더 작은 단위들로 이루어질 수 없다는
　사실이 그 범주가 성분을 형성해서는 안 된다는, 즉 더 큰 단위의 일부이어서는 안 된
　다는 것을 반드시 의미한다는 것이 곧바로 분명하지 않다.

않는다:

(137)
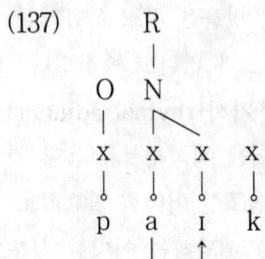

이것이 엄밀인접성을 위반할 것이기 때문에 모음은 /k/를 포함하는 성분의 허가자가 아니라는 것을 상기하라. 그러면 어떻게 /k/는 허가될 수 있는가?

Harris(1994: 160)에 의해 공식화된 바와 같은 다음의 두 원리를 살펴보자 (또한 Kaye 1990: 311 참조):[42]

(138) a. 두음 허가

두음 핵 위치는 음절핵 위치에 의해 허가되어야 한다.

b. 말음 허가

운모의 부가사 위치는 두음 위치에 의해 허가되어야 한다.

이러한 유형의 허가는 위에서 보았던 성분 허가의 예들과는 다르다. 여기서 허가 관계는 위의 두음, 운모, 그리고 음절핵의 경우에서와 같이 성분들 내에서라기보다는 두 성분들 사이이다. **성분간 허가(Interconstituent licensing)**는 한 가지 아주 중요한 점에서 성분 허가와 다른데, 그 허가는 왼쪽에서 오른쪽으로가 아니라 오른쪽에서 왼쪽으로 진행한다.

두음허가의 원리(138a)는 직관적으로 간단하다. 즉 두음은 그것이 음절핵이 뒤따른다는 사실에 의해서만 두음이다(이것이 음절적 성분을 인정하는

---

[42] 지배음운론의 대부분의 해석들에서 말음 성분이 없는데도 불구하고 '말음 허가'라는 용어가 사용된다는 것을 주목하라.

이론이 일반적으로 음절핵을 핵으로, 두음을 종지로 특징짓는 이유임. 위 (63) 참조). 따라서 영어 *try*와 같은 단어는 (139)에서 본 허가 관계를 갖는다:

(139)

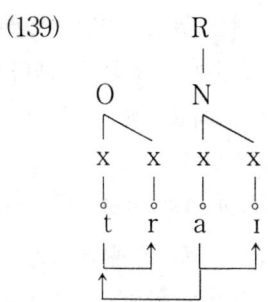

좌-우방향의 성분허가에 의해 /a/는 /ɪ/로 채워진 음절핵에서 핵이 아닌 위치를 허가하고, 우-좌방향의 성분간 허가에 의하여 /a/는 /t/로 채워진 두음의 핵위치를 허가하는데, /t/자체는 좌-우방향의 성분허가에 의하여 /r/로 채워진 두음에서의 핵이 아닌 위치를 허가한다.

비록 두음허가가 전통적으로 받아들여지는 개념, 즉 두음은 어떤 의미에서 음절핵보다 '덜 중요하다'는 개념에 해당하는 것처럼 보일지라도 말음허가는 훨씬 더 혁신적인 개념을 구현하는 것처럼 보인다. (138b)는 말음자음이 뒤따르는 두음, 즉 뒤따르는 성분의 핵에 의해 허가되는 것을 진술한다.

지배음운론자는 이것이 말음위치를 차지할 수 있는 분절적 요소에 관한 매우 엄격한 제한이 있다는 사실을 반영한다고 주장한다. 예를 들어 Harris (1994: §2.4.4)는 공명도연쇄원칙이 (140)이 되도록 확장될 수 있음을 보여준다:

(140) 최적의 말음-두음 자음군에서 첫 자음은 두 번째 자음보다 덜 공명스럽지 않다.

이것은 물론 두음에 적용될 때 공명도연쇄원칙의 경상(mirror image)인데, 여기서 첫 자음은 일반적으로 두 번째 자음보다 덜 공명스럽다. 다시 말해 말음-두음연쇄는 일반적으로 상승공명도를 보이고, 두음성분의 두 요소는 하강공명도를 보인다. 따라서 영어의 *candy, custard, kilter, perfume*, 등등 과 같은 단형태소 항목에서 적형의 말음-두음연쇄를 발견하지만 *cadny, *cutsard, *kitler, *pefrume*에서는 그 연쇄를 발견하지 못한다. 게다가, Harris가 언급하듯이, 언어는 나타날 수 있는 적형의 자음군에 관한 제한을 보이고, 빈번하게 단지 공명음-저해음연쇄만이 허용된다.

또한 말음이 뒤의 두음에 의해 영향을 받는 추가의 다른 면이 있다. 그래서 영어의 비음성말음+폐쇄음두음연쇄에서 비음은 그 폐쇄음과 동기관음이어야 한다. 그래서 *camber, canter, canker*([ŋk]) 등등이 나타남을 1장에서 보았다.

이러한 행동은 Harris가 허가의 여러 가지 예들(성분뿐만 아니라 성분간)을 두 개의 하위 유형으로 하위범주화하도록 한다. 두음, 음절핵, 그리고 말음-두음 연쇄(종종 '간사'(interludes)로 일컬어짐)의 경우에 **지배영역(governing domains)**과 관계가 있어야 하고, 지배영역 안에서 두 분절음 사이, 즉 핵과 종지 사이에 **지배(government)** 관계가 있다고 그는 주장한다. 따라서 지배는 허가의 하위 유형이다. 이러한 지배 영역 내에서 '아주 특별한 음소배열적 제한이 효력을 발한다'. 다시 말해 종지 위치에서 가능성의 종류는 적어도 부분적으로는 핵에 의해 결정된다. 말음-두음 영역에서 이미 이것의 예를 보았다. 두음 영역 안에서, 또한 보았듯이, 상승공명도가 고려되어야 하고, 종종 요구되는 최소의 '공명도간격'이 있고(즉 종지는 공명도에 의해서 핵과 너무 가까워서는 안 된다), 동기관성을 수반하는 제한이 있을 것이다(영어는 예를 들어 */tl-/을 허용하지 않는다). 음절핵 내에서 두 번째 모음은 첫 모음과 동일하거나(장모음), 이중모음의 경우에, 종종 제한된 집합의 모음이어야 한다. 이 점에서 RP 영어는 이중모음의 두 번째 요소로서 단지 /ɪ ʊ ə/만 허용하는데서 전형적이다. 이러한 사실을 근거로 Harris(1994: 168)는 (141)의 구조를 지배영역이라고 표시한다:

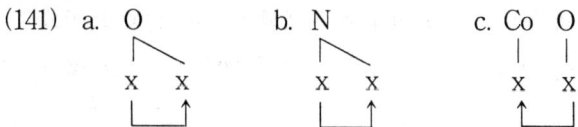

(141) a. O　　　b. N　　　c. Co O

이와 같이해서 두음의 핵은 (141a)와 (c)에서 보는 바와 같이 두 영역에서 동시에 지배자일 수 있다.

그러한 음소배열적 제한은 그러나 다른 허가영역의 요소 사이에는 적용되지 않는다. 위에서 보았듯이 일반적으로 두음의 내용과 뒤따르는 운모사이에는 어떠한 제한도 없다. 유사하게 말음의 내용은 비록 음절중량과 관련된 제한이 물론 있을지라도 음절핵과는 독립적이다. 따라서 (142)의 두 영역은 허가영역이지만 지배영역은 아니다:

(142) a.　R　　　b.　R

이러한 고찰에 비추어 *brandy*와 같은 단어는 (143)의 구조를 가질 것이다:

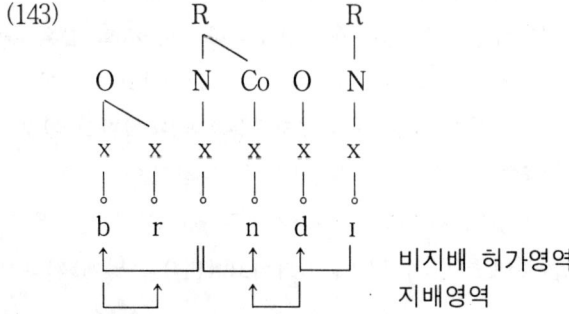

(143)　　R　　　　R

비지배 허가영역
지배영역

/n/는 두 번 허가된다는 것, 즉 한 번은 첫 음절의 음절핵에 의해서, 그리고

또 한 번은 두 번째 음절의 두음에 의해서 허가되지만 두 번째 음절의 두음에 의해서만 지배되고, 그것으로부터 /n/은 조음장소에 대한 명시를 받는다는 것이 주목될 것이다.

이 이론이 외관상 운모에 두 개 이상의 요소를 가지는 음절을 어떻게 설명할 수 있는가? (137)에서 *pike*는 분지음절핵을 가지고, 따라서 끝의 /k/는 뒤따르는 두음이 없기 때문에 운모로 음절화될 수 없다는 것을 보았다. 그러나 지배음운론은 이 자음이 사실 말음자음의 전형적인 특성 중의 어떤 것도 보이지 않는다고 주장한다. 정상적인 말음자음은, 막 보았듯이, 그들의 출현이 아주 제한을 받는데, 이와는 달리 주변적인 끝 자음은 그 출현이 자유롭다. 즉 자음이 이 위치에서 나타날 수 있는 제한은 거의 없거나 없다. Harris (1994: 72)가 진술하듯이, 'V(V)C나 VCC자음군의 단어 끝자음이 말음위치로 음절화되면 형태소 내의 말음자음과 같은 유형의 분포적 특성을 보인다고 기대하는 것이 합당할 것이다. 사실 그것은 그렇지 않다. 보인다해도 그것은 꼭 형태소 내의 두음처럼 행동한다.'

이런 관점은 *band*와 같은 단어-끝의 초중 VCC음절의 고려에서 추가의 지지를 얻는다. (134)에서 보았듯이 /d/는 여기서 운모로 음절화될 수 없다. 지금까지는 그것이 외음절적이어야 함을 주장해 왔지만 이제 훨씬 더 명확한 주장을 할 입장에 있다. *band, camp, rank* 등등에서 비음과 끝 폐쇄음 사이의 관계는 *brandy, camber, canker* 등등에서의 비음과 폐쇄음 사이의 관계와 정확히 같다. 동기관음성이 두 경우에서 요구된다. *brandy*와 같은 단어에서 이런 조건을 비음은 핵이 폐쇄음으로 채워지는 뒤 음절의 두음인 지배영역에서 핵이 아니라는 사실과 관련지었다. 지배음운론은 정확히 같은 분석이 *band*에 대해 적절하다고 주장하는데, /d/는 '외음절적'인 것이 아니라 뒤 음절의 두음을 형성한다고 간주된다. 마찬가지로 *pike*의 /k/는, 두음의 모든 분포적인 특성을 보여주며, 따라서 음절화되고 (144)를 낳게 된다:

(144) a.

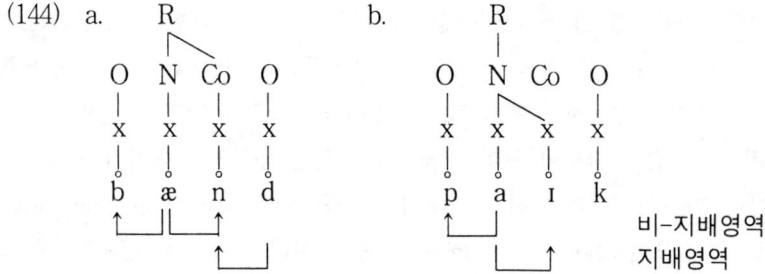

그러나 (144)의 표시는 두음자음이 두음허가에 의해 결정되는 것처럼 뒤따르는 음절핵에 의해 허가되어야 한다는 점에서 여전히 부적형이다. 공음절핵이 부여되어야 하고 그래서 (145)의 구조를 만든다.

(145) a.

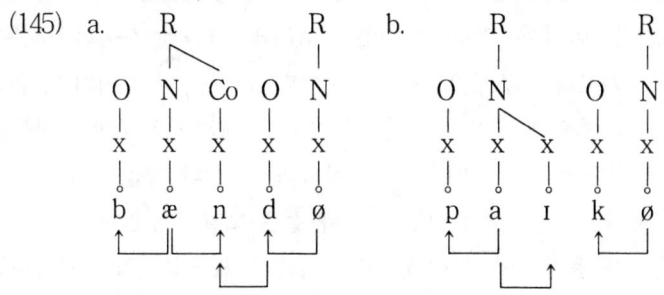

지배음운론은 이러한 접근이 영어의 *kept* /kɛpt/는 단모음을 가지지만, *keep* /kiːp/은 장모음을 갖는다는 사실을 또한 설명해준다고 주장한다. Kaye(1990)는 이 차이를 (138b)로 주어진 말음허가원리의 효과 탓으로 돌린다. *keep*에서 /p/는 첫 음절의 말음으로 음절화될 수 없다. 왜냐하면 그것을 허가해 줄 뒤따르는 두음이 없기 때문이다. 따라서 그것 자체가 두음을 형성해야 한다. 그러나 *kept*에서 두음 /t/는 말음자음 /p/를 허가하고, 따라서 /p/는 첫 음절의 운모로 음절화될 수 있다. /p/가 운모에 있기 때문에 모음은 짧아야 하고, 이와 같이해서 VVC 운모구조를 피하게 되는데, 보았듯이, VVC는 부적형이다. 따라서 *kept*는 (145a)의 *band*와 같은 구조를 가지고, *keep*은 (145b)의 *pike*와 같은 구조를 가진다.[43]

단어-끝의 모음 뒤 자음을 두음으로 간주하는 것에 대한 추가 증거는, 단어-말 운모로 된 어말자음이 무시되는 경우에만 단어-내의 운모와 단어-말 운모를 꼭같이 취급하는 여러 가지 음운규칙으로부터 발견할 수 있다. 이것은 또한 이 끝의 자음이 사실 공음절핵을 갖는 음절의 두음이라는 것을 암시한다. 따라서 §3.4.1에서 보았듯이 영어주강세규칙(English Main Stress Rule)은, 처음에 Chomsky와 Halle (1968)에 의해 공식화 된 것처럼, 명사의 어말 제2 음절이 중음절(VC 혹은 VV)이면 그 음절에 주강세를 둔다. 따라서 중운모(VC)의 어말 제2 음절을 갖는 *agenda*를 발견하지만, *America*는 경운모(V)의 어말 제2 운모를 갖게 되어 이 음절이 강세를 거부한다. 그러나 동사에 대해서 강세의 목표 음절은 어말 제2 음절이 아니라 끝음절이고, 따라서 *maintain*과 *collapse*는 끝의 강세를 가지지만, *astonish*의 끝음절은 강세를 거부한다. 여기서, 언뜻 보기에, 중음절과 경음절 사이의 구분은 VC/VV 대 V라기보다는 VCC/VVC 대 VC이다. 끝 자음이 무시되면, 물론 그 때는 영어의 경음절과 중음절에 관한 정의는 기대하게 되듯이 명사뿐만 아니라 동사에 대해서 같다. 지배의 접근에서 단어-끝의 자음은 두음이고, 따라서 관련 음절은 단어-끝이 아닌 음절과 같은 모양을 갖는다.

지배음운론자는 음절적 성분 내에서의 분지는 최대 양분지라고 주장하는 것을 보았다. 그러나 VVC와 VCC운모에서의 끝 자음을 뒤따르는 음절의 두음으로 해석하는 것에 대한 증거가 분명하더라도 *sound*와 *flounder*와 같은 VVCC 운모에서 두 자음은 뒤따르는 음절에 부여되어야 한다는 것을 알기는 어렵다. 여기서 /n/과 /d/ 사이의 관계는 *band*와 *brandy*와 같은 단어의 관계와 같은데, 그 단어에서 비음을 말음(더 정확하게는 운모의 부가사)으로 간주했다. 이것은 Harris(1994: §2.4.4)가 *flounder*의 것과 같은 초중운

---

[43] 이 분석은 '어근-차원' 접미사화에도 적용되는데, 그 접미사화에서 어근+접미사는 단일의 음운 영역으로 간주되고, 따라서 음절적 성분성에 관한 정상적인 음소배열적 제한들을 따른다. 접미사화는 또한 '단어 차원'에서 일어날 수도 있는데, 그 경우에 어근과 접미사의 연쇄는 두 개의 영역들을 형성하는 것으로 간주되고, 따라서 그렇지 않다면 부적형의 연쇄들이 용인된다. *seep*의 과거시제는 *[sɛpt]가 아니라 [siːpt]라는 사실은 여기서 단어-차원의 접미사화가 연루된다는 것을 보여준다.

모만 별도로 한다면 운모 교점뿐만 아니라 음절핵 교점이 분지하는 구조를
허용하도록 이끈다. 이것은 (146)에서 볼 수 있다:

(146) a.

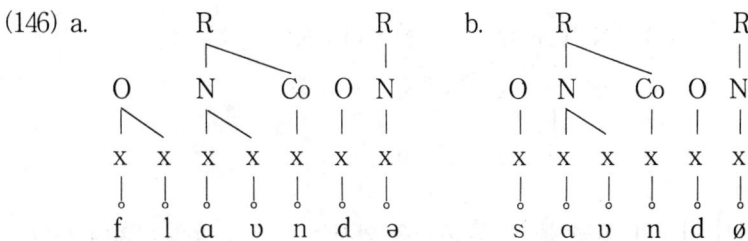

Harris는 초중운모에서의 말음은 중음절에서보다 훨씬 더 엄격한 제한을 받
는다고 언급한다. 그는 영어의 초중운모에 다음이 적용된다고 언급한다:

(147) a. 말음 위치는 공명음이나 마찰음으로 제한된다(예를 들어 *colt,
poultry, paste, pastry*)
b. 말음 공명음은 변별적인 장소 대조를 지원할 수 없다.
c. (b)의 경우에 뒤따르는 두음 자음에 의해 결정되는 선호되는 장
소 범주는 설정음이다.

따라서 이러한 제한은 초중운모를 특징짓기 위해 요구되는 음절구조의 복잡
성에서 생긴다고 주장될 수 있다.

3.8.1 공위치

위에서부터 지배음운론에 의해 채택된 책략은 위에서 논의된 여러 가지 원
리에 의해 허용되는 것보다 많은 분절음을 갖는 운모를 포함하는 '음절'은
결과적으로 생기는 공위치와 함께 적어도 두 개의 두음과 운모의 연쇄로 간
주된다는 것을 의미한다는 것이 분명하다. 아주 똑 같은 접근이 §3.4.2에서
선행소라 일컬었던 것의 분석에 이용된다. 이것은 Brockhaus(1999)에 의해
제안된 독일어 *Spruch* /ʃprʊx/ '좌우명'에 대한 표시인 (148)에서와 같이 다

른 두음/운모연쇄에 속하는 것으로 또한 해석된다(또한 Kaye 1996 참조):

(148)

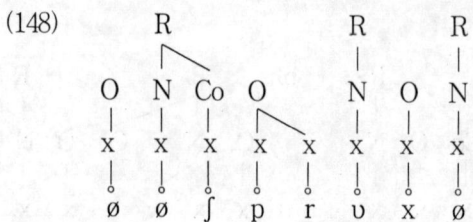

여기서 어두의 /ʃ/는 분지두음 /pr/을 앞서는 음절의 말음 위치에 부여된다.

지배음운론에 의해 채택된 원리는 그 모델에서 인정되는 '음절'의 유형에서의 심한 축소로 이끌고, 그와 같이해서 덜 제한적인 설명보다 더 선호되어지는 것은 분명하다. 그러나 이것은 언뜻 보기에 아주 강력해 보이고, 외관상 제한을 받지 않는, 이론적인 장치인 것처럼 보이는 것인 공위치 도입이라는 대가를 치르고 나온다.

공위치의 도입에 대한 동기는 단순히 이론 내적인가, 아니면 그들이 그 모델 밖의 어떤 것에 대응한다고 할 수 있는 징후들이 있는가? 만일 공위치와 어떤 실현 사이의 교체를 찾을 수 있다면 후자 상황의 분명한 징후가 될 것이다.

한 가지 그러한 예는 단어-내의 자음군과 관계가 있고, 따라서 단어 주변 환경에서뿐만 아니라 단어-내의 환경에서의 공위치의 인식에 대한 증거를 제공한다. 영어단어 *empty* /ɛmptɪ/는 지배음운론에서 다음의 표시를 가질 것이다(관련이 있는 그러한 허가 영역만 표시한다):

(149)

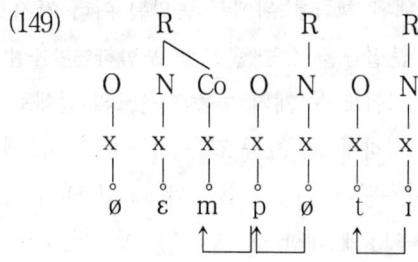

여기서 /p/는 첫 음절의 운모에 부여될 수 없는데, 첫 음절의 운모는 이미 운모 부가사(/m/)를 포함하고 있다. 오히려 /p/는 두 번째 음절의 두음으로 서 역할을 하는데, 그 두음은 (138b)의 말음 허가 원리에 따라 첫 음절의 말 음에 있는 /m/를 허가한다. 이제 /t/는 두 번째 음절의 두음으로 음절화될 수 없다. /pt/는 영어에서 부적형의 두음이기 때문이다. 결과적으로 두 번째 음절에 공음절핵을 가정해야 하는데, 그 음절핵은 (138a)에 의해 두음에 있 는 /p/를 허가한다. 마지막으로, /t/는 두 번째 음절의 말음으로서가 아니라 세 번째 음절의 두음으로 음절화되는데, 여기서 그 두음은 /ɪ/에 의해 허가 된다.

흥미롭게도 *empty*의 한 가지 가능한 실현은 [ɛmpətɪ]인데, 여기서 보통 공위치는 자동 모음, 즉 슈와에 의해 채워지고, 따라서 공음절핵의 가정에 대한 어느 정도의 독립적인 증거를 제공하게 된다.44) 다른 현상도 또한 있 는데, 그 현상들에서 유사한 실현이 또한 발견된다. 모음 사이의 이(異)음절 적 자음군은 일반적으로 하강공명도를 보여준다는 것을 이미 보았다. 예를 들어 **ap.la*가 아니라 *al.pa*이다. 반면에 두음자음군은 일반적으로 더 공명스 러운 자음이 뒤따르는 덜 공명스러운 자음으로 이루어져 있고, 따라서 영어 *play*, *brown*, 그리고 *throat*는 적형이지만 **lpay*, **rbown*, 그리고 **rthoat*는 적형이 아니다. 성분지배에 따라 말음은 뒤따르는 두음에 의해 지배되고, 따 라서 허가되지만, 만일 두 번째 자음이 첫 자음보다 더 공명스러우면 두 자 음은 두음으로 음절화된다.45) 그러나 이것이 분지두음을 허용하지는 않지만 상승공명도를 보이는 모음사이의 두 자음의 연쇄를 허용하는 언어에서는 가 능하지 않다. 그러한 경우에 두 자음은 연속적인 두음으로 부여되어야 하고

---

44 여기서 슈와는 보통 중립적인 자질 @의 실현으로 해석된다(§2.5 참조).

45 §2.6으로부터 Harris(1994: 4장)에 의해 논의된 지배음운론의 유형에서 공명도라는 개 념은 분절적 복잡성이라는 개념으로 대치된다는 것을 상기하라. 이것을 여기서는 복잡 성과 공명도 사이에 꽤 직접적인 역관계가 있는 것을 언급하는 것 외는 더 이상 살펴 보지 말자. 즉 더 공명스러운 자음이 덜 공명스러운 자음보다 덜 복잡하다(또한 Harris 1990 참고). 이것은 또한 지배관계에 관한 더 일반적인 제약을 낳게되고(Harris 1994: 170), 그렇게 해서 어떤 구조에서도 핵은 그 핵이 지배하는 분절음보다 결코 더 복잡할 수 없다.

중간에 끼여드는 공운모를 가진다:

(150)

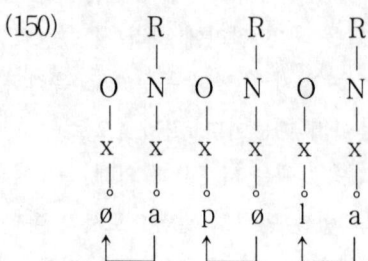

여기서 두음허가(138a)에 따라 각 음절의 두음은 뒤의 음절핵에 의해 허가된다.

(150)과 같은 구조에 대한 지지는 모음-영(vowel-zero) 교체가 적형의 자음군의 요소보다도 부적형의 중간 자음군(즉 상승공명도를 갖는 것)의 요소 사이에서 훨씬 더 일반적이라는 사실에서 발견될 수 있다. 따라서 예를 들어 *[faɪnədɪŋ]과 교체하는 영어의 [faɪndɪŋ] *finding*은 발견하지 못하나, Harris (1994: 192)가 지적하듯이, [fɪdəl] *fiddle*에 해당하는 [fɪdlɪŋ]/[fɪdəlɪŋ] *fiddling* 과 같은 교체를 발견한다(또한 [æθliːt]와 [æθəliːt] 실현을 갖는 *athlete*와 같은 단어 참조).

Harris는 *fiddle/fiddling* 유형의 경우를 *fiddle*의 표시는 세 개의 음절을 포함한다고 가정함으로써 분석한다:

(151)

```
        R       R       R
        |       |       |
    O   N   O   N   O   N
    |   |   |   |   |   |
    x   x   x   x   x   x
    |   |   |   |   |   |
    f   ɪ   d   ø   l   ø
```

반면에 *fiddling*은 (152)의 표시를 가질 것이다:

(152)
```
     R     R     R     R
     |     |     |     |
  O  N  O  N  O  N  O  N
  |  |  |  |  |  |  |  |
  x  x  x  x  x  x  x  x
  |  |  |  |  |  |  |  |
  f  ɪ  d  ø  l  ɪ  ŋ  ø
```

(151)의 두 번째 음절의 공음절핵은 분절적 요소, 즉 슈와에 의해 채워져야 하고, 반면에 (152)에서 이것은 수의적이다. 왜 이래야 하는지의 문제로 곧 되돌아가자.

유사한 증거가 **공두음위치(empty onset positions)**의 존재를 지지하는 데 인용될 수 있다. *empty*의 교체와 유사한 경우를 발견하나, 이번에는 모음충돌의 경우 일반적으로 두음을 수반한다. *mayonnaise*, 즉 /meɪəneɪz/와 /maːjoːnɛːzə/(혹은 일반적인 생략형 /maːjoː/)에 대한 영어와 네덜란드어의 형태를 비교하고, 네덜란드어 형태의 두음은 전이음으로 채우고, 반면 영어는 빈자리를 허용한다.

몇몇 언어는 실제로 음성적 차원에서는 공두음을 전부 거부한다. 예를 들어 독일어는 두음이 음운적으로 빈곳은 어디서나 성문폐쇄음을 삽입한다. 따라서 Ende /ɛndə/ '끝'과 같은 단어는 [ʔɛndə]로 실현된다고 일반적으로 주장한다:

(153)
```
     R           R
     /\          |
  O  N  Co    O  N
  |  |  |     |  |
  x  x  x     x  x
  |  |  |     |  |
  ʔ  ɛ  n     d  ə
```

이와 같은 분석은 아직까지 제시하지 않았던 일반적인 문제를 일으킨다.

음절에서 어떻게 공위치의 출현을 억제하는가? 다시 말해 왜 (151)의 두 번째 음절(fɪdølø)이 기저의 공위치가 음성적으로 채워지기를 요구하지만 (152)의 제2 음절의 공위치(fɪdølɪŋø)는 비어있어도 되는가? 더 일반적으로, (154)와 같은 표층표시를 제안하지 못하도록 하는 것은 무엇인가?

(154)

```
      R       R       R       R       R
      |       |       |       |       |
  O   N   O   N   O   N   O   N   O   N
  |   |   |   |   |   |   |   |   |   |
  x   x   x   x   x   x   x   x   x   x
  |   |   |   |   |   |   |   |   |   |
  o   o   o   o   o   o   o   o   o   o
  p   a   ø   l   ø   l   ø   s   ø   t   a
```

여기서 관련 제약은 공음절핵은 채워진 음절핵, 즉 더 정확하게는 '들을 수 있는' 음절핵이 뒤따라야 한다는 것인데, 아래에서 '들을 수 있는 것'은 자질이 실제로 골격위치에 연결된다는 것을 반드시 의미하지는 않는다는 것을 볼 것이다. 언어가 끝의 공음절핵을 허용하는지 아닌지는 그 언어가 다른 모델에서 단어-끝의 말음자음으로 일컬어지는 것을 허용하는지의 문제이다. 단어-끝의 자음을 허용하는 언어는 두음에서 그 자음을 허가하는 끝의 공음절핵을 가지지만((145b)에서의 pike의 표시 참조), '개음절'만 허용하는 언어는 끝의 공음절핵을 허용하지 않는다. 이것은 지수설정의 문제이고, 모든 언어에 대해서 명시되어야 한다.

형식적인 용어로, 끝이 아닌 공음절핵은 **고유지배(proper government)** 라는 것에 따라 뒤의 음절핵에 의해 허가되어야 한다. 고유지배자, 즉 두 음절핵 중의 두 번째는 그 자체가 비어있어서는 안 된다. 이 원리는 따라서 왜 (151)에서 *fiddle*의 두 번째 음절이 [ə]로 실현되어야 하는지를 설명하며, 끝의 음절핵은 그 자체가 비어있고, 따라서 앞의 공음절핵을 허가할 수 없다. 이와 달리 (152)에서 *fiddling*(/fɪdølɪŋø/)의 세 번째 음절의 음절핵은 채워져 있어서 두 번째 음절의 공음절핵은 고유지배된다. 따라서 채워질 필요가 없다.

그 원리는 분절적 내용을 갖는 운모는 공운모가 반드시 앞서야 한다는 것이 아니라는 것을 주목하라. 오히려 그 이론이 요구하는 것은 만일 공운모가 나타나면 그 운모는 채워진 운모가 뒤따라야 한다는 것이다. Kaye 등(1990: 219)은 공위치의 음성적 해석을 지배하는 원리를 **공범주원리(Empty Category Principle)**로 (155)와 같이 공식화한다:[46]

(155) 공범주 원리(ECP)

위치는 만일 그 위치가 고유지배되면 음성적으로 해석될 수 없다.

그들은 이 원리를 예증하는 모로코 아랍어(Moroccan Arabic)에서의 모음-영 교체의 여러 예를 논의한다:

(156) a. tan ktib   '나는 쓴다'
     b. tan kitbuː   '우리는 쓴다'

(156)에서 고중설모음인 모음 [ɨ]가 공음절핵의 음성적 실현이다.

이제 (156a)와 (b)에 대한 처음 구조인 (157a)와 (b)를 비교하자:

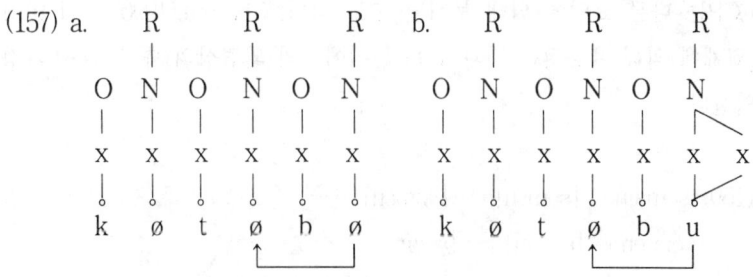

(157a)의 두 번째 음절의 공음절핵은 음성적 해석이 주어져야 한다. 그것이 *fiddle*의 경우에서와 같이 또 다른 공음절핵을 앞서기 때문이다. 그러나 복수형은 /uː/의 접미사화를 수반하고, 그 결과 두 번째 음절의 공음절핵은 채

---

[46] ECP의 재해석에 대해서는 Rowicka(1999)를 보라.

워진 음절핵에 의해 고유지배되고, 따라서 실현될 필요가 없다. 이것은 각각 [køtibø]와 [køtøbuː]형태들을 낳는다. 단수형은 이제 적형이다. 두 번째 음절의 음절핵이 채워져 있고, 따라서 (158a)에서와 같이 첫 음절의 음설핵을 고유지배할 수 있기 때문이다. 그러나 복수형은 여전히 부적형이다. 왜냐하면 두 번째 음절의 공음절핵이 첫 번째 음절의 공음절핵을 고유지배할 수 없고, 따라서 두 번째 음절의 음절핵은 음성적 내용을 받아야 하기 때문이다:

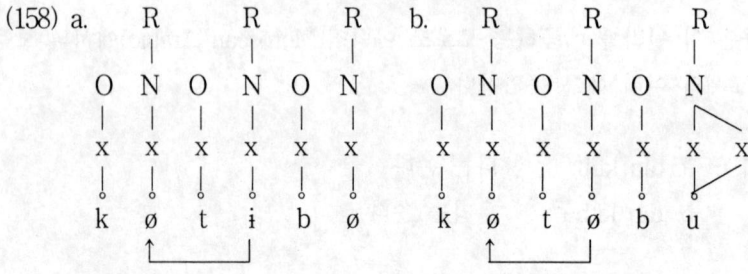

(b)의 첫 음절핵은 표층형 [kitbu]를 낳기 위해 이제 [i]로 채워진다. 공위치에 관한 제약은 이러한 종류의 많은 계열적인 교체를 설명하는 역할을 한다.

ECP는 다른 요인에 의해 무시될 수도 있다. Charette(1990)는 (159)에서의 교체에 의해 예증되는 것과 같은 불어에서의 외견상의 슈와-탈락 과정을 논의한다:

(159) semaine [səmɛn] ~ [sømɛn] '주'
　　　 ennemi [ɛnəmi] ~ [ɛnømi] '적'

여기서 교체는 ECP와 일치하는데, 뒤따르는 채워진 음절핵으로 고유지배되는 공위치를 모두 가지고 있다. 그러나 (160)의 형태는 같은 교체를 보이지 않는다:

(160) secret [səkʀɛ] ~ *[søkʀɛ] '비밀'

여기서 고유 지배는 (161)에서 표시되는 것처럼 준수되는 듯이 보인다:

(161)

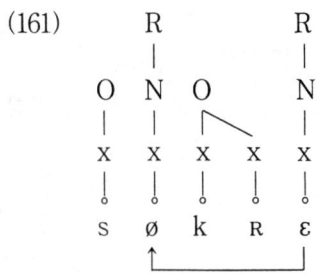

Charette는 (161)에서 공위치가 표층에 나타나게 하지 못하는 것을 '지배 영역', 즉 지배하는 분절음을 포함하는 영역, 이 경우에 복합 두음의 핵이 중간에 끼여든다는 사실 탓으로 돌린다. 이와 같이 두음자음군의 존재는 ECP가 *secret*에서는 적용되지 않지만, *semaine*에는 적용되어 첫 음절핵이 실현되지 못하게 한다.

끝으로 모음-영 교체를 수반하는 경우를 하나 더 살펴보자. 이번에는 네덜란드어의 비음 장소동화에서 가져온 것이다. 네덜란드어는 전통적으로 유음과 - 전통적인 용어로 동음절적 - 자음 사이에 슈와 삽입의 수의적인 과정으로 기술되는 것을 가진다:

(162) help   [hɛip] ~ [hɛləp]   '돕다'
      worp   [wɔrp] ~ [wɔrəp]   '던지다'
      balk   [bɑlk] ~ [bɑlək]   '광선'
      snurk   [snœrk] ~ [snœrək] '코를 곯다'

그러나 만일 어말 자음이 설정 자음이면 슈와는 발견되지 않는다:

(163) vilt   [vɪlt] ~ *[vɪlət]   '느꼈다'

     hard   [hɑrt] ~ *[hɑrət]   '심장'

     hars   [hɑrs] ~ *[hɑrəs]   '송진'

     arts   [ɑrts] ~ *[ɑrəts]   '의사'

지배의 용어로 이것을 어떻게 설명할 수 있는가? (162)의 형태는, 그것은 모음-영의 교체를 허용하는데, 끝의 두 자음이 두음인 구조를 가져야 한다:

(164)
$$
\begin{array}{cccccc}
\text{R} & & \text{R} & & \text{R} & \\
| & & | & & | & \\
\text{O} & \text{N} & \text{O} & \text{N} & \text{O} & \text{N} \\
| & | & | & | & | & | \\
\text{x} & \text{x} & \text{x} & \text{x} & \text{x} & \text{x} \\
| & | & | & | & | & | \\
\text{h} & \varepsilon & \text{l} & \varnothing & \text{p} & \varnothing
\end{array}
$$

이 구조는 공위치를 - 즉 두 번째 음절의 음절핵을 - 제공하는데 그것은 고유지배를 받는 분절적 요소에 의해 채워질 수 있다. 그러나 지배음운론이 슈와가 없는 실현을, 그것은 외관상 ECP의 위반을 수반할 것인데, 어떻게 설명할 것인지는 분명하지 않다. 두 개의 연속적인 음절핵들은 그때 비어있을 것이기 때문이다.[47] 한 가지 가능성은 help에서 /l/이 (165)에서와 같이 두 번째 음절의 음절핵으로 재해석된다는 것이다:

(165)
$$
\begin{array}{cccccc}
\text{R} & & \text{R} & & \text{R} & \\
| & & | & & | & \\
\text{O} & \text{N} & \text{O} & \text{N} & \text{O} & \text{N} \\
| & | & | & | & | & | \\
\text{x} & \text{x} & \text{x} & \text{x} & \text{x} & \text{x} \\
| & | & | & | & | & | \\
\text{h} & \varepsilon & & \text{l} & \text{p} & \varnothing
\end{array}
$$

---

[47] 이러한 어려움은 접미사화가 수반될 때는 일어나지 않는다. 즉 helpen '돕다'와 같은 형태는 채워진 끝의 음절핵을 갖는데, 그것은 [hɛløpə]뿐만 아니라 [[hɛləpə]] 실현들이 ECP와 일치한다는 것을 의미한다.

이것의 음성적 개연성은 저자 중의 하나의 발화에 의해 확인되는데, 그 저자에게서 모음 뒤의 /l/은 유성화된다.

끝의 설정음을 수반하는 형태는 다른 표시를 필요로 하는 것처럼 보인다. 여기서 두 자음사이의 동기관성을 다루고 있음을 인지하라.⁴⁸⁾ 공명음과 뒤따르는 자음사이의 동기관성은 말음허가에서 전통적 상황이다. 즉 비음과 뒤의 폐쇄음의 조음장소는 독립적이 아님을 상기하라. *vilt*는 (166)의 표시를 갖는다고 우리는 제안한다:

(166)

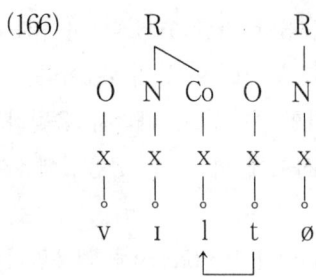

즉 그 구조는 단지 두 개의 음절만 포함하는데, /l/과 /t/ 사이에 어떠한 공위치도 가지고 있지 않고, 따라서 삽입의 슈와를 갖는 형태와 교체의 가능성이 없다. 따라서 /l/은 두 번째 음절의 두음인 /t/에 의해 허가된다.

흥미롭게도 만일 유음이 공명자음이 뒤따르면 슈와를 갖는 형태는 항상 가능해 보이는데 공명음이 (167)에서 보는 바와 같이 설정음인지 상관없다:

(167) helm   [hɛlm] ~ [hɛləm]   '헬멧'
      arm   [ɑrm] ~ [ɑrəm]   '팔'
      kern   [kɛrn] ~ [kɛrən]   '핵심'

이것은 어떤 지배관계에 관련되는 요소들에 관한 언어 특정적 제한으로

---

⁴⁸ 여기서 네덜란드어의 /r/은 적어도 음운적으로 설정음이라고 가정할 것이다.

Harris에 의해 제안된 바와 같이 네덜란드어에서 '최소의 공명도 간격' 제약의 존재를 반영할 수도 있다. 또한 이것은 더 전통적인 개념인 **음절인접법칙(syllable contact law)**(예를 들어 Vennemann 1988: 40)과 연관될 수 있는데, 그 법칙은 지배 용어로 말음-두음 영역들이 하강공명도를 수반할 뿐만 아니라 그들 사이의 공명도 간격은 가능한 한 커야 한다고 진술한다. 따라서 최적의 말음-두음 연쇄는 파열음이 뒤따르는 아주 공명적인 자음이다. 네덜란드어의 경우에 두음은 그들 사이에 충분한 공명도 간격(그러나 이것은 측정될 수 있고, Harris의 접근에서 이것은 상대적 복잡성에 의해 공식화된다)이 있을 때에만 동기관음의 공명 말음을 허가할 수 있다. 유음과 비음은 공명도에 의해 아주 가깝고, 따라서 비록 두 자음이 동기관음이라 하더라도 두 번째 자음은 첫 번째 자음을 허가할 수 없고, 따라서 음절화는 (164)에서와 같아야 하는데, 두 (두음) 자음 사이에 끼여드는 공음절핵을 가지고 그렇게 해서 슈와 '삽입'을 허용한다.

이러한 분석은 비록 네덜란드어가 어말의 연쇄 [rn](*kern*)을 허용한다하더라도 [rl]이나 [ln]을 허용하지 않는다는 사실에 의해 지지될 수 있다. 이것은 이러한 자음들 사이의 공명도 간격이 너무나 작아 두 번째가 첫 번째를 허가할 수 없을 정도이고, 따라서 그것들은 오직 중간에 끼여드는 모음과 함께만 나타날 수 있다는 것을 암시한다. 이것은 (168)의 형태에 의해 예증되는데, (168)에서는 네덜란드어의 형태를 이러한 제한을 보이지 않는 영어와 독일어에서의 네덜란드 동족어와 비교한다:[49]

(168) 네덜란드어   독일어   영어

     Karel   [kaːrəl]   Karl   [karl]   Charles   [tʃɑrlz]

     kerel   [keːrəl]   Kerl   [kerl]   churl   [tʃɜrl]

---

[49] 여기서 r발음을 하는(rhotic) 영어의 방언들과 /r/이 유성음화 되지 않는 독일어의 방언들을 가정하고 있다. 예를 들어 스코틀랜드 영어에서 [ə]는 [tʃɑrəlz]와 [tʃʌrəl]의 실현들에서와 같이 이러한 형태에서 가능하다는 것을 주목하라.

따라서 [rl], [m], 그리고 [rt] 쌍의 요소 사이의 여러 공명도 간격은 네덜란드어에서 그 행동에 의해 반영된다. 즉 [rl]은 결코 허가영역을 형성하지 않으며, [m]은 수의적으로 허가영역을 형성하며, [rt]는 항상 말음허가를 수반한다.

3.9 요약

이 장에서는 분절음 차원 위의 음운구조를 살펴보았다. §3.1에서 문장에 대응하는 운율적 층위구조를 설정할 수 있고, 다른 것 중에서도 그 층위구조는 음운과정의 적용 영역으로서 이러한 층위의 여러 층을 갖는 음운과정에 의해 동기 지워진다는 것을 간단하게 나타낸 후, §3.2에서는 이러한 구조에서의 첫 층인 음절에 집중을 했다. 음운표시에서의 음절적 영역에 대한 필요성은 직관적으로(모국어 화자가 음절화에 관해서 가지는 지식에 호소함으로써)뿐만 아니라 또한, 더 단호하게는, 적형성에 관한 제한(음소배열적제약)과 음절적 영역 혹은 음절의 가장자리로 일컫는 과정에 의해서 동기 지워졌다. §3.4-3.5에서는 음절의 내부구조에 관한 견해에서 다른 많은 이론을 검토했다. 특히 두 접근, 두음-운모이론과 모라이론에 집중했다. 분절음의 연쇄가 음절 안에서 조직화될 수 있는 방식이 두음-운모이론의 문맥 내에서 상세히 조사되었고, 또한 음절적 조직에서의 많은 지수의 설정에 의해서 범언어적 차이를 어떻게 표시할 것인가의 문제를 제시했다. 음절구조가 음운적 표시의 일부를 형성한다는 것을 입증한 다음 계속해서 음절구조의 종결 위치와 분절음의 내용을 표시하는 자질 구조들 사이의 관계를 조사했고, 이 관계가 자립분절적이라는 것을 보였다. 이것은 §3.6에서 자질의 특정 집합이 한 개 이상의 음절적 위치에 연결할 수 있고, 그렇게 해서 음운적 길이의 표시를 하도록 한다는 것을 보이게 했다. 음절위치와 분절적 내용은 서로 독립적이라는 추가의 결과는 하나가 다른 것 없이 존재할 수 있다는 것이다. §3.7에서는 이러한 현상의 여러 가지 예들을 논의했다. §3.8은 지배음운론의 이론 내에서 두음-운모이론의 해석과 관련이 있었는데, 지배음운론에서 음절적 위치의 출현은 그 위치가 적절한 허가와 지배관계를 맺도록 한다. 음운구조에 대한 이러한 접근 내에서 음절적 조직과 모음-영 교체와 같은 음절에 기초한 가정에 관한 추기의 양상을 논의했다. 이 모델에서 음절적 위치는 결정적으로 핵-종 관계를 맺는데, 그것은 제약과 과정을 특징짓는데 능동적인 역할을 한다.

3.10 더 읽을거리

음운적 특성의 분절음 연쇄와의 관련성을 수반하는 현상(§3.1)은 펄스 (Firth)음운론(§1.5 참조)에서 그리고 자립분절음운론에서 널리 논의된다. 비음성과 더 큰 영역 위의 다른 자질의 전파는 van der Hulst와 Smith (1982a)에서 고찰된다. 비음성의 전파를 수반하는 여러 가지 경우는 Piggott (1988)와 Piggott와 van der Hulst(1997)에서 분석된다. *Raddoppiamento Sintattico*에 관해서는 예를 들어 Napoli와 Nespor(1979), Nespor와 Vogel (1982), Kaisse(1985), 그리고 Loporcaro(1996)를 보라. 운율적 층위는 Nespor와 Vogel(1986)과 Selkirk(1984a, 1995)에 의해 논의된다. 공명도에 관해서는 Hankamer와 Aissen(1974), Farmer(1979), Kiparsky(1981), Dogil (1988), Clements(1990), Ohala(1992), K. D. Rice(1992), Zec(1994, 1995a), 그리고 Basbøl(1999)을 보라. '힘 층위'는, 여기서 힘이라는 개념은 공명도와 관련이 있는데, Lass(1971)와 Foley(1977)에 의해 제안된다.

Anderson(1969), Vennemann(1972), Anderson과 Jones(1974), Hooper (1976), Kahn(1976), Selkirk(1982), 그리고 Blevins(1995)는 음운표시에서 음절구조를 통합할 필요성을 지지하는 주장을 제공한다(§3.2). 또한 Bell과 Hooper(1978)에 있는 논문을 보라. Awedyk(1975)는 음절이라는 개념의 역사를 제공한다. 음절구조(§3.3)에 관한 견해에 대해서는 Steriade(1982), Clements와 Keyser(1983), Harris(1983), van der Hulst(1984), Levin(1985), van der Hulst와 Ritter(1999)를 보라.

두음-운모이론(§3.4)과 운모구조(§3.4.1)는 Fudge(1969, 1987), Cairns와

Feinstein(1982), Lapointe와 Feinstein(1982), Selkirk(1982), Davis(1985, 1990), Kaye 등(1985) 그리고 Dell(1995)에서 논의된다. 음절후행소(§3.4.2) 를 수반하는 제안에 대해서는 Fudge(1969)를 보라. Blevins(1995)는 음절유 형론의 지수에 관한 개관을 제공한다. 음절화(§3.4.3)에 관해서는 Pulgram (1970), Kahn(1976), McCarthy(1979), Selkirk(1982, 1984b), Steriade (1982), Dell과 Elmedlaoui(1985), Anderson(1987), Clements(1990), Archangeli (1991), Noske(1992)를 보라. 양음절성에 관해서는 van der Hulst(1985), Borowsky(1986) 그리고 Rubach(1996)를 보라. Jones(1976)는 영어사에서 자음탈락과 삽입의 많은 과정을 음보 내에서의 양음절성의 생성을 수반하는 것으로 분석한다. 또한 Jones(1990)를 보라.

모라이론에 관한 논의(§3.5)는 Hyman(1985, 1992), Hock(1986), Hayes (1989a), Kubozono(1989), Tranel(1991), Pulleyblank(1994), Zec(1995b)에서 발견될 수 있다.

길이, 음절중량, 음절질의 표시와 골격층열을 통합하는 표시의 필요성에 관해서는(§3.6) Newman(1972), McCarthy(1979), Árnason(1980), Steriade (1982), Anderson(1984), Hyman(1985), Schein과 Steriade(1986), Hayward (1988), Lahiri와 Koreman(1988), Tranel(1991), Davis(1994), Hayes(1994), Broselow(1995), Piggott(1995), Broselow 등(1997), Rosenthall과 van der Hulst(1999)를 보라.

음절적 위치가 분절적 내용과 독립적으로 존속할 수 있다는 개념(§3.7) 은 Clemrnts와 Keyser(1983)에서 제시된다. 영어 /r/(§3.7.1)은 Wells (1982), Harris(1994: 5장), McMahon 등(1994)에서 논의된다. 불어의 연성 (§3.7.2)에 관한 논의에 대해서는 Klausenburger(1978), Piggott와 Singh (1985), Durand (1986b), Tranel(1987: 11장), 그리고 Charette(1991)을 보라. Klausenburger (1977), Clements와 Keyser(1983), 그리고 Tranel(1995)은 유성의 h(§3.7.3)에 관한 설명을 준다. 보상적 장음화(§3.7.4)에 관해서는 De Chene과 Anderson(1979)에 의한 논문, Hock(1986), Hayes(1989a), Schmidt(1992), Bickmore(1995)뿐만 아니라 Wetzels와 Sezer(1986)에 있는

논문을 보라.

비음 장소동화에서의 허가(§3.8)에 관해서는 Itô(1986), Goldsmith(1989, 1990), Steriade(1995, 1996), Piggott(1997)를 보라. 최적성 이론 내에서의 처리에 대해서는 Itô 등(1995)을 보라. 지배에 기초한 모델 내에서의 허가는 Kaye(1990)와 Harris(1994, 1997)에 의해 다루어진다. Kaye 등(1985, 1990), Charette(1991), Brockhaus(1995), vab der Hulst와 Ritter(1999), 그리고 Rowicka(1999)는 비음 장소동화에서 지배를 다루는 다른 연구이다. 공위치에 관해서는 위에서 인용된 지배음운론에서의 많은 연구뿐만 아니라 Anderson(1982)과 Giegerich(1981, 1985)를 보라.

음절구조의 습득은 Ingram(1978), Fikkert(1994), Macken(1995)에서 다루어진다. 역사적인 시각에 대해서는 Árnason(1980), Murray와 Vennemann (1983), Lass(1987: 3장), Vennemann(1988), Jacobs(1989), Ritt(1994), Kiparsky(1995)를 보라. 음절이라는 개념을 수화음운론에 적용하는 것에 관해서는 Wilbur(1990, 1993), Perlmutter(1992), Brentari(1995, 1999)를 보라.

운율구조와 관련해서 통사론과 비음 장소동화의 중간영역에 관한 광범위한 문헌이 있는데, 예를 들어 Inkelas와 Zec(1995)와 Selkirk(1995)뿐만 아니라 Inkelas와 Zec(1990)에 있는 논문을 보라.

4

음보와 단어

4.1 서언: 강세와 액센트

사전 목록에서 보통 '강세'라고 하는 것의 위치를 표시하기 위하여 단어의 철자 중 하나의 위나 인접한 곳에서 종종 부호를 발견한다. 철자형에 덧붙여 음성적 혹은 음운적 표기가 주어진다면, 부호는 종종 작은 수직선으로, (1a) 에서와 같이 강세를 받는 음절 앞에 놓이거나 (1b)에서와 같이 모음 위에 액 센트가 놓여진다(이 책에서는 (1a)의 체계를 사용해 왔고, 계속해서 이 장에 서도 그렇게 할 것임):

(1) a. /ˈdʌnʤən/   dungeon   b. /dʌ́nʤən/
       /ˈmɛθədɪzəm/ methodism   /mɛ́θədɪzəm/
       /rɪˈbeljən/   rebellion   /rɪbéljən/

이것은 물론 단어의 올바른 발음에 관한 정보를 제공하고자 하는 것이다. 따 라서 (1a)에서 수직선 다음의 음절은 그것이 인지적으로 다른 음절보다 더 '두드러지거나' '돋들린' 식으로 발음된다. 영어와 같은 언어에서 이러한 음 절은 보통 강세를 받는 것으로 특징지어진다. 강세의 정확한 음성적 상관성 은 입증하기가 매우 어렵다.[1] 당분간 두드러짐(prominence)은 여러 가지 음

---

[1] 상세한 논의에 대해서는 예를 들어 Sluijter(1995), van der Heuven and Sluijter(1996), Dogil(1999)을 보라.

성적 특성을, 예를 들면, 지속시간, 진폭과 피치(pitch)를 높여 달성된다고 단순히 가정하자.

그러나 이와 다른 언어가 있는데, 그 중에서 일본어가 종종 인용된다(예: McCawley 1968, Haraguchi 1977 참고). 이런 언어의 상대적 두드러짐의 주요한 지표는 오직 피치이고, 다른 음성적 특성은 훨씬 덜 중요한 역할을 한다. 이런 언어는 종종 **피치액센트(pitch accent)**를 갖는 것으로 일컬어지고, 반면에 영어와 같은 언어는 **강세액센트(stress-accent)** 언어라고 불린다. 이 장의 나머지에서 (2)에서 표시한 바와 같이 '두드러짐'의 추상적 특성을 특징짓기 위해 강세보다는 **액센트(accent)**라는 용어를 사용할 것이다:

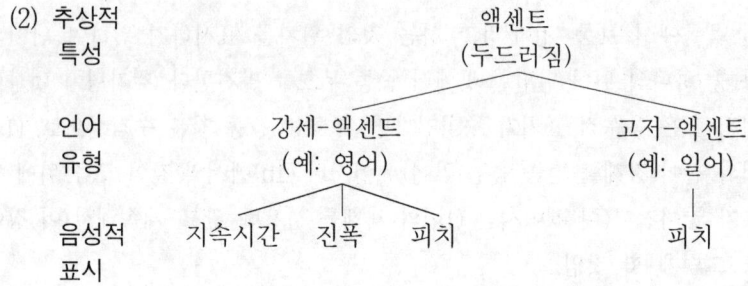

(2) 추상적
    특성

    언어
    유형

    음성적
    표시

다음에서 청자에게 액센트를 알리는 음성적 단서(혹은 음성적 표시 (exponents))는, 이것이 피치-액센트 언어 속에 있건 강세-액센트 언어 속에 있건 관심을 갖지 않을 것이다.

액센트의 위치를 나타내는 부호로 제공되는 정보는 단어의 모든 음절의 발음과 관련이 있다. 심지어 액센트를 갖지 않는 음절의 발음과도 관계가 있다. 영어에서 액센트가 없는 음절은 일반적으로 이완된 조음방법으로 발음되어, 결국 모음약화가 된다. 실제로 영어에서 가장 덜 액센트를 받는 음절은 보통 가장 약화된 모음인 슈와(schwa)를 포함하며, 이것은 결코 액센트가 있는 음절에서는 발견되지 않는다(§1.3.2 논의 참조). 따라서 비록 액센트 부호가 특정 음절과 관련이 있어도 그 부호는 전체 단어의 액센트법

(accentuation)에 관한 정보를 준다.[2] 따라서 모든 액센트는 하나의 액센트 **영역(domain)**의 존재를 나타낸다. 많은 언어에서 이런 영역은 '단어'라는 개념에 해당하고, 따라서 두 액센트 사이에는 항상 단어 경계가 있어야 한다. 액센트는 이처럼 문장을 단어로 나누는 역할을 할 수도 있다. 사실 액센트의 위치가 단어의 고정된 음절(예: 아이슬란드어, 헝가리어, 혹은 체코어의 첫 음절)에 있는 언어에서 단어사이의 정확한 경계는 특유하게 결정될 수 있다. 이와 같이 액센트는 소위 **경계적(demarcative)** 기능을 가질 수 있다.

액센트 부여는 그 언어의 어떤 규칙에 따라 예측할 수도 있고, 개별적인 단어의 예측할 수 없는 특성일 수도 있다. 즉 액센트 부여는 특정 단어를 구성하는 형태소나 형태소의 어휘적 표시에 명시되어야 한다. 이와 같이 언어는 액센트가 규칙에 지배되는지(rule-governed), 어휘적인지(lexical)에 따라 다르다. 예를 들어 폴란드어는 강세 부여가 대개 예측할 수 있는 언어라고 일반적으로 간주되는데, (3)의 형태로 예시한 것처럼, 어말 제2 음절에 규칙적으로 강세는 부여된다(Halle와 Vergnaud 1987a: 57 참고):

(3) hipo'potam   주격 단수   '하마'
     hipopo'tam-a   속격 단수
     hipopotam-'ami   도구격 복수

따라서 접미사 첨가는, 2음절의 도구격 복수 접미사 -*ami*에서와 같이, 비록 이 음절 자체가 접미사의 일부일지라도 액센트가 접미사가 붙지 않은 어간의 원래 위치에서 어말 제2 음설로 이동하도록 강요한다. 따라서 폴란드어의 액센트 부여는 단어의 음절위치를 근거로 예측할 수 있다. 이와 달리 러시아어는 액센트의 부여에서만 다른 단어 쌍의 존재가 주어질 때 그 언어의 거의 모든 형태소에 대해 어휘적으로 명시되는 액센트를 가질 필요가 있는

---

[2] 이러한 액센트의 특성은 종종 **정점성(culminativity)**이라 불리는데, 즉 '모든 단어나 어구는 주 강세를 지니는 단일의 가장 강한 음절을 갖는다'(Hayes 1995: 24).

것처럼 보인다(Revithiadou 1999: 3장):3)

  (4) 'glaski   '눈(DIM)'   대   glas'ki   '들여다보는 구멍'
     'muka   '고문'   대   mu'ka   '밀가루'

액센트 부여를 예측할 수 있는 많은 언어에서 관련이 있는 것은 단어에서 음절의 위치뿐만 아니라 음절의 분절적 구조이다. 따라서 중음절(§3.4.1 논의)은 경음절보다 더 액센트를 가질 가능성이 있다. 몇몇 언어에서 액센트의 규칙은 먼저 중음절을 찾아내고, 그 규칙이 관련 영역에서 중음절을 찾아내지 못할 때에만 액센트는 그 영역에 있는 특정 위치의 음절에 부여될 것이다(§4.4.6 다시 논의).

사전으로 되돌아가서 단일 음절로 이루어진 단어는 보통 액센트 부호가 제공되지 않음이 발견된다. 예를 들어 2음절 단어 /'braɪdgruːm/ *bridegroom*은 액센트 부호를 가지고, 단음절 단어 /braɪd/ *bride*는 액센트 부호가 없다. 그렇더라도 분명히 *bride*의 단일 음절은 액센트를 가질 수 있는데 (5a)와 (b)를 참조하라:

  (5) a. The 'bride a'greed.
     b. The 'bridegroom a'greed.

두 경우에서 모두 /braɪd/라는 음절이 액센트를 받는다.

사전 사용자에게 이것은 어떠한 문제도 일으키지 않는다. 이와 같은 단음절 단어에서 액센트는 오로지 그 음절에 있기 때문이다.4) 단음절이 액센트

---

3 러시아어의 상황은 여기서 제시하고 있는 것만큼 간단하지 않고, 이 언어의 액센트법에 관한 여러 가지 양상은 사실 규칙에 지배되며, 특히 단일 액센트의 영역에서 어휘상 결정되는 액센트의 수가 하나도 없거나 두 개인 상황에서 그렇다. 이에 대한 추가 논의는 §4.3.1을 보라. 그래도 러시아어의 기본 특성은 '자유' 액센트가 일반적으로 수반한다고 인정되어 있다.

4 그러나 몇몇 언어에서 액센트를 받는 단음절의 어휘 항목은 허용되지 않는다. 이러한

를 지닐 수 있다는 사실은 '액센트를 받는 것'이 순수하게 상대적인 개념이 아니라는 것을 암시한다는 것을 주목하라. 이것은 영어 단음절의 단어가 두 개의 범주로, 즉 모음이 결코 약화되지 않는 것과 종종 의무적으로 약화되지만, 일반적으로 약화되는 모음, 예를 들어 슈와로 발음되는 것으로 나누어질 수 있다는 사실에 의하여 확인할 수 있다. 예상되는 바와 같이 완전 모음을 갖는 단어는 일반적으로 액센트를 받는다. 이것은 **어휘적 단어(lexical words)**로 종종 일컬어지는 부류로, 예를 들어 명사, 형용사, 그리고 동사이다. 이와는 달리 보통 약화된 모음으로만 나타나는 단어는 일반적으로 액센트를 받지 않고 **문법적 단어(grammatical words)**라는 폐쇄 부류에 속하는 것으로, 한정사(예를 들어 /ðə/ *the*), 대명사(예를 들어 /ðəm/ *them*), 그리고 전치사(예를 들어 /ət/ *at*, /tə/, /tʊ/ *to*)와 같은 것이다.[5]

따라서 어떤 발화도 액센트를 받고, 받지 않는 음절의 연쇄로 이루어진다. 아마도 모든 언어에서 발화는 **억양가락(intonational melody)**을 가지게 되며(Bolinger 1978), 그것은 발화 중에 피치가 변하는 방식에 의하여 이루어진다. 이러한 가락을 구성하는 피치의 움직임이 발화에서 단어와 정렬되는 방법은 발화의 어떤 부분이 '중요한'가에 관한 정보를 제공한다. 뿐만 아니라 억양 곡선은 또한 발화의 전체의 통사적, 의미적 구조(단어를 의미 있는 '조각들'로 그룹 짓는 것)에 대한 단서를 제공한다.

영어에서 어떤 단어의 액센트를 받는 음절을 특정한 피치목표나 피치의 움직임으로 정렬함으로써 발화의 중요한 부분에 부여되는 것이 지각적 두드러짐이다. 즉 액센트를 받는 음절은 그 주위의 음절보다 더 높은 피치로 실현될 것이고, 따라서 청자는 그 음절이나 음절의 일부를 형성하는 성분(단어나 어구)을 중요한 것으로 쉽게 확인할 수 있다. 이런 음절은 **피치정점(pitch peaks)**을 지니고 있다고 말한다. 예를 들어, 문장 *Britten composed a lengthy symphony* /ˈbrɪtən kəmˈpəʊzd ə ˈlɛŋɵɪ ˈsɪmfənɪ/를 살펴보자. 이 문

언어는 음운적 단어가 최소한 2음절적일 것을 요구한다. 이것을 §4.4에 살펴 볼 것임.
[5] RP에서 이런 약화된 혹은 **약(weak)** 형태의 사용에 관한 논의는 Collins와 Mees(1996: §3.4)를 보라.

장의 구조를 (6)에서와 같이 표시할 수 있을 것이다:

(6)   H
                                       |
        Britten composed [A LENGTHY SYMPHONY]

여기서 H(고성조)로 표시된 피치정점은 *symphony*의 첫 음절에 연결되어 있다.

위의 발화가 *What did Britten compose?*라는 질문에 대한 답이라고 가정하자. 발화의 중요한 성분은 이 경우에 *a lengthy symphony*이다. 이 성분은 **초점속(in focus)**에 있고(위의 (6)에서 대문자로 표시되어 있음), 피치정점은 그 성분에서 액센트를 받는 음절에 정렬되어 있다. 액센트를 받지 않는 음절은 보통 피치정점을 가질 후보자가 아니다. 예를 들어 (6)에서 *symphony*의 두 번째 음절(/fə/)은 정점을 가질 수가 없을 것이다.

잠재적으로 피치정점을 형성할 수 있는 발화에서 한 개 이상의 액센트를 받는 음절이 있을 수 있음을 주목하라. 예를 들어 만일 *Britten composed a lengthy symphony*에서 H성조를 단어 *lengthy*의 액센트를 받는 음절과 정렬하면 그 발화는 오히려 *What kind of symphony did Britten compose?*와 같은 질문에 대한 답이 될 것 같을 것이다. 이 질문에 대한 답에서 초점속 성분은 (7)에서와 같이 *lengthy*이다(표시된 바와 같이 *a lengthy symphony*는 초점속에 있지 않을지라도 여전히 그 발화 내에서 성분이다):

(7)   H
                                    |
        Britten composed [a [LENGTHY] symphony]

영어에서 억양의 피치정점의 위치를 지배하는 규칙은 아주 복잡하고, 따라서 여기서는 그것을 논의하지 않을 것이다.6) 그러나 어휘적 단어가 하나의 단어액센트를 포함하는 것과 똑 같이 어구(phrase)도 하나의 어구액센트

272

(phrasal accent)를 포함하는 것은 분명하다. 따라서 특정 음절은 (8)의
Britten was a British composer /'brɪtən wəz ə 'brɪtɪʃ kəm'pəʊzə/(질문
*Who was Benjamin Britten?*에 대한 가능한 답)에서와 같이 여러 개의 포
괄적인 영역을 참고하여 액센트를 받게될 것이다:

(8)   H   성조
                           |
      ×   ×   어구액센트
      ×   ×   ×   단어액센트
    [[Britten [was [A BRITISH COMPOSER]]]

(우리는 관련 차원에서 액센트의 존재를 나타내기 위해 ×를 사용한다). 여
기서 *Britten*의 첫 음절과 *composer*의 두 번째 음절은 단어액센트뿐만 아
니라 어구액센트를 갖는다. 그것은 각각의 어구성분의 핵이다. 뿐만 아니라
*composer*의 두 번째 음절은 또한 전체 발화의 피치정점을 갖는다. 그러나
*British*의 첫 음절은 단지 단어액센트만 갖는다.

(8)의 *was a British composer*와 *a British composer*에서 *was*와 *a*가 각
각 어구의 초점 속에 있음을 보여주기 위하여, 고성조를 폐쇄부류에 속하는
단어 중 어느 것과도 연결할 수 없다. 그런 단어는 그 자체가 초점 속에 위
치하려면, 일반적으로 (9)처럼 일종의 대조적인 환경에서 단지 피치정점을
가질 수 있다:

(9)   H   H
        | |
   I said [[A] lengthy symphony], not [[THE] lengthy symphony]]

이 경우에 액센트를 받지 않는 단어는 초점을 받는 성분 속에 적절히 포함

---

6 이런 문제의 광범위한 논의에 대해 Fuchs(1976), Gussenhoven(1984), Baart(1987), Selkik(1984a,
1995), Ladd(1996) 등을 보라.

되는 것이 아니라 오히려 그 자체가 초점을 받는 성분을 형성한다. 그런 경우에 그 단어는 보통의 약형으로라기보다 완전모음으로 발음된다는 것을 주목하라.

이러한 책략은 다음절 단어 속의 보통 액센트를 받지 않는 음절에 초점을 두기 위해 또한 사용될 수 있다. 그래서 *I didn't say Ham*[*LET*], *but Ham*[*BURG*]와 같은 발화가 나온다. 또한 초점을 받은 음절은 완전 모음으로 발음될 것인데, 예를 들어 */hæm'lət/*가 아니라 /hæm'lɛt/가 된다.

지금까지 다음절 단어에서 단지 하나의 음절만이 액센트가 주어질 수 있다고 가정해왔다. 그러나 이것은 분명히 사실이 아니다. 많은 사전에서 (10a)에서와 같이 **제2(secondary)** 혹은 **비-제1(non-primary)** 액센트로 일컬어지는 것을 나타내기 위해 제 2의 부호가 사용된다. 실제로 단어가 충분히 길 때 (10b)에서처럼 하나 이상의 비-제1 액센트가 발견될 수 있다:

(10) a. /ˈhʌrəˌkeɪn/   hurricane

   /ˈtɛləˌfəʊn/   tellophone

   /ˈkɒmpənˌseɪt/   compensate

   /ˌkɒmpənˈseɪʃən/   compensation

   /ˌɪnstrəˈmɛntəl/   instrumental

  b. /ˌɪnstrəˌmɛnˈtælɪtɪ/   instrumentality

   /ˌæpəˌlætʃɪˈkəʊlə/   Apalachicola

비-제1 액센트의 표시는 제1 액센트가 없는 모든 음절이 두드러짐에서 동등하게 느껴지지는 않는다는 것을 보여준다. 예를 들어 영어에서 비-제1 액센트 부호와 함께 표시된 음절은 일반적으로 슈와로의 약화현상을 보이지 않는다. 오히려 제1 액센트를 받는 모음처럼 그것은 완전 모음의 질을 갖는다.[7] 그럼에도 이런 음절은 제1 액센트를 받는 음절보다 덜 두드러진다. 게

---

[7] 몇몇 단어들은 *hurricane*과 같은 대안적인 실현들을 갖는데, 그것의 끝음절은 이차의 액센트(/ˈhʌrəˌkeɪn/)를 받거나 액센트되지 않는다(/ˈhʌrəkən/). 모음의 질은 음절이 액센

다가 그것은 보통 피치정점과 연결될 수 없고, 따라서 (11)은 가능하지 않다:

(11)
$$\begin{array}{c} H \\ | \end{array}$$
*Britten composed [A LENGTHY ORA'TORIO]

비록 비-제1 액센트의 등급을 구별하는 것은 가능하다해도 많은 사전편집상의 연구는 예를 들어 제2 액센트와 제3 액센트 사이를 구별하지 않는다. 그러나 Gimson은, 그의 Jones(1977)에 대한 소개에서 이렇게 진술한다: '긴 다음절단어나 복합어는 제1 강세 앞에 두 개의 제2 강세를 갖는 것이 많다: "cross-examination, decontamination, mispronunciation, intercontinental" 등등. 두 개의 제2 강세 중 첫째가 더 강하다… 나는 첫 번째의 제2 강세에 대해, 예를 들어 "cross-examination"/ 'krɒsɪgˌzæmɪ'neɪʃn/에서, 첫 부호 'ˌ가 두 번째 부호 'ˈ에 부차적이라는 규약으로, 'ˌ를 사용하기로 결정했다(1977: xxiii)'. 적어도 제1 액센트와 제2 액센트 사이의 구분은 대부분의 사전에서 표시된다.

지금까지의 논의에서 액센트의 존재가 어떤 영역의 존재를 나타낸다는 것을 제시했다. 따라서 위 (8)에서 보인 것처럼 제1 액센트는 단어영역을 나타내고, 어구액센트는 어구영역을 나타낸다. 액센트라는 개념에 이러한 이해가 주어지면 제2 액센트는 단어보다 더 작은 영역의 특성이어야 한다. 이러한 비-제1 액센트영역이 **음보(foot)**인데, §3.1의 운율층위에 관한 논의에서 그것을 소개했고, §4.2에서 그 존재를 옹호할 것이다. 따라서 단어는 하나 이상의 음보로 이루어질 수 있고, 그 결과 예를 들어 *oratorio*는 (12)처럼 두 개의 음보액센트를 가지지만, 단지 하나의 단어액센트만 갖는다:

(12)   ×   단어액센트
      × ×   음보액센트
      oratorio

를 가지는지에 달려있다.

음보의 도입은 구 *a lengthy oratorio* /ə ˈlɛŋɡɪ ˌɒrəˈtɔːrɪəʊ/에 대해서 (13)에서와 같이 (8)의 표기를 확장하도록 해준다:

(13)

```
                      H               성조
                      |
      ( ·           ×          )      어구액센트
      ( ×    ) ( ·          ×          )   단어액센트
      ( ×  · ) ( ×  · ) ( ×     ·   · )  음보액센트
      σ σ σ    σ σ σ    σ  σ
      ə lɛŋ θɪ   ɒ rə tɔː   ɪ ɪ əʊ
```

가장 낮은 층위에서 음절은 음보로 합쳐지며, 이 장의 나머지에서 상세하게 절차에 따라 그것을 살펴보자. 이것은 (13)에서 세 개의 음보, *lengthy, ora-,* *-torio*를 낳는다. 지금부터 계속해서 음보에서 액센트를 받지 않는 음절은 점으로, 액센트를 받는 음절은 ×로 표시할 것이다. 어구의 첫 음절 *a*는 음보화되지 않으므로 점으로 표시되지 않음을 주목하자. 이것이 **접어(clitics)**의 전형이다. 즉 보통 약형으로 나타나는 액센트를 받지 않는 문법적인 단어인 접어는 음보구조에 통합되지 않는다.8) 음보는 음운단어로 구성되고, 각각의 단어는 하나의 단어액센트를 갖는다. 이 층위에서 단어액센트로 선택되지 않은 음보액센트를 점으로 표시한다. 이 때 일반적으로 ×는 어떠한 영역의 핵을 나타내고, 점은 그 종자매나 자매를 나타낸다. 마지막으로, 단어는 (13)에서 단일의 어구를 형성하도록 결합된다. 단지 하나의 어구만 있으므로 어구액센트는 또한 피치정점을 갖는다. (13)의 층위구조는 **구조적 율격격자(bracketed metrical grid)**라고 한다(Halle와 Vergnaud 1987a; Hayes 1987, 1995 참조). 이미 지적했듯이 각각의 영역인 음보, 단어와 어구는 단일의 액센트로 표시한다. 즉 다른 것보다 '더 강한' 단일의 음절이 있다. 이것이 위의 주석 2에서 언급된 정점성(culminativity)의 원리이다.

---

8 이것은 단순화한 것이다. 즉 접어, 그리고 더 일반적으로는 액센트가 없는 모음을 갖는 음절은 결국 음보 차원이나 더 높은 차원에서 운율구조 속으로 통합되어야 한다(Itô와 Mester 1992; Peperkamp 1995; Nespor 1999 참조).

구조적 율격격자는 형식상 핵성을 통합한 수형구조와 같은데, 3장의 음절 구조를 표시하기 위해 이런 유형을 사용했다. (14)의 수형은 (13)의 격자와 같다:

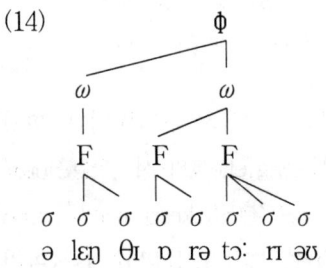

여기서는 3장 (9)에서 소개한 음보, 단어, 그리고 어구에 대한 부호를 사용한다. 그러나 다음에서는 격자로 액센트를 표시할 것이다.

4.2 음보

음보라는 용어는 전통적인 운문형의 운율연구로 낯익다. 이러한 종류의 운문은 많은 여러 가지 음보형을 사용하는데, 그 중에서 **강약격(trochee)**과 **약강격(iambic)**은 가장 낯익고, 실제로 가장 간단하다. 이 두 개의 운율음보유형은 액센트를 받는 음절과 액센트를 받지 않는 음절 사이의 교체를 수반한다. 음절은 이처럼 쌍으로 묶여지고, 따라서 **양분적인(binary)** 음보를 형성한다. 강약과 약강 음보는 그 **두드러짐(prominence)**이나 **돋들림(salience)** 유형에서 다르다. 강약 음보에서 첫 음절은 두 번째 음절보다 더 두드러지지만, 약강 음보에서는 반대 관계가 적용된다. 이것은 (15)에 나타나며, 그것은 Kiparsky(1977)와 Hayes(1983)의 표기를 사용한 것이다:

(15) a. 강약격

```
     s   w   s   w   s   w   s   w   s   w   s   w
    (σ  σ) (σ  σ) (σ  σ) (σ  σ) (σ  σ) (σ  σ)
```

b. 약강격

```
     w   s   w   s   w   s   w   s   w   s   w   s
    (σ  σ) (σ  σ) (σ  σ) (σ  σ) (σ  σ) (σ  σ)
```

여기서 'w'는 성분의 약음절을 나타내고, 's'는 강음절을 나타낸다. 따라서 강약형은 (16a)에서와 같이 표시될 수 있고(Longfellow의 시 'The Song of Hiawatha에서 인용), '율격원형적인 약강 5보격'(Shakespeare의 *Richard III*에서 인용; Kiparsky 1977: 189)은 (16b)와 같이 표시할 수 있다(여기서 ´는 강음절, ˘는 약음절을 표시함):

(16) a.
```
      s     w      s      w      s   w   s   w
    (Ón thĕ) (shóre stŏod) (Hí-ă)-(wá-thă)
```
```
      s       w       s       w    s   w   s  w
    (Túrned ănd) (wáved hĭs) (hánd ăt) (pár-tĭng)
```
b.
```
        w   s     w    s        w        s    w    w   s
    (Thĕ lí) (ŏn-dý)-(ĭng-thrúst)-(ĕth fórth) (hĭs páw)
```

이와 같은 운문의 전통에서 음보상의 음절의 수는 보통 고정되고, 강약과 약강형의 경우에서는 정확히 하나의 액센트를 받는 음절과 하나의 액센트를 받지 않는 음절이 있다. 두 개 이상의 음절을 가진 율형에서 음보는 하나 이상의 액센트를 받지 않는 음절 외에 여전히 단 하나의 액센트를 받는 음절만 가질 것이다. 지금까지 본 것처럼 음보영역은 하나의 액센트를 받는 음절을 포함하는 것으로 정의한다. 따라서 **강약약격(dactylic)**형은 (17)과 같다:

(17) 강약약격

```
      s   w   w   s   w   w   s   w   w   s   w   w
    (σ  σ  σ) (σ  σ  σ) (σ  σ  σ) (σ  σ  σ)
```

이 유형은 (18)에서 예증된다(Ralph Hodgson의 'Eve'에서 인용):

(18) s   w   w   s   w   w
      (Éve wǐth hěr) (bás-kět wǎs)

      s   w   w   s   w   w
      (Déep ǐn thě) (bélls ǎnd grǎss)

이러한 운문형은 Hayes(1995: 372)가 **양호리듬성(eurhythmicity)**이라 일컫는 것과 관련이 있다. 양호리듬형은 액센트가 '너무 밀접하지도 또 너무 떨어지지지도 않게 간격을 형성하는' 것이다. 더 일반적으로는 최적의 양호리듬형은 액센트를 받는 음절이 대체로 동등한 간격을 두어 배치된다.9)

이러한 유형은 액센트를 받는 음절 사이에서 액센트를 받지 않는 음절의 수가 일정하다면(약강격과 강약격의 경우는 하나, 강약약격형의 경우는 두 개) 분명히 달성된다. 그러나 이것은 전제 조건이 아니다. 액센트를 받는 음절 사이의 간격은 중간에 끼여드는 무액센트 음절의 수가 변한다해도 일정할 수 있다. 운문구조에 관한 이런 관점에서 음보는 본질적으로 **타이밍(timing)**의 단위로 해석된다. 즉 율격시행은 액센트를 받는 음절이 대개 **등시적(isochronous)**이며, 고정된 수의 음보로 이루어져 있다. 즉 그 음절은 대략 동일한 시간간격으로 나타나는 경향이 있다. 운문에서 음보라는 개념은 이처럼 음악에서 교점이나 소절의 개념과 다소 대등한데, 액센트를 받는 음절은 교점의 첫 (강)박과 같다. 예로서 Abercrombie(1965: 22)는 다음의 율독을 제시한다:

(19) w   w   s   w w   s   w   w   s   w   s
      'Tǐs thě (míd-dlě ǒf) (níght-bў thě) (cás-tlě) (clóck)

---

9 이러한 리듬상의 고려로 §4.1에서 '제2 액센트'라 일컫는 것이 출현된다고 제안할 수 있다. 즉 제1 액센트가 단어에 부여되고 나서 액센트를 받지 않는 남은 음절의 어떠한 연쇄도 그것이 충분히 길다면, '리듬상 율형'이 부여될 것이다. 이렇게 해서 종종 리듬상의 '과무강세연쇄'(lapse = 과다한 액센트 없는 음절들의 연쇄: Selkirk 1984a; Nespor와 Vogel 1989; Visch 1989)이라는 것을 피하게 된다.

여기서 첫 두 음절을 무시하는데, 이 분석에서 그 음절은 음보를 형성하는 것이 아니라, 있다해도 오히려 앞 시행의 끝 음보에 속한다. 네 개의 완전한 음보에서 액센트를 받지 않는 음절의 수는 없거나 두 개이다. 그럼에도 액센트를 받는 음절은 규칙적인 시간간격으로 나타나고, 다소 동등한 간격을 유지한다.

따라서 이런 운문형의 리듬은 음절의 수를 단순히 세는 것이 아니라 운문-음보의 구조에 의존하게 된다. 왜냐하면 그것은 (16)의 운문형에 대한 가능한 책략이 될 수 있기 때문이다.10) 그러나 분명히 음보와 관련이 있는 다른 율격적인 현상이 있다. 예를 들어 독일어의 두운시는 강세를 받는 음절 사이, 즉 음보의 첫 음절의 두음 사이의 두운을 수반한다. 이와 같은 사실은 다음과 같이 고대영어 서사시인 *Beowulf*(4행-7행)의 발췌에서 입증된다:

(20) Oft 'Scyld 'Scēfing 'sceaþena 'þreatum,
    'monegum 'mǣgþum 'meodo-setla of'tēah;
    'egsode 'Eorle, syððan 'ǣrest 'wearð
    'fēasceaft 'funden; hē þæs 'frōfre ge'bād.11)

여기서 각 행의 첫 세 음보의 행두음절은 두운을 해야 한다(첫 행의 /ʃ/ (아마 /sc/)<sc>에, 두 번째 행의 /m/에, 세 번째 행의 공두음에, 네 번째 행의 /f/에).

---

10 (19)는 Samuel Taylor Coleridge가 쓴 1816년의 'Christabel'에서 가져온 것으로, 그는 서문에서 다음과 같이 진술하고 있음을 실제로 Abercrombie는 주목한다: 'Christabel의 운율은… 새로운 원리에 기초하고 있다: 즉 각 행에서 음절이 아니라 액센트를 세는 것이다… 각 행에서 액센트는 네 개만 있음을 알 수 있다.'

11 Scyld Scefing은 그의 적들,
남자들로 이루어진 많은 부족들에게서
종종 그들의 꿀술 상자들을 빼앗았고,
그는 적들을 놀라게 했다; 그렇지만,
소년으로서, 그는 방랑자로 여겨져 왔고;
운명이 그것에 대해 보상을 하였다
(K. Crossley-Holland(1968). London: Macmillan에 의해 번역된 *Beowulf*에서 가져옴).

본질적으로 운문에 기초한 음보에 대한 이런 접근방법 내에서 운문의 템포상의 조직은 구어에 나타나는 리듬상의 조직까지 연장되는 것이라고 종종 주장한다(예: Abercrombie 1964). 그러므로 영어와 같은 언어에서 (21)의 구조 중 어떤 것도 허용될 수 있을 것이다(위의 (13)에 있는 구조적 격자 표기를 사용함):

(21) a. (× ·)   b. (× · ·)
        σ σ   σ σ σ

c. (× · · ·)   d. (× · · · ·)
    σ σ σ σ   σ σ σ σ σ

여기서 음보의 여러 유형은 (22)의 형태에 의해 실증된다:

(22) a. silly   b. syllable   c. sedentary   d. generalising

이런 접근은 영어가 '강세-박자' 언어, 즉 그 언어의 '리듬적 맥박' 혹은 '박자'가 액센트를 받는 음절사이의 타이밍 관계에 의해 결정되는 언어라는 주장이 동기이다. 즉 모든 액센트를 받는 음절은 등시적 박자와 일치한다. 즉 강세액센트 사이의 간격은 대략 같다. 영어와 같은 강세-박자 언어는 종종 불어와 같은 '음절-박자' 언어와 대조되는데, 음절-박자 언어의 등시성은 강세받는 음절이 아니라 일반적인 음절에 기인한다. 따라서 음절-박자 언어에서 '각각의 음절은 율격격자에서 하나의 . . . 박자로 정렬된다'(Selkirk 1984a: 41). 이것을 해석하는 한 가지 방법은 음보가 리듬의 기본단위라는 가정 위에 모든 음절이 홀로 리듬적 음보를 형성한다고 말하는 것이다. 그러나 음절-박자 언어도 음보가 분지된다고 주장해 왔다. 이렇게 해서 Selkirk (1978)는 불어의 음보는 막 개관한 것처럼 하나의 음절이나, 두 번째 음절이 [ə]를 포함할 때만 두 개의 음절로 이루어져 있다고 주장한다. 따라서 *mon petit garçon* /mɔ̃ pəti gaʀsɔ̃/ '나의 어린 소년'에 대한 불어의 음보구조는

(23)으로 예증할 수 있다:12)

(23) (× ·) (×) (×) (×)　음보액센트
　　 σ　σ　σ　σ　σ
　　 mɔ̃ pə ti gaʀ sɔ̃

그래서 불어는 1분적 음보와 2분적 음보라는 두 개의 음보 구조만 가능하다.
　지금 개관한 접근방법은 넓은 범위의 음보형을 허용하는 것처럼 보이는
데, 그것은 (23)의 1분적 음보로부터 (22d)처럼 많은 수의 음절을 포함하는
불구속(unbounded) 음보에 이르기까지 걸쳐 있다. 그러나 (22d)의 불구속
구조는 'genera,lising의 네 번째 음절의 제2 액센트를 무시하며, 그것은 (24)
처럼 두 개의 음보를 포함하는 것으로 더 잘 표시될 수 있다(위 (13) 참조):

(24) (× · ·) (× ·)　　음보액센트
　　 σ　σ σ　σ　σ
　　 ge ne ra　li sing

(24)에서 두 음보는 모두 하나의 단어를 형성하는데, 여기서 첫 액센트를 받
는 음절은 (25)에서 보는 바와 같이 더 두드러진다:

(25) (×　　　　　 ·　　)　　단어액센트
　　 (× · ·)(× ·)　　音보액센트
　　 σ　σ　σ　σ　σ
　　 ge ne ra　li sing

그래도 음보 내의 어떤 음절이 액센트를 받고, 실제로 액센트를 받는 음절
중 어떤 것이 가장 두드러질 것인지, 즉 제1 액센트일 것인지를 어떻게 아는

---

12 여기서의 강세-박자의 언어와 음절-박자 언어 사이의 구별은 논란이 없는 것은 아니
　고, 확실히 여기서 제시된 것만큼 간단하지가 않다(예를 들어 Dauer 1983; Nespor와
　Vogel 1989을 보라).

가?

지금까지 살펴 본 모든 음보형은 하나의 공통적인 특성을 보임을 주목하라. 즉 액센트를 받는 음절은 음보의 **가장자리(edges)** 중 하나에 나타난다. 강약격과 약강격형의 경우에서 물론 이것은 사소하다. 즉 액센트를 받는 음절은 가장자리에 있어야 한다. 그것은 강약 음보의 경우에는 두 음절 중 첫번째에, 그리고 약강 음보의 경우에는 두 음절 중 두 번째에 와야한다. 그러나 더 큰 음보에서도 이것은 역시 적용된다. 따라서 강약약(s w w) 음보에서 액센트를 받는 음절은 왼쪽 가장자리에 있다. 일반적으로 그래도 w s w 와 같은 음보형을 찾지 못하는데, 여기서 액센트를 받는 음절은 그 음보의 중간에 있다.[13]

게다가 알게 되겠지만, 제1 액센트도 또한 단어의 가장자리에 나타나기를 선호한다. 일반적으로 Liberman(1975)이 지적한 것처럼, 따라서 모든 성분의 강한 요소는 **주변적(peripheral)**이기를 더 선호한다. 이것은 또한 작시법의 원리를 반영하는데, 여기서 또한 행두와/혹은 행말의 음보는 그 행에서 가장 두드러지는 경향이 있다. Liberman은 액센트 부여가 처음에 음절을 음보로 묶고 다음으로 제1의 지위를 문제의 영역 내에서 좌단이나 우단의 액센트에 부여하는 것을 수반한다고 가정한다면, 제1 액센트의 가장자리 선호와 비-제1 액센트의 교차 특성은 자연스럽게 나오게 됨을 제시하고 있다.

4.3 고정액센트와 자유액센트 체계

이제 §4.1에서 간단하게 논의한 액센트 체계의 두 유형 사이의 차이로 논의를 돌린다. 두 유형은 액센트가 외견상 단어에서 특정 음절에 있는 것, 즉 **고정액센트 체계(fixed accent systems)**와 그 반대로 액센트 부여가 단어의 음절적 구조로 예측할 수 없는 것, 즉 **자유액센트 체계(free accent**

---

[13] 그러나 특히 Halle와 Vergnaud(1987a)에 의해 Cayuvava에 관한 그들의 분석에서 w s w 음보 유형, 즉 **약강약격(amphibrach)**에 대한 호소가 때때로 되어져 왔다는 것을 주목해야 하는데, 그것을 §4.4.5에서 살펴볼 것이다.

systems)이다. 특히 이러한 구별과 관련해서 영어의 지위를 살펴볼 것이다. 왜 액센트는 영어 사전에서 한 단어 한 단어씩의 토대 위에서 표시되는가? 라고 물어볼 수 있을 것이다. 이것은 영어가 예를 들어 폴란드어(어말 제2 음절에 고정액센트를 갖는 언어임을 (3)에서 보았음), 핀란드어(고정된 행두 의 액센트), 혹은 튀바투라발어(Tübatulabal)(고정된 행말 액센트를 갖는 남 부 캘리포니아의 언어)와는 달리 고정액센트를 가진 언어가 아님을 암시하 는 듯이 보일 것이다. 이러한 모든 언어에서 액센트의 위치는 단어-가장자 리 중의 하나(로부터의 간격)를 참고하여 예측할 수 있다.

영어에 가능한 액센트유형의 많은 수는 (26)에 예증되어 있는데, 언뜻 보 아 영어가 액센트가 자유로운, 즉 러시아와 같은 언어라는 것을 암시한다:

(26) 'abstract(형용사, 명사)　　'marma,lade
　　　ab'stract(동사)　　　　　se'rene
　　　ca'sino　　　　　　　　　,Apalachi'cola

이미 본 것처럼, 이런 종류의 가능한 유형은 영어사전이 모든 단어에 액센트 를 표시하는 경향이 있음을 의미한다. 그러나 많은 영어의 단어에서 강세부 여는 사실 예측할 수 있음으로 강세부여가 자유액센트 체계의 예를 제공하 지 않음을 아래에서 볼 수 있다. 실제로 고정액센트 대 자유액센트라는 용어 는 절대적 의미에서 어떤 언어에서도 아마 볼 수 없는 극단적인 상황과 관 계가 있다. Anderson(1984)은 북동코카시아어인 아바르어(Avar)는 '강세가 단어의 첫 두 음절 중 하나에 나타날 수 있지만 이것을 넘어서는 강세는 예 측할 수 없는' 체계의 한 예를 제공한다고 말한다. 그것은 (27)과 같다 (Ebeling 1966: 59):

(27) 'hoc:'o '탈곡장'　　　　hoc:"o '벌꿀'
　　　'q'adal '벽(속격 단수)'　　q'a'dal '벽(주격 복수)'

284

즉 액센트는 첫 두 음절에 의해 형성된 '창' 내에 나타나야 한다는 의미에서 '고정되어' 있지만, 이런 음절 중 어떤 것이 특정 단어의 액센트를 가질 것인지를 예측할 수 없다는 의미에서 '자유로운' 것이다(그래도 Anderson의 진술처럼, '약간의 문법적 범주는 특정 음절에서 강세와 관련이 있고', 따라서 (27)에서 '벽'에 대한 속격 단수와 주격 복수형에 대한 유형에서의 차이는 예측할 수 있는 형태론적 요소의 탓으로 돌릴 수 있다).

마찬가지로 액센트가 단어-가장자리 외에는 그 언어의 모든 단어(단순과 복합)에서 어떤 것도 참고하지 않는 규칙에 따라 액센트가 부여되는 고정액센트 언어는 아마도 전혀 없을 것이다. 이런 관점에서 고정액센트 언어의 한 예인 폴란드어를 조금 더 상세히 살펴보자. 폴란드어가 규칙적으로 어말 제 2 음절 액센트를 가진다해도(28a), 어말 제3 음절 액센트를 갖는 형태론상 단순한 단어(28b)와 또한 어말 액센트를 갖는 약간의 단어(28c)가 발견된다:

(28) a. 규칙적인 어말 제2   mar'molad   '마멀레이드(속격 복수)'
                              wi'osna   '봄'
      b. 불규칙적인 어말 제3   uni'wersitet   '대학'
                              gra'matyka   '문법'
      c. 불규칙적인 어말   re'żim   '정권'
                              me'nu   '차림표'

(28b, c)와 같은 예외(폴란드어에서 종종 차용어임)는 어휘적 표시에 그 음절이 액센트를 받는 표시로 알 수 있으나, 규칙적인 경우는 그런 표시가 없다.

그러나 더 흥미로운 것은 외견상의 예외가 그 자체로 일종의 하위체계를 형성하고, 따라서 어떤 언어가 하나 이상의 규칙적이 유형을 갖는다고 말할 수 있는 경우이다. 이것은 종종 어떤 액센트가 아닌 특성에 의해 결정되고, 매우 자주는 특정 단어부류의 일원(위의 아바르어와 꼭 같이)이라는 것에 의해 결정되므로 예를 들어 명사는 동사와 다르게 행동한다. 따라서 형태론적 특성이 종종 어떤 언어의 기본적 액센트 원리와 충돌한다. 영어의 외관상 약간의 불규칙성은 이제 보게 될 것처럼 이와 같은 요소에 의해 야기된다.

Chomsky와 Halle(1968)는 영어액센트에 관한 첫 번째의 광범위한 생성적인 분석을 제공하는데, 여기서 그들의 분석 원리를 간단히 살펴보자. (29)의 형태를 근거로 영어는 끝음절에 제1 강세가 부여된다고 결론지을 수 있다:

(29) a. ap'pear   sur'mise
       col'lapse   u'surp
    b. su'preme   re'mote
       ro'bust   ab'surd

그러나 (30)의 단어는 이러한 주장을 반박하는 듯이 보인다:

(30) a'rena   an'gina
     sy'nopsis   fi'asco

Chomsky와 Halle는 이런 차이는 수반되는 단어의 여러 가지 형태론적 범주 때문이라고 말한다. 즉 (29a)는 동사이고 (29b)는 형용사인 반면에 (30)의 단어는 명사이다. 따라서 강세는 단어가 형태론적으로 단순한 동사나 형용사이면 끝음절에 오지만, 명사라면 어말 제2 음절에 온다.

형태론이 언어의 강세유형에 뚜렷한 반대 예를 낳는 또 다른 방법은 접사화를 수반한다. 예를 들면 (29b)의 형용사는 끝음절에 액센트를 받는 점에서 동사처럼 행동함을 이미 보았다. 그러나 Chomsky와 Halle(1968: 81)가 지적하듯이 (31)의 형용사는 언뜻 보기에 이러한 유형에서 벗어난다:

(31) ,anec'dotal   ,uni'versal
     mo'mentous   de'sirous

그러나 이러한 항목은 형태론적으로 복잡하다:

(32) ANECDOTE+AL   UNIVERSE+AL
       MOMENT+OUS   DESIRE+OUS

형용사가 파생되는 단어의 액센트 유형이 무엇이든지 간에 제1 액센트는 파생 접미사를 바로 앞서는 음절에 온다.[14]

다른 접미사는 '강세-중립적'인데, 그런 접미사는 붙는 단어의 강세유형에 어떠한 영향도 미치지 않는다:

(33) a. di'vinely   DIVINE+LY
       'vulgarly   VULGAR+LY
    b. ma'rinehood   MARINE+HOOD
       'adulthood   ADULT+HOOD[15]
    c. e'xactness   EXACT+NESS
       'wantonness   WANTON+NESS

세부사항이야 어떻든 간에 영어는 자유액센트 언어가 아니라는 것은 분명하다. 오히려 액센트의 유형을 결정하는 많은 상호 작용하는 원리가 있는데, 그 중의 하나인 '목표' 음절의 내부구조는 아래 §4.4.2에서 살펴보자. 게다가 비록 영어는 많은 수의 음절을 포함하는 단어를 가진다해도 제1 액센트를 갖는 음절은 사실상 항상 끝 셋 중의 하나에 있다:

(34) ,Apalach'cola[16]   ,archi'pelago

---

[14] §4.4.2에서 *maximal*과 *rigorous*와 같은 단어에서 어말 제3번째 액센트에 대한 이유로 되돌아간다. 이것은 액센트에 대한 목표 음절의 운모중량(이 경우에서 어말 제2)과 관계가 있다.

[15] 발음이 /ə'dʌlt/인 화자들에게 파생된 명사에 오는 강세는 두 번째 음절에 그대로 있다: /ə'dʌlthʊd/.

,Winnipe'saukee   a'sparagus

,Constanti'nople   ge'ranium

또한 액센트-중립적인 접사들의 접미사화는 이러한 제한을 무시할 수 있다는 것을 주목하라:

(35) a. 'desperately   DESPERATE+LY
      b. 'bachelorhood   BACHELOR+HOOD
      c. ad'venturousness   ADVENTURE+OUS+NESS

형태론은 러시아어와 같은 언어에서조차도 역할을 할 수 있는데, 보았듯이, 러시아어는 자유액센트 체계를 갖는다고 간주된다. 러시아어와 같은 언어는 **어휘적 액센트 언어(lexical accent language)**인데, 액센트법이 사전(lexicon)에 표시되어야 하기 때문이다. 그러나 그러한 자유 체계조차도 형태론적으로 복잡한 단어에서 규칙성을 발견한다. 즉 형태소는 단어를 형성하기 위해 결합될 때 규칙이 어떤 음절이 제1(즉 단어) 액센트를 받을지를 결정할 것이다. Revithiadou(1999)는 다음과 같은 자료를 보여준다:17)

(36)   주격 단수   주격 복수
      a. golova [gɑlɑ'vɑ]   golovy ['gɔlɑvi]   '머리'
      b. robota [rɑ'bɔtɑ]   raboty [rɑ'bɔti]   '일'
      c. gora   [gɑ'rɑ]   gory   [gɑ'ri]   '산'

---

16 독자는 왜 그와 같은 언뜻 보기에 이국적인 영어단어에 대한 주장을 예증하기로 작정했는지 의아해 할지도 모른다. 액센트에 관한 문헌의 정독은 많은 그런 항목을 빨리 제공할 것이다. 이것은 그렇게 많은 음절로 이루어진 영어의 형태소를 찾기가 어렵다는 사실의 결과처럼 보이는데, '본래의' 다음절적 영어단어는 합성어이거나 접두사와/혹은 접미사를 포함하는 경향이 있다(예: *excommunication*).
17 러시아어에서 기저의 /ɔ/는 액센트가 없는 음절에서 [ɑ]로 실현된다.

288

이런 세 개의 러시아어 명사 단수형과 복수형의 액센트유형 사이의 관계는 각각의 경우에 다름이 보일 것이다. 이것은 액센트에 대해 어휘적으로 표시하거나 하지 않는다는 점에서 형태소가 러시아어와 다르다고 가정함으로써 설명할 수 있다. 즉 비록 러시아어가 자유액센트 언어라 해도 모든 형태소가 어휘적으로 액센트를 받지는 않는다. 게다가 어떤 형태소는 어휘상 '액센트 받을 수 없는' 것으로 표시될 수 있다. 즉 그것은 가능하면 어디서나 액센트를 거부한다. (36)의 여러 가지 형태소에 다음의 어휘적 액센트 특성을 부여할 수 있다:

(37) a. 표시되지 않는   golov-   /gɔlɔv/   '머리'

                     -y   /i/   '여성 주격 복수'

    b. 표시되는

       액센트 받는   ra'bot-   /rɑ'bot/   '일'

                     -'a   /ɑ/   '여성 주격 단수'

       액센트 받을 수 없는   gor-   /gɔr/   '산'

표시되지 않은 어간이 액센트를 받는 접미사와 결합하거나, 액센트를 받는 어간이 표시되지 않은 접미사와 결합하면 액센트는 어휘상 액센트를 받는 음절에서 실현되어, *gloóva*와 *raóboty*가 된다. 마찬가지로 액센트를 받지 않는 어간(예: *gor-*)이 표시되지 않은 접미사와 결합하면 그 접미사는 그 액센트를 보유하는데(예: *goóra*), 그것은 어간의 '액센트 받을 수 없는' 명시를 위반하는 것을 피하기 위함이다. 즉 형태소 연쇄에서 단지 어휘상 명시된 한 개의 액센트만 있다면 그 액센트는 예상대로 실현된다. 그러나, 어간뿐만 아니라 접미사가 액센트를 받으면, 그 연쇄는 *raóbot+a*처럼 어휘상 표시된 두 개의 액센트를 갖는다. 이런 환경에서 *raóbota*를 실현하기 위해 한 액센트는 생략된다. 특정 연쇄에서 어떠한 어휘적 액센트도 없다면 어떻게 되는가? 두 개의 표시가 되지 않은 형태소가 결합하면 액센트의 실현은 자동 액센트가 단어-초이라고 가정하는 규칙에 지배되는 것으로 보이고, 그 결과

*golov+y*는 '*golovy*가 된다. 이처럼 심지어 러시아어와 같은 자유액센트 언어도 어떤 액센트규칙을 따른다.

　다시 영어로 되돌아가서 접사의 두 가지 유형을 구분했다. 즉 *-ly*와 같은 **액센트중립적(accent-neutral)**인 접사와 소위 **통합(integrating)**접사이다. 통합접사는 접사가 붙는 영역으로 통합되므로 액센트부여를 위해 그 영역의 일부인 것으로 간주된다. 그러나 통합접사의 집합 내에서 추가구분을 할 수 있다. 이것은 *-al*(38a)과 같은 소위 **액센트유인(accent-attracting)**접사이거나 *-ese*(38b)와 같은 **액센트수반(accent-bearing)**접사일 수 있다:

(38)　a.　'anecodote　　　,anec'dotal

　　　　　'incident　　　　,inci'dental

　　　　　'universe　　　　,uni'versal

　　　b.　'journal　　　　　,journa'lese

　　　　　Tai'wan　　　　　,Taiwa'nese[18]

　　　　　'Java　　　　　　,Java'nese

　네덜란드어에는 (39)에서 볼 수 있는 바와 같이 동사와 결합될 때 액센트를 받는 접두사의 집합이 있다:

(39)　a.　'voeren　　　'이끌다'　　　'opvoeren　　　'이행하다'

　　　　　'lossen　　　'짐을 부리다'　'oplossen　　　'해결하다'

　　　b.　'staan　　　'서다'　　　　'uitstaan　　　'참다'

　　　　　ran'geren　　'옆으로 돌리다'　'uitrangeren　　'방목하다'

　　　c.　'keren　　　'돌리다'　　　'omkeren　　　'뒤집히다'

　　　　　'kopen　　　'사다'　　　　'omkopen　　　'매수하다'

---

[18] *Taiwan*의 원래 액센트의 첫 음절로의 이동은 *-ese*가 액센트수반 접사라는 사실과는 독립적인 과정의 결과이다(추가 논의에 대해서는 §4.3.1을 보라).

따라서 이런 접두사는 액센트를 수반함으로써 어휘적으로 그와 같이 표시되어야 하고, 그 접두사는 원래 형태소의 액센트 유형을 무시한다. 그러나 그것은 또한 (40)에서 볼 수 있는 것처럼 어떤 다른 접두사의 요건에 따라야 하는데, (40)에서 (39)의 형태는 형용사접미사 *-baar* '-able'과 결합되어 있다:

(40) a. op'voerbaar   '이행할 수 있는'
          op'losbaar   '해결할 수 있는'
      b. onuit'staanbaar   '참을 수 없는'
          uitran'geerbaar   '방목할 수 있는'
      c. om'keerbaar   '뒤집힐 수 있는'
          om'koopbaar   '매수할 수 있는'

접미사 *-baar*은 바로 앞의 음절로 액센트를 끌어당기고, (40)의 접두사의 어휘 액센트를 없앤다.

접사화를 논의했으니, 이제 합성어를 살펴보자. 비록 합성어가 단일 영역으로 융합할 수 있다해도 합성어의 요소는 많은 언어에서 액센트에 대해 독립적인 영역처럼 행동한다. 예를 들어 영어에서 합성어는 그 액센트법과 관련해서 어구와는 다르게 행동한다. 즉 영어의 어구는 일반적으로 w s 유형을 갖는 반면에 합성어는 역으로 s w가 된다. 이것은 액센트의 '최소쌍'이다. 최소쌍은 액센트법에 관한 문헌에서 낯익은 것으로 *a black 'board* '검은 판' 대 *a 'blackboard* '분필로 쓰기 위한 판'과, *'greenfly* 대 *green 'fly, White House* 대 *white 'house* 등등과 같다. (13)의 표시로 합성어의 액센트를 표시하기 위하여 (41)처럼 추가의 격자층을 첨가해야 한다. 다음 (41)은 *White House politics* /ˌwaɪt haʊs 'pɒlɪtɪks/에 대한 표시이다:

(41) (·   ×   )   어구액센트
   (×   ·)(×   )   합성어액센트
   (×)   (×)(×   ·)   단어액센트
   (×)   (×)(×   ·)(×)   음보액센트
     σ   σ   σ   σ   σ
    waɪt   haʊs   pɒ   lɪ   tɪks

(*politics*의 첫 음절은 이 단어가 합성어가 아니므로, 합성어액센트 규칙에 의하여 액센트가 부여되지 않음에 주목하라).

지금까지 고려한 제반 현상은(예: 영역의 가장자리에 대한 액센트의 선호와 형태론적 구조와 액센트 사이의 상호작용) 어떤 종류의 형식적인 액센트 이론으로 설명해야 한다. 그래도 이것으로 옮기기 전에 비-제1 액센트의 역할을 살펴보자.

4.3.1 비-제1 액센트

어느 정도까지 제1 액센트의 부여와 관련한 공식이 비-제1 액센트에도 적용되는가? 제1 액센트의 경우처럼 많은 언어에서 비-제1 액센트의 위치는 규칙에 기초한다. 가장 간단한 경우는 여기서 이런 액센트가 제1 액센트로부터 멀리 이동하는 교차유형을 형성한다는 것이다. 이 같은 체계를 갖는 언어의 예는 베네쥬엘라의 와라오어(Warao)이다. Osborne(1966: 115)은 와라오어의 '교차 음절은 더 약한 제2 강세와 함께 강세를 받는데 강한 강세를 받는 음절로부터 뒤에서 세어간다'고 진술한다. 이것은 (42)의 형태에 의해 예증된다:

(42) ko'ranu   '그것을 마셔라'
      ˌkona'ruae   '도취된'
      yiˌwara'nae   '그는 그것을 끝마쳤다'
      ˌnahoˌroaˌhaku'tai   '먹었던 사람'
      eˌnahoˌroaˌhaku'tai   '그가 먹도록 시켰던 사람'

이런 체계에서 제1 액센트를 앞서는 음절은 강약격의 양분 음보로 묶여지고, 긱 음보의 첫 음절에 제2 액센트가 부여된다. 단어에서 홀수의 음절이 있으면 어두 음절은 음보가 되지 않는다. 이것으로 *enahoroahakutai*는 다음과 같은 구조가 된다:

(43) (·   ·   ·   ×   )   단어액센트
      (× ·)(×   ·)(×   ·)(×   ·)   음보액센트
   σ   σ   σ   σ   σ   σ   σ   σ   σ
   e   na ho ro   a   ha ku ta i

제1 액센트와 마찬가지로 비-제1 액센트의 부여는 형태론적 구조에 의해 영향을 받을 수도 있다. *black-board*와 *petrol station* 유형의 영어 복합어에서 두 번째 형태소의 음절은 어휘상 제1 액센트를 갖는데, (44)의 *petrol station* /ˈpɛtrəl ˌsteɪʃən/처럼 하나의 합성어가 되면 제2 액센트로 실현된다.

(44) (×   ·   )   합성어액센트
     (×   ·)(×   ·)   단어액센트
     (×   ·)(×   ·)   음보액센트
      σ   σ   σ   σ
     pɛ trəl stei ʃən

이처럼 이런 합성어에서 비-제1 액센트의 위치는 합성어가 구성되는 단위에서의 제1 액센트의 위치에 의존한다. 이것은 일반적으로 단어가 어구를 형성하기 위해 결합할 때도 또한 사실인데, 어구는 영이에서 ˌNew York, ˌhard-ˈboiled, ˌRugby ˈUnion, ˌweight-ˈsensitive에서처럼 w s 유형이 된다. 그러나 이런 어구 자체가 합성어의 일부라면 §4.2에서 논의한 양호리듬성의 원리를 위반하는 연쇄와 종종 직면한다. 예를 들어 두 개의 액센트를 받는 음절은 합성화해서 '너무 밀접하기' 때문인데, 그것은 (45)의 *New York pizza, hard-boiled egg, Rugby Union president, weight-sensitive* *stressing*과 같은 형태에 의해 예증되는 바와 같다:

(45) ˌNew York ˈpizza
ˌhard-boiled ˈegg
ˌRugby Union ˈpresident
ˌweight-sensitive ˈstressing

New York pizza /njuː jɔːk piːtsə/에 대응하는 구조적 격자를 살펴보자:

```
(46) (    ·    ×        )      어구액센트
     ( ·    ×) (×        )      어구액센트
     (×) (×) (×        )      단어액센트
     (×) (×) (×     · )      음보액센트
      σ   σ   σ   σ
     njuː jɔːk piː  tsə
```

(완전한 어구는 두 개의 더 작은 어구, *New York*과 *pizza*로 이루어지고, 따라서 어구액센트는 두 번 부여된다). 단어-액센트 차원에서 *York*과 *pizza*위의 제1 단어액센트에 해당하는 두 개의 리듬상의 '박'(beats: 拍)은 인접해서, /njuː jɔːk ˈpiːtsə/가 되고, 따라서 **리듬상충돌(rhythmic clash)**을 보인다. 이런 환경아래에서 영어는 **강세이동(stress shift)**으로 알려진 과정에 의해 제2 강세가 어구의 첫 요소로 이동하도록 하고, (47)과 같은 격자구성을 한다:

```
(47) ( ·          ×      )      어구액센트
     (×    · ) (×      )      어구액센트와 강세이동
     (×) (×) (×      )      단어액센트
     (×) (×) (×    · )      음보액센트
      σ   σ   σ   σ
     njuː jɔːk piː  tsə
```

여기서 강음절과 약음절은 교차유형을 보인다.

이 과정은 첫 요소가 합성어인 어구에 제한되지 않는다. 첫 요소가 제2 액센트가 제1 액센트를 앞서는 단어라면 강세이동이 또한 가능할 것이다. 그것은 (48)에서 보는 바와 같다:

(48) ˌJapaˈnese 그러나 ˌJapanese ˈsushi
　　 ˌMissisˈsippi　　　 ˌMississippi ˈmadrigals
　　 ˌsevenˈteen　　　　 ˌseventeen ˈsisters

또한 원래의 제1 액센트가 원래의 제2 액센트의 자리로 이동하고, 전체 어구의 오른쪽 요소에 있는 제1 액센트에 종속된다는 것을 알 수 있다.

여기서는 강세이동에 관한 상세한 것을 뒤따라가지는 않는다.[19] 오히려 형태론에서 가져온 몇몇 예를 살펴볼 것인데, 그 예는 위에서 논의한 합성어 현상처럼, 형태소가 내포되는 결과로서 제1 액센트의 지위를 상실하는 형태소의 제1 액센트가, 여전히 표층의 실현으로 인식할 수 있다는 것을 입증한다. Chomsky와 Halle(1968: 116)는 두 명사 *compensation*과 *condensation* 의 경우를 살피는데, 그것들은 언뜻 보기에 같은 운율적 구조를 갖는다. 그러나 그 형태론적 구조는 다르다. 즉 명사가 파생되는 동사의 기저표시는 (49)에 보는 바와 아마 같을 것이다:

(49) a. (×　　　　·)　　 b.　 (×)　　 단어액센트
　　　 (×　·) (×)　　　　 (×) (×)　 음보액센트
　　　 σ　 σ　 σ　　　　　 σ　 σ
　　　 com pen sate　　　 con dense

*ˈCompenˌsate*는 음절의 초에 제1 액센트를 그리고 끝음절에 제2 액센트를

---

[19] 이러한 현상에 관한 매우 많은 문헌이 있는데, 그 중의 많은 것은 강세이동의 적절한 표시와 관련이 있다. 예를 들어 Liberman과 Prince(1977), Prince(1983), Hayes(1984a), Selkirk(1984a), Giegerich(1985), 그리고 개관에 대해서는 Visch(1989)를 보라.

갖고, *con'dense*는 끝음절에 제1 액센트를 갖는다. *condense*의 첫 음절에서의 모음은 적어도 잠재적으로 슈와로 약화되지 않고, 따라서 음보를 형성한다. *-ation*이나 *-ion*의 접미사화가 일어날 때, 제1 액센트는 *-ation*의 첫 음절로 이동하는데, *-ation*은 액센트를 수반하는 접미사이다. 결과적으로 *condense*의 어두 음절은 제2 액센트를 얻는다. 따라서 두 단어는 (50)에서처럼 동일한 격자 구조를 가질 것이라 가정할 수 있다:

$$(50)\ a.\ (\,\cdot\qquad\ \times\quad\ )\qquad b.\ (\,\cdot\qquad\quad\times\qquad\quad)\ \ \text{단어액센트}$$
$$(\times\quad\cdot\,)\,(\times\quad\cdot\,)\qquad\ (\times\quad\cdot\,)\,(\times\qquad\cdot\,)\ \ \text{음보액센트}$$
$$\sigma\qquad\sigma\qquad\sigma\qquad\sigma\qquad\quad\sigma\qquad\sigma\qquad\sigma\qquad\sigma$$
$$\text{com}\quad\text{pen}\quad\text{sa}\quad\text{tion}\qquad\text{con}\quad\text{den}\quad\text{sa}\quad\text{tion}$$

그러나 Chomsky와 Halle는 영어의 많은 방언에서 이러한 두 단어의 발음은 한 가지 주요한 점에서 다르다고 진술한다. 즉 *compensation*의 두 번째 음절은 약화된 슈와-유형의 모음을 포함하는 반면에 *condensation*의 두 번째 음절은 완전 모음을 갖는다. 따라서 RP에서 두 단어는 각각 /ˌkɑmpən'seɪʃən/과 /ˌkɒnden'seɪʃən/으로 실현될 것이다. Chomsky와 Halle는 이러한 차이를 *condensation*의 두 번째 음절은 원래 제1 강세를 갖는다는 사실과 연관짓는데, 파생된 명사에서 완전 모음의 존재는 그것의 '역사'를 반영한다.

(51)처럼 이것을 제3 액센트를 갖는 것으로 표시하는 것이 가능할 수도 있다:

$$(51)\ a.\ (\,\cdot\qquad\ \times\quad\ )\qquad b.\ (\,\cdot\qquad\ \times\qquad\ )\ \ \text{단어액센트}$$
$$(\times\quad\cdot\,)\,(\times\quad\cdot\,)\qquad(\times\quad\cdot\,)\,(\times\quad\cdot\,)\ \ \text{음보액센트}$$
$$(\times\quad\cdot\,)\,(\times\quad\cdot\,)\qquad(\times)\,(\times)\,(\times\quad\cdot\,)\ \ \text{제3 액센트}$$
$$\sigma\qquad\sigma\qquad\sigma\qquad\sigma\qquad\quad\sigma\qquad\sigma\qquad\sigma\qquad\sigma$$
$$\text{com}\quad\text{pen}\quad\text{sa}\quad\text{tion}\qquad\text{con}\quad\text{den}\quad\text{sa}\quad\text{tion}$$

그러나 두 개 이상의 액센트 차원을 구별하는 것이 가능한지는 논쟁점이고 따라서 여기서는 이 문제에 관하여 어떠한 입장도 취하지 않을 것이다. 그럼에도 불구하고 위의 논의는 액센트가 '영속적'일 수 있다는 것을 분명히 보여주었다.[20]

4.4 율격 이론

위 §4.2에서 액센트는 음보의 가장자리에 나타나기를 선호하고, 제1 강세는 단어의 가장자리에 나타나기를 선호한다고 제시했다. 그럼에도 불구하고 제1 액센트가 규칙적으로 주변이 아닌 음절에 오는 폴란드어와 같은 언어가 있다는 것도 또한 보았다. 폴란드어의 경우에 이것은 어말 제2 음절이지만 입증된 체계의 완전한 배열은 (52)에서 보여지는 바와 같이 넓은 범위의 가능성을 보여준다(Hayes 1995 주어진 목록에서 부분 발췌):

(52) 어두　　　　　　　어두 제2 음절
　　　핀란드어　　　　　다코타어
　　　마라눙쿠어　　　　남부 파이우트어

　　　어말 제1 음절　　　어말 제2 음절　　　어말 제3 음절
　　　튀바투라발어　　　　폴란드어　　　　　마케도니아어
　　　불어　　　　　　　와라오어

Hyman(1977)은 어두의 제1 강세보다 어말 제2 강세의 더 많은 경우와 어말 강세가 세 번째에 오는 것을 확인한다. 어두 제2와 어말 제3 강세유형은 드물고, 어두 제3 강세유형은 사실상 알려져 있지 않다.

　어두와 어말의 액센트는 액센트영역의 가장자리를 확인하는 제1 액센트 규칙에 의해 설명할 수 있을 것이다. 그런 규칙은 (53)처럼 기본적 율격격자

---

[20] 전통적인 파생 음운론에서 이러한 영속성은 **순환성(cyclicity)**에 의해 포착된다. 즉 액센트 규칙들은 연속적인 형태론적 영역들에 순환적으로 적용될 수 있다. 예를 들어 비음 장소동화에서 순환에 관한 논의에 대해서는 Cole(1995)을 보라.

를 즉 어떤 내부구조도 없는 격자를 만들 것이다:

(53) a. (× · · · ·) b. (· · · · ×)
σ σ σ σ σ   σ σ σ σ σ

그러나 어두 제1, 어말 제2, 그리고 어말 제3 위치의 액센트는 어떠한가?

우선 좌단과 우단의 액센트 사이에 비대칭성이 있음을 주목하자. 후자가 가장자리에서 세 번째 음절까지 이를 수 있는 듯이 보이는 반면(마케도니아어에서처럼) 어두 제3 위치 액센트는 사실상 결코 입증되지 않는다. 비록 고정된 어말 제3 위치에 몇몇 예의 기록은 있어도 그렇지 않았다면 고정된 어말 제2 위치 액센트를 가졌을 언어의 예외적인 어휘에서 빈번하게 발견된다. 액센트 부여에 관한 이론은 이런 비대칭성을 설명해야할 뿐만 아니라 또한 (53)의 것 외의 고정된 유형이 결코 발견되지 않는 사실을 설명해야 한다. 만일 제1 액센트 부여가 제한되지 않는다면, 단어 가장자리로부터 어떤 고정된 간격에 있는 어떤 음절에도 이를 수 있다는 의미에서, 좌단이나 우단으로부터 네 번째 음절, 심지어는 '중간의' 음절에도 액센트를 가지는 언어를 발견할 것으로 기대한다.

따라서 그런 비-순환적인 경우를 배제하는 제1 액센트 부여를 결정하기 위한 장치가 필요하다. 이것은 단순히 어떤 음절을 잠재적으로 액센트를 줄 수 있는 것으로 나타내게 해 주는 체계는 적절하지 않음을 의미한다. 예를 들어 그런 이론은 단어가 단 하나의 제1 액센트만 가질 수 있다는 사실을 설명하지 못한다. 즉 (53)에서 첫째와 마지막 음절에, 혹은 실제로 단어의 모든 음절에 액센트를 부여하는 것을 막는 어떤 것도 그 이론에는 없다. Chomsky와 Halle(1968)에서 제안한 액센트 부여에 관한 이론도 똑 같은 결점이 있다. 이 모델에서 어떤 모음도 분절적인 자질[±액센트](그들의 용어로 [±강세])를 갖는데, 그 자질은 형식적으로 [±원순성]과 [±공명성] 같은 다른 분절적 자질과 동일하다. 여기서 또한, 단어 안의 모든 음절을 [+액센트]로 표시하지 않을 어떠한 형식적인 이유도 없다. 그것은 액센트의 정점적인 성질과 상충될 것이다.

단어 안의 어떤 음절도 액센트를 받도록 하는 모델은 또한 액센트가 가장 자리선호(즉 액센트의 구별적인 특성: §4.1 참조)를 나타내는 방식을 설명하지 못한다. (53)의 격자는 '최적의' 어두와 어말의 유형에 대한 것이다. 덜 일반적인 어두 제2, 어말 제2, 어말 제3 음절의 유형에 대한 (54a-c)의 격자와 실제로 기껏해야 주변적인 어두 제3 음절의 유형과 언뜻 보기에 불가능한 어말 제4 음절의 유형에 대한 (54d-e)의 격자를 만드는 것은 마찬가지로 쉬워 보인다:

(54) a. 어두 제2 음절   b. 어말 제2 음절

$$(\cdot \quad \times \quad \cdot \quad \cdot \quad \cdot) \qquad (\cdot \quad \cdot \quad \cdot \quad \times \quad \cdot)$$
$$\sigma \quad \sigma \quad \sigma \quad \sigma \qquad\quad \sigma \quad \sigma \quad \sigma \quad \sigma \quad \sigma$$

     c. 어말 제3 음절

$$(\cdot \quad \cdot \quad \cdot \quad \times \quad \cdot \quad \cdot)$$
$$\sigma \quad \sigma \quad \sigma \quad \sigma \quad \sigma$$

     d. 어두 제3 음절   e. 어말 제4 음절

$$(\cdot \quad \cdot \quad \times \quad \cdot \quad \cdot \quad \cdot) \qquad (\cdot \quad \cdot \quad \cdot \quad \cdot \quad \times \quad \cdot \quad \cdot \quad \cdot)$$
$$\sigma \quad \sigma \quad \sigma \quad \sigma \quad \sigma \quad \sigma \qquad \sigma \quad \sigma \quad \sigma \quad \sigma \quad \sigma \quad \sigma \quad \sigma \quad \sigma$$

분명히, 단순히 단어 내의 어떤 음절이 액센트를 받는 것으로 선정하게 하는 어떤 이론도 살펴보고 있는 현상에 대한 통찰력을 제공해 주지 못하고, 따라서 제1 액센트 부여에 관한 이론으로 적절하지 않다. 그것의 부적절성은 추가의 비-제1 액센트를 살펴볼 때 강조된다.

비-제1 액센트의 분포는 규칙에 기초하고 제멋대로가 아니라는 것을 이미 보았다. 액센트 유형은 액센트를 받는 음절과 받지 않는 음절 사이의 교체를 보이는 경향이 있다. 따라서 §4.3.1에서 보듯이 인접음절에 오는 액센트(clashes: 충돌)는 가능한 곳에서, 예를 들어 영어와 같은 강세-이동 과정에 의하여 피한다. 마찬가지로 언어는 두 개 이상의 무액센트 음절의 연쇄(lapses: 과무강세연쇄)를 피하려 한다. 따라서 리듬조직의 가장 낮은 층에

서 양분적 리듬(55a), 혹은 3분적 리듬(55b) 유형을 갖지만 4분적 리듬(55c)
은 언어에 없다.

(55) a. (×   ·) (×   ·) (×   ·) (×   ·) (× ···
         σ   σ   σ   σ   σ   σ   σ   σ   σ

    b. (×   ·   ·) (×   ·   ·) (×   ·   ·) ···
         σ   σ   σ   σ   σ   σ   σ   σ   σ

    c. *(×   ·   ·   ·) (×   ·   ·   ·) (× ···
          σ   σ   σ   σ   σ   σ   σ   σ   σ

앞 절에서 리듬적 비-제1 액센트는 단어보다 작은 음보라 불리는 영역의 특
성으로 간주될 수 있음을 제시했다. 따라서 음보구조를 부여하기 위한 연산
과정의 집합을 만들어야 하는 듯이 보일 것이다. 이것이 율격이론으로 알려
진 것의 중심핵을 형성하는데, 이것을 다음 절에서 살펴보자. 비록 세계의
언어가 매우 다양한 액센트유형을 보이는 것처럼 보일지라도 율격이론은 제
1 액센트 부여에 대해 단지 두 개의 규칙만 필요로 한다는 것을 보여 줄 것
이다. 이 두 규칙은 특정 영역에서 좌단음보 액센트에 액센트를 두는 규칙
(56a)과 우단음보 액센트에 액센트를 두는 규칙(56b)이다:

(56) 제1 액센트 규칙
    a.   ×
         × → × / __)   음보액센트
    b.   ×
         × → × / (__   음보액센트

4.4.1 율격구조

이 절에서는 이전 절에서의 단어와 음보구조에 관한 여러 가지 관찰이 율격
이론 내에서 어떻게 형식화될 수 있는지를 조사한다. §4.1에서 소개한 영어
단어 *Apalachicola*를 다시 살펴봄으로써 시작하자. 이 단어의 여섯 음절은

(57)에서와 같이 세 개의 강약격 음보로 구성된다:

(57) $(\times \quad \cdot)(\times \quad \cdot)(\times \quad \cdot)$ 음보액센트
    $\sigma \quad \sigma \quad \sigma \quad \sigma \quad \sigma \quad \sigma$
    æ pə læ tʃɪ kɛʊ lə

(57)의 구조를 어떻게 생성하는가? 모든 단어에 부여되는 율격구조는 많은 **지수(parameters)**의 설정 결과인데, 지수는 어떤 특성과 관련해서 언어에 가능한 선택을 명시한다. *Apalachicola*와 관련해서, 그것은 어두 제1 액센트와 우방향의 교차리듬 유형을 갖는데, (58)의 두 지수는 음보구조를 결정한다:

(58) 음보구조
    i. 왼쪽-핵이다(즉 음보의 가장 왼쪽 음절이 액센트를 받는다)
    ii. 오른쪽에서 왼쪽으로 부여된다.

(58.i)는 (57)의 음보구조가 강약격임을 명시한다. 즉 액센트를 받는 것은 음보의 첫 음절이다. (58.i)는 핵성으로 형식화되는데, 율격이론은 구조적 격자로 표시되는 핵이 있는 수형구조를 사용함을 주목하라. 음절구조에 관한 설명에서처럼 핵이 주어지는 수형은 각 성분이 단지 하나의 '중심' 단위, 즉 **핵(head)**과 덧붙여서 하나나 더 이상의 비-핵(non-heads), 즉 **종지(dependents)**를 포함한다는 주장을 구현한다. 보아왔듯이 핵이라는 개념은 언어학자가 통사론, 형태론, 비음 장소동화에서 가성하는 구조 유형의 중심이다.[21]

핵이 주어지는 구조의 사용, 더 특정적으로 모든 액센트는 핵을 형성한다는 개념은 모든 영역이 정확히 하나의 액센트를 갖는 것을 보장한다. 이렇게 액센트의 정점성이란 특성을 도출한다. 율격구조의 핵은 성분의 가장자리에

---

[21] 음운구조에서 '핵'이라는 개념에 관한 논의에 대해서는 Anderson과 Ewen(1987), Halle와 Vergnaud(1987a), Dresher와 van der Hulst(1995, 1998)를 보라.

만 위치할 수 있다는 추가 특성은 액센트의 구별적 기능을 나타낸다(§4.1 참조).

(58.ii)는 *Apalachicola*의 여섯 음절이 오른쪽에서 시작해서 음보로 구성됨을 명시한다. 그러나 단어 *Apalachicola*는 짝수의 음절을 가지므로 그것 자체는 (58.ii)에 대한 증거를 제공하지 않으며, 음보를 강약격으로 명시한다면 왼쪽에서 오른쪽으로의 부여가 같은 구조를 낳을 것이다. 그러나 홀수의 음절을 갖는 단어는 *Monongahela*와 같은 단어에 의해 보는 바와 같이 필요한 증거를 제공하는데, 그것은 (59a)의 음보구조를 갖는다. 음보가 왼쪽으로부터 부여되었다면 (59b)의 잘못된 구조를 가지게될 것이다:

(59) a.　(× ·) (× ·)　　b. *(× ·) (× ·)　음보액센트
　　　σ σ σ σ σ　　　　　σ σ σ σ σ
　　　mə nɔŋ gə　hiː lə　　　mɔ nəŋ gæ hiː lə

(59a)의 첫 음절은 음보가 되지 않고 그대로 있다. 즉 나누어지는 것이 아니라 '좌초된다'는 것을 주목하라(전처럼 나누어지지 않는 음절은 점으로 표시하지 않음). 좌초음절을 허용함은 음보나누기가 남김없이 되도록 할 필요가 없는, 즉 모든 음절이 음보에 부여될 필요가 없음을 함축한다. 그런 좌초한 음절은 때로 **퇴보(degenerate)**음보를 형성하는 것으로 특징짓지만 그 음절이 율격구조에 어떻게 통합되는지는 약간 논란이 있는 문제로, §4.4.4에서 다시 보자.

(58)에 의한 음보구조의 부여 이후 *Apalachicola*는 (60)의 지수 설정에 의해 단어액센트가 부여될 것이다:

(60) 단어구조
　　오른쪽이 핵이다(즉 가장 오른쪽의 음보액센트는 제1 액센트를 받는다)

이것은 (61)의 단어구조를 낳는다:

(61) (·   ·   ×   )   단어액센트
    (×   ·) (×   ·) (×   ·)   음보액센트
    σ   σ   σ   σ   σ   σ
    æ   pə læ ʧɪ kʊ lə

(61)에서 단어-액센트 차원의 3분구조를 채택하고, 첫 두 음보가 둘 다 '약'
이지만, 즉 제1 액센트를 포함하는 음보에 의존하나 어떤 것도 다른 것보다
더 강하지 않다고 가정한다.

(58)과 (60)의 지수설정의 채택은 *Apalachicola*에게 올바른 액센트 유형
을 생성하도록 해 주는 것이 분명하다. 지수의 각각에 대해 반대 값을 선택
했다면 (62)의 잘못된 구조를 만들어 냈을 것이라는 것을 알기는 쉽다:

(62) (×   ·   ·)   단어액센트
    (· ×) (· ×) (· ×)   음보액센트
    σ   σ   σ   σ   σ   σ
    ə   pæ lə ʧɪ kə læ

(62)의 구조는 제1 액센트가 두 번째 음절에, 제2 액센트는 제1 액센트 다음
에 한 음절 걸러 와서 **A'pala,chico,la*를 낳는다고 진술하는 규칙의 적용결
과이다.

그러나, 더 중요하게는, 이런 설정이 일반적인 영어에 대해 적절하다고 주
장한다. 즉 (58)과 (60)은 영어에 대한 지수선택을 표시하나 다른 언어는
(63)의 지수 각각에 대한 설정에서 다른데, (63)은 지금까지 전개된 전체 집
합을 보여준다:

(63) a. 음보구조
    ⅰ. 핵성   : 왼쪽 핵(LH) 혹은 오른쪽 핵(RH)

ⅱ. 방향성 : 왼쪽에서 오른쪽으로 부여(L→R) 혹은 오른쪽에서
　　　　　　 왼쪽(R→L)
　b. 단어구조
　　핵성　　　 : 왼쪽 핵(LH) 혹은 오른쪽 핵(RH)

이런 지수는 원칙적으로 서로 독립적이다. 액센트에 대한 지수적 접근은 처음에 Halle와 Vergnaud(1978)에 의해 제안되었고 Hayes(1981, 1995)에서 좀더 발전되고 풍부하게 예증되었다. 그런 업적 중 하나는 (63)의 것과 같은 지수의 작은 집합에 의해 입증된 액센트유형의 변종을 분석하는 것이었다.

　(63)의 세 가지 양분지수가 주어지면 여덟 개의 액센트체계의 다른 유형을 생성할 수 있다는 것은 분명하다. 음보구조지수는 네 개의 가능성을 보여주고, 단어의 핵성지수, 즉 왼쪽 핵이나 오른쪽 핵과 결합되는데 이것은 (64)의 여덟 개의 체계를 생성하게 해준다:

　(64) a. 단어 (LH), 음보 (LH, L→R)
　　　 b. 단어 (LH), 음보 (RH, L→R)
　　　 c. 단어 (RH), 음보 (LH, R→L)
　　　 d. 단어 (RH), 음보 (RH, R→L)
　　　 e. 단어 (LH), 음보 (LH, R→L)
　　　 f. 단어 (LH), 음보 (RH, R→L)
　　　 g. 단어 (RH), 음보 (LH, L→R)
　　　 h. 단어 (RH), 음보 (RH, L→R)

그러나 여덟 개의 가능한 유형이 있다하더라도 (64a-d)는 (64e-h)의 것보다 매우 더 일반적이다. (65)는 네 개의 일반적인 유형으로 생성되는 구조를 보여준다:

(65) 　　　　　　　　　홀수 음절　　　　　　　　짝수 음절

   a. 단어(LH)　　　　(× 　　·　)　　　　(× 　　·　　·　)

       음보　　　　(× ·)(× ·)　　　(× ·)(× ·)(× ·)

       (LH, L→R)　σ σ σ σ σ　　σ σ σ σ σ σ

   b. 단어(LH)　　　　(　× 　　·)　　　(　× 　·　·)

       음보　　　　(· ×)(· ×)　　　(· ×)(· ×)(· ×)

       (RH, L→R)　σ σ σ σ σ　　σ σ σ σ σ σ

   c. 단어(RH)　　　　(· 　× 　)　　　(· 　· 　× 　)

       음보　　　　(× ·)(× ·)　　　(× ·)(× ·)(× ·)

       (LH, R→L)　σ σ σ σ σ　　σ σ σ σ σ σ

   d. 단어(RH)　　　　(　· 　×)　　　(　· 　· 　×)

       음보　　　　(· ×)(· ×)　　　(· ×)(· ×)(· ×)

       (RH, R→L)　σ σ σ σ σ　　σ σ σ σ σ σ

Kager(1995)는 이러한 체계의 각각에 대한 예를 제시한다. 즉 (65a)는 헝가리어의 예이고(Kerek 1971 참고), (65b)는 아라우카니(Araucanian)어의 예이고(Echeverría와 Contreras 1965), (65c)는 와라오(Warao)어의 예이고(Osborne 1966), (65d)는 웨리(Weri)어의 예이다(Boxwell과 Boxwell 1966).

(65)에서 우리는 방향성과 제1 액센트 위치 사이의 상관성을 관찰할 수 있다. (a)와 (b)는 왼쪽에서 오른쪽으로의 나누기(left-to-right parsing)를 보이고, 제1 액센트가 가장 왼쪽의 음보에 오는데, (c)와 (d)에서는 오른쪽에서 왼쪽으로의 나누기(right-to-left parsing)를 가지고, 제1 액센트가 가장 오른쪽의 음보에 온다. 이것은 액센트 체계들의 전형인 듯이 보이는데, 그렇게 해서 단어의 핵은 나누기가 시작하는 가장자리에 가장 가까운 음보이다. van der Hulst(1984)에 의해 지적된 바와 같이 (66)의 체계는, 여기서 이러한 상관관계는 발견되지 않는데, 비록 나타난다하더라도 훨씬 덜 일반적이다:

(66)   홀수음절   짝수음절

   a. 단어(RH)   (·   ×)   (·   ·   ×)
      음보   (× ·)(× ·)   (× ·)(× ·)(× ·)
      (LH, L→R)   σ σ σ σ σ   σ σ σ σ σ σ

   b. 단어(RH)   (·   ×)   (·   ·   ×)
      음보   (· ×)(· ×)   (· ×)(· ×)(· ×)
      (RH, L→R)   σ σ σ σ σ   σ σ σ σ σ σ

   c. 단어(LH)   (×   ·)   (×   ·   ·)
      음보   (× ·)(× ·)   (× ·)(× ·)(× ·)
      (LH, R→L)   σ σ σ σ σ   σ σ σ σ σ σ

   d. 단어(LH)   (×   ·)   (×   ·   ·)
      음보   (· ×)(· ×)   (· ×)(· ×)(· ×)
      (RH, R→L)   σ σ σ σ σ   σ σ σ σ σ σ

이러한 종류의 체계에서 제1 액센트의 정확한 위치는 단어가 구성되는 음절의 수에 의존한다는 것을 주목하라.

    살펴보고 있는 체계는 오로지 강약격과 약강격 음보만을 수반하는 것이다. 위의 §4.2에서 소개한 §4.4.5의 강약약격 음보의 분석으로 되돌아가자.

4.4.2 중량의존성

액센트 부여에 관한 논의에서 지금까지는 음보를 구성하는데 소용이 되는 음절의 내부구조를 무시해왔다. 그러나 §3.4.1에서 어떤 언어의 '중'음절과 '경'음절 사이를 구별할 수 있다는 것을 알았다. 적절한 환경아래에서 중음절은 액센트를 가질 수 있고, 반면에 경음절은 액센트를 가질 수 없다. 예를 들어 Churchward(1940: 75)는 로투만어(Rotuman)(피지(Fiji)의 섬 북쪽 로투마에서 쓰이는 오스트로네시아어: Austronesian 언어)에서 가져온 다음의 형태를 제시한다:

(67) a. 'taka   '눕다'   b. kara'ra: '코를 곯다'
      hunu'nuka '헐떡거리다'   ma'ro: '이기다'

(67)의 형태는 (68)의 로투만어 액센트부여 규칙을 예증한다:

(68) 제1 액센트는 만일 이 음절이 장모음을 포함하면 끝음절에 오고, 그
     렇지 않다면 제1 액센트는 어말 제2 음절에 온다.

유사하게 얍어(Yapese)(Hayes 1981: 65-6)는 (69)의 규칙을 갖는다:

(69) 제1 액센트는 만일 끝음절이 폐쇄되고 어말 제2 음절이 개방되어 있으
     면 어말 제2 음절에 오고, 그렇지 않다면 주 액센트는 끝음절에 온다.

음절구조에 영향을 받는 액센트규칙은 종종 음량의존적(quantity-sensitive)
이라고 말하는데, 액센트규칙이 주로 길이 구분에 영향을 받는 것을 암시하
는 용어이다. 그러나 (69)에 의해 보는 바와 같이, 그리고 §3.4.1에서 논의
된 바와 같이 중음절과 경음절 사이의 구분은 또한 음절이 개방적인가 폐쇄
적인가와 같은 요인을 수반할 수도 있다. 음량과 폐쇄는 무게의 결정에서 아
마도 독립적인 요인일 것이고, 또한 역할을 할 수 있는 다른 액센트-유인 특
성이 있다는 것을 아래에서 보일 것이다. 따라서 여기서는 더 추상적인 용어
인 **중량의존적(weight-sensitive)**을 채택한다. 일반적으로 §3.4.1에서 확
인된 단지 두 개의 무게 범주만이 액센트 부여에서 역할을 하는데, 즉 음절
은 중음절이거나 경음절이다.

    그러면 중량의존적 체계가 수용될 수 있도록 음보부여에 관한 이론이 어
떻게 개선될 수 있는가? 어떤 음절(즉 중음절)이 음보 안에서 종지 위치를
차지할 수 없을 때는 언제든지 체계가 중량의존적이어서, 그 결과로 중음절
이 항상 음보의 핵이 되는 것은 분명하다.

    (70)의 **중량의존성(weight-sensitivity)** 지수를 가정하자:

(70) 중량의존성: 중음절은 음보 안의 종지 위치를 차지할 수 없다.

그것은 '예'나 '아니오'로 설정될 수 있다. 만일 중량지수가 '예'로 설정되면, 그 때는 또한 무엇이 문제의 언어에서 중음절을 형성하는지를 설정해야 한다. 즉 §3.4.1에서 논의한 바와 같이 운모-중량 언어를 다루고 있는가 아니면 음절핵-중량 언어를 다루고 있는가?

중량지수의 도입은 이제 (71)의 지수의 집합을 갖는다는 것을 의미한다:

(71) a. 음보구조
  ⅰ. 핵성   : 왼쪽 핵(LH) 혹은 오른쪽 핵(RH)
  ⅱ. 방향성 : 왼쪽에서 오른쪽으로 부여(L→R) 혹은 오른쪽
         에서 왼쪽(R→L)
  ⅲ. 중량의존성 : 예 혹은 아니오
 b. 단어구조
  핵성   : 왼쪽 핵(LH) 혹은 오른쪽 핵(RH)

중량의존성 지수의 첨가는 분명히 생성될 수 있는 액센트 체계의 여러 유형의 수를 두 배로 한다. 하나의 그러한 체계가 (72)에 보여진다:

(72) a. 음보구조: LH, R→L, 중량의존적
 b. 단어구조: RH

(72)에 의해 정의된 체계를 살펴보자. 만일 단어 안의 가장 오른쪽 음보만 고려한다면, 그 때 (73)에서 보여진 바와 같은 네 개의 가능한 모형이 있는데, 여기서 $\bar{\sigma}$는 중음절을 $\breve{\sigma}$는 경음절을 표시한다:

(73) a. $\bar{\sigma}$ $\breve{\sigma}$ b. $\breve{\sigma}$ $\breve{\sigma}$ c. $\breve{\sigma}$ $\bar{\sigma}$ d. $\bar{\sigma}$ $\bar{\sigma}$

(73a)와 (b)는 어떠한 문제도 없다. 끝의 두 음절을 중량지수를 위반하지 않고 양분적 강약격음보에 단순히 부여할 수 있기 때문인데, 그 지수는 중음절이 종지의 음보위치에 나타나지 못하게 한다. 이것은 (74)의 격자를 낳는다:

(74) a. (×　·)　　　　b. (×　·)　　　음보액센트
　　　ō̆　ŏ̆　　　　　　　ŏ̆　ŏ̆

중량지수는 중음절이 종지 위치에 오는 것을 막지만 경음절이 핵 위치에 오는 것을 막지 않아, 결과적으로 (74b)가 적형이 된다는 것을 상기하라. 그러나 두 개의 단어 끝음절 (73c)와 (d)위에 강약격음보를 만들 수 없다. 왜냐하면 끝의 중음절은 결국 그 음보의 약 위치가 될 것이기 때문이다. 그러나 할 수 있는 것은 단음절음보를 끝음절에만 부여하는 것인데, 그것은 (73c)와 (d)에 대해 다음의 표시를 낳는다:

(75) a.　　(×)　　　b.　　(×)　　　음보액센트
　　　ŏ̆　ō̄　　　　　　　ō̄　ō̄

(c)와 (d)에서 중음절은 홀로 음보를 형성한다. (75)의 구조는 끝음절이 중음절이면 끝음절에 제1 액센트를 갖고 그렇지 않으면 어말 제2 음절을 갖는 체계, 즉 (68)의 로투만어에 의해 표시된 유형에 대해서 적절하다.

(69)에서 본 것처럼 얍어는 두 번째 유형의 중량의존적인 체계를 나타낸다. 그런 체계의 제1 액센트는 또한 (73b)의 경우에 즉 마지막 두 음절이 둘 다 경음절이면, 끝음절에 온다. 이런 체계를 분석하는 가장 긴단한 방법은 음보구조가 강약격이 아니라 약강격, 즉 지수설정이 (76)과 같다고 가정하는 것처럼 보인다:

(76) a. 음보구조: RH, R→L, 중량의존적인
　　 b. 단어구조: RH

이것은 (77)의 음보구조를 낳는다:

(77) a. (×)   b. (× ·)   c.   (×)   d.   (×) 음보액센트
     σ̄ σ̆   σ̆ σ̆   σ̆ σ̄   σ̄ σ̄

(77a)에서 끝의 경음절을 음보에 부여하지 않았다는 것을 주목하라. 이것이 음보구조에 관한 다음의 조건을 반영하는 것이라 가정한다:

(78) 음보 크기에 관한 조건
    중량의존적인 체계에서 음보는 하나의 경음절로 이루어질 수 없다.

4.4.3 음보 유형론

중량의존성지수의 첨가는 열 여섯 개의 가능한 액센트체계를 생성할 수 있음을 의미하는 것이 분명해진다. 그러나 이미 보았듯이 이런 체계 모두가 실제로 세계의 언어에서 결코 나타나지 않으며, 이미 확인한 가능한 집합의 체계도 중량의존성 지수의 어떤 설정과도 자유롭게 결합할 수 없다. 예를 들어 우핵인(right-headed) 중량의존음보 체계는 드물고, 왼쪽에서 오른쪽의 음보부여를 갖는 좌-핵인(left-headed) 중량의존 체계는 분명히 없다. 이런 사실로 Hayes(1995: 4장)는 기본적 율격단위에 관한 훨씬 더 제한적인 **음절식 강약격(syllabic trochee)**, **모라식 강약격(moraic trochee)**, 그리고 **약강격(iambic)**을 가정하고, 목록을 (79)에서 보여준다(Hayes 1995: 71):

(79) a. 음절식 강약격   (× ·)
                         σ σ
     b. 모라식 강약격   (× ·) 혹은 (×)
                         σ̆ σ̆   σ̄
     c. 약강격   (· ×) 혹은 (×)
                         σ̆ σ   σ̄

따라서 이러한 분석에 근거해서 중량의존 체계는 보통 좌핵이다. 즉 강약격이다. 음절식 강약격은 (80)과 같이 우핵인 중량의존적 음보이다:

(80) a. $(\times \quad \cdot)$ b. $(\times \quad \cdot)$

     $\sigma \quad \sigma$ $\sigma \quad \sigma \quad \sigma$

음절은 좌핵인 양분적 음보로 묶여진다. (80b)처럼 나누어지지 않고 남아있는 음절이 좀 있다. 단음절어는 문제의 언어에 따라 그 자체로 음보를 형성할 수 있다(아래 §4.4.4). Hayes(1995: 188)는 자료를 단음절 단어가 음보를 형성하게 하는 음절식 강약격 체계의 예로서 Árnason(1985)의 아이슬랜드어를 인용한다. 관련 형태는 (81)과 같다:[22]

(81)   'Jón   'John'
       'taska   '서류가방'
       'höfðing,ja   '추장(속격 복수)'
       'akva,rella   '수채화'
       'bíó,grafí,a   '전기'

그러나 Hayes는 예를 들어 *höfðing,ja*와 *bíó,grafí,a*에서 끝의 제2 액센트는 율격구조가 아니라 음성적 장음화에 부여되어야 하고, 따라서 (82)에 주어진 적절한 음보형을 구성할 때 무시되어야 한다고 믿는다:

(82) a. $(\times)$ b. $(\times \quad \cdot)$ c. $(\times \quad \cdot)$

     σ $\sigma \quad \sigma$ $\sigma \quad \sigma \quad \sigma$

     Jón   tas ka   höfðing ja

---

[22] 모음 위의 액센트는 아이슬랜드어의 철자법에서의 여러 가지 모음 질을 나타내지만, 그것들이 성조나 액센트를 나타내지 않는다.

d. (× ·) (× ·)　　　　e. (× ·) (× ·)

σ σ σ σ　　　　　　σ σ σ σ σ

ak va rel la　　　　　bí ó gra fí a

(79b)의 음보형은 중량의존적인 체계의 분석에서 발견된다. **모라식 강약격**을 사용하는 체계에서 음보는 중음절 홀로나 두 개의 경음절에 의해 형성될 수 있다. §3.5의 모라이론에 관한 논의에서 예견된 바와 같이 하나의 중음절은 두 개의 경음절과 대등한데, 둘 다가 두 개의 모라를 포함하기 때문이고, 따라서 (79b)의 두 유형은 (83)의 모라 구조를 공유한다:

(83) (× ·)

μ μ

이와 같이 (83)과 같은 체계는 음절이 아니라 모라구조를 근거로 음보를 형성한다. 모라식 강약격 체계에서 음보는 (84)처럼 정확히 두 개의 모라로 이루어져 있다:

(84) a. (× ·)　　　b. (× ·)　　　c. (× ·)　　　d. (× ·)

μ μ　　　　　μ μ　　　　μ μ μ　　　　μ μ μ

σ̄　　　　　σ̆ σ̆　　　　σ̄ σ̆　　　　σ̆ σ̆ σ̆

음절식 강약격의 경우처럼, 체계는 (84c, d)에서와 같이 끝의 경음절을 나누지 않고 남도록 할 수 있지만, 모라식 강약격 체계의 중음절은 항상 음보를 형성한다.

　Hayes(1995: §6.1.4)는 북 퀸즈랜드에서 쓰는 호주 언어 와가마이어(Wargamay)를 오른쪽에서 왼쪽으로 부여되는 모라식 강약격 체계를 갖는 것으로 분석한다. 이 언어의 장모음을 갖는 음절은 중음절이고, 모든 다른 음절은 경음절이다. 관련 형태가 (85)에 있다:

(85) 'maːl   '남자'

      'bada   '개'

      'muːba   'stone fish'

      'giːbaɽa   '무화과나무'

      ga'gara   '망태기'

      'giɟa,wulu   '민물 큰물고기(농어과)'

적절한 유형은 (86)에 주어져 있다:

(86) a. (× ·)   b. (× ·)   c. (× ·)   d. (× ·) (× ·)

      μ μ   μ μ   μ μ μ   μ μ μ μ

      \ / | | \ / | \ / | |

      σ̄   σ̆ σ̆   σ̄ σ̆   σ̄ σ̆ σ̆

    [maːl]   baː da   muː ba   giː baɽa

    e. (× ·)   f. (× ·) (× ·)

      μ μ μ   μ μ μ μ

      | | | | | | |

      σ̆ σ̆ σ̆   σ̆ σ̆ σ̆ σ̆

    ga ga ra   gi ɟa wu lu

(86e)에서와 같이 어두의 경음절은 나누어지지 않고 남아있다(퇴보음보는 와가마이어에서 허용되지 않는다).[23] 그 분석은 분명히 (86d)에 대해 잘못 된 표시를 생성한다는 것을 주목하라. 올바른 형태 ['giːbaɽa]가 아닌 두 번 째 음절에 제2 액센트를 갖는 *['giː,baɽa]를 발견한다. Hayes는 이것을 와가 마이어에서 두 연속적인 강세 받는 음절들 사이의 충돌을 해소하는 효과를 갖는 강세완화(destressing) 규칙 탓으로 돌린다.

모라식 강약격 체계처럼 약강 체계는 중음절과 약음절 사이를 구별한다. 그러한 체계에서 경음절을 뒤따르는 어떠한 음절도 그 음절과 음보를 형성 하고, 그것의 핵이다. 남아있는 모든 중음절은 그 자체로 음보를 형성하고,

---

[23] 퇴보음보들에 관한 추가의 논의에 대해서는 §4.4.4를 보라.

남아있는 경음절은 나누어지지 않는다

(87) a. (×)　　　b. (× ·)　　　c. (· ×)　　　d. (· ×)
　　　σ̄　　　　　σ̆ σ̆　　　　　σ̆ σ̄　　　　　σ̆ σ σ̆

레이크 이로쿠와(Lake Iroquoian) 언어인 카유가어(Cayuga)는 Hayes에 의해 약강 체계를 갖는 것으로 분석된다. 그는 (88)의 자료를 인용한다:

(88)　hẽna'to:was　　　　'그들은 사냥을 하고 있다'
　　　ẽhẽna'to:wat　　　　'그들은 사냥을 할 것이다'
　　　teweka'tawẽnye?　　'나는 돌아다니고 있다'
　　　ka'nesta?　　　　　　'판자'

이들은 (89)의 유형을 갖는다:

(89) a. (· ×) (×)　　　　　　　　b. (· ×) (· ×)
　　　σ̆ σ̆ σ̄ σ̆　　　　　　　　　　σ̆ σ̆ σ̆ σ̄ σ̆
　　　hẽ na to: was　　　　　　　ẽ hẽ na to: wat

　 c. (· ×) (· ×) (· ×)　　　 d. (· ×)
　　　σ̆ σ̆ σ̆ σ̆ σ̆ σ̆　　　　　　　σ̆ σ̆ σ̆
　　　te we ka ta wẽn ye?　　　ka' ne sta?

4.4.4 퇴보음보

앞 절에서 전개한 음보과정은 종종 나누어지지 않는, 즉 **표류하는(stray)** 음절을 남긴다는 것을 보았다. 음절식 강약격 체계에서 홀수의 어떤 단어도 위 (80b)처럼 그런 하나의 음절을 포함하겠지만, 반면에 모라식 강약격과 약강격 체계에서 경음절은 표류할 수 있다((84c)와 (87d)). 이런 표시에서 아이슬랜드어의 *höfðingja*(82c), 와가마이어 *mu:ba*(86c)와 *gagara*(86e), 그리고 카유가어 *kanesta?*(89d)와 같이 단순히 음절을 나누지 않은 채로 두었다(표류음절은 밑줄을 그음). 그러나 적어도 한 경우에서, 즉 아이슬랜드어의 음절식 강약격체계에서, 단일 음절 *Jón*(82a)을 나누지 않고 두는 것이 아니라 음보에 부여했다. 이렇게 형성된 음보는 **퇴보한(degenerate)** 것이라고 말하고, Hayes(1995: 86)는 위에서 정의한 각각의 체계유형 내에서 '논리적으로 가장 작은 가능한 음보'라고 정의하고, (90)과 같이 그 개념을 공식화한다:

(90) 퇴보음보

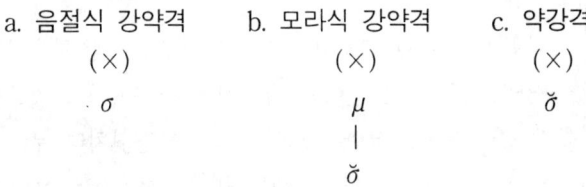

a. 음절식 강약격   b. 모라식 강약격   c. 약강격

그 밖의 나누어지지 않은 음절이 퇴보음보를 형성해야하는지 여부를 어떻게 아는가? 아이슬랜드어의 *Jón*과 같은 단음절 단어의 경우에 어떠한 단음절 내용어도 그 자체로 음보를 형성할 수 있어야 한다고 생각할 수 있고, 실제로 많은 언어에 대해 모든 세 유형의 체계에서 이것은 사실이다. Hayes는 그러한 언어의 광범위한 목록을 제공한다. 그러나 그는 또한 퇴보음보를 허용하지 않는 언어의 목록도 제공한다. 예를 들어 카이로아랍어(Cairene Arabic)는 모라식 강약격 체계를 갖는데, 단일의 경음절로 이루어진 단음절적 단어를 허용하지 않는다. 그런 제한을 갖는 언어는 **최소단어제약 (minimal word constraint)**을 보인다고 말하고, 따라서 모든 음운단어는 적어도 하나의 퇴보하지 않는 음보로 이루어져야 한다.

다음절어의 표류음절은 이런 언어의 퇴보음보를 형성하지 않음을 또한 입증할 수 있다. Hayes는 카이로아랍어의 두 형태, *kataba* '그는 썼다'와 *qat'tala* '그는 죽였다'를 논의한다. *qat'tala*의 첫 음절은 중음절(CVC)이고, 두 형태에서 모든 다른 음절은 경음절이다. 두 형태의 음보부여와 액센트부여는 (91)과 같다(Hayes 1995: 90):

(91) a. (×　)　　　　　　　b. (·　×　　)
　　　 (×　·)　　　　　　　　 (×)(×　·)
　　　 ŏ　ŏ　ŏ　　　　　　　 ō　ŏ　ŏ
　　　 ka ta ba　　　　　　 qat ta la

*kataba*의 끝 음절은 나누지 않고 남아서 퇴보음보를 형성하지 못한다. 이것
은 제1 액센트를 받지 않는다는 사실로 입증된다. 이것을 두 개의 완전한 모
라식 음보를 포함하는 *qattala*와 비교해 보자. 여기서 제1 액센트는 *tala*의
강음절에 온다.

따라서 카이로아랍어는 어떤 환경아래에서도 퇴보음보를 허용하지 않는
다. 그러나 최소단어조건을 갖는 언어는 단음절적 단어에서 그것들을 허용
한다. 그래도 이런 언어조차도 일반적으로 Hayes가 강위치라 부르는 것에
서만, 즉 '또 다른 격자 표시에 의해 지배될 때만' 퇴보음보를 보인다. 예를
들어 나누지 않은 끝음절은 제1 액센트를 단어의 마지막 음절에 부여하는
규칙을 따르기 때문이다. 이것은 Hayes가 퇴보음보의 존재유무를 지수 때
문인 것으로 생각하게 하는데, 지수는 퇴보음보를 완전히(예: 카이로아랍어)
혹은 약위치(예: 아이슬랜드어) 어디에서도 금지한다.

4.4.5 3분적 음보

언뜻 보기에 지금까지 논한 종류의 양분적 음보가 아니라 3분적 음보를 수
반하는 것으로 분석할 수 있어 보이는 언어가 많다. Key(1961: 149)는 예로
서 볼리비아의 카유바바어(Cayuvava)의 체계가 다음 규칙을 갖는 것으로
분석한다:

(92) 강세는 어말 제3 음절과 그 앞에서 매 세 번째 음절에 나타난다.

이 규칙의 적용은 (93)의 형태에 의해 예증되는데, (93)은 둘에서 아홉 음절
까지의 액센트 유형을 예시한다(Hayes 1995: 309):

(93) 'eɲe   '꼬리'

'ʃakahe   '위'

ki'hibere   '나는 달렸다'

ari'uutʃa   '그는 벌써 갔다'

ˌʤihira'riama   '나는 해야 한다'

maˌrahaha'eiki   '그들의 담요'

ikiˌtapare'repeha   '물이 깨끗하다'

ˌtʃaadiˌroboβu'rurutʃe '99'

이런 3분적 유형을 여기서 음보목록으로 통합하는 가장 적절한 방법은 언뜻 보기에 새로운 음보유형을 (79)에 주어진 목록에, 즉 **음절식 강약약격 (syllabic dactyl)**을 첨가하는 것처럼 보일 것이다. 그것은 (94)의 구조를 가질 것이다:

(94) 음절식 강약약격   (×   ·   ·)
                        σ   σ   σ

이러한 음보유형을 여기의 목록에 통합하는 것은 (95)처럼 (93)의 약간의 형태를 표시하도록 하는 것일 것인데 그것은 우-좌 방향의 음보부여를 가정한다:

(95) a.   (×   ·   ·)   b.   (×   ·   ·) (×   ·   ·)
           σ   σ   σ   σ   σ   σ   σ   σ   σ   σ   σ   σ
           ki   hi   be   re   i   ki   ta   pa   re   re   pe   ha

c. (×   ·   ·) (×   ·   ·) (×   ·   ·)
    σ   σ   σ   σ   σ   σ   σ   σ   σ
    tʃa   a   di   ro   bo   βu   ru   ru   tʃe

Dresher와 Lahiri(1991)는 다소 다른 유형의 음보도입을 주장하는데, 그들은 §3.7.4에서 조사한 고대영어의 고설모음탈락(High Vowel Deletion) 현상을 설명하고자 그것을 '독일식 음보'라 부른다. 여기서 모음 /i/와 /u/는 중음절(VC, VV)을 뒤따를 때는 탈락하나 경음절(V)을 뒤따를 때는 탈락하지 않음을 보았다. 그러나 그것은 (96)에서처럼 두 개의 경음절을 뒤따를 때도 탈락한다:

(96) a. 단수   복수

     scip   scipu   '배'

     lim   limu   '수족'

     word   word   '단어'

     bān   bān   '뼈'

  b. we(o)rod < 초기 서색선어 */wered-u/ '군대'

     færeld < *færeldu '여행'

Dresher와 Lahiri는 이러한 사실은 **모라식 강약약격**(그들의 '독일식 음보')을 가정함으로써 설명될 수 있다고 제안하는데, (97)의 구조를 갖는다:

(97) 모라식 강약약형   (×   ·)

$$\mu \quad \mu \quad \mu$$

이와 같이 음보의 강(strong) 가지는 두 개의 모라들을 포함해야 한다. 따라서 고설모음탈락은 고설모음이 그 음보의 약 위치에서 개음절을 차지할 때만 일어날 수 있다. *scipu*와 같은 단어는 두 개의 경음절을 포함하고, 따라서 단지 두 개의 모라를 갖는데, 그 결과 (98a)에서와 같이 고설모음이 그 음보의 '강 가지를 형성하기 위해 요구되고' 탈락이 되지 않는다. (98b, c)의 것과 같이 탈락을 허용하는 형태는 이미 강 가지에서 두 개의 모라를 가지고, 따라서 고설모음탈락은 자유롭게 적용된다:

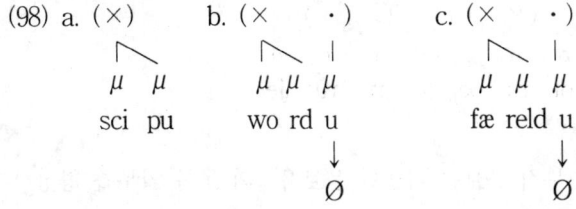

그러나 Hayes(1995: 307)는 다음과 같이 진술한다. '많은 최근의 생성 문법에서의 이론화는 국부성이라는 개념에 집중한다. 즉 한정된 영역 내에서 규칙이 적용되도록 제한함으로써 흥미롭고 타당한 예측을 얻는다. 비음 장소동화에서 국부성의 원리는 종종 고려될 수 있는 것을 제한하는 형태를 취한다. 즉 합리적인 추측은 음운규칙이 단지 둘로 생각할 수 있다는 것이다.' 다시 말해 카유바바어의 것과 같은 체계를 강약약격음보를 도입하기보다는 이미 설정된 양분적 음보목록에 의해 분석하는 것이 더 나아 보이는데, 강약약격음보에서는 국부성의 원리가 반드시 위반되고, 목록에서 그것이 존재하는 것은 모델의 생성적 능력을 매우 신장시킬 것이다.

Hayes는 카유바바어의 외견상 3분적 체계를 **약국부적 나누기(weak local parsing)**라는 개념에 호소함으로써 음절식 강약격에 의해 재분석한다. 표시되지 않은 체계가 나누어진 연쇄에서 바로 인접한 음절로 단순히 이동함으로써 연쇄를 음보로 나누는 반면에 약국부적 나누기는 음보가 부여된 후에 음절을 건너뛴다. 이것은 카유바바어에서 음절식 강약격음보를 부여하고, 각 음보사이에 중간에 끼여드는 나누어지지 않은 음절을 가진다는 것을 의미한다(끝음절은 외율성의 이유 때문에 나누어지지 않음; 아래 §4.4.7 참고):

(99) a.　　(× ・)　　　　　b.　　　　(× ・) (× ・)
　　　　σ σ σ σ　　　　　　　σ σ σ σ σ σ σ σ
　　　　ki hi be re　　　　　　i ki ta pa re re pe ha

c. (× ·) (× ·) (× ·)
   σ σ σ σ σ σ σ σ σ
   tʃa a di ro bo βu ɲɪ ɾɪ tʃe

따라서 이 분석에서 3분적 음보는 가능한 음보유형의 목록 일부를 형성하지 않는다.

4.4.6 불구속 음보

지금까지 살펴본 모든 체계에서 단어의 음절을 한정된 음보로 나누는 것에 대한 증거를 발견했다. 그런 체계는 일반적으로 교체하는 액센트 유형을 보인다. 그러나 **불구속 음보(unbounded feet)**로 더 적절한 분석을 제공할 수 있어 보이는 체계가 존재한다. 이것은 '적절한 조건이 충족되면 강세가 경계나 또 다른 강세로부터 무제한의 간격으로 올 수 있는'(Hayes 1995: 32) 체계이다. 따라서 한정된 체계와는 달리 액센트는 단어 전체에서 서로로부터 같은 간격이 되지 않으려는 경향이 있고, 오히려 (100)의 고전아랍어와 같은 체계를 발견하게 된다(McCarthy 1979: 460):

(100) a. ki'taabun   '책(주격 단수)'
         manaa'diilu   '손수건(주격)'
         ju'ʃaariku   '그는 참가한다'
      b. 'mamlakatun   '왕국(주격 단수'
         'kataba   '그는 썼다'
         'balaħatun   '대추(주격 단수)'

이 체계에서의 액센트법은 (101)과 같은 McCarthy에 의해 주어진 두 개의 규칙에 의해 결정된다:[24]

---

[24] 여기서 '초중의' 끝음절은, 그것은 강세를 받는데, 무시한다.

　(101) a. 가장 오른쪽의 끝이 아닌 중음절에 강세를 두어라.
　　　　b. 그렇지 않으면 첫 음절에 강세를 두어라.

그런 유형은 불구속 체계의 전형이다. 두 원리가 수반된다. 액센트를 단어-가장자리에서 중음절에 부여하는 것과, 중음절이 없을 때 작용하는 또 다른 것인데, 그것은 액센트를 어떤 다른 단어-가장자리 음절에 부여한다. 두 원리는 같은 단어-가장자리를 목표로 할 수도 있고 하지 않을 수도 있다. (100)의 고전아랍어 예에서 반대의 단어-가장자리가 선택되나, Hayes(1995: §7.2)는 모든 결합이 발견된다는 것을 보여준다. 따라서 과테말라의 마야 언어인 아구아카텍어(Aguacatec)는 (102)의 체계를 갖는다:

　(102) a. 가장 오른쪽의 중음절에 강세를 두어라.
　　　　b. 그렇지 않으면 끝음절에 강세를 두어라.

이것은 (103)의 형태에 의해 예증되는데(McArthur와 McArthur 1956), 중음절은 장모음을 갖는 것이다:

　(103) a. 'haːluʔ　　'오늘'
　　　　　ʔeːq'um　　'운반하는 사람'
　　　　b. q'us'q'uh　　'맛있는'
　　　　　k'olč'bil　　'좌석'

파푸아 뉴 기니아에서 말하여지는 굼 언어인 아멜레어(Amele)는 아구아카텍어와 같은 유형을 보여주지만, (104)의 자료로 보는 것처럼 두 지수에 대해 반대의 단어-가장자리를 선택하는데(Roberts 1987: 358), 중음절은 폐쇄된다:

　(104) a. du'æn　　　'추운'

> gædo'loh   '모서리'
>
> 'æn.se   '왼손'
>
> b. 'mælə   '병아리'
>
> 'nɪfulə   '딱정벌레 종'

Hayes(1995: 297)는 네 번째 가능성을 갖는 언어의 예로서 카와카왈라어(Kwakwala)를 인용하는데, 즉 첫 중음절에 액센트를 두고, 그렇지 않으면 끝음절에 액센트를 두는 것이다.

불구속 음보구조에 의해서 여기서 논의된 체계에 접근하는 대신 이러한 언어가 음보구조를 전혀 가지고 있지 않다는 관점을 채택할 수도 있는데, 그렇게 함으로써 음보가 최대 양분적이라고 주장할 수 있게 해 준다. 그런 언어에서 단어액센트는 오로지 중량으로부터만 도출되어야 하고, 그 결과 가장 왼쪽, 혹은 가장 오른쪽의 중음절은 단어액센트가 부여된다. 어떠한 중음절도 갖지 않는 단어에서 액센트는 자동적으로, 보통 단어 내에서 첫 혹은 마지막 음절에 부여된다. 네 개의 가능한 유형이 있다: (i) 가장 오른쪽의 중음절, 자동 왼쪽(즉 끝 중음절이 액센트되지만, 단어에 중음절이 없으면 액센트는 첫 음절에), (ii) 가장 오른쪽 중음절, 자동 오른쪽, (iii) 가장 왼쪽 중음절, 자동 왼쪽, (iv) 가장 왼쪽 중음절, 자동 오른쪽(Hayes 1995: 296-297, Goldsmith 1990: 180). 또한 액센트가 예를 들어 음절 중량에 의해서가 아니라 어휘적으로 부여되는 불구속 음보를 갖는 언어도 있다. 두 액센트를 받는 형태소가 결합할 때 위와 같은 요인이 또한 작용하기 시작하고, 따라서 가장 오른쪽이나 가장 왼쪽의 어휘적 액센트가 단어액센트로 선택된다. 만일 어떠한 형태소도 어휘적으로 액센트되지 않으면 그 때 자동규칙이 단어액센트를 가장 왼쪽이나 가장 오른쪽 음절에 부여할 것이고, 따라서 네 유형은 또한 가능하다(van der Hulst 1997, §4.3의 러시아어에 관한 논의 참조).

4.4.7 외율성

§4.4.5에서 외관상 3분적 음보들이 Hayes가 '약국부적 나누기'라 부르는 것

에 의해 재분석될 수 있음을 보여주는 증거를 조사했다. 사실상, 매 세 번째 음절에 액센트가 오는 언어에서 다음절 연쇄는 ('σ σ) σ ('σ σ) σ ('σ σ) σ 로 분석되었고, 따라서 각 양분적 강약격 음보사이에서 음절은 나누어지지 않고 남아있었다. 그러나 그러한 연쇄들에서 끝음절은 약국부적 나누기를 따르지 않는다. 그것이 두 액센트들 사이의 중간이 아니기 때문이다. 만일 어떠한 강약약격, 즉 3분적, 음보도 없다는 주장을 유지하려고 하면 그러한 끝음절의 지위에 관한 설명을 제공해야 한다.

언뜻 보기에 제1 액센트를 어말 제3 음절에 부여하는 간단한 규칙을 갖는 많은 언어가 있는 듯이 보인다. 따라서 이런 경우에 액센트 위치는 (105)와 같이 3분적 음보를 단어의 우단에 부여한 결과라고 주장할 수도 있을 것이다.

(105) ⋯   (×   ·   ·)

     σ σ σ σ σ σ

그러나 이런 체계의 면밀한 조사는 앞에서처럼, 이런 강약약격음보를 가정하는 것이 적절하지 않음을 시사한다. (106)과 같은 액센트 부여유형은 자주 본다:

(106) 제1 액센트는 만일 그 음절이 중음절이면 어말 제2 음절에 오고, 그렇지 않으면 제1 액센트는 어말 제3 음절에 온다.

이것은 주로 고전라딘어의 체계인데, 고전라틴어에서 그 음절이 중음절이건 경음절이건 제1 강세는 결코 끝음절에 오지 않는다. 다시 말해 음절은 단순히 무시되고, 따라서 강세부여에서 '중요하지 않는' 음절은 **외율적 (extrametrical)**이라고 간주된다. 이것은 *amicus* /aˈmiːkus/ '친구', *tenebrae* /ˈtɛnɛbre/ '암흑', *domesticus* /doˈmɛstikus/ '가정의'에 대해서 (107)로 예증되는데(Hayes 1995: 92), 중운모는 VC와 VV이다. §3.4.4의 외음절성처럼

(아래 참고) 외율성은 모괄호에 의해 표시된다:

(107) a.　(×)　　　　　b. (×　　·)　　　　c.　　(×)

　　　ŏ　ō　<ō̄>　　　　ŏ　ŏ　<ō̄>　　　　ŏ　ō　ŏ　<ō̄>

　　　a　mi:　kus　　　　tɛ　nɛ　bre:　　　do　mɛs　ti　kus

끝음절은 액센트부여에 어떠한 역할도 하지 않는데, 그것은 오른쪽에서 왼쪽으로 강약격을 만들어 낸다.

(107)의 예에서 끝음절은 외율적이 된다. 단위의 다른 유형이 규칙의 적용에서 무시될 수 있고, 따라서 외율적이어야 하는 풍부한 증거가 있다. 따라서 §3.8에서 단어-끝 음절의 운모에 있는 자음은 음절중량을 계산하기 위해 종종 무시된다는 것을 보았다. 일반적으로 단어-끝의 음절을 특정 언어에서 중음절로 간주하기 위해서는 그 음절은 종종 끝이 아닌 음절보다 더 무거워야 한다. 예를 들어 VC운모가 중음절인 언어에서 단어-끝의 VC운모는 경음절로 간주할 수 있다. 이런 점에서 (108)의 영어 명사를 살펴보자:

(108) a.　... V<σ>　　　b.　... VC<σ>　　　c.　... VV<σ>

　　　algebra　　　　　agenda　　　　　　arena

이러한 명사에서 액센트부여는 (109)의 외율성 지수에 따르고, 따라서 액센트는 그 음절이 중음절이면(즉 영어의 VC나 VV) 어말 제2 음절에 오고, 그렇지 않으면 어말 제3 음절에 온다:

(109) 외율성 지수

　　　끝음절을 무시하라(명사)

이제 이런 명사에서 액센트부여를 지배하는 규칙은 §3.8에서 고려되었고, (110)에서 되풀이된 동사에 대한 것과 유사한 듯이 보인다는 것을 관찰하자:

(110) a. . . . VC   b. . . . VCC   c. . . . VVC
          astonish   collapse   maintain

여기서 끝음절은 외율적으로 표시되지 않고, 따라서 액센트법이 가능하다. 이것은 (110)에서 액센트가 끝음절의 운모가 중음절이면 끝음절에 와야 하고, 그렇지 않으면 어말 제2 음절에 와야 한다는 것을 의미한다. 언뜻 보기에 (110)의 모든 동사의 운모가 중음절이거나 실제로 초중음절인 끝음절을 가지는 듯이 보인다. 그러나 §3.8에서 간단히 보았듯이 만일 동사의 끝 자음이 외음절적으로(혹은 실제로 다음 음절의 두음인 것으로) 간주되면 (111)처럼 일반화가 유지될 수 있다:

(111) a. . . . V<C>   b. . . . VC<C>   c. . . . VV<C>
          astonish   collapse   maintain

이제 V(경)와 VC/VV(중) 사이의 익숙한 구분을 가지고, 규칙은 기대되는 대로 적용된다.

자음외음절성과 음절외율성은 **성분외율성(constituent extrametricality)** 이라는 더 일반적인 현상의 실증인데, Hayes(1995: 57)는 그것이 음보나 음운적 단어와 같은 다른 성분들로 확장될 수 있다고 제안한다. Verganud와 Halle(1978)가 시적하듯이 외율성은 액센트 유형에서 지수적 선택사항이다. 게다가 그것은 일반적으로 주변적인 성분, 즉 어떤 영역의 가장자리에 나타나는 것으로 제한되는데, Hayes는 지금까지 조사한 경우에서와 같이 '외율성에 대한 무표적 가장자리는 우단자리'라고 주장한다.

영어의 액센트 체계는 라틴어의 체계와 많은 유사성을 보여준다. §3.8에서 소개한 약간의 영어자료를 다시 살펴보자. (71)의 지수에 대한 적절한 설정은 *astonish, collapse, maintain*에 대해서 각각 (112)의 단어수형을 형성할 것이다:

(112) a.　(×　·)　　　　b.　　(×)　　　c. (×)　(×)
　　　　ŏ　ō　ō　　　　　　ŏ　ō　　　　　ō　ō
　　　　ə sta nɪ <ʃ>　　　kə læp <s>　　meɪn teɪ <n>

단지 끝 자음이 아니라 끝음절을 무시하면 *algebra, agenda, arena*와 같은
명사의 강세 유형을 생성하기 위해 정확히 같은 지수 설정이 적용된다:

(113) a. (×　·)　　　　b.　　(×)　　　c.　　(×)
　　　　ō　ŏ　<ŏ>　　　　ŏ　ō　<ŏ>　　　ō　ō　<ŏ>
　　　　æl ʤə brə　　　　ə ʤen də　　　ə ri: nə

(113)의 예에서 끝음절은 따라서 외율적이고, **외율성** 지수의 적절한 설정에
의해 무시된다. 따라서 단어액센트 유형에 적용되는 외율성은 가장자리로부
터 세 음절을 떨어져서 액센트를 두지만 양분적 음보에 의한 분석을 유지하
는 수단을 제공한다. 따라서 어말 제3 액센트의 특성인 (105)는 (114)로 더
잘 표시될 수 있다:

(114) . . .　　　　　　(×　·)
　　　　　　σ　σ　σ　σ　σ　<σ>

　끝으로 어떤 환경 아래에서 음절의 특정 유형만이 어떤 과정에 대해서 외
율적이라 간주될 수 있을 것이라는 것을 주목하라. 예를 들어 네덜란드어에
서 끝의 중음절을 갖는 3음절적 단어는 규칙적인 어말 제3 음절에 액센트를
갖는다(van der Hulst 1984; Kager 등 1985): ˈ*albatros* '신천옹', ˈ*horizon* '수
평선', ˈ*hospita* '여주인', ˈ*pagina* '페이지'. 따라서 이러한 경우에서 끝음절은
외율적이라 주장될 수도 있다(그러나 다음 절의 논의 참조). 그러나 다른 3
음절적 단어는 규칙적으로 어말 제3 음절에 강세를 갖지 않는데, 예를 들어
balˈlade '발라드'는 끝의 경음절을 가지고, *kapiˈtein* '선장'은 끝의 초중음절
을 가진다. 따라서 (115b)의 경음절과 (115c)의 초중음절은 (115a)의 중음절

과는 달리 외율적이 아니다.

(115) a. (× ·)   b.   (× ·)   c. (× ·) (×)

       σ̄   σ̄ <σ̄>   σ̄   σ̄   σ̆   σ̄   σ̄   σ̆

       paː ɣiː naː   baː laː də   kaː piː tɛɪn

(여기서 σ̆ 는 초중음절을 나타낸다)

4.5 영어와 네덜란드어 비교

우리가 마주치는 유형이 표면적으로 매우 달라 보일지라도 두 체계가 선택하는 지수설정으로 매우 유사하다고 볼 수 있는 단어액센트법의 두 체계에 대한 간단한 조사로서 이 장을 끝낸다. 이것은 Trommelen과 Zonneveld (1999: §§8.1.1-2)에 근거하는데 그것은 van der Hulst(1999)의 액센트 체계에 관한 일반적인 설명의 일부이지만, 모든 면에서 그들의 분석을 따르지는 않는다.

Trommelen과 Zonneveld는 영어와 네덜란드어의 다음 동족어 목록을 준다:

(116)   영어   네덜란드어

     a. family   ['fæməlɪ]   familie   [faːˈmiːliː]

        Goliath   [gəʊˈlaɪəθ]   Goliath   [ˈɣoːliːɑt]

        balance   ['bæləns]   balans   [baːˈlɑns]

        president   ['prɛzədənt]   president   [preːziːˈdɛnt]

        antecedent   [æntəˈsiːdənt]   antecedent   [ɑntəsəˈdɛnt]

     b. libido   [lɪˈbiːdəʊ]   libido   [ˈliːbiːdoː]

        violet   ['vaɪələt]   violet   [viːoːˈlɛt]

이러한 쌍의 각각에서 제1 액센트는 두 언어에서 다른 음절에 온다. 그럼에

도 Trommelen과 Zonneveld는 보게되지만, 비록 세부적인 것에서 많은 차이들이 있다해도 액센트를 부여하는 지수의 세트는 동일하다고 주장한다:

(117) a. 어말 외운율성: 예
 b. 음보구조: 구속된, LH, R→L, 중량의존적
 c. 단어구조: RH

이러한 지수 설정이 주어지면 (116)의 영어 형태에 대한 액센트부여는 간단하고, §4.4.6에서 고려된 형태와 같은 식으로 진행된다. 모든 경우에서 끝 음절은 무시된다((117a)에 의해). 중량의존적인 음보가 오른쪽에서 시작해서 만들어지는데, 양분적 음보의 왼쪽 가지는 핵이다. 가장 오른쪽의 음보-핵은 *ante'cedent*에 대해서 (118)에서 보는 바와 같이 단어의 핵으로 선택된다:

(118) (·   ×)
   (×   ·) (×)
   ō ŏ ō ⟨ō⟩
   æn tə siː dənt

두 체계는 두 가지 중요한 점에서 다르다. 첫째는 음절중량의 정의와 관련이 있다. 영어의 VV와 VC 운모는 중음절이고 V 운모는 경음절인데, 네덜란드어는 유사하지만 §3.4.1에서 보듯이 VV 운모를 경음절로 간주하는 점에서 다르다. 이것은 (119)의 액센트유형에 의해 입증된다(Trommelen과 Zonneveld 1999: §8.1.2.2):

(119) a. elektron   [eːˈlɛktrɔn]   '전자'
      Agamemnon   [aːɣaːˈmɛmnɔn]   '아게메논'
      rododendron   [roːdoːˈdɛndrɔn]   '철쭉 속의 식물'
   b. alfabet   [ˈɑlfaːbɛt]   '알파벳'

| Pythagoras | [piːˈtaːɣoːrɑs] | '피타고라스' |
| Jeruzalem | [jeːˈruːzaːlɛm] | '예루살렘' |

(119a)에서 어말 제2 운모는 VC이고, 따라서 중음절이고, (119b)에서 어말 제2 운모는 VV이고 액센트를 거부하는 점에서 경음절로 행동한다.

(119)의 모든 경우에서 끝의 VC음절은 이전 절에서 제안한 바와 같이 외율적인 것처럼 보인다. 이것은 (120)의 형태에 의해 뒷받침되는데, VC어말 제2 음절과 VV끝음절을 갖고 어말 제2 액센트를 갖는다:

(120) Toronto   [toːˈrɔntoː]   '토론토'
       Casablaca   [kaːsaːˈblɑŋkaː]   '카사블랑카'
       influenza   [ɪnfluːˈɛnzaː]   '감기'

그러나 (120)의 형태는 사실, VV음절은 경음절이라는 가정에 근거해서, 끝음절이 외율적으로 간주되는 분석과 끝 두 음절이 양분적 좌핵이 주어지는 음보를 형성하는 것으로 간주하는 분석사이에서 중립적이다. 이것이 사소한 것이 아니라는 것은 (121)의 단어의 두 집합으로 증명되는데, 그 둘은 두 개의 개음절로 끝난다. (121a)는 어말 제2 액센트를 가지는데, 이런 유형의 네덜란드어 단어의 규칙적 유형을 나타내고, (121b)는, 어말 제3 액센트를 갖는데 불규칙적이나 매우 일반적인 유형을 나타낸다:

(121) a. familie   [faˈmiːliː]   '가족'
         pijama   [piˈjaːmaː]   '잠옷'
         macaroni   [maːkaˈroːniː]   '이탈리아 국수'
         hypotenusa   [hiːpoːteˈnuːzaː]   '직각삼각형의 빗변'
     b. libido   [ˈliːbiːdoː]   '성적 충동'
         tombola   [ˈtɔmboːlaː]   '일종의 복권'
         Amerika   [aˈmeːriːkaː]   '미국'

Paramaribo   [paːraːˈmaːriːboː]   '수리남의 수도'

(121a)가 규칙적인 유형을 나타내고, (119)의 형태는 VV가 네덜란드어에서 경음절이라는 증거를 제공하는 것 같다고 한다면 끝의 외율성에 의한 분석은 부적절해 보일 것이다. 그런 분석은 *familie*에 대해 다음 구조가 된다:

(122) (×   ·)
     ŏ ŏ ⟨ŏ⟩
     faː miː liː

이것은 어말 제3 액센트를 잘못 낳을 것인데, 그것은 (121b)에서 실증된 불규칙적인 유형이다. 오히려 *familie*의 끝 두 음절들을 (123)에서와 같이 음보로 간주하는 음보 연산방식이 더 좋아 보일 것이다:

(123)   (×   ·)
          ŏ   ŏ   ŏ
          faː miː liː

(123)의 구조에 어떻게 이를 것인가? 네덜란드어의 규칙적 유형은 외율성을 보이지 않는다고 가정하자. 오히려 끝 VC음절은 중음절이고 음보를 형성할 것이나 경음절 VV는 음보를 형성하지 않는다. 이것은 (124)처럼 음보를 형성한다:

(124) a. ... VV.VV   b. ... VC.VV   c. ... VC.VC   d. ... VV.VC
         (×   ·)   (×   ·)   (×)(×)   (×   ·)(×)
         ŏ ŏ ŏ   ŏ ō ŏ   ŏ ō ō   ō ŏ ō
         faː miː liː   toː rɔn toː   eː lɛktrɔn   ɑl faː bɛt

이런 분석에서 끝의 중음절은 음보를 형성하나, 끝의 경음절은 음보를 형성하지 않는다. 이것은 또한 (117c)의 지수(단어구조: RH)가 수정되어야 함을

의미한다. van der Hulst(1984: 5장)에서 개관한 견해에 따라 다음 공식화를
가정한다:

(125) 단어구조: 어말 음보가 분지하고 또 분지할 때에만 RH이고 그렇지
않으면 LH임

이런 수정은 *elektron*과 *alfabet*와 같은 형태가 어말의 액센트가 부여되지
못하도록 하지만, 예를 들어 *karbo'nade* '잘게 자르다'의 끝 음보가 여전히
액센트를 받도록 하기 위해 필요하다:

(126) a. (×   ·)   b.   (×   ·)   c.   (×   ·)
       (×   ·)   (×   ·)   (×)(×)
       ŏ   ŏ   ŏ   ŏ   ō   ŏ   ŏ   ō   ō
       faː miː liː   toː rɔn toː   eː lɛktrɔn

       d. (×   ·)   e. (·   ×   )
          (× ·)(×)   (×   ·)(×   ·)
          ō   ŏ   ō   ō   ŏ   ŏ   ŏ
          ɑl faː bɛt   kɑr boː naː də

*karbonade*의 끝 음보는 두 개의 음절을 포함하고, 따라서 분지하고 있기 때
문에 그것은 제1 액센트를 받는다.
    제1 액센트가 끝 음보에 오는 다른 두 환경이 있다. 첫째는 이미 §4.4.7
에서 논의한 어말의 초중음절을 수반한다. 이것은 (127)처럼 항상 액센트를
받는다:

(127) kapitein   [kaːpiˈtɛin]   '선장'
      abrikoos   [aːbriˈkoːs]   '살구'
      ledikant   [leːdiˈkɑnt]   '침대틀'

분명히, (125)는 액센트를 끝 음보에, 그것은 분지하지 않고 있는데, 부여하지 못할 것이다. 초중음절에 의해 형성되는 끝의 음보는 액센트를 받는다고 간단히 가정함으로써 올바른 액센트 유형을 생성할 수 있겠지만 이것은 불운해질 것이다. 그것이 액센트를 받을 수 있는 능력은 본래부터 다른 음절보다 더 무겁다는 사실의 산물이라고 가정함이 합당해 보이기 때문이다. 모라에 근거한 분석에서(§3.5에서의 논의 참조) 초중음절은 중음절보다 더 많은 모라를 포함하므로 두 개의 '정상적인' 음절의 연쇄와 대등한 것으로 해석할 수 있을 것이다. 여기서는 Langeweg(1988)와 Zonneveld(1993)의 제안을 따르는데, 그들은 초중음절이 기저에서 2음절적이고, 두 번째 음절은 공음절핵을 포함한다고 제안한다. 따라서 초중음절을 포함하는 음보는 (128)처럼 분지한다.

(128) a. (·   ×   )   b. (·   ×   )
　　　 (×   ·)(×   ·)　　　　 (×   ·)(×   ·)
　　　 ŏ　ŏ　ŏ　ŏ　　　　　 ŏ　ŏ　ō　ŏ
　　　 aː bri: ko: sø　　　　　 le: di: kɑn tø

이런 설명은 §3.8에서 논의한 지배음운론의 이론 양상을 생각나게 하는데, 이처럼 어말의 초중음절을 갖는 단어를 끝 음절핵의 실현여부에서만 오로지 차이가 있는 예를 들어 *karbonade*와 같은 구조를 갖는 것으로 간주한다.

　이러한 설명은, 언급했듯이, 어말의 초중음절이 단순히 엑센트를 받는 것으로 가정되는 것보다 더 선호되어질 것이다. 그것은 그 행동을 그 구조 탓으로 돌리기 때문이다. 그러나 이런 어떤 설명도 (116b)에 예증한 어말의 액센트를 취하는 단어의 다른 범주에 대해서는 가능해 보이지 않는다:

(129) violet　　[viːoː'lɛt]　　'제비꽃'
　　　 parasol　 [paːraː'sɔl]　　'차양'
　　　 maniak　　[maːniː'ɑk]　　'애호가'

끝음절의 구조는 어말 제3 액센트를 갖는 *alfabet*와 같은 규칙적인 경우와 조금도 다르지 않고, 따라서 (129)의 형태는 단순히 끝음절에 제1 액센트를 받는 것으로 어휘적으로 표시되어야 하는 듯이 보인다.

이제 (121b)의 불규칙 형태로, 기대되는 어말 제2 액센트 대신 어말 제3 액센트를 갖는 *libido*와 *tombola*와 같은 것으로 되돌아가자. 이런 경우에 외율성에 호소하는 것은 적절해 보이는데, 끝음절은 어휘상 외율로 명시되어야하고, 따라서 어말 제2 경음절은 어말 제3 음절과 함께 음보가 될 것이다:

(130) a. (×   ·)   b.   (×   ·)

    σ σ < σ >   σ σ σ < σ >

    li: bi: do: a: me: ri: ka:

따라서 제시한 네덜란드어 분석은 다음의 지수 설정을 수반한다((117)의 영어에 대한 설정 참조):

(131) a. 어말의 외율성 : 아니오(어휘적으로는 제외하고)

    b. 음보구조   : 구속된, LH, R→L, 중량의존적

    c. 단어구조   : 만일 끝의 음보가 분지하고 오로지 분지할 때

                            에만 RH; 그렇지 않다면 LH

4.6 요약

이 마지막 장에서 음절차원 위의 '단어'의 운율구조를 살펴보았고, 음절이 음보로 묶일 수 있고, 음보는 또한 (음운적) 단어를 형성함을 보여주었다. 음절을 음보와 단어로 운율적으로 묶는 주요한 지수는 액센트나 강세이다. §4.1에서 단어액센트의 개념과 그것의 억양과의 관계를 논의했고, 반면에 §4.2에서 음보라는 개념을 소개했다. §4.3에서 특히 제1 액센트뿐만 아니라 비-제1 액센트 위치의 예측으로 액센트체계가 다를 수 있는 방식을 살펴

보았다. §4.4는 세계의 언어에서 발견되는 음보의 유형론과 관련이 있었는데, 율격음운론으로 알려진 음운구조에 대한 접근 내에서 표현되었다. 이런 유형론의 발전은 §4.5에서 영어와 네덜란드어의 단어액센트에 관한 비교 분석을 제공했다.

4.7 결어: 차원과 파생

이 책에서 음운적 표시에 관한 이론과 관련이 있었다. 서문에서 언급했듯이 이것은 단지 일반적인 음운이론의 한 면이다. 비음 장소동화의 이론은, 차원에 관한 이론(예를 들어 어휘적, 음운적, 음성적), 표시들에 관한 이론(각 차원에 대해), 그리고 차원사이의 관계나 전사에 관한 이론 등 세 부분으로 이루어진 것으로 간주될 수 있다(Goldsmith 1993 참조).

*SPE*에서는 종종 어휘적 차원과 음운적 차원이라 불려졌던 것 사이의 분명한 구분이 있었다. 전자는 'm'과 'u' 혹은 '+'와 '−'로 표시되는 자질뿐만 아니라 명시되지 않은 자질을 포함했다. 음운적 차원에서 자질은 '+'와 '−'값만으로 완전히 명시되어져야 했다(Kaye 1995 참조). 이 책에서는 어휘적 차원과 음운적 차원 사이의 어떠한 실제적 구분도 없다고 가정했고, 자질 값이나 일원적 자질을 채우는 규칙과 표시를 변경하는 규칙 사이의 어떠한 구분도 하지 않았다. 따라서 단일의 음운적 입력 차원이 있고, 그 차원은 단위와 그 단위가 차원 속의 모든 음운적 차원에서 결합할 수 있는 방식에 관한 지수를 설정하는 결과를 반영한다고 가정한다. 이 차원은 자질 값을 채우고, 전파하고, 제거하는 규칙의 집합에 의해 영향을 받는다. 음운적 작용은 때때로 언어−특정적 규칙으로 기술되지만, 반면에 다른 경우에서 음운적 작용은 아마도 지수 설정에 반응해서 보편적 규약 때문에 일어난다. 이러한 견해는 초의 혹은 음운적 **입력(input)** 차원과 끝의 혹은 **출력(output)** 차원 사이의 구분을 만들어 낸다. 이런 구분을 만들어 내는 음운적 작용을 수행할 필요성은 초의 음운적 차원이 잉여성(자질의 영역이나 존재와 같은 예측할 수 있는 특성)과는 별도로 그리고 생산적 이형태적 교체와도 별개로 추상화한다

는 생각에서 온다(어떤 환경에서 어떤 자질을 잃거나 얻는 불변의 입력을 설정하면서).

*SPE*에서, 작용(음운규칙)은 외재적으로 순서가 매겨졌다. 외재적 규칙순은 입력과 출력 차원 사이의 중간 차원을 만들어낸다. 게다가 이 이론은 입력과 중간 차원은 출력 차원과 종류가 다르다고 주장하는데 전자를 음운적 차원이라 하고 후자를 음성적 차원이라 칭하였다. 사실, 음성적 표시는 어떤 자질의 수치 명시를 허용한다는 점에서 종류가 다르다고 주장된다(Kaye 1995 참조).

본 설명에서는 음운규칙이나 작용의 외재적 순서화의 경우를 언급하지는 않았다. 그 문제는 명시적으로 제시되지 않았다해도 대부분의 현재 이론가와 같이 외재적 순서화는 비음 장소동화에서 필요하지 않다고 믿는다. 따라서 중간 차원은 예견하지 않는다. 게다가 끝의 혹은 출력의 차원은 어떤 의미에서 초의 혹은 입력 차원보다 덜 음운적이라는 관점을 받아들이지 않았다. 오히려 비음 장소동화의 출력 차원은 입력차원 종류가 다르지 않다고 가정했다.

사실 입력과 출력사이에 종류의 차이가 없기 때문에 입력과 출력 '차원'을 '단일의 차원, 즉 음운적 차원을 특징짓는 표시'로 일컫기를 더 좋아한다. 표시적 어휘에서 다른 표시(혹은 표시의 집합)에 대해 '차원'이라는 용어를 유지하기를 더 좋아한다. 따라서 음운적 차원, 음성적 차원, 형태적(혹은 형태-동사적) 차원, 그리고 비음 장소동화의 영역 밖의 다른 가능한 차원을 확인할 수 있다.

음운적 출력표시는 음성적 해석을 도출하기 위해 필요한 모든 정보를 포함해야하지만, 결과로서 생기는 음성적 차원의 성격은(아무리 그것이 특성 모델로 표시된다하더라도) 우리의 고려사항이 아니었고, 또한 음운적 차원과 음성적 차원 사이의 전사도 아니었다. 그러나 이런 전사는 사소한 문제가 아니다. 왜냐하면 음운적 차원은 음성적 차원이 조음적 혹은 음향적 사건들의 직접적 표시라는 의미에서 음성적 차원과 음질적으로 다르기 때문이다. 음운적 차원과 음성적 차원 사이의 관계에 관한 이러한 이해와 함께 이 책에서는 음운적 차원에서의 표시들의 본질을 살펴보고 있으며, 입력 표시와 출력 표시 사이의 구분을 했는데, 출력 표시는 순서 지워지지 않는 집합의 음운적 작용이나 규칙의 적용에서 생긴다.

음운적 차원에서 입력 표시와 출력 표시 사이의 관계는 함수 F로 간주될 수 있는데 F는 한 표시를 다른 표시로 전사한다. 만일 *SPE*에서 입력 차원과 출력 차원이 종류가 다른 것으로 가정되었다는 사실(위 참조)을 무시한다면 이 모델에서 전사하는 함수 F는 순서 지어지는 규칙의 집합이었다고 말할 수 있다. 이 책에서 이러한 함수 F의 내용은 순서 지어지지 않는 규칙과 규약의 집합이다. 다른 견해가 가능한데, 한 가지는, 최적성이론(OT: 소개는 Kager 1999 참고)에서 전개된 것인데, 최근에 매우 영향을 미치게 되었다. 입력 표시를 바꾸는 규칙 대신 OT는 모든 입력에 대해서 올바른 출력이 무한한 집합의 가능한 출력으로부터, 즉 외재적으로 순서 지어지는 보편적인 제약의 집합에 의해 선택된다고 제안한다.

우리의 견해로 OT의 중심적인 주장은 이 책에서 논의했던 차원과 표시의 문제와 대개 직교(直交)한다. 그러나 몇몇 최적성 이론가는 일치하지 않을 것인데, 그들은 OT가 범언어적 차이를 설명하는 표시나 지수의 이론을 필요로 하지 않는다고 주장한다. 오히려 언어에서 결코 발견되지 않는 음운적 실체의 결합을 포함하는 표시를 갖는 출력 '후보자'를 배제하기 위해 OT는 보편적으로 높게 서열 지어지는 제약의 집합을 가정하는데, 그 제약은 사실상 가능한 음운적 표시의 집합을 특정짓는다. 그래도 일반적으로 이러한 제약은 전부 쓰여지지 않는다. 실제로는 OT 분석은 이 책에서 논의했던 것과 같은 견해의 레퍼토리에서 끌어내어진 음운적 표시의 구조에 관한 함축적인 가정을 하는 것처럼 보인다. 이 책에서 취해진 견해와 OT 사이의 더 중요한 차이로 남아있는 것은 지수적이라 불렀던 어느 정도의 범언어적 차이에 대한 처리에 있다. OT는 지수설정을 제약등급으로 대체한다. 어떤 의미에서 전형적인 OT 제약은 '일원적' 지수로서 역할을 하고, 그 지수는 부정으로 (turned off) 될 수 없지만 대신 또 다른 일원적 제약에 의해 지배되어야 하는데, 그 효과는 원래의 제약이 적용될 수 없게 하는 것이다.

따라서 어떠한 음운적 이론도 음운적 표시에 관한 일관된 견해를 가져야 한다고 믿는다. 이 책의 독자에게 이것이 정말로 그러하기를 납득시켰고, 단어의 음운적 구조가 음운적 표시이론의 형식화에 대한 풍부한 영역으로 남아있다는 것을 보여주는데 성공했기를 바란다.

4.8 더 읽을거리

액센트 체계(§4.1)에 관해서는 Bolinger(1972), Hyman(1977), Schane (1979), Goldsmith(1982), 그리고 Beckman(1986)을 보라. 액센트와 액센트의 표시(exponents) 사이의 관계는 Lehiste(1970), van Heuven과 Sluijter (1996)와 Dogil (1999)에 의해 논의된다. 일본어의 액센트법에 관한 설명은 Haraguchi(1977), Beckman과 Pierrehumbert(1986), Pierrehumbert와 Beckman(1988)에 의해 주어진다. 피치-액센트 체계에 관해서는 Bruce와 Hermans (1999), Dogil(1999), Hualde(1999)뿐만 아니라 van der Hulst와 Smith(1988b)에 있는 논문을 보라. 억양은 Pierrehumbert(1980), Bolinger (1986), Ladd(1996), Cruttenden(1997)과 Gussenhoven과 Bruce(1999)에서 다루어진다. 접어에 관해서는 Anderson(1996)과 Nespor(1999)를 보라.

타이밍의 단위로서 음보(§4.2)에 관해서는 Abercrombie(1964)와 Catford (1977)를 보라. Kiparsky와 Youmans(1989)는 운율에 관한 논문을 포함하는데, 예를 들어 Hayes(1989b)를 보라. 또한 Hanson과 Kiparsky(1996)를 보라. 강세-박자와 음절-박자 언어 사이의 구분은 Pike(1943)에 기인한다. 또한 Dauer(1983), Selkirk(1984a)와 Nespor와 Vogel(1989)을 보라. 음보에 관한 일반적인 연구들은 C. Rice(1992), Kager(1993), Hayes(1995)와 van der Hulst(1997)를 포함한다.

강세와 액센트 체계의 유형론(§4.3)에 관한 연구에 대해서는 Haraguchi (1977), Hyman(1977), Halle와 Vergnaud(1987a), Hayes(1995)를 보라. 제1 액센트와 비-제1 액센트 사이의 관계는 van der Hulst(1984), Roca(1986), Hurch(1996)와 van de Vijver(1998)에 의해 다루어진다. 비음 장소동화에서

순환에 관해서는 Kean(1974), Kiparsky(1979), Halle와 Vergnaud (1987b)와 Cole(1995)을 보라.

율격이론의 원리와 역사와 그 표기(§§4.4, 4.4.1)에 관해서는 Liberman (1975), Liberman과 Prince(1977), Halle와 Vergnaud(1978), Kiparsky (1979), Prince(1980, 1983), Hayes(1981), Giegerich(1985), Levin(1985), Hogg와 McCully(1987), Goldsmith(1990), Halle(1990), Halle와 Idsardi (1995)와 Kager(1995)를 보라.

음보 유형론과 관련 문제(§§4.4.3-4.4.7)에 관해서는 Hayes(1982), Archangeli(1988b), Lahiri와 van der Hulst (1988), Halle 등(1993)과 Mester(1994)뿐만 아니라 위의 많은 참고문헌들을 보라.

영어와/혹은 네덜란드어에서의 액센트는 예를 들어 Halle와 Keyser (1971), Selkirk(1980), van der Hulst(1984), Langeweg(1988), Kager(1989), Zonneveld(1993), Burgio(1994)와 Trommelen과 Zonneveld(1999)에 의해 논의된다.

역사적인 문맥 내에서의 액센트에 관한 설명에 대해서는 Salmons(1992)를 보라. 또한 Lahiri 등(1999)을 보라. Archibald(1997)에서의 몇몇 논문은 액센트의 습득을 다룬다. 또한 Fikkert(1994)를 보고, 습득의 일반적인 설명에 대해서는 Jusczyk(1997)을 보라.

THE INTERNATIONAL PHONETIC ALPHABET (revised to 1993, corrected 1996)

CONSONANTS (PULMONIC)

	Bilabial	Labiodental	Dental	Alveolar	Postalveolar	Retroflex	Palatal	Velar	Uvular	Pharyngeal	Glottal
Plosive	p b			t d		ʈ ɖ	c ɟ	k ɡ	q ɢ		ʔ
Nasal	m	ɱ		n		ɳ	ɲ	ŋ	N		
Trill	B			r					R		
Tap or Flap				ɾ		ɽ					
Fricative	ɸ β	f v	θ ð	s z	ʃ ʒ	ʂ ʐ	ç ʝ	x ɣ	χ ʁ	ħ ʕ	h ɦ
Lateral fricative				ɬ ɮ							
Approximant		ʋ		ɹ		ɻ	j	ɰ			
Lateral approximant				l		ɭ	ʎ	L			

Where symbols appear in pairs, the one to the right represents a voiced consonant. Shaded areas denote articulations judged impossible.

CONSONANTS (NON-PULMONIC)

Clicks		Voiced implosives		Ejectives	
ʘ	Bilabial	ɓ	Bilabial	'	Examples:
ǀ	Dental	ɗ	Dental/alveolar	p'	Bilabial
ǃ	(Post)alveolar	ʄ	Palatal	t'	Dental/alveolar
ǂ	Palatoalveolar	ɠ	Velar	k'	Velar
ǁ	Alveolar lateral	ʛ	Uvular	s'	Alveolar fricative

OTHER SYMBOLS

ʍ Voiceless labial-velar fricative

w Voiced labial-velar approximant

ɥ Voiced labial-palatal approximant

ʜ Voiceless epiglottal fricative

ʢ Voiced epiglottal fricative

ʡ Epiglottal plosive

ɕ ʑ Alveolo-palatal fricatives

ɺ Alveolar lateral flap

ɧ Simultaneous ʃ and x

Affricates and double articulations can be represented by two symbols joined by a tie bar if necessary.

k͡p t͡s

VOWELS

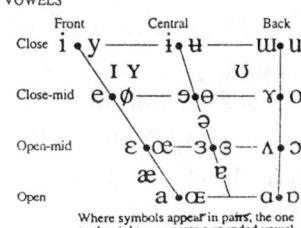

Where symbols appear in pairs, the one to the right represents a rounded vowel.

DIACRITICS   Diacritics may be placed above a symbol with a descender, e.g. ŋ̊

Voiceless	n̥ d̥	Breathy voiced	b̤ a̤	Dental	t̪ d̪		
Voiced	s̬ t̬	Creaky voiced	b̰ a̰	Apical	t̺ d̺		
Aspirated	tʰ dʰ	Linguolabial	t̼ d̼	Laminal	t̻ d̻		
More rounded	ɔ̹	Labialized	tʷ dʷ	Nasalized	ẽ		
Less rounded	ɔ̜	Palatalized	tʲ dʲ	Nasal release	dⁿ		
Advanced	u̟	Velarized	tˠ dˠ	Lateral release	dˡ		
Retracted	e̠	Pharyngealized	tˤ dˤ	No audible release	d̚		
Centralized	ë	Velarized or pharyngealized	ɫ				
Mid-centralized	ê	Raised	e̝	(ɹ̝ = voiced alveolar fricative)			
Syllabic	n̩	Lowered	e̞	(β̞ = voiced bilabial approximant)			
Non-syllabic	e̯	Advanced Tongue Root	e̘				
Rhoticity	ɚ a˞	Retracted Tongue Root	e̙				

SUPRASEGMENTALS

ˈ Primary stress

ˌ Secondary stress

ˌfoʊnəˈtɪʃən

ː Long   eː

ˑ Half-long   eˑ

˘ Extra-short   ĕ

| Minor (foot) group

‖ Major (intonation) group

. Syllable break   ɹi.ækt

‿ Linking (absence of a break)

TONES AND WORD ACCENTS

LEVEL			CONTOUR		
e̋ or	˥	Extra high	ě or	˩˥	Rising
é	˦	High	ê	˥˩	Falling
ē	˧	Mid	e᷄	˦˥	High rising
è	˨	Low	e᷅	˩˨	Low rising
ȅ	˩	Extra low	e᷈	˧˦˧	Rising-falling
↓		Downstep	↗		Global rise
↑		Upstep	↘		Global fall

339

References

Abaglo, P. and D. Archangeli (1989). Language-particular underspecification: Gengbe /e/ and Yoruba /i/. *Linguistic Inguiry* 20. 457-80.

Abercrombie, D. (1964). Syllable quantity and enclitics in English. In D. Abercrombie, D. B. Fry, P. A. D McCarthy, N. C. Scott and J. L. M. Trim (eds.) *In honour of Daniel Jones.* London: Longman. 216-22.

_____ (1965). A phonetician's view of verse structure. In D. Abercrombie, *Studies in phonetics and linguistics.* London: Oxford University Press. 16-65.

_____ (1967). *Elements of general phonetics.* Edinburgh: Edinburgh University Press.

Allen, W. S. (1973). *Accent and rhythm: prosodic features of Latin and Greek.* Cambridge: Cambridge University Press.

Anderson, J. M. (1969). Syllabic or non-syllabic phonology. *Journal of Linguistics* 5. 136-43.

_____ (1987). The limits of linearity. In J. M. Anderson and J. Durald (eds.) *Explorations in dependancy phonology.* Dordrecht: Foris. 199-220.

Anderson J. M. and J. Durand (1988). Vowel harmony in Nez Perce. In van der Hulst and Smith (1988a: vol. II). 1-17.

Anderson, J. M and C. J. Ewen (1987). *Principles of dependancy phonology.* Cambridge: Cambridge University Press.

Anderson, J. M. and C. Jones (1974). Three theses concerning phonological representation. *Journal of Linguistics* 10. 1-26.

_____ (1977). *Phonological structure and the history of English.* Amsterdam: North-Holland.

Anderson, S. R. (1973). *u*-umlaut and Skaldic verse. In S. R. Anderson and P. Kiparsky (eds.) *A Festschrift for Morris Halle.* New York : Holt, Rinehart and Winston. 3-13.

_____ (1976). Nasal consonants and the internal structure of segment. *Language* 52. 326-44.

_____ (1982). The analysis of french schwa: or, how to get something from nothing. *Language* 58. 534-73.

_____ (1984). A metrical interpretation of some traditional claims about quantity and stress. In Aronoff and Oehrle (1984). 83-106.

_____ (1985). *Phonology in the twentieth century: theories of rules and theories of representations*. Chicago: University of Chicago Press.

_____ (1996). How to put your clitics in their place. *The Linguistic Review* 13. 165-91.

Aoki, H. (1968). Towards a typology of vowel harmony. *International Journal of American linguistics*. 34. 142-5.

Archangeli, D. (1984). *Underspecification in Yawelmani phonology and morphology*. Ph.D. dissertation, Massachusetts Institute of Technology.

_____ (1988a). Aspects of underspecification theory. *Phonology* 5. 183-207.

_____ (1988b). Extrametricality in yawelmani. *The Linguistic Review* 4. 101-20.

_____ (1991). Syllabification and prosodic templates in yawelmani. *Natural Language and Linguistic Theory* 9. 231-83.

Archangeli, D. and D. Pulleyblank (1989). Yoruba vowel harmony. *Linguistic Inquiry* 20. 173-217.

_____ (1994). *Grounded phonology*. Cambridge, Mass.: MIT press.

Archibald, J. (ed.) (1997). *Phonological acquisition and phonological theory*. Hillsdale, N. J.: Lawrence Erlbaum.

Árnason, K. (1980). *Quantity in historical phonology: icelandic and related cases*. Cambridge: Cambridge University Press.

_____ (1985). Icelandic word stress and metrical phonology. *Studia Linguistica* 39. 93-129.

Aronoff, M. and R. T. Oehrle (eds.) (1984). *Language sound structure: studies in phonology presented to Morris Halle by his teacher and students*. Cambridge, Mass.: MIT Press.

Avery, P. and K. D. Rice (1989). Segment structure and coronal under-specification. *Phonology* 6. 179-200.

Awedyk, W. (1975). *The syllable theory and Old English phonology*. Wroclaw: Ossolineum.

Baart, J. (1987). *Focus, syntax, and accent placement: towards a rule system for the derivation of pitch accent patterns in Dutch as spoken by humans and machines*. Ph.D. dissertation, University of Leiden.

References

Baltaxe, C. A. M. (1978). *Foundations of distinctive feature theory*. Baltimore: University Park Press.

Bao, Z. (1990). *On the mature of tone*. Ph.D. dissertation, Massachusetts Institute of Technology.

Basbøll, H. (1999). Syllables in Danish. in van der Hulst and Ritter (1999). 69-92.

Beckman, M. E. (1986). *Stress and non-stress accent*. Dordrecht: Foris.

Beckman, M. E. and J. B. Pierrehumbert (1986). Intonational structure in English and Japaness. *Phonology Yearbook* 3. 255-310.

Bell, A. and J. B. Hooper (eds.) (1978). *Syllables and segments*. Amsterdam: North Holland.

Bendor-Samuel, John T. (1960). Some problems of segmentation in the phonological analysis of Tereno. *Word* 16. 348-55.

Benediktsson, H. (1963). Some aspects of Nordic umlaut and breaking. *Language* 39. 409-31.

Bickmore, L. S. (1995). Accounting for compensatory lengthening in the CV and moraic frameworks. In Durand and Katamba (1995). 119-48.

Bird, S. (1995). *Computational phonology: a constraint-based approach*. Cambridge: Cambridge University Press.

Blevins, J. (1995). The syllable in phonological theory. In Goldsmith (1995). 206-44.

Boas, F. (1947). *Kwakiutl grammar with a glossary of the suffixes*. Transactions of the American Philosophical Society. New Series, vol. 37, Part 3.

Bolinger, D. L. (1972). Accent is predictable (if you're a mind-reader). *Language* 48. 633-44.

_____ (1978). Intonation across languages. In Greenberg (1978). 471-524.

_____ (1986). *Intonation and its parts: the melody of language*. Stanford: Stanford University Press.

Booij, G. E. (1995). *The phonology of Dutch*. Oxford: Clarendon Press.

Borowsky, T. J. (1986). *Topics in the lexical phonology of English*. Ph. D. dissertation, University of Massachusetts, Amherst. Published 1990, New York: Garland.

_____ (1993). On the word level. in S. Hargus and E. M. Kaisse (eds.) *Studies in Lexical Phonology*. San Diego: Academic Press. 1992-234.

Boxwell, H. and M. Boxwell (1966). Weri phonemes. In S. A. Wurm (ed.) *Papers in New Guinea linguistics*. Vol. V. Canberra: Australian National University. 77-93.

Brentari, D. (1995). Sign language phonology: ASL. In Goldsmith (1995). 615-39.

_____ (1999). *A prosodic model of sign language phonology*. Cambridge, Mass. : MIT Press.

Brockhaus, W. (1995). Skeletal and suprasegmental structure within government phonology. In Durand and Katamba (1995). 180-221.

Brockhaus, W. (1999). The syllable in German: exploring an alternative. in van der Hulst and Ritter (1999). 169-218.

Broselow, E. (1995). Skeletal positions and moras. In Goldsmith (1995). 175-205.

Broselow, E., S.-I. Chen and M. Huffman (1997). Syllable weight: convergence of phonology and phonetics. *Phonology* 14. 47-82.

Browman, C. P. and L. Goldstein (1986). Towards an articulatory phonology. *Phonology Yearbook* 3. 219-52.

_____ (1989). Articulatory gestures as phonological units. *Phonology* 6. 201-51.

_____ (1992). Articulatory phonology: an overview. *Phonetica* 49. 155-80.

Bruce, G. and B. Hermans (1999). Word tone in germanic languages. in van der Hulst (1999). 605-58.

Burzio, L. (1994). Principles of English stress. Cambridge: Cambridge University Press.

Cairns, C. E. (1998). Phonotactics, markedness and lexical representation. *Phonology* 5. 209-36.

Cairns, C. E. and M. H. Feinstein (1982). Markedness and the theory of syllable structure. *Linguistic Inquiry* 13. 193-226.

Catford, J. C. (1977). *Fundamental problems in phonetics*. Edinburgh: Edinburgh University Press.

Charette, M. (1990). Licence to govern. *Phonology* 7. 233-53.

_____ (1991). *Conditions on phonological government*. Cambridge: Cambridge University Press.

Chomsky, N. and M. Halle (1968). *The sound pattern of English*. New York: Harper and Row.

Churchward, C. M. (1940). *Rotuman grammar and dictionary*. Sydney: Australasian Medical Publishing Company.

Clements, G. N. (1977). The autosegmental treatment of vowel harmony. In W.

References

U. Dressler and O. E. Pfeiffer (eds.) *Phonologica 1976*. Innsbruck: Innsbruker Beitrage zur Sprachwissenschaft. 111-19.

_____ (1981). Akan vowel harmony: a nonlinear analysis. *Harvard Studies in Phonology* 2. 108-77.

_____ (1985). The geometry of phonological features. *Phonology Yearbook* 2. 225-52.

_____ (1988). Toward a substantive theory of feature specification. *Papers from the Annual Meeting of the North East Linguistic Society* 18. 79-93.

_____ (1989). A unified set of features for consonants and vowels. Ms., Cornell University.

_____ (1990). The role of the sonority cycle in core syllabification. In J. Kingston and M. Beckman (eds.) *Papers in laboratory phonology I: between the grammar and physics of speech*. Cambridge: Cambridge University Press. 283-333.

_____ (1991). Vowel height assimilation in Bantu languages. *Proceedings of the Annual Meeting, Berkeley Linguistics Society* 17. 25-64.

_____ (1992). Phonological primes: gestures or features? *Phonetica* 49. 181-93.

Clements, G. N. and J. A. Goldsmith (eds.) (1984). *Autosegmental studies in Bantu tone*. Dordrecht: Foris.

Clements, G. N. and E. V. Hume (1995). The internal organization of speech sound. In Goldsmith (1995). 245-306.

Clements, G. N. and S. Keyser (1983). *CV phonology: a generative theory of the syllable*. Cambridge, Mass.: MIT Press.

Clements, G. N. and E. Sezer (1982). Vowel and consonant disharmony in Turkish. in van der Hulst and Smith (1982b: part 2). 213-55.

Cohn, A. (1990). *Phonetic and phonological rules of nasalization*. Ph.D. dissertation, University of California at Los Angeles.

_____ (1993). Nasalisation in English: phonology or phonetics. *Phonology* 10. 43-81.

Cole, J. (1995). The cycle in phonology. In Goldsmith (1995). 70-113.

Coleman, J. (1998). *Phonological representations: their names, forms and powers*. Cambridge: Cambridge University Press.

Collins, B. S. and I. M. Mees (1996). *The phonetics of English and Dutch*. Leiden: E. J. Brill.

Corrigan, R., F. Eckman and M. Noonan (eds.) (1989). *Linguistic categorization.* Amsterdam: John Benjamins.

Crothers, J. (1978). Typology and universals of vowel systems. In Greenberg (1978). 93-152.

Cruttenden, A. (1977). *Intonation.* 2nd edn. Cambridge: Cambridge University Press.

Cyran, E. (1997). *Resonance elements in phonology: A study in Munster Irish.* Lublin: Wydawnictwo Folium.

Dauer, R. (1983). Stress-timing and syllable-timing reanalyzed. *Journal of Phonetics* 11. 51-62.

Davenport, M. and J. Staun (1986). Sequence, segment and configuration: two problems for dependency phonology. In Durand (1986a). 135-59.

Davis, S. (1985). *Topics in syllable phonology.* Ph.D. dissertation, University of Arizona. Published 1988, New York: Garland.

_____ (1989). Location of the feature [continuant] in feature geometry. *Lingua* 78. 1-22.

_____ (1990). The onset as a constituent of the syllable: evidence from Italian. *Papers from the Annual Regional Meeting, Chicago Linguistic Society* 26:2. 71-9.

_____ (1994). Geminate consonants in moraic phonology. *Proceedings of the West Coast Conference on Formal Linguistics* 13. 32-45.

De Chene, B. and S. R. Anderson (1979). Compensatory lengthening. *Language* 55. 505-35.

Dell, F. (1995). Consonant clusters and phonological syllables in French. *Lingua* 95. 5-26.

Dell, F. and M. Elmedlaoui (1985). Syllabic consonants and syllabification in Imdlawn Tashlhiyt Berber. *Journal of African Languages and Linguistics* 7. 105-30.

Dikken, M. den and H. G. van der Hulst (1988). Segmental hierarchitecture. In van der Hulst and Smith (1988a: vol. I). 1-78.

Dixon, R. M. W. (1980). *The languages of Australia.* Cambridge: Cambridge University Press.

Dogil, G. (1988). Phonological configurations: natural classes, sonority and syllabicity. In van der Hulst and Smith (1988a: vol. I). 79-103.

References

_____ (1999). The phonetic manifestation of word stress in Lithuanian, Polish, German and Spanish. In van der Hulst (1999). 273–311.

Donegan, P.J. (1973). Bleaching and coloring. *Papers from the Annual Regional Meeting, Chicago Linguistic Society* 9. 386–97.

Dresher, B. E. and H. G. van der Hulst (1995). Head-dependent asymmetries in phonology. In H. G. van der Hulst and J. M. van de Weijer (eds.) *Leiden in last*. The Hague: Holland Academic Graphics. 401–31.

_____ (1998) Head-dependent asymmetries in phonology: complexity and visibility. *Phonology* 15. 317–52.

Dresher, B. E. and A. Lahiri (1991). The Germanic foot: metrical coherence in Old English. *Linguistic Inquiry* 22. 251–86.

Dressler, W. U., O. E. Pgeiffer and J. R. Rennison (eds.) (1981). *Phonologica* 1980. Innsbruck: Innsbrucker Beitrage zur Sprachwissenschaft.

Duanmu, S. (1990). *A formal study of syllable, tone, stress and domain in Chinese languages*. Ph.D. dissertation, Masschusetts Institute of Technology.

Durand, J. (ed.) (1986a). *Dependency and non-linear phonology*. London: Croom Helm.

Durand, J. (1986b). French liaison, floation segments and other matter in a dependency framework. In Durand (1986a). 161–201.

Durand, J. and F. Katamba (eds.) (1995). *Frontiers of phonology: atoms, structures, derivations*. London: Longman.

Ebeling, C. L. (1966). The grammar of literary Avar. *Studia Caucasica* 2. 58–100.

Echeverria, M. S. and H. Contreras (1965). Araucanian phonemics. *International Journal of American Linguistics* 31. 132–5.

Ewen, C. J. (1978). The phonology of the diminutive in Dutch: a dependency account. *Lingua* 45. 141–73.

_____ (1980a). *Aspects of phonological structure, with particular reference to English and Dutch*. Ph.D. dissertation, University of Edinbergh.

_____ (1980b). The characterisation of golttal stricture in dependency phonology. *York Papers in Linguistics* 8. 35–47

_____ (1995). Dependency relations in phonology. In Goldsmith (1995). 570–85.

Ewen, C. J. and H. G. van der Hulst (1985). Single-valued features and the non-linear analysis of vowel harmony. In H. Bennis and F. H. Beukema

346

(eds.) *Linguistics in the Netherlands* 1985. Dordrecht: Foris. 39-48.

Farmer, A. L. (1979). Phonological markedness and the sonority hierarchy. *MIT Working Papers in Linguistics* 1. 172-7.

Ferguson, C. A., L. M. Hyman and J. J. Ohala (eds.) (1975). *Nasálfest: papers from a symposium on nasals and nasalization.* Stanford: Language Universals Project, Stanford University.

Fikkert, P. (1994). *On the acquisition of prosodic structure.* Ph.D. dissertation, University of Leiden.

Firth, J. R. (1948). Sounds and prosodies. In Palmer (1970). 1-26.

Fischer-Jørgensen, E. (1985). Some basic vowel features. In Fromkin (1985). 79-99.

Foley, J. (1977). *Foundations of theoretical phonology.* Cambridge: Cambridge University Press.

Fromkin, V. A. (ed.) (1978). *Tone: a linguistic survey.* New York: Academic Press.

———— (1985). *Phonetic linguistics: essays in honor of Peter Ladefoged.* Orlando: Academic Press.

Fuchs, A. (1976). 'Normaler' und 'kontrastiver' Akzent. *Lingua* 38. 293-312.

Fudge, E. (1969). Syllables. *Journal of Linguistics* 5.253-86.

———— (1987). Branching structure within the syllable. *Journal of Linguistics* 23. 359-77.

Giegerich, H. J. (1981). Zero syllables in metrical theory. In Kressler *et al.* (1981). 153-60.

———— (1985). *Metrical phonology and phonological structure.* Cambridge: Cambridge University Press.

Goad, H. (1993). *On the configuration of height features.* Ph.D. dissertation, University of Southern California.

Goldsmith, J. A. (1976). *Autosegmental phonology.* Ph.D. dissertation, Massachusetts Institute of Technology.

———— (1982). Accent systems. In van der Hulst and Smith (1982b: vol. I). 47-63.

———— (1985). Vowel harmony in Khalkha Mongolian, Yaka, Finnish and Hungarian. *Phonology Yearbook* 2. 253-75.

———— (1989). Licensing, inalterability, and harmonic rule application. *Papers from the Annual Regional Meeting, Chicago Linguistic Society* 25:1. 145-56.

_____ (1990). *Autosegmental and metrical phonology.* Oxford: Blackwell.

_____ (1992). A note on the genealogy of research traditions in modern phonology. *Journal of Linguistics* 28. 149-63.

_____ (1993). Harmonic phonology. In J. A. Goldsmith (ed.) *The last phonological rule.* Chicago: University of Chicago Press. 21-60.

_____ (1994). Disentangling autosegments: a response. *Journal of Linguistics* 30. 499-507.

_____ (ed.) (1995). *The handbook of phonological theory.* Cambridge, Mass. and Oxford: Blackwell.

_____ (1997). Review of Bird (1995). *Phonolgy* 14. 133-41.

Gordon, E. V. (1957). *An introduction to Old Norse.* 2nd edn. Oxford: Clarendon Press.

Greenberg, J. (ed.) (1978). *Universals of human language.* Vol. II: *Phonology.* Stanford: Stanford University Press.

Griffen, T. D. (1976). Toward a nonsegmental phonology. *Lingua* 40. 1-20.

Gussenhoven, C. (1984). *On the grammar and semantics of sentence accents.* Dordrecht: Foris.

Gussenhoven, C. and G. Bruce (1999). Word prosody and intonation. In van der Hulst (1999). 233-71.

Hall, T. A. (1977). *The phonology of coronals.* Amsterdam: John Benjamins.

Hall, M. (1959). *The sound pattern of Russian.* The Hague: Mouton.

_____ (1983). On distinctive features and their articulatory implementation. *Natural Language and Linguistic Theory* 1. 91-107.

_____ (1990). Respecting metrical structure. *Natural Language and Linguistic Theory* 8. 149-76.

_____ (1995). Feature geometry and feature spreading. *Linguistic Inquiry* 26. 1-46.

Halle, M. and G. N. Clements (1983). *Problem book in phonology.* Cambridge, Mass.: MIT Press.

Halle, M. and W. J. Idsardi (1995). General properties of stress and metrical structure. In Goldsmith (1995). 403-43.

Halle, M. and S. J. Keyser (1971). *English stress: its growth and its role in verse*. New York: Haper and Row.

Halle, M., W. O'Neil and J.-R. Vergnaud (1993). Metrical coherence in Old English without the Germanic foot. *Linguistic Inquiry* 24. 529-38.

Halle, M. and K. N. Stevens (1971). A note on laryngeal features. *MIT Quarterly Progress Report* 101. 198-213.

_____ (1979). Some reflections on the theoretical bases of phonetics. In B. Lindblom and S. Öhman (eds.) *Frontiers of speech communication*. London: Academic Press. 335-49.

Halle, M. and J.-R. Vergnaud (1978). Metrical structures in phonology. Ms., Massachusetts Institute of Technology.

_____ (1981). Harmony processes. In W. Klein and W. Levelt (eds.) *Crossing the boundaries in linguistics*. Dordrecht: Reidel. 1-22.

_____ (1987a). *An essay on stress*. Cambridge, Mass.: MIT Press.

_____ (1987b). Stress and the cycle. *Linguistic Inquiry* 18. 45-84.

Hammond, M. (1988). On deriving the well-formedness condition. *Linguistic Inquriy* 19. 319-25.

Hankamer, J. and J. Aissen (1974). The sonority hierarchy. In A. Bruck, R. A. Fox and M. W. La Galy (eds.) *Papers from the parasession on natural phonology*. Chicago: Chicago Linguistic Society. 131-45.

Hanson, K. and P. Kipardky (1996). A parametric theory of poetic meter. *Language* 72. 287-335.

Haraguchi, S. (1977). *The tone pattern of Japanese*. Tokyo: Kaitaku-sya.

Harris, J. (1990). Segmental complexity and phonological government. *Phonology* 7. 255-300.

_____ (1994). *English sound structure*. Oxford and Cambridge, Mass.: Blackwell.

_____ (1997). Licensing Inheritance: an integrated theory of neutrlisation. *Phonology* 14. 315-70.

Harris, J. and J. Kaye (1990). A tale of two cities: London glottalling and New York tapping. *The Linguistic Review* 7. 251-74.

Harris, J. and G. Lindsey (1995). The elements of phonological representation. In Durand and Katamba (1995). 34-79.

Harris, J. W. (1983). *Syllable structure and stress in Spanish*. Cambridge, Mass.: MIT Press.

References

Hayes, B. (1981). *A metrical theory of stress rules*. Ph.D. dissertation, Massachusetts Institute of Technology. Revised version distributed by Indiana University Linguistics Blub. Published 1985, New York: Garland.

_____ (1982). Extrametricality and English stress. *Linguistic Inquiry* 13. 227-76.

_____ (1983). A grid-based theory of English meter. *Linguistic Inquiry* 14. 357-93.

_____ (1984a). The phonology of rhythm in English. *Linguistic Inquiry* 15. 33-74.

_____ (1984b). The phonetics and phonology of Russian voicing assimilation. In Aronoff and Oehrle (1984). 318-28.

_____ (1987). A revised parametric metircal theory. *Paper form the Annual Meeting of the North East Linguistic Society* 17. 274-89.

_____ (1989a). Compensatory lengthening in moraic phonology. *Linguistic Inquiry* 20. 253-306

_____ (1989b). The prosodic hierarchy in meter. In Kiparsky and Youmans (1989). 253-306.

_____ (1994). Weight of CVC can be determined by context. In J. Cole and C. Kisseberth (eds.) *Perspectives in phonology*. Stanford: CSLI. 61-79.

_____ (1995). *Metrical stress theory: principles and case studies*. Chicago: University of Chicago Press.

Hayward, K. M. and R. J. Hayward (1989). Guttural: arguments for a new distinctive feature. *Transactions of the Philological Society* 87. 179-93.

Hayward, R. J. (1988). In defense of the skeletal tier. *Studies in African Linguistics* 19. 131-72.

Herbert, R. K. (1986). *Language universals, markedness theory, and natural phonetic processes*. Berlin: Mouton de Gruyter.

Heuven, V. van and A. Sluijter (1996). Notes on the phonetics of word prosody. In R. Goedemans, H. G. van der Hulst and E. Visch (eds.) *Stress patterns of the world*. Part 1: *Background*. The Hague: Holland Academic Graphics. 233-69.

Hoard, J. E. (1978). Remarks on the nature of syllabic stops and affricates. In Bell and Hooper (1978). 59-72.

Hock, H. H. (1986). Compensatory lengthening: in defense of the concept 'mora'. *Folia Linguistica* 20. 431-60.

Hogg, R. M. (1992a). Phonology and morphology. In R. M. Hogg (ed.) *The Cambridge history of the English language*. Vol. I : *The beginnings to 1066*. Cambridge: Cambridge University Press. 67-167.

_____ (1992b). *A grammar of Old English*. Vol. I : *Phonology*. Oxford: Blackwell.

Hogg, R. M. and C. B. McCully (1987). *Metrical phonology: a coursebook*. Cambridge: Cambridge University Press.

Hooper, J. B. (1976). *An introduction to natural generative phonology*. New York: Academic Press.

Hualde, J. I. (1999). Basque accentuation. In van der Hulst (1999). 947-93.

Huffman, M. and R. Krakow (eds.) (1993). *Nasals, nasalization, and the velum*. Orlando: Academic Press.

Hulst, H. G. van der (1984). *Syllable structure and stress in Dutch*. Dordrecht: Foris.

_____ (1985). Ambisyllabicity in Dutch. In H. Bennis and F. Beukema (eds.) *Linguistics in the Netherlands* 1985. Dordrecht: Foris. 57-66.

_____ (1988). The geometry of vocalic features. In van der Hulst and Smith (1988a: vol. II). 77-125.

_____ (1989). Atoms of segmental structure: components, gestures and dependency. *Phonology* 6. 253-84.

_____ (1993). Units in the analysis of signs. *Phonology* 10. 209-41.

_____ (1995). Radical CV phonology: the categorial gesture. In Durand and Katamba (1995). 80-116.

_____ (1997). Issues in foot typology. *Toronto Working Paper in Linguistics* 16. 77-101.

_____ (ed.) (1999). *Word prosodic systems in the languages of Europe*. Berlin: Mouton de Gruyter.

Hulst, H. G. van der and C. J. Ewen (1991). Major calass and manner features. In P. M. Bertinetto, M. Kenstowicz and M. Loporcaro (eds.) *Certamen phonologicum II: papers from the 1990 Cortona Phonology Meeting*. Turin: Rosenberg and Sellier. 19-41.

Hulst, H. G. van der and N. A. Ritter (eds.) (1999). *The syllable: views and facts*. Berlin: Mouton de Gruyter.

Hulst, H. G. van der and N. S. H. Smith (1982a). An overview of autosegmental and metrical phonology. In van der Hulst and Smith (1982b: part 1). 1-45.

———— (eds.) (1982b). *The structure of phonological representations.* 2 part. Dordrecht: Foris.

———— (1985). The framework of nonlinear generative phonology. In H. G. van der Hulst and N. S. H. Smith (eds.) *Advances in nonlinear phonology.* Dordrecht: Foris. 3-55.

———— (eds.) (1988a). *Features, segmental structure and harmony processes.* 2 vols. Dordrecht: Foris.

———— (eds.) (1988b). *Autosegmental studies on pitch accent.* Dordrecht: Foris.

Hulst, H. G. van der and K. L. Snider (eds.) (1993). *The phonology of tone: the representation of tonal register.* Berlin: Mouton de Gruyter.

Hulst, H. G. van der and J. M. van de Weijer (1991). Topics in Turkish phonology. In H. Boeschoten and L. Verhoeven (eds.) *Turkish linguistics today.* Leiden: E. J. Brill. 11-59.

———— (1995). Vowel harmony. In Goldsmith (1995). 495-534.

Hume, E. V. (1990). Front vowels, palatal consonants and rule of umlaut in Korean. *Papers from the Annual Meeting of the North East Linguistic Society* 20. 230-43.

———— (1992). *Front vowels, coronal consonants and their interaction in non-linear phonology.* Ph.D. dissertation, Cornell University.

Hume, E. V. and D. Odden(1995). The superfluity of [consonantal]. *Papers from the Annual Meeting of the North East Linguistic Society* 25. 245-61.

Hurch, B. (1996). Accentuations. In B. Hurch and R. Rhodes (eds.) *Natural Phonology: the state of the art.* Berlin: Mouton de Gruyter. 73-96.

Hyman, L. M. (1973). The feature [grave] in phonological theory. *Journal of Phonetics* 1. 329-37.

———— (1975). *Phonology: theory and analysis.* New York: Holt, Rinehart and Winston.

———— (1977). On the nature of linguistic stress. In L. M. Hyman (ed.) *Studies in stress and accent.* Los Angeles: Department of Linguistics, University of Southern California. 37-82.

———— (1985). *A theory of phonological weight.* Dordrecht: Foris.

———— (1992). Moraic mismatches in Bantu. *Phonology* 9. 255-65.

Ingram, D. (1978). The role of the syllable in phonological development. In Bell and Hooper (1978). 143–55.

Inkelas, S. and K. Zec (eds.) (1990). *The phonology-syntax connection.* Chicago: University of Chicago Press.

_____ (1995). Syntax-phonology interface. In Goldsmith (1995). 535–49.

Itô, J. (1986). *Syllable theory in prosodic phonology.* Ph.D. dissertation, University of Massachusetts. Published 1988, New York: Garland.

Itô, J. and R. A. Mester (1992). Weak layering and word binarity. Report LRC-93-08, Linguistic Research Center, University of California, Santa Cruz.

Itô, J., R. A. Mester and J. Padgett (1995). Licensing and redundancy: underspecification in Optimality Theory. *Linguistic Inquiry* 26. 571–613.

Iverson, G. K. (1983). On glottal width features. *Lingua* 60. 331–9.

Jackendoff, R. (1977). *X̄-syntax: a study of phrase structure.* Cambridge, Mass.: MIT Press.

Jacobs, H. (1989). *Nonlinear studies in the historical phonology of French.* Ph.D. dissertation, Catholic University of Brabant.

Jakobson, R., C. G. M. Fant and M. Halle (1951). *Preliminaries to speech analysis.* Cambridge, Mass.: MIT Press.

Jakobson, R. and M. Halle (1956). *Fundamentals of language.* The Hague: Mouton.

Jakobson, R. and L. R. Waugh (1979). *The sound shape of language.* Brighton: Harvester Press.

Jones, C. (1976). Some constraints on medial consonant clusters. *Language* 52. 121–30.

_____ (1989). *A history of English phonology.* London: Longman.

Jones, D. (1977). *English pronouncing dictionary.* 14th edn, ed. A. C. Gimson. Cambridge: Cambridge University Press.

Jusczyk, P. W. (199). *The discovery of spoken language.* Cambridge, Mass.: MIT Press.

Kager, R. (1989). *A metrical theory of stress and destressing in English and Dutch.* Dordrecht: Foris.

_____ (1993). Alternatives to the iambic-trochaic law. *Natural Language and Linguistic Theory* 11. 381–432.

References

_____ (1995). The metrical theory of word stress. In Goldsmith (1995). 367-402.

_____ (1999). *Optimanlity Theory: a textbook.* Cambridge: Cambridge University Press.

Kager, R., M. Trommelen and E. Visch (1985). Over Nederlandse lettergreepen klemtoonstruktuur. (Review of van der Hulst 1984.) *Spektator* 15. 123-38.

Kahn, K. (1976). *Syllable-based generalization in English phonology.* Ph.D. dissertation. Massachusetts Institute of Technology. Published 1980, New York: Garland.

Kaisse, E. M. (1985). *Connected speech: the interaction of syntax and phonology.* New York: Academic Press.

_____ (1992). Can [consonantal] spread? *Language* 68. 313-32.

Kaisse, E. and P. A. Shaw (1985). On the theory of Lexical Phonology. *Phonology Yearbook* 2. 1-30.

Kaye, J. (1989). Phonology: a cognitive view. Hillsdale, N.J.: Lawrence Erlbaum.

_____ (1990). 'Coda' licensing. *Phonology* 7. 301-30.

_____ (1995). Derivations and interfaces. In Durand and Katamba (1995). 289-332.

_____ (1996). Do you believe in magic? In H. Kardela and B. Szymanek (eds.) *A Festschrift for Edmund Gussmann from his friends and colleagues.* Lublin: The University Press of the Catholic University of Lublin. 155-76.

Kaye, J. K. and J. Lowenstamm (1984). De la syllabicite. In F. Dell, D. Hirst and J.-R. Vergnaud (eds.) *Forme sonore du language.* Paris: Hermann. 123-59.

Kaye, J., J. Lowenstamm and J.-R. Vergnaud (1985). The internal structure of phonological elements: a theory of charm and government. *Phonology Yearbook* 2. 305-25.

_____ (1990). Constituent structure and government in phonology. *Phonology* 7. 193-231.

Kean, M.-L. (1974). The strict cycle in phonology. *Linguistic Inquiry* 5. 179-231.

_____ (1980). *The theory of markedness in generative grammar.* Indiana University Linguistics Club.

Keating, P. A. (1988a). Survey of phonological features. Indiana University Linguistics Club.

_____ (1988b). Unerspecification in phonetics. *Phonology* 5. 275–92.

_____ (1991). Coronal places of articulation. In Paradis and Prunet (1991). 29–48.

Kenstowicz, M. (1994). *Phonology in generative grammar.* Oxford: Blackwell

Kenstowicz, M. and C. Kisseberth(1979). *Generative phonology.* New York: Academic Press.

Kerek, A. (1971). *Hungarian metrics: some liguistic aspects of iambic verse.* Bllomington: Indiana Unviersity.

Key, H. (1961). Phonotatics of Cayuvava. *International Journal of American Linguistics* 27. 143–50

Kiparsky, P. (1977). The rhythmic structure of English verse. *Linguistic Inguiry* 8. 189–247

_____ (1979). Metircal structure assignment is cyclic. *Linguistic Inguiry* 10. 421–42.

_____ (1981). Remarks on the metrical structure of the syllable. In Dressler *et al.* (1981). 245–56.

_____ (1982). From cyclic phonology to lexical phonology. In van der Hulst and Smith (1982b: part 1). 131–75

_____ (1985). Some consequences of Lexical Phonology. *Phonology Yearbook* 2. 85–138.

_____ (1995). The phonological basis of sound change. In Goldsmith (1995). 640–70

Kiparsky, P. and G. Youmans (eds.) (1989). *Rhythm and meter.* Orlando: Academic Press

Klausenbruger, J. (1977). A non-rule of French: h-aspiré. *Linguistics* 192. 45–52

_____ (1978). French linking phenomena: a natural generative analysis. *Language* 54. 21–40.

Kornai, A. (1995). *Formal phonology.* New York: Garland.

Kubozono, H. (1989). The mora and syllable structure in Japanese. *Language and Speech* 32. 249–78.

Kuroda, S.-Y. (1967). *Yawelmani phonology.* Cambridge, Mass.: MIT Press.

Ladd, D. R. (1996). *Intonational phonology.* Cambridge: Cambridge University Press.

Ladefoged, P. (1971). *Preliminaries to linguistic phonetics.* Chicage: Chicago University Press.

References

———— (1973). The features of the larynx. *Journal of phonetics* 1. 73-83.

———— (1975). *A course in phonetics.* New York: Harcourt Brace Jovanovich.

———— (1980). What are linguistic sounds made of? *Language* 56. 485-502.

Ladefoged, P. and I. maddieson (1989). Phonological features for places of articulation. In L. M. Hyman and C. Li (eds.) *Language, speech and mind.* London: Routledge. 49-61.

———— (1996). *The sounds of the world's languages.* Oxford: Blackwell.

Ladefoged, P. and A. Traill (1994). Clicks and their accompaniments. *Journal of Phonetics* 22. 33-64.

Lahiri, A. and S. E. Blumstein (1984). A re-evaluation of the feature coronal. *Journal of Phonetics* 12. 13-45.

Lahiri, A. and B. E. Dresher (ms). OSL in West Germanic. University of Konstanz and University of Toronto.

Lahiri, A. and H. G. van der Hulst (1988). On foot typology. *Papers from the Annual Meeting of the North East Linguistic Society* 18. 286-309.

Lahiri, A. and J. Koreman (1988). Syllable weight and quantity in Dutch. *Proceedings of the West Coast Conference on Formal Linguistics* 7. 217-28.

Lahiri. A., T. Riad and H. Jacobs (1999). Diachronic prosody. In van der Hulst (1999). 355-422.

Langendoen, D. T. (1968). *The London school of linguistics.* Cambridge, Mass.: MIT Press.

Langeweg, S. J. (1988). *The stress system of Dutch.* Ph.D. dissertation, University of Leiden.

Lapointe, S. G. and M. H. Feinstein (1982). The role of vowel deletion and epenthesis in the assignment of syllable structure. In van der Hulst and Smith (1982b: part 2). 69-120.

Lass, R. (1971). Bondaries as obstruents: Old English voicing assimiliation and universal strength heirachies. *Journal of Linguistics* 7. 15-30.

———— (1975). How intrinsic is content: Markedness, sound change and 'family universals' In D. Goyvaerts and G. K. Pullum (eds.) *Essays on the sound pattern of English.* Ghent: Story-Scientia. 475-504.

———— (1976). *English phonology and phonological theory: synchronic and diachronic studies.* Cambridge: Cambridge University Press.

356

_____ (1984a). *Phonology: an introduction to basic concepts*. Cambridge: Cambridge University Press.

_____ (1984b). Vowel system universals and typology: prologue to theory. *Phonology Yearbook* 1. 75–111.

_____ (1987). *The shape of English.* London: J. M. Dent.

_____ (1992). Phonology and morphology. In N. Blake (ed.) *The Cambridge history of the English language.* Vol. II: *1066–1476.* Cambridge: Cambridge University Press. 23–155.

Lass, R. and J. M Anderson (1975). *Old English phonology.* Cambridge: Cambridge University Press.

Lehiste, I. (1970). *Suprasegmentals.* Cambridge, Mass.: MIT Press.

Levelt, C. C. (1994). *On the acquisition of place.* Ph.D. dissertation, University of Leiden.

Levin, J. (1985). *A metrical theory of syllabicity.* Ph.D. dissertation, Massachusetts Institute of Technology.

Lieberman, M. (1975). *The intonational system of English.* Ph.D. dissertation, Massachusetts Institute of Technology.

Lieberman, M. and A. S. Prince (1977). On stress and linguistic rhythm. *Linguistic Inguiry* 8. 249–336.

Liddell, S. and R. Johnson (1989). American Sign Language: the phonological base. *Sign Language Studies* 64. 197–277.

Lindau, M. (1978). Vowel features. *Language* 54. 541–63.

_____ (1985). The story of /r/. In Fromkin (1985). 157–68.

Lombardi, L. (1991). *Laryngeal features and laryngeal neutralization.* Ph.D. dissertation, Massachusetts, Amherst.

_____ (1996). Postlexical rules and the status of privative features. *Phonology* 13. 1–38.

Loporcaro. M. (1996). Lengthening and raddoppiamento fonosintattico. In M. Maiden and M. Parry (eds.) *The dialects of Italy.* London: Routledge. 41–51.

Lowenstamm, J. and J. Kaye (1986). Compensatory lengthening in Tiberian Hebrew. In Wetzels and Sezer (1986). 97–132.

McArthur, H. and L. McArthur (1956). Aguacatec (Mayan) phonemes within the stress group. *International Journal of American Linguistics* 22. 72–6.

References

McCarthy, J. J. (1979). On stress and syllabicfication. *Linguistic Inguiry* 10. 443–65.

_____ (1988). Feature geometry and dependency: a review. *Phonetica* 43. 84–108.

_____ (1994). The phonetics and phonology of Semitic pharyngeals. In P. Keating (ed.) *Papers in laboratory phonology 3: phonological structure and phonetic form.* Cambridge: Cambridge University press. 191–233.

McCarthy, J. J. and A. S. Prince (1993). *Prosodic Morphology I: constraint interaction and satisfication.* Ms., University of Massachusetts, Amherst and Rutgers University.

McCarthy, J. J. and A. Taub (1992). Review of Paradis and Prunet (1991). *Phonology* 9. 363–70.

McCawley, J. D. (1968). *The phonological component of a grammar of Japanese.* The Hague: Mouton.

McMahon, A., P. Foulkes and L. Tollfree (1994). Gestural representations and Lexical Phonology. *Phonology* 11. 277–316.

Macken, M. A. (1995). Phonological acquisition. I Goldsmith (1995). 671–96.

Maddieson. I. (1978). Universals of tone. In Greenberg (1978). 335–65.

_____ (1984). *Patterns of sounds.* Cambridge: Cambridge University press.

Malsch, D. L. and R. Fulcher (1989). Categorizing phonological segments: the inadequacy of the sonority hierachy. In Corrigan *et al.* (1989). 69–80.

Merrifield, W. R. (1963). Palantla Chnantec syllable types. *Anthropological Linguistics* 5. 1–16.

Mester, R. A. (1988). Dependent tier orgering and the OCP. In van der Hulst and Smith (1988a: vol. II). 127–44.

_____ (1994). The quantitive trochee in Latin. *Natural Language and Linguistic Theory* 12. 1–61.

Mester, R. A. and J. Itô (1989). Feature predictability and underspecification: palatal prosody in Japanese mimetics. *Language* 65. 258–93.

Minkova, D. (1991). *The history of final vowels in English: the sound of muting.* Berlin: Mouton de Gruyter.

Mohanan, K. P. (1991). On the basis of underspecification. *Natural Language and Linguistic Theory* 9. 285–325.

Murray, R. and T. Vennemann (1983). Sound change and syllable structure in

Germanic phonology. *Language 59*. 514-28.

Napoli, D. J. and M. Nespor (1979). The syntax of word-initial consonant gemination in Italian. *Language* 55. 812-42.

Nathan, G. S. (189). Preliminaries to a theory of phonological substance: the substance of sonority. In Corrigan *et al.* (1989). 55-67

Nespor, M. (1999). Stress domains. In van der Hulst (1999). 117-59.

Nespor, M. and I. Vogel (1982). Prosodic domains of external sandhi rules. In van der Hulst and Smith (1982b: part I). 225-55.

_____ (1986). *Prosodic phonology*. Dordrecht: Foris.

_____ (1989). On clashes and lapses. *Phonology* 6. 69-116.

Newman, P. (1972). Syllable weight as a phonological variable. *Studies in African Linguistics* 3. 301-24.

Ní Chiosáin, M. (1994). Irish palatalization and the representation of place features. *Phonology* 11. 89-106.

Noske, R. (1992). *A theory of syllbification and segmental alternation, with studies on the phonology of French, German, Tonkawa and Yawelmani.* Ph.D. dissertation, Catholic University of Bragant.

Ó Dochartaigh, C. (1978). Lenithion and dependency phonology. *Éigse* 17. 457-94.

Odden, D. (1978). Further evidence for the feature [grave]. *Linguistic Inguiry* 9. 141-44.

_____ (1988). Anti antigemination and the OCP. *Linguistic Inquiry* 19. 451-75.

_____ (1991). Vowel geometry. *Phonology* 8. 261-89.

_____ (1995). Tone: African languages. In Goldsmith (1995). 444-75.

Ogden, R. (1999). Non-terminal phonological features in Finnish. In van der Hulst and Ritter (1999). 651-72.

Ogden, R. and J. K. Local (1994). Disentagline autosegments from prosodies: a note on the misrepresentation of a research tradition in phonology. *Journal of Linguistics* 30. 477-98.

Ohala, J. (1992). Alternative to the sonority hierachy for explaining segmental sequential contraints. *Papers from the Annual Regional Meeting, Chicago Linguistic Society* 28:2. 319-39.

Oostendorp, M. van (1995). *Vowel quality and syllable projection.* Ph.D. dissertation, Catholic University of Brabant.

Osborne, H. A., Jr (1996). Warao I: phonology and morphophonemics.

International Journal of American Linguistics 32. 108-23.

Padgett, J. (1995). *Stricture in feature geometry.* Standford: CSLI.

Palmer, F. R. (ed.) (1970). *Prosodic analysis.* Oxford: Oxford University Press.

Paradis, C. and J.-F. Prunet (eds.) (1991). *The special status of coronals: internal and external evidence.* New York: Academic Press.

Peperkamp, S. (1995). On the prosodic incorporation of clitics. *Papers presented at the Conference on Interfaces in Phonology,* Berlin.

Perlmutter, D. M. (1992). Sonority and syllable structure in American Sign Language. *Linguistic Inguiry* 23. 407-42.

Pierrehumbert, J. B. (1980). *The phonetics and phonology of English intonation.* Ph.D. dissertation, Massachusetts Institute of Technology.

Pierrehumbert, J. B. and M. E. Beckman (1988). *Japanese tone structure.* Cambridge, Mass.: MIT Press.

Piggott, G. L. (1988). A parametric approach to nasal harmony. In van der Hulst and Smith (1988a: vol. I). 131-67.

———— (1992). Variability in feature dependency: the case of nasality. *Natural Language and Linguistic Theory* 10. 33-77.

———— (1995). Epenthesis and syllable weight. *Natural Language and Linguistic Theory* 13. 283-326.

———— (1997). Licensing alignment: an integrated theory of neutralisation. *Phonology* 14. 437-77.

Piggott, G. L. and H. G. van der Hulst (1997). Locality and the nature of nasal harmony. *Lingua* 103. 85-112.

Piggott, G. L. and R. Singh (1985). The phonology of epenthetic segments. *Canadian Journal of Linguistics* 30. 415-53.

Pike, K. L. (1943). *Phonetics.* Ann Arbor: University of Michigan Press.

Polgárdi, K. (1998) *Vowel harmony: an account in terms of government and optimality.* Ph.D. dissertion, University of Leiden.

Prince, A. S. (1980). A metrical theory for Estonian quantity. *Linguistic Inquiry* 11. 512-62.

———— (1983). Relating to the grid. *Linguistic Inquiry* 14. 19-100.

Prince, A. S. and P. Smolensky (1993). *Optimality Theory: constraint interaction in generative grammar.* Ms., Rutgers University and University of Colorado, Boulder.

Pulgram, E. (1970). *Syllable, word, nexus, cursus*. The Hague: Mouton.

Pulleyblank, D. (1988a). Vocalic underspecification in Yoruba. *Linguistic Inquiry* 19. 223-70.

_____ (1988b). Underspecification. the feature hierarchy and Tiv vowels. *Phonology* 5. 299-326.

_____ (1994). Underlying mora structure. *Linguistic Inquiry* 25. 344-53.

_____ (1995). Feature geometry and underspecification. In Durand and Katamba (1995). 3-33.

Pulleyblank, E. G. (1989). The role of coronal in articulator based features. *Papers from the Snnual Regional Meeting, Chicago Linguistic Society* 25:1. 379-93.

Rennison, J. R. (1986). On tridirectional feature systems for vowels. In Durand (1986a). 281-304.

_____ (1990). On the elements of phonological representations: the evidence from vowel ssystems and vowel processes. *Folia Linguistica* 24. 175-244.

Revithiadou, A. (1999). *The prosody-morphology interface*. Ph.D. dissertation, University of Leiden.

Rice, C. (1992). *Binarity and ternarity in metrical theory: parametric extensions*. Ph.D. dissertion, University of Texas, Austin.

Rice, K. D. (1992). On deriving sonority: a structural account of sonority relationships. *Phonology* 9. 61-99.

_____ (1995). Peripheral in consonants. *Canadian Journal of Linguistics* 39. 191-282.

Rice, K. D. and P. Avery (1997). Variability in a deterministic model of language acquisition: a theory of segmental elaboration. In Archibald (1997). 23-42.

Ringen, C. O. (1975). *Vowel harmony: theoretical implications*. Ph.D. dissertion, Indiana University.

_____ (1988). Transparency in Hungarian vowel harmony. *Phonology* 5. 327-42.

Ritt, N. (1994). Quantity adjustment: vowel lengthening and shortening in Early Middle English. Cambridge: Cambridge University Press.

Ritter, N. A. (1995). *The role of universal grammar in phonology: a Government Phonology approach to Hungarian*. Ph.D. dissertation, New York University.

References

Roberts, J. R. (1987). *Amele*. London: Croom Helm.

Roca, I. (1986). Secondary stress and metrical rhythm. *Phonology Yearbook* 3. 341-70.

Rosenthall, S. and H. G. van der Hulst (1999). Weight-by-position by position. *Natural Language and Linguistic Theory* 17. 499-540.

Rowicka, G. (1999). *On ghost vowels: a strict CV approach*. Ph.D. dissertation, University of Leiden.

Rubach, J. (1996). Shortening and ambisyllabicity in English. *Phonology* 13. 197-237.

Rubach, J. and G. Booij (1990). Syllable structure assignment in Polish. *Phonology* 7. 121-58.

Sagey, E. (1986). *The representation of features and relations in nonlinear phonology*. Ph.D. dissertation, Massachusetts Institute of Technology.

_____ (1988). Degree of closure in complex segments. In van der Hulst and Smith (1988a: vol. I). 169-208.

Salmons, J. (1992). *Accentual change and language contact: comparative survey and a case study of early Northern Europe*. London: Routledge.

Sanders, G. (1972). *The simplex-feature hyothesis*. Indian University Linguistics Club.

Sandler, W. (1989). *Phonological representation of the sign: linearity and non-linearity in American Sign Language*. Dordrecht: Foris.

Schane, S. A. (1973). [back] and [round]. In S. R. Anderson and P. Kiparsky (eds.) *A Festschrift for Morris Halle*. New York: Holt, Rinehart and Winston. 174-84.

_____ (1979). Rhythm, accent, and stress in English. *Linguistic Inquiry* 10. 483-502.

_____ (1984). The fundamentals of particle phonolgy. *Phonology Yearbook* 1. 129-55.

Schein, B. and D. Steriade (1986). On geminates. *Linguistic Inquiry* 17. 691-744.

Schmidt, D. (1992). Compensatory lengthening in a segmental moraic theory of representation. *Linguistics* 30. 513-34.

Scobbie, J. M. (1997). *Autosegmental representation in a declarative constraint-based framework*. New York : Gerland.

Selkirk, E. O. (1972). *The phrase phonology of English and French*. Ph.D.

362

dissertation, Massachysetts Institute of Technology.

_____ (1978). The French foot: on the status of 'mute' e. *Syudies in French Linguistics* 1. 141-150.

_____ (1980). The role of prosodic categories in English word stress. *Linguistic Inquiry* 11. 563-605.

_____ (1982). The syllable. In van der Hulst and Smith (1982b: part 2). 337-83.

_____ (1984a). *Phonology and syntax: the relation between sound and structure.* Cambridge, Mass.: MIT Press.

_____ (1984b). On the major class features and syllable theory. In Aronoff and Oehrle (1984). 107-36.

_____ (1995). Sentence prosody: intonation, stress and phrasing. In Goldsmith (1995). 550-69.

Sluijter, A. (1995). *Phonetic correlates of stress and accent.* Ph.D. dessertation, University of Leiden.

Smith, N. S. H. (1988). Consonant place features. In van der Hulst and Smith (1988a: vol. I). 209-35.

Spencer, A. (1985). Eliminating the feature [lateral]. *Journal of Linguistics* 20. 23-42.

_____ (1996). *Phonology: theory and description.* Oxford: Blackwell.

Stanley, R. (1967). Redundancy rules in phonology. *Language* 43. 393-436.

Steriade, D. (1982). *Greek prosodies and the nature of syllabification.* Ph.D. dissertation, Massachussets Institute of Technology. Published 1990, New York: Garland.

_____ (1987). Redundant values. *Papers from the Annual Regional Meeting, Chicago Linguistic Society* 23:2. 339-62.

_____ (1995). Underspecification and markedness. In Goldsmith (1995). 114-74.

_____ (1996). *Licensing laryngeal features. UCLA Working Papers in Phonology* 1.

Stevens, K. N. (1972). The quantal nature of speech. In E. E. David and P. B. Denes (eds.) *Human communication: a unified view.* New York: McGraw Hill. 51-66.

_____ (1989). On the quantal nature of speech. *Journal of Phonetics* 17. 3-45.

Stevens, K. N. and S. J. Keyser (1989). Primary features and their enhancement in consonants. *Language* 65. 81-106.

Stevens, K. N., S. J. Keyser (1989). Primary features and their enhancement in consonants. *Language* 65. 81–106.

Stevens, K. N., S. J. Keyser and H. Kawasaki (1986). Toward a phonetic and phonological theory of redundant features. In J. S. Perkell and D. H. Klatt (eds.) *Invariance and variability in speech processes*. Hillsdale, N. J.: Lawrence Erlbaum. 426–49.

Stewart, J. M. (1967). Tongue root position in Akan vowel harmony. *Phonetica* 16. 185–204.

_____ (1983). Akan vowel harmony: the word structure conditions and the floating vowels. *Studies in African Linguistics* 14. 111–39.

Stoel-Gammon, C. and J. P. Stemberger (1944). Consonant harmony and phonological underspecification in child speech. In M. Yavas (ed.) *First and second language phonology*. San Diego : Singular Publishing Group. 63–80.

Svantesson, J. O. (1985). Vowel harmony shift in Mongolian. *Lingua* 67. 283–329.

Tranel, B. (1987). *The sounds of French*. Cambridge: Cambridge University Press.

_____ (1991). CVC light syllables, geminates and Moraic Theory. *Phonology* 8. 291–302.

_____ (1995). French final consonants and nonlinear phonology. *Lingua* 95. 131–67.

Trigo, L. (1991). On pharynx-larynx interactions. Phonology. *Lingua* 8. 113–36.

Trommelen, M. (1983). *The syllable in Dutch, with special reference to diminutive formation*. Dordrecht: Foris.

Trommelen, M. and W. Zonneveld (1999). Word-stress in West-germanic languages: English. In van der Hulst (1999). 478–515.

Trubetzkoy, N. S. (1939). *Ggrundzüge der Phonologie*. Göttingen: Vandenhoek and Ruprecht. Translated 1969 by C. A. M. Baltaxe as *Principles of phonology*. Berkeley and Los Angeles: University of California Press.

Ultan, R. (1973). Some reflections on vowel harmony. *Working Papers on Language Universals* 12. 37–67.

Vago, R. (1973). Abstract vowel harmony systems in Uralic and Altaic languages. *Language* 49. 570–605.

_____ (1976). More evidence for the feature [grave]. *Linguistic Inquiry* 7. 671–4.

_____ (ed.)(1980). *Issues in vowel harmony*. Amsterdam: John Benjamins.

Vennemann, T. (1972). On the theory of syllabic phonology. *Linguistische Berichte* 18. 1–18.

_____ (1988). *Preference laws for syllable structure and the explanation of sound change*. Berlin: Mouton de Gruyter.

Vennemann, T. and P. Ladegofed (1973). Phonetic features and phonological features. *Lingua* 32. 61–74.

Vergnaud, J. -R. and M. Halle (1978). Metrical structures in phonology. Ms. Massachusetts Institute of Technology.

Vihman, M. (1978). Consonant harmony: its scope and function in child language. In Greenberg (1978). 281–334.

Vijver, R. van de (1998). *The iambic issue: iambs as a result of constraint interaction*. Ph.D. dissertation, University of Leiden.

Visch, E. A. M. (1989). *A metrical theory of rhythmic stress phenomena*. Ph.D. dissertation, University of Utrecht.

Walsh Dickey, L. (1997). *The phonology of liquids*. Ph.D. dissertation, University of Massachusetts, Amherst.

Wang, W. S.-Y. (1968). Vowel features, paired variables, and the English vowel shift. *Language* 44. 695–708.

Weijer, J. van de (1994). *Segmental structures and complex segments*. Ph.D. dissertation, University of Leiden.

Wells, J. (1982). *Accents of Englsih*. Vol. II: *The British Isles*. Cambridge: Cambridge University Press.

Wetzels, L. (1986). Phonological timing in Ancient Greek. In Wetzels and Sezer (1986). 297–344.

Wetzels, L. and E. Sezer (eds.) (1986). *Studies in compensatory lengthening*. Dordrecht: Foris.

Wilbur, R. B. (1990). Why syllables? What the notion means for ASL research. In S. Fischer and P. Siple (eds.) *Theoretical issues in sign language research*. Vol. I . Chicago: University of Chicago Press. 81–108.

_____ (1993). Syllables and segments: hold the movement and move the holds! In G. Coulter (ed.) *Current issues in ASL phonology*. New York: Academic Press. 135–68.

Williamson, K. (1977). Multivalued features for consonants. *Language* 53. 843–71.

References

Wood, S. (1982). *X-ray and model studies of vowel articulation. Lund Working Papers in Linguistics* 23.

Yip, M. (1988). The OCP and phonological rules: a loss of identity. *Linguistic Inquiry* 19. 65-100.

_____ (1989). Feature geometry and cooccurrence restrictions. *Phonology* 6. 349-74.

_____ (1995). Tone in East Asian languages. In Goldsmity (1995). 479-94

Zec, D. (1994). *Sonority constraints on prosodic structure.* New York: Garland.

_____ (1995a). Sonority constraints on syllable structure. *Phonology* 12. 85-129.

_____ (1995b). The role of moraic structure in the distribution of segments within syllables. In Durand and Katamba (1995). 149-79.

Zonneveld, W. (1993). Schwa, superheavies, stree and syllables in Dutch. *The Linguistic Review* 10. 59-110.

찾아보기